无人应从犯罪中获益，犯罪之物当受法律审判。

——吴云

云南大学出版社
YUNNAN UNIVERSITY PRESS

ZHUI ZANG XUE

追赃学

吴云 ◎ 著

图书在版编目（CIP）数据

追赃学 / 吴云著. -- 昆明 : 云南大学出版社,
2022

ISBN 978-7-5482-4441-7

Ⅰ. ①追… Ⅱ. ①吴… Ⅲ. ①刑事侦查—研究 Ⅳ.
①D918

中国版本图书馆CIP数据核字(2021)第235606号

策划编辑： 万　斌
责任编辑： 万　斌
封面设计： 王婳一

追赃学

吴云 ◎ 著

出版发行： 云南大学出版社
印　　装： 昆明理煋印务有限公司
开　　本： 787mm × 1092mm 1/16
印　　张： 21
字　　数： 388千
版　　次： 2022年2月第1版
印　　次： 2022年2月第1次印刷
书　　号： ISBN 978-7-5482-4441-7
定　　价： 78.00元

社　　址：昆明市一二一大街182号（云南大学东陆校区英华园内）
邮　　编：650091
发行电话：0871-65033244 65031071
网　　址：http://www.ynup.com
E - mail：market@ynup.com

目　录

序

本书的作者吴云是我指导的硕士研究生。他在公安机关一线繁忙的工作之余能完成这样一部专著难能可贵。吴云在中国刑事警察学院学习的专业是经济犯罪侦查，他对专业的热爱、学习的刻苦和朴实的为人，都给我留下了深刻的印象。在他这部经过多年公安法制工作经历积累后完成的专著即将出版之际，邀我做序，我欣然应允。经济犯罪侦查专业以经济犯罪治理为研究对象，“追赃挽损”是经济犯罪治理最重要的内容之一。系统地研究该方面内容的专著很少，作者对此进行了有益的探讨研究，选择这个题目撰写专著，显示了作者良好的专业训练和学术眼光。本书的特点是：从宏观走向微观，从理论走向实践，沿着作者写作时的思考路径，能够鞭辟入里、抽丝剥茧地学习到“追赃学”精髓。

经济犯罪的“追赃挽损”和打击经济犯罪同样重要，甚至有过之而无不及。在这种意义上，本书要强过在经济犯罪治理研究中的很多专著，尤其是那些没有大量实证、数据而写就的“经济犯罪对策学”“经济犯罪侦查学”等。本书中的“赃的认定”“追赃的原理”“追赃的阻却事由”“赃的处置”以及最后的两章“判决书的明确性和非法追赃的救济”“跨国追赃”等内容既有创新性又有公安办案中“追赃挽损”的实践指导意义，可以说，《追赃学》一书适用于包括经济犯罪案件在内的所有刑事犯罪案件。

吴云，从你的自序中，老师能感觉到在写作过程中你也曾陷入迷茫和困惑，感到孤独和无奈，但毕竟走过来了。天道酬勤，以你的努力、执着、毅力，一定能够驶向理想的彼岸。

是为序。

吴　丹[①]

2022 年 2 月 10 日

① 吴丹，刑法学博士，中国刑事警察学院经济犯罪侦查专业教授，专业技术二级警监。

自　序

追赃，是一个常用法律用语。几乎所有刑事案件都离不开追赃，但同时我们至今仍未弄清追赃概念的内涵和外延。司法实践中的追赃理论，宛如空中楼阁，虚无缥缈，难经推敲。在法学蓬勃发展的今天，学界至今仍停留在对追赃概念喋喋不休讨论的阶段，尚无制度构建和技术性秉承，奢望凭借系统理论指导追赃实践也就无法实现。然而，财产权作为人权的重要权能之一，是人之所以为人、人之所以主宰世界的根本前提，任何忽视财产权保护、意图不劳而获、滥用财产权的行为，皆是社会所无法容忍的。因此，基于犯罪之上的财产权保护与剥夺，便成为追赃理论首当其冲的研究课题。追赃就是对犯罪后有关财产权关系的剥夺与恢复的物权变动过程，这一过程亟待追赃法律及理论予以支撑。

传统理论认为，“赃”就是违法所得，这一理念深入人心，近乎无懈可击。但问题是，“赃”不是“脏”，机械地将其等同于“不净之物”，进而想当然地认为赃应限定于违法所得，其结果是人们不得不先放下物之“罪过”，来解决犯罪的后果（被侵害的财产关系）问题。犯罪的过程中，物和人一样直接或间接地促进、组成犯罪。对人而言，国家设定了“对人之诉”来认定其犯罪与刑罚，进而实现报应与特殊预防之目的；对犯罪之物而言，理应也可设立“对物之诉”来实现类似目的。盖因犯罪的本质是法益侵害，为了实现实质正义，仅对犯罪之物进行报应与特殊预防是不够的，还应对犯罪的后果进行否定，由此，犯罪之物与犯罪后果应一道被刑事法律评价，一并予以处置。这种对犯罪原因（犯罪之物）与犯罪后果（违法所得）的完全否定评价的需要，促使“对物之诉”衍生出了“对人之诉”所不具备的“涤除犯罪”的功能。进言之，“对物之诉”既包括对犯罪之物的报应与特殊预防，又包括“无人应从犯罪中获益”的实现与财产关系修复的复杂诉讼过程。这一过程，完整切合了《刑法》第六十四条之规定，也深刻说明了赃较之违法所得应具备更为广阔的外延。本书正是从“对物之诉”的基本目的与性质出发，另辟蹊径，诠释赃的本质，并由此展开了本书的讨论与释理。大体上来说，本书的撰写思路是从什么是赃、追赃的基本原理与体系、追赃的具体措施、赃的处置几个层次逐渐展开的，其中穿插了“对物之诉”“涤除犯罪论”“无人应从犯罪中获益”等原理的解析，分析了赃与涉案财物、赃与证据、追赃与附带民事诉讼的辩证关系，引入了阶层犯罪论来认定追赃的条件，还提出了少许修法建议。

始生之物，其形必丑。即便倾尽所能，但因作者学识谫陋，本书定然存错谬舛误，不足颇多：在文章句式结构上，行文略显烦琐，部分论证还不够充分，案例的解析还欠详细，引用尤其是间接引用显得偏多；在实务问题上，如何区分没收“供犯罪所用的本人财物”是出于报应还是特殊预防的需要尚未予以说明，跨境追赃内容不够详尽，追赃的时效问题、双重获益应如何协调等也未在本书第一版中一并涵摄。但无论如何，本书创作已倾尽全力，虽力所不及，虑有不逮，但终归是心血所成，倾尽诚意。

“追赃学”一说最早是在本人攻读硕士期间由恩师吴丹教授提出，在深入基层一线办案三年后，基于实践，我产生了迫切的系统著书之想法，遂在返回机关工作后，于2018年9月着手撰写。然知易行难，自身文学素养积淀不足，加之俗事缠身，著书立说对我而言难如登天。《追赃学》之所以能问世，纯属信仰之作，坚毅之果。创作该书，甚是感慨，举鼎绝膑，付出太多，失去太多，也学到了很多，有兴奋有失落，有绝望也有期冀，失眠和懊丧曾一度令我精疲力竭、几欲放弃，庆幸的是，两载有余的笔耕不辍笃定坚守，终归喜极而泣付梓成书。

本书出版的价值在于其启发性和实践指引性，书中的修法建议和观点评论，无意冒犯和挑战当今律令、判例和学说本身，纯属舐皮论骨、短见陋观，但待贤达衡定。饮水思源，需致谢忱。本书的创作必须要感谢我的恩师吴丹教授，承蒙老师不弃，悉心指导和培养，才有追赃学的撰写灵感与挥笔成稿。感谢福建警察学院侯士田老师对本书的架构提出宝贵意见。感谢我的工作单位福州市公安局给予我丰富的实战经验和理论启发。感谢关心和支持我的亲友、领导、同事给予我知难而行的动力。感谢广大法学专家和学者，你们学养深厚、著述精湛的学术作品是本书汲取不尽的源泉。感谢云南大学出版社及其工作人员对本书出版给予大力支持与帮助，给予我以“学”著书的机会。当然，最要感谢的还是我的妻子张晓薇女士和我的家人，没有他们的鼓励与包容，没有他们的付出与坚守，该书就不可能出版。

人到中年，几许艰辛，几多欢乐，虽无所成，心中无悔。本书纯属兴趣所致，性情所指，随心所作，是对本人法律研习所成的些许慰藉，亦是对已故母亲大人的诚挚缅怀，作为长子，未尽孝心，终身抱憾。

法律是一种信仰，是善良和公正的艺术。

卡多佐曾言："法律就像旅行一样，必须为明天做准备，它必须具备成长的原则。"诚哉斯言，人生道路很长，研法之路漫漫，要坚信光明在前，不忘初心，笃定前行，无远弗届。

是为序。

吴 云

2020 年 12 月 19 日于榕城

编写说明

为简明书写本书编写过程中涉及的相关法律法规名称，行文中做了简称处理。具体如下：

1.《中华人民共和国刑法》（2020 年修正）——《刑法》

2.《中华人民共和国刑事诉讼法》（2018 年修正）——《刑事诉讼法》

3.《中华人民共和国民法典》（2021 年 1 月 1 日实施）——《民法典》

4.《中华人民共和国监察法》（2018 年 3 月 20 日实施）——《监察法》

5.《人民检察院刑事诉讼规则》（2019 年 12 月 30 日实施）——《高检规则》

6.《最高人民法院关于适用〈中华人民共和国刑事诉讼法〉的解释》（2021 年 3 月 1 日实施）——《高法解释》

7.《公安机关办理刑事案件程序规定》（2020 修正）——《程序规定》

8.《最高人民法院关于刑事裁判涉财产部分执行的若干规定》（2014 年 11 月 6 日实施）——《财产执行规定》

9.《人民检察院刑事诉讼涉案财物管理规定》（2015 年 3 月 6 日实施）——《检察院财物规定》

10.《公安机关涉案财物管理若干规定》（2015 年修订）——《公安财物规定》

11.《最高人民检察院、公安部关于公安机关办理经济犯罪案件的若干规

定》（2017 年修订）——《经济犯罪案件规定》

12.《公安机关办理刑事案件适用查封、冻结措施有关规定》（2013 年 9 月 1 日实施）——《查封、冻结规定》

13.《联合国反腐败公约》（2005 年 12 月 14 日实施）——《公约》

14.《中华人民共和国国际刑事司法协助法》（2018 年 10 月 26 日实施）——《刑事司法协助法》

15.《中华人民共和国引渡法》（2000 年 12 月 28 日实施）——《引渡法》

16.《中华人民共和国监察法实施条例》（2021 年 9 月 20 日实施）——《监察条例》

第一章　追赃学的概述

"存在即合理"。任何知识体系的产生与构建，均脱胎于人们的某种社会需求；这种需求逐渐转化成对人们有益的东西，以期不断满足和服务于需求本身。追赃学的产生是当今社会财产权在人权中愈发占据主导地位的必然结果，财产权的剥夺与恢复必然牵动着权利人的每一根神经，而这种权利变动不能随意为之，须由代表国家意志和人民意志的法律予以审视。为此，在刑事领域，任何犯罪之物皆受法律评价并得以公正地对待便成为应有之义。最终，追赃学得以孕育。

追赃学的概述是关于追赃学学科体系相关内容的简要介绍，其主要内容包括追赃学的概念、性质和体系，追赃学的研究对象和现状，追赃学的意义，追赃学的研发方法。通过对学科内容的剖析与比较，去澄清追赃学的研究现状及其在整个刑事法律学科体系中的地位，阐明学习和研究追赃学的价值和意义，促使其最终繁荣法学发展，推动立法，指导追赃实务，进而服务国家社会、造福人民。

第一节　追赃学的概念与体系

一、追赃学的概念

追赃学是研究有关"赃"及其追缴和处置的一切问题的学科。

毛泽东同志说过："对于某一现象的领域所特有的某一种矛盾的研究，就构成某一门科学的对象。"① 一般而言，学科是对某一事物的认识所形成的知识体

---

① 《毛泽东选集》第一卷，人民出版社1991年版，第309页。

系，而这一事物就是研究对象。追赃学的研究对象包括赃的认定、赃的追缴、赃的处置及其相关内容。赃的认定如同刑法学中犯罪论体系对犯罪的认定一样，属于实体内容；而赃的追缴和处置又如同刑事侦查学、刑事诉讼法学一样，属于程序内容。在追赃法律体系尚未完全构建之前，或者说在“对物之诉”法律阙如的前提下，这种实体和程序结合的法律学科略显“异类”和无奈，但这也注定其不同于其他法学学科，从而将其与刑法学、刑事诉讼法学、证据法学、刑事侦查学、犯罪学等学科区分开来。尽管这些学科研究的内容或多或少都涉足“犯罪之物”[①]，但它们对“追赃”均仅仅是“附带”提及，既非系统研究该领域，也无法形成一套严密的理论体系。质言之，刑法学是研究犯罪、刑事责任和刑罚的学科；刑事诉讼法学是研究对犯罪如何侦查、起诉、审理、判决等整个刑事诉讼程序的学科；证据法学是研究证据和证明相关问题的学科；刑事侦查学是研究侦查的技术手段和策略方法的科学；犯罪学是研究犯罪原因与对策的学科。不难看出，这些学科在研究对象上与追赃学是不同的，因而它们与追赃学之间的界限也是分明的。研究追赃，离不开关联学科内容的支撑，如构成“赃”的前提是符合刑法学“三阶层犯罪论”的前两层，即“赃”必须是符合犯罪构成要件且违法的相关财物，不问行为人的罪责。“赃”的追缴与处置必须借助刑事诉讼法中规定的查询、讯问、辨认、查封、扣押、冻结、返还、没收、上缴国库、销毁等措施，这些是刑事诉讼法和侦查学领域的内容。“赃”由法院最终裁决需要凭借令人信服的合法证据加以印证。此外，绝大多数的“赃”本身具有证明案件事实的功能，这也说明追赃学与证据法学存在交集。对违禁品和供犯罪所用的本人财物的赃加以没收具有保安处分性质[②]，目的在于预防再犯，这又与犯罪学的犯罪预防对策研究类似。凡此总总，无不说明追赃学是一门独特的（刑事）法学学科，确有独立分出且专门研究的必要。

---

① 这里的“犯罪之物”是一个笼统的概念，包括任何与犯罪有关的财物，如赃款赃物、涉案财产、涉案财物、犯罪所得、违法所得、违禁品、供犯罪所用的本人财物，甚至包括有财产价值的物证等。

② 保安处分，即特殊预防，其最广义的概念是指为了防止犯罪的危险，保持社会的治安，对一切被认为有害的特定的人或物所采取的刑事司法或者行政处罚，以及为了保护或者矫正行为人而采取的改善、教育、保护措施。

二、追赃学的体系

追赃学的体系就是将追赃学研究的对象具体化之后，依据一定的原则、原理对知识内容加以排列组合而形成的理论上的结构形式。追赃学的体系显示了该学科内在的理论联系和逻辑结构，它对于从整体上认识和把握追赃是非常必要的。我国追赃学的体系无法像刑法学和刑事诉讼法学等学科那样建立在一部成形的法律之上，毕竟，时至今日，我国尚无一部完整的“追赃法”或者“对物之诉”相关法律，但即便如此，也不妨碍追赃学科的构建，因为诸如证据法学、犯罪学等学科的建立也不是建立在一部成文法律之上。为避免追赃学成为空中楼阁、无根之木，追赃学必定要从现有的刑事法律及其有关的法律解释、部门规章甚至是规范性文件中寻觅任何一丝关于赃及追赃的“法律印记”，以图在支离破碎的法律“碎片”当中，摸清追赃的法律价值取向和行动规范，从而搭建一套完整的追赃理论，实现最终指引实务、引导立法之目的。当前的追赃学的体系不可能脱离以刑法和刑事诉讼法为主构架的刑事法律体系，但它也无法借鉴和照抄其他学科体系。“追赃”一词，从语法角度看，其是“动词＋名词”的动宾结构，因此，对其研究理应包括“追”和“赃”两个方面，这也决定了追赃学内容兼具实体法和程序法的双重属性。所以，追赃学作为一门新兴法律学科，它既要参照刑法和刑事诉讼法的体系，又要照顾自己内在的理论联系和逻辑结构以及叙述的方便，从而建立本身的科学理论体系。

本书分为九章，即追赃学的概述、赃的概念、赃的认定与辨析、追赃的原理、追赃的基本内容、追赃的措施、赃的处置、判决书的明确性和非法追赃的救济、跨境追赃。具体而言：

第一章“追赃学的概述”分为三节，包括追赃学的概念与体系、追赃学的研究对象与研究现状、追赃学的研究意义与研究方法。本章重点在于第二节追赃学的研究对象与研究现状。

第二章“赃的概念”分为四节，包括物、财物和财产、古代和现代的赃、“对物之诉”、赃的概念。本章重点在于第三节“对物之诉”和第四节赃的概念。

第三章“赃的认定与辨析”分为两节，包括赃的认定、赃的辨析。本章的重点在于第一节赃的认定和第二节赃的辨析中的“赃与涉案财物”。

第四章“追赃的原理”分为三节，包括追赃的目的与性质、追赃的条件、追赃的渊源。本章重点在于第一节追赃的目的与性质和第二节追赃的条件。

第五章“追赃的基本内容”分为四节，包括追赃的本体、追赃的辨析、追赃的阻却事由、追赃的难点。本章重点在于第一节追赃的本体中追赃的基本原则以及第三节追赃的阻却事由和第四节追赃的难点。

第六章“追赃的措施”分为三节，包括追缴、退赃、责令退赔。本章重点在于第二节退赃和第三节责令退赔。

第七章“赃的处置”分为五节，包括返还、没收、上缴国库、销毁、其他处置措施。本章的重点在于第一节返还和第二节没收。

第八章“判决书的明确性和非法追赃的救济”分为两节，包括判决书的明确性、非法追赃的救济。本章的重点在于第一节判决书的明确性。

第九章“跨境追赃”分为三节，包括跨境追赃界定、跨境追赃的基本程序、跨境追赃的要点。本章的重点在于第二节跨境追赃的基本程序。

第二节　追赃学的研究对象与研究现状

一、追赃学的研究对象

如前所述，学科是对某一事物的认识所形成的知识体系，而这一事物就是研究对象。研究对象是任何一门学科建立的基础和前提，只有明确了研究对象，一门学科才有存在的基础，其价值和意义才能够体现。实际上，某一学科的存在，就是为了论证和解释其基本的研究对象。追赃学的研究对象，包括赃的认定、赃的追缴、赃的处置及其相关内容，或者说，什么是“赃”、如何“追赃”以及如何处置“赃”是追赃学的主要研究对象。具言之：

第一，什么是“赃”。研究什么是“赃”的目的在于甄别、辨析赃与其他财产，进而实现追赃目的，保护无辜财产。在任何一个犯罪案件中出现的财物，除了少部分因与犯罪行为有密切关系且符合一定条件而被认定为“赃”，除此之外的任何财物即便与犯罪存在关联，也不应受到司法办案机关的追缴与处置。我国《刑法》第六十四条将赃的范围确定为违法所得、违禁品、供犯罪所用的本人财物三种。本书认为，除了这三种财物外的其他财物，即便与犯罪案件有一定的关系，也不得视之为赃。例如，将被害人非法拘禁于自己的房子中，显然，我们不能说房子与犯罪无关，毕竟其既是犯罪现场又是完成犯罪的必要条件，但根据

"比例原则"，房子不能被认定为供犯罪所用的本人财物，其不是法律意义上的"赃"，所以不是追赃的对象，不被追缴。再如，警察将随身依法配备的枪支用于杀人，虽然枪支是促成杀人结果的直接工具，但因枪支并非警察个人财产，其也不是追赃的对象（供犯罪所用的本人财物），不得被没收上缴国库。当前，我国学界关于赃的范围存在诸多解读，有将赃限定为以非法占有为目的的违法所得，有将赃认定为一切违法所得，也有将赃认定为违法所得、供犯罪所用的本人财物、违禁品三种（本书采用此观点）。为厘清这些争议，将"赃"是什么作为研究对象很有必要。

第二，如何"追赃"。被认定为赃的财物要被"绳之以法"，就必须借助一定的查控措施来查找、固定这些赃物，以防止其贬损或灭失而无法接受裁决。我国并不存在一个叫"追赃"的措施，本书认为《刑法》第六十四条规定的"追缴"措施就是追赃措施本身，可惜的是追缴在刑事法律体系中并无具体化内容，只能借助查封、扣押、冻结措施来实现对赃款赃物的固定保全。当然，从广义角度看，追赃的措施绝非追缴本身，任何有利于司法办案机关追回赃款赃物的措施都应是追赃学的研究对象，如责令退赔、退赃与追缴措施具有同等效果，当属追赃学的研究对象。研究如何"追赃"是追赃学的最重要的研究内容之一，对其研究也不可能就事论事和单纯地讨论措施本身，还应将追赃中涉及的法律渊源、措施的性质、条件、阻却事由、原则、等值财产的追缴等疑难问题予以释明，否则追赃将失去灵魂，虚无缥缈。

第三，如何处置"赃"。被追缴到案的财物最终目的在于接受裁判而被依法处置，以实现特定的法律意图。当前我国学界对如何处置"赃"的问题并无重大分歧，主要就是按《刑法》第六十四条的规定：一切违法所得返还、没收、上缴国库。除此之外，赃的处置还包括销毁、上交主管机关等。对赃的处置措施进行研究，有利于司法办案机关规范处理赃款赃物，彰显法律正义，同时，还能够促进一些疑难问题的解决。例如，对于裁判文书中赃的处置应如何明确，撤案、不起诉以及判决未提及的涉案财物该如何处置，对于被害人的合法财产被犯罪人占有、挥霍以后而追缴不能的情形，是否可以通过将本应没收上缴国库的"无被害人违法所得""供犯罪所用本人财物"折价抵给被害人，又或者将犯罪人的合法财产先行追缴到案后折抵被害人的损失，《刑事诉讼法》第五编第四章"犯罪嫌疑人、被告人逃匿、死亡案件违法所得的没收程序"，能否适用于任何逃匿、死亡的案件，抑或是这种程序本身将来能否推广至包括《刑事诉讼法》

第十六条在内的任何不考虑犯罪人罪责的案件之中，这些疑问终将会在研究中得到答案。

二、对追赃的研究现状

当前，我国也有一些对跨境追赃的研究成果，如翟悦的《境外追逃追赃国际警务合作机制研究》，中央纪委国家监委国际合作局的《反腐败国家追逃追赃规则、程序与方法》，胡冬华的《反腐败国际追赃司法机制研究》，解彬的《境外追赃刑事法律问题研究》，黄风、赵林娜的《境外追逃追赃与国际司法合作》，这些著作多以国际公约、国际协作实务等为视角，大多停留在法律制度的完善、协作实务、主权优先等问题的研究上，并未涉及追赃的基础原理、性质、体系等本源问题的探索，追赃学科体系不具有专门性，也难以形成学说。而国内对追赃的研究多以"涉案财物"为切入核心，如李长坤的《刑事涉案财物处理制度研究》、乔宇的《刑事涉案财物处置程序》、戴长林的《刑事案件涉案财物处理程序——以违法所得特别没收程序为重点分析》、吴光升的《刑事涉案财物处理程序研究》，这些以"涉案财物"为研究对象的著作，也多局限于"处置"程序本身，且也未形成学说。虽然诸如李长坤、乔宇、袁坦中等学者在其专著中有提及涉案财物与赃款赃物的区别，但所涉及的内容较为简单，并未完全厘定"涉案财物"与赃的关系。如袁坦中在《刑事扣押研究》一书中指出："追赃其实从属于扣押，是具有财产保全性质的扣押类型，应当将其更名为财产保全性扣押。更名的可能性在于：从实务的层面考察，追赃其实是扣押。更名的必要性在于：首先，可以避免偏离'追缴'词义；其次可以避免对赃性质的误解；最后，可以扩大可保全物的范围，保障保全效果。"① 显然，该作者是从狭义追赃的角度去定义追赃。一些学术论文，如饶赛萍的《刑事追赃的困境及对策》、费雄雄的《我国刑事追赃的实务困境与制度完善——以法院追赃活动为视角》、张稳的《试论经侦追赃工作的难点与对策》、黄国盛的《追赃与扣押、冻结侦查措施的运用》，这些学术论文要么以个别视角对追赃进行个别研究，要么干脆对追赃实战问题进行研究，均未完全涵盖追赃的基础性原理，也无法成为学说。由此看来，我国确需一部专门的追赃学著作，以填补空白。当然，研究追赃切不可妄自

---

① 袁坦中：《刑事扣押研究》，湖南大学出版社2012年版，第4页。作者书中所指的扣押是广义的扣押，即查封、扣押、冻结。

菲薄，也不能目空一切。追赃学专著的产生，必须借助上述文献的研究成果，就如站在巨人的肩膀之上一样，才更容易取得成功。

财产权作为人支配世间万物的“前权利”，是人之所以为人的首要权能。财产权的侵害与被侵害必然是法律所无法容忍的，组成犯罪行为的人和物皆因犯罪行为而被法律所禁止，都具备被追诉的前提。既然作为犯罪行为的实施者——人已被刑法认定为“犯罪人”并科处刑罚，那么，作为犯罪行为的组成部分①——财物，理应也被刑法认定为“赃”并予以拟人化，通过严格的诉讼程序，进而审判后进行“惩罚”（即“处置”），这就是“对物之诉”的根本原理。“对物之诉”的引入，使犯罪的人与物皆受刑法评价，促进刑事诉讼程序的完满，补齐了刑事正义的最后一块短板，彰显法律的威严与公正。本书的追赃学体系构架以“对物之诉”为逻辑起点，创新引入“涤除犯罪”理论来解释其本质，将任何应当受到法律追诉的“物”视为赃，并以此开展赃的追缴和处置研究，分析和阐释法条背后的价值和原理，形成追赃学法律体系。它不像传统意义上将“赃”仅限制于违法所得，或者将涉案财物等价于赃，本书研究的内容更为丰富、深入。

第三节　追赃学的研究意义与研究方法

一、追赃学的研究意义

美国法学家罗纳德·德沃金（Ronald Myles Dworkin）在谈论如何分析一项社会实践时说：“为了拥有同一种社会实践，他们必须在许多方面意见一致，必须共用同一套词汇：当他们提到帽子或者要求时，他们脑子里必须浮现同一样事物。他们必须以充分相似的方式理解这个世界……以辨识出对方主张的意义，从而把这些主张当做主张，而不仅仅是噪音。”② 追赃学的意义即研究追赃能为世

---

① 这里的“犯罪行为的组成部分”和“组成犯罪行为的人和物”仅指与犯罪有紧密联系的财物，即“赃”，并不是供犯罪所用的本人财物分类的“犯罪行为组成之物”。

② ［美］罗纳德·德沃金：《法律帝国》，许杨勇译，上海三联书店2016年版，第51页。

人所带来的益处，并且这种益处是显而易见的。追赃学的意义在于：一方面，对国家而言，追赃学以一整套体系理论，诠释了追赃权的正当性，框定了追赃权力界限，确保了追赃的权威与正义；另一方面，对世人而言，追赃学理论为人们理解什么是“赃”，以及追“赃”的必然后果——被国家所否定进而采取一整套严格的措施进行保全和处置，令人心生畏惧进而审慎行为，避免了犯罪滋生的可能。

（一）引导追赃立法

随着社会主义市场经济的蓬勃发展和国家的日益强盛，作为社会科学的追赃学必然会随着法律的日臻完善而愈发耀眼夺目，当下对追赃学的任何研究，哪怕一丁点的理论突破与创新，积少成多，终将使追赃学理论体系从涓涓细水汇集成汪洋大海。眼下，我国没有一部专门的追赃法律，也没有一部“对物之诉”的法律，追赃的法律渊源散见于各种法律法规、法律解释、规范性文件之中。纵然追赃可依据的法律渊源如此丰富，但依然有许多需要完善的地方。譬如，《刑法》第六十四条作为追赃的基础法条，其明确了追赃的三个对象——违法所得、供犯罪所用的本人财物、违禁品，明确了追缴、责令退赔、没收、上缴国库的刑事措施，但是这些措施的逻辑关系和地位却难以在法条中得以显现；另外，诸如“善意取得”的追赃阻断情形，以及销毁的处理措施也未纳入本条当中。又如，作为程序性的“追缴”措施，在《刑事诉讼法》中未见细化的程序和内容，只能借助“查封”“扣押”“冻结”进行具体化操作。但遗憾的是，综观整个《刑事诉讼法》，并未设定专门为了追赃而查封、扣押、冻结的条款，诸如第五十四条、一百三十七条、一百四十一条、一百四十四条、一百九十六条都是基于“收集、调取证据”“证明犯罪嫌疑人有罪或者无罪”“根据侦查需要”“调查核实证据”等非追赃目的而设置的条款①，这种以收集证据为目的的条款被用于“附带”追赃，虽然这些条款赋予司法办案部门极大的便利性，但实现证据价值后其便丧失继续保全赃款赃物的正当理由，难免被诟病。再如，作为阻断追赃的善意取得制度，我国《民法典》并未明确赃物的善意取得适用，但我国司法解释中却存在大量关于赃适用善意取得的规定，并且这些司法解释的内容又存在诸多不一致，甚至是彼此矛盾②。研究追赃就必然会根据刑事法律规范现状，有针对性地提出一定的追赃立法和修法观点并形成系统而科学的追赃理论来引导追赃立法，或者就刑事立法上某些缺陷或失误提出完善或改进的建议。立法如果脱离正确理论的指导，其规定的内容就难免存在不足，难以经受实践检验和理论推敲。

（二）促进司法实践

追赃司法工作最重要的就是弄清赃与非赃，依法采取措施追缴赃物，并最终将这些赃物以法庭审判的形式确定其是否“有罪”。如果“有罪”就依法予以“制裁”——处置；如果“无罪”则应当还予“清白”——恢复原状。为了完成此项工作，除了熟悉追赃相关法律规定、熟练地掌握证据规则外，从实体上说还有必要参读和研究追赃学，这样才不至于陷入盲目性或经验主义而影响办案质量。因为追赃学在很大程度上是对现行追赃法律的学理解释与重构。“基础不牢，地动山摇”，执行追赃如果不懂追赃理论，未掌握必要的追赃原理，知其然不知其所以然，那么执行起来效果就要打折扣，甚至出错而无法伸张正义、侵害他人

---

① 《刑事诉讼法》第五十四条第一款：人民法院、人民检察院和公安机关有权向有关单位和个人收集、调取证据。有关单位和个人应当如实提供证据。第一百三十七条：任何单位和个人，有义务按照人民检察院和公安机关的要求，交出可以证明犯罪嫌疑人有罪或者无罪的物证、书证、视听资料等证据。第一百四十一条：在侦查活动中发现的可用以证明犯罪嫌疑人有罪或者无罪的各种财物、文件，应当查封、扣押。第一百四十四条：人民检察院、公安机关根据侦查犯罪的需要，可以依照规定查询、冻结犯罪嫌疑人的存款、汇款、债券、股票、基金份额等财产。有关单位和个人应当配合。第一百九十六条第二款：人民法院调查核实证据，可以进行勘验、检查、查封、扣押、鉴定和查询、冻结。

② 如《最高人民法院关于善意非直接由所有人手中取得之所有权应否保护的问题的复函》：“故虽丁是不知情的第三人，甲对丁买得的猪仍有请求返还之权。”《最高人民法院、最高人民检察院、公安部、国家工商行政管理局关于依法查处盗窃、抢劫机动车案件的规定》（公通字〔1998〕31号）第十二条：“对不明知是赃车而购买的，结案后予以退还买主。”不难看出，两个解释对善意取得的态度明显是相反的。

权益。比如，将犯罪人偶然用于犯罪的财物予以整体没收，就是不考虑“比例原则”的结果。又如，应当没收的“供犯罪所用的本人财物”“违禁品”灭失时，再责令犯罪人退赔，就违背追赃“制裁”“保安处分”之目的。再如，银行卡被盗刷的被害人已经获得银行的赔偿时，追缴到的赃款就不应当返还给被害人而应返还给银行，否则会违反“无人应从犯罪中获益”的原则。追赃学所蕴含的这些理论知识，是追赃司法涤清赃与非赃的法宝，能够极大地提高办案的效率和质量，避免陷入迷惑，导致冤假错案。由此看来，追赃学具备促进追赃司法实践的理论条件。

（三）繁荣法律科学

追赃学作为一门法律学科，虽然尚处蒙昧状态，但作为一门研究如何厘定“犯罪之物应有状态”的法律科学，其注定和研究刑事法学理论相伴相生，在刑事法学教育中也终将占据重要地位。由于追赃挽损是国家、个人乃至整个社会体系不可或缺的调整财产秩序的手段，追赃担负揭示犯罪、保护财产权益、维护社会秩序、保障社会主义建设事业顺利进行的重要任务，因此，追赃学在普法教育和法律科学培养工作中，属于必不可少的重要组成部分。对于广大法律工作者和学者而言，必须认真学好追赃学，并予以研究完善。进行追赃学的教育，有助于健全和加强社会主义法治，有利于培养追赃专业队伍，有利于提高广大刑事司法人员和公民的法律意识和法纪观念，这对于加强“法治中国”建设是大有裨益的。追赃学的教学和研究，也关系整个法学的繁荣和发展，毕竟这是全新的学科，未来可期。

二、追赃学的研究方法

研究追赃也和研究其他社会科学一样，要以马克思主义哲学为指导。辩证唯物主义和历史唯物主义是研究追赃学的根本方法。依据这种方法，就应该对研究对象由此及彼、由表及里地进行全面深入分析，以辩证发展的观点，把追赃的现行法律规定与历史情况和未来前景联系起来，把所考察的问题置于一定的历史环境之中，联系社会经济政治条件做出客观的历史分析和评价。依据这种方法，就应该遵循唯物主义认识论，坚持理论与实践相结合，立足本国，放眼世界，使追赃的研究来自实践，并为实践服务。这就是说，分析的方法、比较的方法、历史的方法、理论联系实际的方法，都是追赃学研究的方法。我们应该努力运用这些方法来进行追赃学的研究。

要运用理论联系实际的方法研究追赃。实践是追赃理论的源泉、发展动力与检验的唯一标准。追赃学是一门实践性相当强的应用型学科，学习追赃学就是为了解决追赃实务问题，增强理论联系追赃实际工作的主动性和自觉性。追赃理论也只有在具体运用中才能得到检验、丰富与发展。因此，要联系中国国情、中国的法律现状、立法趋势与司法实践完善追赃学。

研究追赃学，还需要综合运用其他一些具体方法。

注释研究法，是指对追赃相关法律条文进行文理分析、解释，使追赃的意义得以明确的方法，也称分析研究法。“语言的非单一性，由于缺乏精确性，因此隐藏了一种危险，也就是说它会将事物模糊化，或者伪造。”① 语言的开放性，决定了追赃的研究在很大程度上是对现有追赃法条所做的分析与解释，但这种分析与解释又不可能脱离具体的案件事实，亦即，不能超过国民的预测范围，应“将可能的口语词义作为解释界限”②。特别需要指出的是，对追赃法条的注释以对追赃法条目的的把握为前提；如果不明确追赃法条的目的，就只能对追赃法条作出字面含义的解释。但是，追赃法条的字面含义并不等于追赃法条的真实含义，而且语言的特点决定了追赃法条可能具有多层意思，只有坚持目的解释导向，才能揭示追赃法条的真实含义。

案例分析法，是指运用典型追赃案例特别是审判案例研究追赃理论的方法。运用案例分析法，是理论联系实际的良好途径。运用典型案例研究追赃，可以更加牢固地掌握追赃理论，也可以检验追赃理论的妥当性，还可以通过疑难复杂案例发展追赃理论，因为疑难案件往往促使学者对追赃规定做出新的解释。在运用案例分析法时，不仅要以典型案例阐释追赃的基本理论，而且要以特殊案例、罕见案例证实相关学说的利与弊，以疑难案例反思现有理论，以新类型案例思考追赃立法趋势，从判决中抽象出一般规则。案例分析法，既要找典型案例，又要找普遍性案例；既要找成功案例，更要找失败案例。这样才能周延理论。此外，还应当从具体案例中总结刑事司法的动态，评析判决的得失。

---

① ［德］阿图尔·考夫曼：《法律哲学》（第二版），刘幸义译，法律出版社 2013 年版，第 139 页。

② ［德］克劳斯·罗克辛：《德国刑法学总论》（第一卷），王世洲译，法律出版社 2005 年版，第 84 页。

历史研究法，是指对追赃法律法规条文进行历史的分析与未来的展望，弄清追赃的来龙去脉，了解追赃的发展动向的方法。列宁指出："在分析任何一个社会问题时，马克思主义理论的绝对要求就是要把问题提到一定的历史范围之内。"① 追赃虽有鲜明的时代性，同时又有明显的继承性，如对于善意取得阻却追赃的态度，司法解释和相关法律的观点是不断变化的，从不认可到部分认可，最终殊途同归，在法律秩序统一范围内完全认同善意取得阻却追赃。因此，研究以往的追赃法律规定，有助于理解现行追赃法律的精神。追赃法律总是在一定的背景下制定的，了解制定追赃法律法规的背景，有利于把握现行追赃的立法精神。

比较研究法，是通过比较来认识事物的一种方法。针对不同事物，只有通过比较，才能将不同现象区别开来，了解它们之间的共同点和不同点，确定它们各自的概念和原理。所以，任何学科都使用比较方法，追赃学也不例外。我国追赃有关的法律散见于各种法律体系当中，有相通之处，也有矛盾之处，但只有通过比较才能找到最优的概念及其背后的法律原理，使得追赃理论得以完满。比较研究法，还要对不同国家的追赃法律条款进行比较研究，通过剖析优劣，评述利弊，从而去其糟粕，取其精华，找出可供我国借鉴的法律文化成果，推动我国追赃理论的发展。概言之，运用比较研究法，有助于拓宽追赃学研究的视野，从中剖析是非优劣，评述利弊得失，吸取经验教训，更好地获得规律性的认识，这对于提高追赃理论研究水平，推动追赃科学的前进，改善我国追赃立法和司法实践状况，都是有重要意义的。

文献分析法，主要指收集、整理和分析追赃学研究的相关文献，通过大量收集追赃有关文献，并予以认真梳理、剖析甚至是借鉴，找出有价值的追赃成果，归纳出其中的规律和隐意，总结成熟经验，充实追赃学理论体系，推动追赃学自身的发展。

---

① 《列宁全集》第25卷，人民出版社1988年版，第229页。

第二章　赃的概念

概念是人类认识某种事物过程中，从感性认识上升到理性认识，把所感知的事物共同本质特点抽象出来，加以概括并以此表达该事物特性的思维认知。赃的概念是赃之所以为赃的根本总结，是赃有别于其他任何事物的法律概括。在诠释赃的概念的过程中，本章节通过分析古代和现代赃的概念及其纷争，创新引入“对物之诉”，同时立足于我国刑事法律条文，分析刑事犯罪的固有属性，精当地归纳总结出赃的概念。

第一节　物、财物和财产

一、物　品

物，分为广义的物和狭义的物。广义的物，即物品，《新华字典》将其解释为东西，即独立于人意识之外，能为人们的意识所反映的一切客观存在①。人作为世界的主宰，不属于物②。我国《民法典》第一百一十五条中的“物”是狭义的概念，指动产和不动产，其将权利、行为、智力成果以及权利主体——人本身

---

① 《新华字典》，商务印书馆2017年版，第526页。

② 如果将人也称之为“物”，那么“你是什么东西”将不再是骂人用语，显然超出世俗认知，难以接受。需要说明的是，活体的自然人不是物，但人体组织、器官脱离躯体时以及尸体，可以成为物，如被盗割的肾、被盗走的尸体，只要有追缴的必要，都可以成为犯罪所得之物。

排除在“物”之外。显然，世俗意义上的“物”较之《民法典》的“物”更广义，包括有体物和无体物、人造物和自然物、有价值物和无价值物等一切客观存在。

二、财物和财产

财物与财产。从文义解释的角度看，财，即有价值的东西，根据《辞海》的定义，“财产，指金钱、财物及民事权利义务的总和”。而“财物”在《辞海》中的解释是“金钱物资的总称”①。由此看来，“财产”和“财物”都体现价值属性，但从字面意思理解，前者较之后者范围更宽泛，将物权、债权、期权、知识产权、股权等财产权利也涵盖其中。财产权是相对于身份权、人格权等其他非财产权的基本民事权利划分，其定义极难界说，但通常说，以享受社会生活中除人格利益和身份的利益以外的外界利益为内容的权利都是财产权。财产是关于人的利益的整体概念，涵盖一切对人有价值的东西（不仅仅是经济价值），既包括不以人的意志为转移的客观存在，也包括存在于人精神范畴的主观存在。财产或指货币价值的权利客体，或指人们对物享有的所有权，或指物和权利的综合。财物是财产的具体化形式，财产包括财物与财物以外具有财产价值的能够满足人需求的利益。概言之，财产包括狭义的物、财产性利益等一切对人有价值的东西，包括客观存在和主观存在。而财物指物化的财产，仅指客观存在。

财产是财物的上位概念，而财物根据是否占据一定的空间体积，分为有体物和无体物。其中，无体物包括电、热、电磁、声、光等能量，而有体物是指占据一定空间体积的东西，其又可以分为有形物和无形物。其中，有形物是指任何存在形状的东西，如剪刀、汽车、飞机、首饰等，而无形物是指无形状的东西，主要是一些液体、气体等，如石油、天然气。需要特别说明的是，无形物和无体物以及虚拟物并非同一概念，无形物和无体物都属于客观存在，不以人的意志为转移，属于狭义的财物，而虚拟物，如游戏装备、虚拟货币、QQ 宠物等，这些不是客观存在的东西，而是存在于人的精神范畴的东西，属于财产性利益。

三、财产性利益

在财产关系极为复杂的当今社会，有学者认为完全可以通过民法补救被害人

① 《辞海》，上海辞书出版社 1989 年版，第 3750 页。

的债权、财产性利益的损害，这是不现实的[①]。因此，财产性利益概念的产生与民法中的债权财产化和独立化具有密切联系，是在新时期进一步协调刑民关系的重要体现[②]。通说认为，财产性利益是指狭义的财物以外的其他一切财产性利益，既包括积极利益的（如取得债权），也包括消极利益（如免除债权、延长履行债务），还包括接受别人提供的劳务。本书认为，通说的定义有同义反复的嫌疑，将财产性利益解释为利益，未阐明其本质内涵。本书主张，所谓财产性利益是指享有某种利益的权利（或者资格），这种权利或者资格具有财产属性，其取得或者丧失能够导致对应财产权益的增加或减少。财产性利益本质是权利、资格，而不是利益本身，如果是利益本身，那么，权利将等同于权利指向，互相混淆。举例而言，行贿人为官员嫖娼支付嫖资，其中“嫖资支付义务的免除”属于财产性利益的消极增加，嫖资是财产性利益的指向，两者明显不同。又如，公民享有的房产权证，其本质是享有对不动产的权利，而不是不动产（房子）本身。我国《民法典》第四百四十条是典型的财产性利益质权，其表述的也是某种权利的出质。因此，财产性利益是指某种权利、资格。

财产性利益的表现形式包括：汇票、本票、支票、债券、存款单、仓单、提单、可以转让的基金份额、股权、他物权[③]、现有的和将有的应收账款以及可以转让的注册商标专用权、专利权、著作权等知识产权中的财产权等。财产性利益的“利益”包括狭义的财物、行为、服务、虚拟物[④]等一切对人有用的好处。例如，股东享有公司分红的资格，演唱会门票所有人享有观看演唱会的资格，不难看出，前者的“利益”是狭义的财物——货币，而后者的“利益”是行为——看演出。财产性利益可以有载体[⑤]，也可以无载体。有载体的情形，如有价证券，证券本身只是一张纸质凭单，属于财产性利益的载体，而证券所记载的内容才是财产性利益本身；无载体的，如商品交易过程中，口头达成合意的，已支付

---

① 张明楷：《财产性利益是诈骗罪的对象》，《法律科学》2005 年第 3 期。

② 陈烨、李森：《论刑法中的财产性利益》，《中国刑事法杂志》2012 年第 11 期。

③ 如果连财物的所有权也认为是财产性利益，那么，刑法中财物与财产性利益的界限将不复存在，因此财产性利益中的物权仅指用益物权、担保物权等他物权。

④ 《民法典》第一百二十七条将网络虚拟物表述为网络虚拟财产。

⑤ 《联合国反腐败公约》第二条第四款：“财产系指各种资产，不论是物质的还是非物质的、动产还是不动产、有形的还是无形的，以及证明对这些资产的产权或者权益的法律文件或者文书。”由此看来，《联合国反腐败公约》第二条第四款关于财产的概念混淆了财产性利益载体和财产性利益本身。

服务或货物的一方，自然会取得要求对方支付货款的权利，这种权利就是财产性利益，无载体。财产性利益和财产性利益载体不可混淆，一般情况下财产性利益的载体可以忽略不计，载体所记载的财产性利益如果灭失，载体本身便失去价值。财产性利益在我国被广泛认可，如《最高人民法院、最高人民检察院关于办理侵犯知识产权刑事案件具体应用法律若干问题的解释（三）》第五条第一款第六项将财产性利益明确为违法所得。2002 年《浙江省高级人民法院、省高级人民检察院、省公安厅关于抢劫、盗窃、诈骗、抢夺借据、欠条等借款凭证是否构成犯罪的意见》规定，将债务人抢劫、盗窃、诈骗、抢夺借款凭证的行为以抢劫罪、盗窃罪、诈骗罪、抢夺罪等罪名论处。广东省佛山市中级人民法院杨某某、李某盗窃二审刑事判决书［（2016）粤 06 刑终 1152 号］："对三上诉人及其辩护人所提涉案虚拟财产不是盗窃罪的犯罪对象的相关上诉意见及辩护意见，经查，虚拟财产概念中的'虚拟'二字，不是指价值虚幻，更不是指法律性质虚假，而只是为了与传统的有形财产相区分。我国《刑法》第九十二条规定，依法归个人所有的股份、股票和其他财产等无形物，属于公民私人所有的财产。根据文义解释，公民能够独占管理的，可以转移处置的，具有价值性的物（包括无形物），均可以认定为公民私人所有的财产，能够作为财产犯罪的对象。"北京市东城区人民法院经依法调查发现，被执行人中律公司名下现金和实物财产根本不足以清偿申请人的全部债权，但被执行人名下有一个网址为 www. chinalawnet. cn 的"中国法律资讯网"域名。法院认定：域名权作为一种新型权利，以网络域名为客体，属于知识产权的一种，具有与财产相类似的经济价值，根据民事诉讼法、《最高人民法院关于人民法院执行工作若干问题的规定（试行）》的相关规定，依法可以对其查封。此外，宁波市中级人民法院（2020）浙 02 刑初 24 号刑事判决书对周某强等人抢劫被害人顾某波虚拟货币的行为判决构成抢劫罪，也明确了虚拟币的财产价值。

财产性利益的基本条件是：一是管理的可能性。人是通过管理物来实现价值的，相对于被害人而言，如果不具有管理的可能，那么，其利益就无法实现。管理的可能性体现在对其排他性的占有和使用。不可管理的东西，如风、阳光、宇宙射线等，任何人都无法支配以实现其利益。例如，上海市第一中级人民法院对吴某某诉刘某盗窃罪一案二审刑事判决书［（2015）沪一中刑终字第 2515 号］中就虚拟财产能否构成盗窃罪的对象问题指出："刑法意义上的财物包括具有价值与管理可能性的有体物、无体物及财产性利益。手机流量能否评价为盗窃罪对象的财物，主要看其是否有价值及管理可能性。手机流量是网络运营商承诺为使用者手机终端提供一定数量数据的服务，需要运营商人力、设备等成本的投入，其在进入流通领域后能够为运营商带来经济收益，被窃取后也会给运营商带来财产损失，具备财物的价值属性。而流量虽是一种无形服务，但运营商可以通过技术手段予以控制、分配及使用，具有管理的可能性。因此，手机流量虽是网络运营商提供的一种电信服务，但同时也具备财物的基本特征，属于刑法意义上的财物，能够作为盗窃罪的行为对象。”二是具有价值，包括客观的价值和主观的使用价值，且这种价值必须是能够具体化、具有确定性。“只要对所有者、持有者具有效用，即使对他人并无效用而不能成为交换的对象，仍值得保护。”① 对人无价值之物，诸如宇宙射线、台风、闪电、沙尘暴等虽然客观存在，但其不但难以对人类产生价值，甚至可能对人类有害。犯罪的本质是法益侵害，无价值便无法益，自然也不值得刑法保护。这种价值不限于是经济价值，如珍贵文物，珍贵、濒危动物及其制品，珍稀植物及其制品，枪支、弹药等无价格也不得进入市场流通，但依然值得刑法保护。具体化即量化，我国的财产犯罪基本都有规定具体的数额标准，未达到数额标准并无追诉的必要，如《最高人民法院、最高人民检察院关于办理贪污贿赂刑事案件适用法律若干问题的解释》（法释〔2016〕9号）第十二条规定，财产性利益包括可以折算为货币的物质利益如房屋装修、债务免除等，以及需要支付货币的其他利益如会员服务、旅游等。后者的犯罪数额，以实际支付或者应当支付的数额计算。《最高人民法院、最高人民检察院印发关于办理商业贿赂刑事案件适用法律若干问题的意见》（法发〔2008〕33号）第七条将含有金额的会员卡、代币卡视为可以用金钱计算数额的财产性利益，规定在商业贿赂的财物中。《最高人民法院、最高人民检察院关于办理盗窃刑事案件适用法律若干问题的解释》（法释〔2013〕8号）第五条将盗窃有价支付凭

---

① ［日］山口厚：《刑法各论》（第二版），王昭武译，中国人民大学出版社2011年版，第202页。本书不接受纯粹的经济财产说，认同刑法中的财产、财物、财产性利益的价值是指对所有者、持有者具有占有使用的价值，即对占有使用人能够获得某种用处即视为有价值，不是单纯的经济价值，因为《刑法》第六十四条中的违禁品，如枪支，对普通群众而言其被禁止流通和持有，自然谈不上经济价值，但对军、警而言其是有重要的使用价值（如击杀敌人和犯罪分子），因此枪支是有价值的，但不是经济价值；再如，为了操办“阴婚”而盗窃他人尸体的，尸体明显不具有市场经济价值，但对尸体的家属而言具有思念和祭祀价值，对盗窃者而言具有实现封建迷信陋习的价值。

证、有价证券、有价票证的行为以盗窃罪论，并详细规定了盗窃数额的计算方式。确定性，即必须是确定可以获得的权益，对于可能丧失的权益，如财产继承权，因为会随着继承人的死亡或者弃权而产生不同分配情况，因而不具有确定性，所以也不是财产性利益。三是只能是财产权本身。非财产权不属于财产性利益，如劳动。马克思主义经济学告诉我们，劳动创造价值，劳动本身不是价值。所以，日本学术界主张，单纯的劳动并不是财产性利益，劳动的对价才是财产性利益。例如，我国《刑法》第二百四十四条“强迫劳动罪”便能体现该观点。四是权利的此消彼长，一一对应关系。即行为人获得权利而被害人丧失权利（即，僭权：指权利的消灭与再造），两者一一对应；如“凿壁偷光”中，客观上来说，被偷光者的财产权并未消灭，亦即，无法造成法益损失可能，不可能构成盗窃罪。再如，逃票、逃费、吃饭不给钱、打车不给钱等单纯的债务不履行行为也不符合权利的“此消彼长”要求，被侵害人依然享有追偿权，不可能构成财产犯罪①。

四、现状与抉择

从体系解释角度看，我国《刑法》总则部分，第九十一条、九十二条是关于公私财产的规定，其中第九十二条“公民私人所有的财产”包括收入、储蓄、房屋、股份、股票、债券以及生产、生活资料等其他财产，不难看出储蓄、股份、股票、债券等属于财产性利益，而收入、房屋等属于具体狭义的财物，亦即，总则的财产包括狭义的财物和财产性利益。而《刑法》分则第五章“侵犯财产罪”中各具体罪名的罪状表述却用“财物”一词，如抢劫罪——以暴力、胁迫或者其他方法抢劫公私“财物”的，盗窃罪——盗窃公私“财物”的，侵占罪——将代为保管的他人“财物”非法占为己有等，各罪状没有顺应总则第九十一、九十二条关于公私财产的内容来规定。此外，侵犯知识产权罪被规定在“破坏社会主义市场经济秩序罪”这一章中，而不是第五章，是否意味着分则中的“财产”仅指“财物”？对此，我国刑法学界多认为“财产”就是“物”，“物”是“财产”的具体化表现形式，“财物”不仅指狭义的财产，还包括财产性利益。换言之，学界认为财物应做扩大解释，包含财产性利益。例如，张明楷

---

① 但是采取非单纯的逃避债务行为，如采取窃取、欺诈、胁迫、压制反抗等逃避债务的，则构成相应的财产犯罪。

教授认为，诈骗罪、盗窃罪的行为对象包括财物（狭义）与财产性利益①。又如，从现代社会的财产观念看，更加重视的是主体实际享有的利益多寡，而不是财产的外在形态。进而言之，既然侵犯财产罪所保护的是上述意义上的财产，那么，该章（即《刑法》分则第五章“侵犯财产罪”）各条所表述的“财物”就应当被理解为财产的表现形式，即将财物解释为“具有财产性质的利益”，包括财物与财物以外具有财产价值的能够满足人的需要的利益②。为了符合总则的意旨，侵犯财产罪的对象所指的“公私财物”就可以理解为“财产”③。

为避免“财产”内涵和外延“空中楼阁”化而不可捉摸，应尽量使其具体化且不超过已有的刑事法律体系边界，基于我国当前的刑法体例，本书认同“财物”是“财产”的具体表现形式，“财物”应做扩大解释，包括狭义的财产和财产性利益。正如日本学者前田雅英教授所言，“解释的实质容许范围，与实质的正当性（处罚的必要性）成正比，与法文通常语义成反比”④，“将财产性利益解释成（广义的）财物”的解释方式具有正当性。财产性利益之所以解释为财物，理由如下：其一，是法学发展的必然结果。基于人类认知的不断增长，现代社会对于财产的衡量，不再是简单地以实物占有多寡为标准，而是逐渐让位于实际享有利益的种类和范围，物权、债权、期权、知识产权逐渐从单一的“物”中剥离出来，为人所重视并逐步写入法律加以保护。财产权更多地表现为一种权利系统。与之对应的是，作为财产犯罪的对象，刑法中的财产概念随着社会的不断变化发展，其内涵和外延也呈现出逐渐扩张的趋势。其中，财产性利益概念的诞生就是这一扩张趋势在财产形式上的重要表现⑤。其二，是法益保护的现实需求。结果无价值论认为，法益侵害说是犯罪的本质，财产性利益作为能够为人所带来

---

① 张明楷：《诈骗罪与金融诈骗罪研究》，清华大学出版社2006年版，第20页。张明楷：《刑法学》（下），法律出版社2016年版，第944页。

② 李强：《财产犯中财产性利益的界定》，《法学》2017年第12期。

③ 秦好欢：《财产性利益的刑法保护问题研究》，辽宁大学法律硕士学位论文，2013年5月。

④ ［日］前田雅英：《刑法总论讲义》（第四版），东京大学出版会2006年版，第78－79页。转引自张明楷《实质解释论的再提倡》，《中国法学》2010年第4期。

⑤ 陈烨、李森：《论刑法中的财产性利益》，《中国刑事法杂志》2012年第11期。

利益的财产之一，对其侵害后果完全符合犯罪本质，确有必要予以保护[①]。例如，诈骗他人1万元钱款和骗取他人免除1万元债务，从危害后果角度看并无实质区别，如对后一行为不以苛刑，难以被世人所接受。将财产性利益的保护弃之不顾，会导致现实生活中诸如恶意骗取有偿服务的行为、以借据为侵害对象的不法行为恣意妄为，在财产关系极为复杂的当今社会，认为完全可以通过民法补救被害人的债权、财产性利益的损害，也是不现实的[②]。其三，是刑事体系的内在要求。一方面，如上文所述，《刑法》总则已明确“财产”包括狭义的财物和财产性利益，分则中“侵犯财产罪”自然应包括对应的财产性利益，否则会出现体系矛盾、冲突。例如，从我国《刑法》关于盗窃罪的规定来看，除了第二百六十四条以外，还包括第一百九十六条第三款（盗窃信用卡并使用）、第二百一十条第一款（盗窃增值税专用发票等相关发票）、第二百五十三条第二款（私自开拆邮寄而窃取财物）、第二百六十五条（盗接他人通信线路、复制他人电信码号或者明知是盗接、复制的电信设备、设施而使用）[③] 以及第二百八十七条（利用计算机实施盗窃），这些都验证了“财物”应包括财产性利益。学界对于诸如诈骗、抢劫、敲诈勒索等被害人具有瑕疵意思的交付型财产犯罪适用财产性利益大多无异议，但是对于盗窃罪适用财产性利益却争议巨大，分为肯定说和否定说，两者都是围绕财产性利益是否适用“占有转移”进行阐释。肯定说，如马寅翔教授认为，“由于财产性利益具有异于实体财物的特质，运用占有理论来解释财产性利益盗窃的行为构造并不妥当。更为可行的作为，是立足于盗窃行为的基本属性，同时结合财产性利益本身的特质，为财产性利益盗窃建构一套独立的行为构造”，即“实体财物盗窃的行为构造是拿走，而财产性利益盗窃的行为构造是僭权。前者的表现方式是占有的破坏与重建，后者则是权利的消灭与再造”。否定说，如刘明翔教授倾向于像德国、日本、奥地利等国的刑法那样，通过设立“恶意不履行债务罪”“无权使用交通工具罪”“未经授权使用交通工具罪”来解决财产性利益被窃取的行为，其认为，“肯定财产性利益可以成为盗窃罪对象的主张，与区分财产罪的基本理论不符，会动摇财产罪的根基。狭义的财物和财产

---

① 持有类似观点的，包括李希慧的《刑法各论》（武汉大学出版社2009年版，第256页）、周光权的《刑法各论讲义》（清华大学出版社2003年版，第89页）、张明楷的《刑法学》（法律出版社2011年版，第841页）。

② 张明楷：《财产性利益是诈骗罪的对象》，《法律科学》2005年第3期。

③ 本条属于法律拟制的盗窃，非本书研究重点，不赘述。

性利益的区分，与盗窃罪的成立相关。对窃取财产性利益的案件，不按盗窃罪而按诈骗罪等其他罪名定罪处罚，或者采取其他方式处理，是解决问题的最佳途径”。本书赞同财产性利益适用盗窃罪，毕竟，德、日等国之所以没有将财产性利益规定为盗窃罪，根本原因在于他们有利用计算机诈骗罪（本质是盗窃财产性利益）。另外，德、日等国的盗窃罪也没有以数额较大为成立条件，如果处罚盗窃财产性利益的行为，可能导致盗窃罪处罚范围的漫无边际。而我国处罚数额较大的盗窃行为，则将导致数额较大行为科处，盗窃财产性利益便不会出现漫无边界的问题。既然我国《刑法》总则已认可财产性利益成为财产犯罪对象，我们就应立足于我国《刑法》本身，将为财产性利益盗窃建构一套独立的行为构造，使之也适用于盗窃罪。其四，是司法解释的普遍认可。司法解释也逐渐意识到“财物”应包含财产性利益。例如，《最高人民法院、最高人民检察院关于办理贪污贿赂刑事案件适用法律若干问题的解释》第十二条、《最高人民法院、最高人民检察院关于办理商业贿赂刑事案件适用法律若干问题的意见》第七条①明确了财物包括狭义的财物和财产性利益。《最高人民法院关于审理抢劫刑事案件适用法律若干问题的指导意见》（法发〔2016〕2号）第二条第三款，以及《最高人民法院关于审理抢劫、抢夺刑事案件适用法律若干问题的意见》（法发〔2005〕8号）第六条第一款都明确：“抢劫信用卡后使用、消费的，以行为人实际使用、消费的数额为抢劫数额。由于行为人意志以外的原因无法实际使用、消费的部分，虽不计入抢劫数额，但应作为量刑情节考虑。”信用卡是典型的债权，持卡人享有透支信用卡额度以获取经济利益的权利，因此抢劫罪中的财物包括财产性利益。除了司法解释外，规范性意见也有类似规定，如2005年6月24日《公安部经侦局关于对非法占有他人股权是否构成职务侵占罪问题的工作意见》也明确股权可以成为职务侵占的对象。

概言之，分则第五章“侵犯财产罪”中各罪名表述的“财物”属于做扩大

① 《关于办理贪污贿赂刑事案件适用法律若干问题的解释》第十二条：“贿赂犯罪中的‘财物’，包括货币、物品和财产性利益。财产性利益包括可以折算为货币的物质利益如房屋装修、债务免除等，以及需要支付货币的其他利益如会员服务、旅游等。后者的犯罪数额，以实际支付或者应当支付的数额计算。”《关于办理商业贿赂刑事案件适用法律若干问题的意见》第七条：“商业贿赂中的财物，既包括金钱和实物，也包括可以用金钱计算数额的财产性利益，如提供房屋装修、含有金额的会员卡、代币卡（券）、旅游费用等。具体数额以实际支付的资费为准。”

解释后的"广义的财物"，包括狭义的财物和财产性利益，但因为知识产权等其他财产性利益又被规定在《刑法》分则第三章"破坏社会主义经济秩序罪"之中，所以"财物"包括财产性利益但又无法完整涵盖所有财产性利益内容[①]，这也是该章罪名用"财物"而不是"财产"来表述的缘由。换言之，财产性利益的表现形式多种多样，并不是每一种财产性利益都可以作为财产犯罪的客体，那些不符合特定犯罪构成要件的财产性利益亦即财产性价值难以精确计算的财产性利益并不具备成为财产犯罪对象的可能，我国刑法中的"财物"仅在某些犯罪构成要件中包含财产性利益内容。

为便于理解，本书将"财物""财产""财产性利益"制作如下关系图：

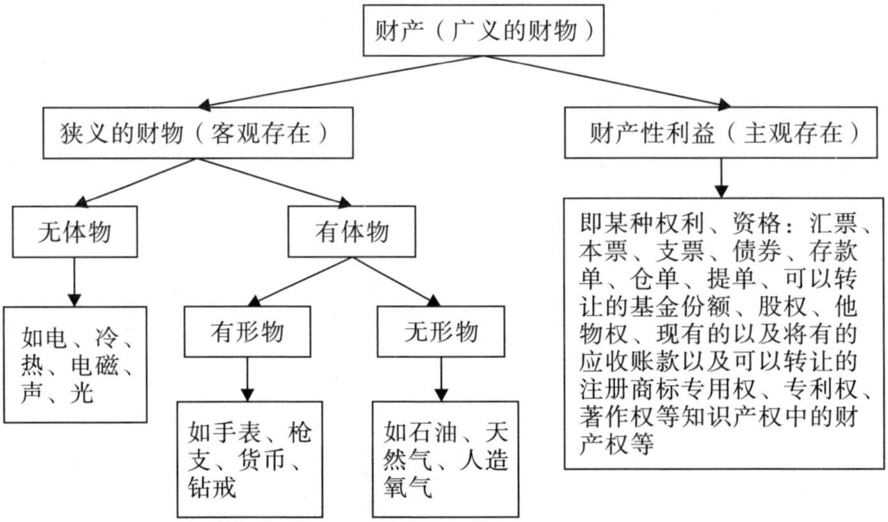

图 2－1　财物、财产与财产性利益关系图

从上图不难看出，将财物扩大解释为广义的财物，完整涵摄了财产性利益的内容，由此带来的好处是，实现了刑法体系内的协调，符合追赃基础条款《刑

---

① 如恶意透支型信用卡诈骗罪、合同诈骗罪、拒不支付劳动报酬罪、妨害清算罪、虚假破产罪等罪名都是刑法明文规定的侵害财产性利益的犯罪，但其却没有规定在分则第五章"侵犯财产犯罪"当中。

法》第六十四条采用“财物”而不采用“财产”“物品”的基本意图①。“财产”从人的感官上倾向于经济性的财物，而诸如毒品、枪支、假币等违禁品着实难以归入“财产”的范畴。另外，人们追赃的目的最终均倾向于物化的东西，即便是财产性利益被侵害，其最终也要物化成一定的实物进行补救，如货币补偿。毕竟，物权和债权从权利主体进行民事活动的最终目的来看，均是获取更大价值的财物。概言之，在我国，赃的概念宜采用“财物”而非“财产”②。至于赃的概念为何不选择“物品”，如前文所述，抛开法律概念看，“物品”是指一切客观存在，无法涵盖财产性利益。而从使用上看，“物品”在我国《刑法》中主要指恐怖主义物品、毒品、淫秽物品、保密物品等“违禁品”，如《刑法》第一百二十六条之非法持有宣扬恐怖主义、极端主义物品罪，第一百三十条非法携带枪支、弹药、管制刀具、危险物品危及公共安全罪，第一百五十二条走私淫秽物品罪，第二百八十二条非法持有国家绝密、机密物品罪，第三百五十条非法生产、买卖、运输制毒物品、走私制毒物品罪等犯罪中使用了“物品”一词，这些罪名所用的“物品”范围较为狭隘，由此看来，“物品”一词无论如何都难以精当地指明赃的范畴，如前文所述，财物的概念已足以涵盖这些违禁品，所以，赃的概念当选择“财物”一词。

当然，本书并不认为使用“财产”一词是错误的，在不同的法律条文和语境下，用财产也具有合理性（如强调经济价值）。因此，在本书中，财物和财产两词在不同的语境中可能同时交替使用，并非自相矛盾。

---

① 从用语上看，用“财物”而不是“财产”，已成为我国司法解释和规范性文件名称的多数做法，如《中共中央办公厅、国务院办公厅关于进一步规范刑事诉讼涉案财物处置工作的意见》（中办发〔2015〕7号）、《人民检察院刑事诉讼涉案财物管理规定》（高检发〔2015〕6号）、《公安机关涉案财物管理若干规定》（公通字〔2015〕21号）。

② 这不意味着财产的用法是错误的，财产和财物在不同的法律规定中出现，代表着是条文本身倾向于物化还是财产化的价值考量，均具有合理性。

第二节 古代和现代的赃

一、古代的赃

“赃”是中华法系古老的法律名词。早在奴隶社会时期，与赃物相关的罪名虽未明确列出，但是赃物一词已经在律文中使用。如夏朝类似于刑法的《洪范》第八篇“念用庶征”（念同验，庶即众多，征同证），即证明犯罪事实所用的各方面的证据材料，其中提到的证据之一“日燠”（燠是掬的借字，掬意为“在手”），即拿在手中的犯罪工具或者赃物，是一种证据，可用来证实犯罪[①]。在睡虎地发掘的《睡虎地秦墓竹简·法律答问》（当时重要的法律文件）之《法律答问》对于赃物及与其相关犯罪做出了详细规定，如“甲盗，赃值千钱，知其盗，受分，赃还盈一钱，问乙何论？同论”，即，甲盗窃了价值千钱的赃物，乙知道其为甲盗窃所得，分赃即使不足一钱，也应以盗窃罪论处。由此看来，秦代的“赃”仅限于盗窃所得。晋代著名律注释家张斐在其《律表》中说“取非其物谓之盗，货财之利谓之赃”，晋代的赃也指盗窃所得。《唐律疏议》作为唐朝治理社会的刑罚依据之一，专设“六赃”罪名（强盗、窃盗、枉法、不枉法、受所监临及坐赃）对应六种侵财犯罪科处刑罚，并提出了“赃谓罪人所取之赃”的观点（即“赃”是指非法取得的公私财物）。宋代《宋刑统·疏议》中规定：“若买人盗、诈、枉法赃者，杖一百；知而为藏者，杖九十。其余之赃，知而故买及为之藏者，律无别条，从不应为律科罪，流以上从重，徒以下从轻。”宋代通过律例解释将“赃”的范围扩大为“一切违法犯罪所得的财物”。明代《正字通·贝部》中记载：“赃，盗所取物。凡非理所得财贿皆曰赃。”[②] 意为，赃是指盗窃所得之物，后延伸为以不正当手段获取的财物，均可称之为赃。至此，赃的范围泛指一切违法所得，并被后世之立法所沿袭。直到清政府于1910年12月颁布了中国近代第一部专门的刑法《大清新刑律》，将赃物仅限于五种行为：受赠、搬运、受寄、故买以及牙保，这五种行为是在借鉴国外基础之上制定出的，

① 冯英菊：《赃物犯罪研究》，中国政法大学出版社2000年版，第5页。
② 张自烈：《正字通》，中国工人出版社1999年版，第38页。

是对传统之赃物范围的缩限。

由是观之，古代，赃的主流概念是包括盗窃所得在内的违法所得。

二、现代的赃

"概念是解决法律问题所必需的和必不可少的工具，没有限定严格的专门概念，我们就不能清楚和理性地思考问题。"① 所以研究追赃学必须先研究"赃"的概念。我国现行的法律法规中，并无确切的"赃"的概念，但从刑法个别罪名和个别司法解释中依然可以看出"赃"的定义趋向于违法所得。例如，《刑法》分则第一百七十六条第三款，非法吸收公众存款罪在提起公诉前积极退赃退赔，减少损害结果发生的，可以从轻或者减轻处罚，《刑法》第二百六十九条转化型抢劫罪中为窝藏赃物而当场使用暴力或者以暴力相威胁的情形，第三百四十九条窝藏、转移、隐瞒毒赃罪，第三百八十三条第三款中规定的贪污罪退赃可以从轻、减轻或者免除处罚的情形，这四个法条所指的"赃"都是犯罪所得，又如《最高人民法院关于刑事裁判涉财产部分执行的若干规定》（法释〔2014〕13号）（以下称《财产执行规定》）第一条将赃款赃物、供犯罪所用的本人财物并行，这里的赃物是犯罪所得。《最高人民法院关于审理掩饰、隐瞒犯罪所得、犯罪所得收益刑事案件适用法律若干问题的解释》（法释〔2021〕8号）第十条也将赃款赃物解释为违法所得。即便如此，对于赃的概念的争论，理论界依然争论不休，主要存在以下几种观点：其一，"赃"等同于违法所得或犯罪所得，该观点是主流观点，也是司法解释、司法判例认可的观点。例如，"物品本身并不天然是赃物，只有当它被犯罪分子非法取得时才具有'赃'的性质"②。"所谓赃款赃物，是指违法行为人因违法行为而获得的一切财物，也就是说是犯罪行为人通过违法犯罪行为而非法获得的财物，该财物正是犯罪行为人实施作案的对象以及作案的目的所在，能够证明犯罪行为人实施了相关的犯罪行为。"③ "行为人通过实施犯罪行为所直接取得、占有和控制的财产，称之为直接的犯罪所得，也就是

---

① ［美］E. 博登海默：《法理学—法律哲学与法律方法》，邓正来译，中国政法大学出版社 1999 年版，第 486 页。

② 徐祥：《论追、退赃》，《法学》1994 年第 5 期。

③ 韩宇：《关于处理赃款赃物的建议》，《法治与社会》2018 年第 7 期，第 49 页。

所谓赃款赃物。"[①] "赃物是采取窃取、强取、骗取、掩饰、隐瞒等非法手段，侵害个人及国家、集体财产利益所获取之物。"[②] "赃款赃物，是指犯罪分子违法所得的一切财物，一般是指盗窃、抢劫、诈骗、抢夺等犯罪所得的财物，该类犯罪侵犯的客体是公私财产的所有权，侵犯的对象是公共财产和公民私人所有的财产。"[③] 其二，赃仅限于以非法占有为目的所得的财物。例如，"所谓赃，即赃款赃物的统称，指行为人直接或间接通过非法手段获取的任何财产和经济利益"[④]。其三，赃包括违法所得、犯罪对象和犯罪工具。例如，"赃款赃物是指进入刑事诉讼程序、与犯罪有关的款项和物品，包括违法所得的财物、部分犯罪对象和犯罪工具"[⑤]。其四，赃等同于涉案财物。其依据是《人民检察院刑事诉讼涉案财物管理规定》（高检发〔2015〕6号）（下称《检察院财物规定》）第二条[⑥]。其五，赃包括违法所得、供犯罪所用的本人财物和违禁品。例如，"'赃款赃物'采用广义的界定，即除'犯罪收益'外还包括犯罪过程中涉及的违禁品和犯罪工具及其他用于犯罪的财物"[⑦]。"'赃'是一个语义丰富的综合体，包括犯罪分子违法所得的财物、违禁品和供犯罪所用的本人财物三个有机组成部分。"[⑧] 其六，赃包括不法利益和犯罪工具。例如，"检察院、法院等司法机关在进行职务犯罪案件追赃时，只能针对犯罪嫌疑人、被告人利用职务之便违法获得的一切财

---

① 孙国祥：《刑事诉讼涉案财物处理若干问题研究》，《人民检察》2015年第9期。

② 李鑫：《论赃物的善意取得》，山西财经大学硕士学位论文，2015年3月1日。

③ 云南省文山壮族苗族自治州中级人民法院刑事判决书（2018）云26刑终57号。

④ 徐强：《论我国刑事追赃制度》，对外经济贸易大学法律硕士（JM）学位论文，2006年10月。再如，李江海、曹浩俊：《论赃款赃物》，《法学论丛》2007年10月。此文将违法所得与赃款赃物做广义和狭义区分；其中，广义的违法所得是指通过违法犯罪活动所获得的一切财物，包括赃款赃物，狭义的违法所得是指除了赃款赃物以外的其他违法犯罪所获得的财物。两者的区别在于，犯罪分子获取财物的主观目的不同，基于非法占有为目的获取财物时为赃物，出于牟利等目的获取的财物时违法所得。

⑤ 王立华：《赃款赃物研究》，《检察实践》2001年第2期，第33页。

⑥ 《检察院财物规定》第二条："刑事诉讼涉案财物，是指人民检察院在刑事诉讼过程中查封、扣押、冻结的与案件有关的财物及其孳息以及从其他办案机关接收的财物及其孳息，包括犯罪嫌疑人的违法所得及其孳息、供犯罪所用的财物、非法持有的违禁品以及其他与案件有关的财物及其孳息。"

⑦ 何挺：《赃款赃物的独立没收制度探析》，《刑法论丛》2011年第4卷。

⑧ 天津市人民检察院、天津市河北区人民检察院课题组：《刑事追赃问题研究》，《法学杂志》2010年第2期。饶赛萍：《刑事追赃的困境及对策》，《法制与社会》2016年1月上。

物，包括不法收益和作为实施职务犯罪的作案工具"[①]。其七，赃指犯罪侵害的对象。例如，"'赃'应指一切与犯罪有关的被犯罪行为所侵害的利益载体，既包括具体的物，也包括财产性权利（如土地使用权），还包括节约的经费、在交通肇事中骗取的保险金等"[②]。除此之外，赃还分为狭义说和广义说，大抵是狭义说仅包括违法所得[③]，广义说还包括供犯罪所用的本人财物[④]。

上述概念无非是从赃的对象进行划分，总结起来只有三类：一是赃 = 违法所得；二是赃 = 违法所得 + 供犯罪所用之物；三是赃 = 违法所得 + 供犯罪所用之物 + 违禁品。以对象定义概念不可避免地存在问题：第一种观点，将赃等于违法所得或者犯罪所得，显然没有考虑到供犯罪所用的本人财物也应当认定为赃物的情形，比如司法实务中赌资、行贿的财物、走私物品多被认定为赃物。《刑事诉讼法》第五编第四章"犯罪嫌疑人、被告人逃匿、死亡案件违法所得的没收程序"第二百九十八条规定："……依照刑法规定应当追缴其违法所得及其他涉案财产的，人民检察院可以向人民法院提出没收违法所得的申请。"显然，该条体现出刑事诉讼法没收违法所得程序的对象除"违法所得"外[⑤]，还包括"其他涉案财物"。根据程序法服务于实体法的原理，以及《最高人民法院〈关于适用中华人民共和国刑事诉讼法〉的解释》（2021 年 3 月 1 日实施）（下称《高法解释》）第六百一十一条的规定，此处的"其他涉案财产"只能是《刑法》第六十四条中所指的供犯罪所用的本人财物和违禁品。概言之，司法解释的观点是将违法所得范围扩大解释为包括违法所得、违禁品和供犯罪所用的本人财物，将赃仅等于狭义的违法所得的观念并不可取。此外，如果赃仅仅是违法所得，那么洗钱罪，掩饰、隐瞒犯罪所得、犯罪所得收益罪是不是应直接变更为"洗赃罪""掩饰、隐瞒赃、赃所得罪"是否更合理？显然，立法机关并无此考量。第二种观点，将赃的范围限制为非法占有为目的物品，但这显然将犯罪所生之物、犯罪报酬排除

---

① 李娟：《职务犯罪追赃机制研究》，安徽大学硕士学位论文，2015 年 10 月。

② 陈菊玲：《被追诉人缺席情况下的追赃程序研究》，湘潭大学硕士学位论文，2012 年 5 月 23 日

③ 黄怡：《试论在经济犯罪案件侦查中赃款赃物认定和追缴的法律问题》，《江西公安专科学校学报》2001 年第 4 期。徐武生：《赃款赃物追缴若干法律问题探讨》，《公安大学学报》1996 年第 3 期。

④ 李振奇、朱平：《赃款赃物没收追缴程序初探》，《人民司法》2003 年第 5 期。

⑤ 本书认为刑事诉讼法没收违法所得程序是追赃的特殊程序。

在外（犯罪所生之物，如私造的枪支、伪造的货币、赌博所得赌资、非法经营烟草的收入等；犯罪报酬，如杀人的佣金），这些都不是以非法占有为目的的犯罪，但仍然属于违法所得范畴，该观点不当地缩小违法所得范围。例如，在贿赂犯罪中，对行贿物的追缴并没收，我们很难将行为人收受贿赂的主观认知视为非法占有为目的的主观犯意。因为通说认为，非法占有为目的包含“排除占有 + 利用的意识”双重含义，而“排除占有”之意不适用受贿罪的认定，客观上来说行为人获得行贿之物并不是通过排除占有而获得，而是行贿人积极主动地让渡该财物。因此，行贿犯罪很难以认定具有非法占有为目的，但行贿物仍然应当追缴。又如，我国刑法对于某些不具有非法占有为目的的犯罪仍然追缴其违法所得，如高利转贷罪，其转贷获取的高额利息就应予以追缴[①]。再如，非法吸收公众存款罪，对于参与集资人，其实难以认为是法律意义上的被害人，有时候甚至是犯罪的积极参与人，形似“共犯”，但是其参与的资金仍然被认定为违法所得（司法解释依然倾向于其属于被害人），应当予以追缴[②]。第三种观点，将违法所得、犯罪对象和犯罪工具并列，其未认识到犯罪对象和违法所得存在交叉关系，如抢夺他人的钱包，钱包既是犯罪对象，又是抢夺行为的结果——违法所得。第四种观点，将赃等同于涉案财物，其无法说清涉案财物的追缴没收机理是什么。难道因为与案件有关的财物就应当追缴吗？显然不是，因为广义的涉案财物，除了赃外，还包括其他一些与案件有关的物品如取保候审保证金，其与案件有直接关系，但其明显不是司法追缴的对象。另外，将赃等同于涉案财物，将会导致“赃”这一法律概念的名存实亡，令人难以接受。第五种观点，将赃的概念包括违法所得、供犯罪所用的本人财物和违禁品，其完全符合《刑法》第六十四条的规定，但可惜的是这种概念划分无法说清楚赃的本质属性，仍有不足。第六种观点，赃包括不法利益和犯罪工具，其存在的问题有二：一是不法利益如前文所述，在刑法中即财产性利益，其忽视了狭义的财物。二是犯罪工具仅是赃的一种，其没有完整的包括违法所得、违禁品和供犯罪所用的本人财物（犯罪所用的本人财物包括犯罪工具和犯罪组成之物），不够全面。第七种观点和第二种观点

---

① 高利转贷罪不具有非法占有为目的，否则应认定其为贷款诈骗罪。

② 《关于办理非法集资刑事案件适用法律若干问题的意见》中关于涉案财物的追缴和处置问题规定，“向社会公众非法吸收的资金属于违法所得。以吸收的资金向集资参与人支付的利息、分红等回报，以及向帮助吸收资金人员支付的代理费、好处费、返点费、佣金、提成等费用，应当依法追缴”。

类似，范围过窄不可取。

物天然不是赃物，概因犯罪行为而具备“赃”属性。人的行为目的具有多样性，在犯罪领域，除了以非法占有为目的外，还包括以销售为目的（《刑法》第一百二十六条违规、销售枪支罪）、以牟利或者传播为目的（如《刑法》第一百五十二条走私淫秽物品罪、第一百七十五条高利转贷罪、第三百二十六条倒卖文物罪）、以营利为目的（《刑法》第二百一十七条侵犯著作权罪、第二百一十八条销售侵权复制品罪、第三百零三条赌博罪）、以出卖为目的（《刑法》第二百四十条拐卖妇女、儿童罪）等。除此之外，还有一些不具有明显目的的犯罪如寻衅滋事罪，其犯罪对象也可以包含一定数量的财物。因此，以犯罪目的定义“赃”并不可取。同理，以犯罪对象设定赃的概念同样存在诸多问题，比如《刑法》第三百五十八条的强迫卖淫罪，其犯罪的对象是妇女，但追缴的对象却是卖淫所赚取的嫖资，犯罪对象和追赃对象不具有同一性。司法实务中还存在一些构成财产犯罪与非财产犯罪竞合的情形，如北京市朝阳区人民法院审理的李某等以危险方法危害公共安全案①，李某、顾某某、英某某等犯罪团伙采取在北京环路上别车碰瓷的方式敲诈他人财物，因具有危害公共安全的危险，存在敲诈勒索罪和以危险方法危害公共安全罪的想象竞合，择一种罪论处，最终法院判处被告人构成以危险方法危害公共安全罪，此时，再以财产犯罪的罪名来定义赃的概念也不可取。概言之，根据目的、对象、具体罪名来设定赃的概念都不科学。

第三节　“对物之诉”

一、国外“对物之诉”之现状

传统的刑事诉讼理论认为，刑事诉讼以解决被告人的刑事责任为目的而展开，其系“对犯罪行为是否成立做一决定，并且要确定对有罪之判决应判以何种适当的刑罚的活动”②。在这种理论指导下，我国刑事诉讼的程序设计和资源投入，都建立在“以被告人为中心”的基础上，刑事诉讼表现为明显的“对人之

---

① 北大法宝：(2007) 朝刑初字第1669号。

② ［德］克劳思·罗科信：《刑事诉讼法》，吴丽琪译，法律出版社2003年版，第7页。

诉”的特征[①]。相较于传统意义上对犯罪人定罪、量刑的“对人之诉”，专门对赃款赃物进行认定与处理的诉讼即为“对物之诉”（Action in rem）。“对物之诉”是将物予以拟人化，进而认定其“罪责”并裁判处置的程序。“对物之诉”与“对人之诉”同样重要，毕竟赃与犯罪人一样都与犯罪密不可分，刑事诉讼结局应是对人和物的双重追诉，进而实现实体正义。追赃措施与刑事拘留、逮捕、取保候审、监视居住等强制措施类似，都是为了对需要被追诉的物和人的自由进行暂时性剥夺以实现处置赃物和惩戒犯罪之刑事诉讼法终极目的。“对物之诉”的被告是被拟制人格的涉案财物（疑赃），原告是人民检察院，而物的持有人并不具有被告的资格，其没有任何应诉的义务，只有提出相关权利主张的权利。“对物之诉”一词最早应当出现在罗马法中。古罗马五大法学家之一的盖尤斯（Gaius）在《盖尤斯法学阶梯》（*Gai Institutiones*）一书中明确阐述：“诉讼有很多种，较为准确的看法是两种，对物的诉讼和对人的诉讼。”[②] 查士丁尼（Flavius Anlcius Justinianus，东罗马拜占庭皇帝）主持编撰的《查士丁尼法学总论》（*The Institutes of Justinianus*）一书中也提到过，一切由审判员或者是裁判员审理的案件都分为两种，对物的诉讼和对人的诉讼[③]。柏拉图（Plato）在《法律篇》中也认为，从动物到倾倒的雕像、任何非人类的杀人犯，都应当被起诉，然后被弃置城外，只有闪电才能例外。在古希腊的雅典，有一个叫普吕坦内安的审判庭就只负责起诉杀人的野兽和致人死亡的物体。人类历史上有较为普遍的审判动物的传统。1522 年，一群老鼠在欧坦教会法庭受到审判，不少著名法学家为老鼠辩护，辩解理由涉及：法庭未提前发出审理公告；被告人分布广，前来出庭需要时间；过街老鼠怕猫，出庭有困难。1545 年，在阿尔卑斯山上的圣朱莉小镇就发生了一场对动物的诉讼。那年，象鼻虫对当地的葡萄园进行了大肆侵袭，威胁到当地的经济。但是，当地的农民不是求助于上帝，而是直接向当地的主教法庭提出了诉讼，而主教法庭居然受理了农民的诉讼。当然，受理对动物的诉讼并不是最令人惊奇的，更令人惊奇的是法庭居然指定了两名律师为象鼻虫进行辩

① 卞建林、李菁菁：《从我国刑事法庭设置看刑事审判结构的完善》，《法学研究》2004 年第 3 期。

② ［古罗马］盖尤斯：《盖尤斯法学阶梯》，黄风译，中国政法大学出版社 2008 年版，第 207 页。

③ 储婷婷：《对物诉讼理论及其在我国海事诉讼中的适用》，哈尔滨工程大学硕士学位论文，2012 年 6 月。

护，因为象鼻虫并没有出庭，而且它们即使出庭事实上也不会懂得人类的语言，无法为自己进行辩护[①]。从公元9世纪到19世纪，西欧有200多件记录下来的对动物的审判，涉及动物30种，有的适用了死刑（例如，母猪和小猪一起咬死婴儿的，对母猪判死刑，把小猪认定为从犯，认为其认识能力、责任能力低），死刑执行方式多种多样。法哲学研究会追问审判动物的多重目的：动物没有现代刑法学所讲的“个人责任”，对其进行审判，那些可憎恨的行为才会被人忘记；审判动物是为了让可能作恶的“人”感受到恐惧，进而放弃犯罪意念，实现对人的威慑，正所谓“杀鸡儆猴”；把犯错的动物（如狮子）钉在十字架上，可以吓走其他动物；认为魔鬼在动物身上附体，审判动物可以驱鬼；把动物视为负责任的理性人，进而要求动物出庭[②]。在美国，甚至树林、文物皆可能成为诉讼主体。美国将物拟人化进而对其诉讼的典型是轮船，如1827年的Palmyra案，Palmyra轮被指控犯海盗罪而被没收，船东辩称在此前的对人诉讼中对责任人的指控不成立，故美国政府不应没收Palmyra轮。Story法官认为，根据财政部关于依法对物扣押和没收征税条例的规定，被视为犯罪者的主要是做出违法行为的物……海事对物诉讼也适用同样的原则，因此该轮犯海盗罪成立，应当予以没收[③]；美国学者克里斯托弗·斯通在1974年发表的题为《树林应有诉讼资格：自然体的法律权利》的论文中，表达了自然或无生命体的法律权利和无生命体诉讼资格的主张。在他看来，既然法律可以赋予不能说话、没有意识的国家、公司、婴儿、无行为能力人、自治城市和大学等的法律资格，可以设定它们请保护人或代理人，为什么法律不能赋予自然物体以法律资格，不能设定它们请保护人、代理人？

在当代，“对物之诉”已被国际社会普遍接受，如美国、英国、加拿大、澳大利亚、爱尔兰、南非等国采取民事诉讼程序形式，而德国、欧盟等采取刑事诉

① ［英］萨特卡特·卡德里：《审判的历史》，杨雄译，当代中国出版社2009年版，第132页。

② ［美］埃尔瓦德：《比较法哲学》，于庆生、郭宪功译，中国法制出版社2016年版，第18页。

③ 向明华：《对物诉讼与我国的船舶扣押法律制度》，《河北法学》2006年第24卷第4期，第122页。

讼程序刑事，有些国际公约（如《联合国反腐败公约》第五十四条[①]）则采取不限制诉讼模式的形式。民事诉讼程序，如英国的民事没收程序的运作如下：如果执法机构（主要指资产追缴局）认为有关人员持有可依法追缴的违法所得（且可追缴财产总值不低于最低数额），并基于优势证据标准证明特定财物与违法行为之间存在充分联系，就可以直接向法院提出追缴违法所得的申请。如果法院认定特定的财产应予追缴，就需要签发追缴令，追缴相关财产。民事没收程序的对象不仅包括犯罪所得及其收益，如毒品交易犯罪获得的财产或者犯罪行为的报酬，也包括准备用于犯罪行为的财物，如用于有组织犯罪活动的财物[②]。刑事诉讼程序，如《德国刑事诉讼法典》第四百四十条与第四百四十一条对未定罪没收程序做了基本规定。根据《欧盟指令》第四条第二款，该条规定的未定罪没收的启动条件之一就是已针对导致财物没收的犯罪行为启动刑事追诉程序，做出未定罪没收裁决的基本条件是如果犯罪嫌疑人、被告人到庭参加诉讼，就可对其做出定罪没收裁决。这表明该未定罪没收程序实际是原有定罪没收程序的继续，只是该程序不再解决刑事责任问题，而只解决财物是否应当没收问题，因而该未定罪没收程序仍然属于一种刑事诉讼程序[③]。“对物之诉”将行为人的罪责与财物分离，使追赃程序脱离对人的定罪量刑，简化了程序、提高了效率，利于追赃挽损，但是“对物之诉”到底属于民事诉讼还是刑事诉讼，依然值得深入研究[④]。

---

① 《联合国反腐败公约》第五十四条第一款第三项：“考虑采取必要的措施，以便在因为犯罪人死亡、潜逃或者缺席而无法对其起诉的情形或者其他有关情形下，能够不经过刑事定罪而没收这类财产。”

② 戴长林：《刑事案件涉案财物处理程序——以违法所得特别没收程序为重点的分析》，法律出版社2014年版，第11页。

③ 吴光升：《刑事涉案财物处理程序研究》，法律出版社2018年版，第273页。

④ 本书倾向于“对物之诉”归入刑事诉讼或者准刑事诉讼程序。一方面，未定罪没收程序被定位于民事诉讼程序，导致很多刑事诉讼程序的权利保障措施被规避，如无罪推定、不得强迫自证其罪禁止双重危险、非法证据排除等；另一方面，未定罪没收实际又具有一种惩罚性，间接地实现了刑事诉讼的犯罪防控目标。此外，“对物之诉”的程序设置，基本上应当按刑事诉讼程序进行设置，如按刑事诉讼程序分配证明责任、设置证明标准，采用刑事诉讼程序的非法证据排除规则等，但也应当吸收一些民事诉讼程序特点，如在特定情况下可采用违法所得推定，利害关系人主张权利时，也应当按民事诉讼程序承担相应证明责任等。参见吴光升《刑事涉案财物处理程序研究》，法律出版社2018年版，第278页。

二、我国“对物之诉”设立之必要

我国现今对赃款赃物的处置程序，是依托于“对人之诉”的附带性工作，不具有专门性和程序化，极易恣意擅断而侵害当事人合法财产权益。构建“对人之诉”与“对物之诉”并存的诉讼模式，允许对人的定罪量刑和对物的认定处置分别进行①，可以避免“由人及物”的捆绑式裁判被动地陷入“无人即无诉”“人无责则物无责”的尴尬境地，完成追赃挽损的独立实现。“对物之诉”的正当性在于：一是有效约束法院在追缴和没收涉案财物方面的自由裁量权，避免个人合法财产受到任意剥夺；二是有效维护三方利害关系人的诉讼参与，实现程序的正义；三是通过权威地确定涉案财物的范围，对侦查机关在审判前处置涉案财物的行为产生有效约束，确保审判中心主义改革理念的实现；四是通过合理确定犯罪人违法所得及其他涉案财物的范围，解决涉案财物追缴中的混乱现象，提升刑事司法的公信力②；五是确保追赃目的独立实现。我国“对物之诉”滥觞于2012年《刑事诉讼法》引入“犯罪嫌疑人、被告人逃匿、死亡案件违法所得的没收程序”（简称“独立没收程序”）。但是这种特别的诉讼模式还具有诸多不完善之处：一方面，从案件适用范围上看，其仅仅在贪污贿赂案件、恐怖活动犯罪案件等重大犯罪案件中构建了“对物之诉”机制，难以解决大多数刑事案件中涉案财物追缴程序所存在的问题。另一方面，从适用类型上看，其只适用于逃匿、死亡两类特殊情形，对于诸如无刑事责任能力之人、主客观不统一而无罪的同案犯、片面共犯等情形则尚无定论。独立没收程序在审理过程中，犯罪嫌疑人、被告人自动投案或者被抓获的，人民法院应当终止审理，这说明在这个程序中，对物的没收与对人的追诉只是暂时的分离，“对物之诉”并未完全摆脱“对人之诉”。其实我国独立没收程序设定的重要目的是应对反腐败斗争的需要，主要是针对被犯罪嫌疑人、被告人转移至境外的违法所得的没收，即《联合国反腐败公约》第五十四条第一款第三项规定的：“考虑采取必要的措施，以便在因为

---

① 本书的观点不是将“对人之诉”和“对物之诉”彻底割裂、完全并行，而是主张“对物之诉”与“对人之诉”一样，应当被法律明文规定且予以标准化和程序化，一般情况下，如果被告人可以定罪量刑时，对人之诉和对物之诉同时进行，同时宣判（审判内容在同一判决书中）。如果被告人无法进行定罪量刑时，应当允许“对物之诉”单独进行。

② 陈瑞华：《刑事对物之诉的初步研究》，《中国法学》2019年第1期。

犯罪人死亡、潜逃或者缺席而无法对其起诉的情形或者其他有关情形下，能够不经过刑事定罪而没收这类财产。"[①] 这也充分说明了其与真正意义上的"对物之诉"相去甚远。构建一种所有刑事案件都适用，且不问犯罪人到场与否都适用的"对物之诉"当属理想模式，这种最终的"对物之诉"模式，应确保被告人、被害人以及其他利害关系人（主要是有民事权利主张的人，如善意第三人）参与到涉案财物追缴过程中来，通过提出本方的诉讼主张，进行积极的举证、质证和辩论，使法院在对抗性的庭审过程中获得更多有关赃款赃物的事实信息，从而摆脱对公诉方案卷笔录的畸形依赖，进而准确界定赃款赃物，解决各方利害关系人对涉案财物所提出的权属异议，尤其是避免善意第三方的合法财产权益受到随意的剥夺，从而在司法裁判中形成令人信服、经得起检验的裁判理由。

概言之，为了查获犯罪嫌疑人，刑事诉讼法设定了一整套完备的侦查程序。那么，为了追缴赃款赃物，理应也构建一套可行的追赃程序。既然"对人之诉"有侦查程序予以保障，那么，"对物之诉"也需有追赃程序予以配套，亦即，追赃程序是以"对物之诉"的需要为前提的独立程序，以"对物之诉"的范围为追缴范围。本书认为，作为对犯罪处罚依据的实体法——《刑法》第六十四条是关于财物"定罪量刑"的根本法条，亦是"对物之诉"的本源依据。既然第六十四条中包括违法所得、违禁品、供犯罪所用的本人财物三种，赃的范围理应也包括违法所得、违禁品、供犯罪所用的本人财物。

第四节　赃的概念

一、无犯罪则无赃

赃之所以具有可责性和应受刑法否定性评价，概因赃寄生于犯罪，无犯罪则无赃，赃与犯罪行为具有关联性，其要么是犯罪行为的直接结果（如盗窃的财

---

① 本条还包括我国《刑事诉讼法》第五编第三章"缺席审判程序"，根据《高法解释》第六百零四条第四款规定，缺席判决过程中，也可以对赃款赃物一并处理。但是因为缺席判决并非"对物之诉"，其依然是在解决犯罪人刑责的基础上"附带"处置赃款赃物，与传统诉讼无异。

物），要么是犯罪行为的奖励报酬（如杀人的佣金），要么是犯罪行为的组成与工具（如赌博的赌资、行贿的款物、扒窃用的镊子），因此，为了避免追赃的无止境延伸，对于与犯罪行为无关之物不得认定为赃。刑法理论认为，在我国，犯罪不是从着手实行开始的，而是从犯罪预备开始的，犯罪过程由两个阶段组成，即犯罪预备阶段和犯罪实行阶段①，换言之，犯罪行为仅包括预备行为和实行行为。据此，一般情况下，为了犯罪预备而实施的行为和实行行为终了之后的行为均无法认定为犯罪行为，其对应的财物难以认定为赃。如行为人为了实施爆炸犯罪而努力打工赚钱和阅读爆破原理书籍，这里的打工赚钱和阅读书籍都不是犯罪行为（预备行为），所赚的钱款和阅读的书籍与犯罪无直接关系，无法认定为供犯罪所用之物，不能成为追赃对象。又如猥亵妇女后为安抚被害人而给予被害人1000元人民币，该1000元钱系犯罪行为结束之后的给付，与犯罪行为无关，不应追缴。但是对于逃离犯罪现场的行为，一般也扩大解释为犯罪行为，其对应财物也应视为赃物，典型的如专门用于犯罪后伪装逃离现场的鸭舌帽、墨镜、衣物等。之所以将逃离行为视为犯罪行为，概因这类行为与犯罪行为较为接近，其危险性并未完全消失，有时甚至可以转化成犯罪行为，如《刑法》第二百六十九条规定的转化型抢劫罪。所以，赃依附于犯罪，无犯罪则无赃。

二、刑事司法专属

赃仅存在于刑事司法程序之中，刑事司法程序之外的程序，如行政收缴、民事判决②返还虽然也能实现类似追赃的效果，但其本质根本不是追赃。有学者指出，赃款赃物这一概念，不仅存在于刑事诉讼之中，而且还广泛适用于各种行政执法活动，如公安机关在处理治安案件中，行为人的违法行为虽然没有构成犯罪，但如果存在有非法所得，该非法所得便属于赃款赃物③。还有学者认为，不

---

①　张明楷：《犯罪预备中的“为了犯罪”》，《人民日报》2019年6月30日06版。当然，张明楷教授这里特指的是有预谋的犯罪。

②　如《治安管理处罚法》第十一条明确违禁品和违法工具应当收缴后依法处理，而被侵害人的财物应当退还。《民法典》第一百五十七条：民事法律行为无效、被撤销或者确定不发生效力后，行为人因该行为取得的财产，应当予以返还；不能返还或者没有必要返还的，应当折价补偿。

③　魏小红、魏东：《关于公安机关“追缴赃款赃物及退赃”措施的法律分析》，《铁道警官高等专科学校学报》2002年第4期。

仅仅将犯罪分子违法所得的财物定性为赃物，也将尚未构成犯罪的违法行为所导致的非法所得确定为赃物。也就是说，赃物不仅仅存在于刑事诉讼之过程中，也广泛存在于日常行政执法和治安管理处罚的过程中。这样，显然有利于更大范围地保护利益相关者的合法的财产权利①。对此，本书不予认同，因为不能说凡是具有强制执行力的行为就是追赃。虽然《治安管理处罚法》第十一条存在收缴和退还等程序，其“神似”《刑法》第六十四条所规定的追缴、返还程序，但其依然难以视为追赃程序。一方面，虽然行政收缴也具有强制性，但赃款赃物的认定涉及公民的财产权利，对财物而言属于最为严厉的“宣判”，因此不能随便地对其进行定性，应当由专门的审判机关按照法定程序进行认定，否则势必违反无罪推定原则。行政收缴行为未经法院裁判即作出决定，与“以审判为中心”② 的现代司法精神不相符，难以纳入追赃范畴。另一方面，将不属于刑法管辖的行政收缴纳入追赃，违反刑法的谦抑性，刑事诉讼程序中“附带”处置非刑事违法的违法所得，有“多管闲事”之嫌。同理，民事诉讼的“不告不理”原则，也不符合刑事追赃审前的主动强制追缴特点，其财物不是赃款赃物。2020 年 12 月，三明市中级人民法院审理的福建章公祖师肉身坐佛像追索案是我国通过民事司法渠道追索流失文物的开创性案例，具有重大意义，但这种民事判决不是追赃，因为从源头上看这种法律关系已被认定为民事法律关系，由此产生的执行需求只是民事诉讼的后续收尾程序罢了。但是在跨境追赃中，为了尽快追回赃物，资产流出国往往采取在资产流入国提起民事诉讼的方式追回赃物，此时的民事诉讼行为却属于追赃，因为这种财物在资产流出国属于犯罪有关的财物，是基于刑事法律关系而产生的强制追缴，只是这种追缴措施在跨境追赃过程中被民事诉讼代替罢

---

① 李谷良：《论赃物的善意取得》，苏州大学研究生学位论文，2012 年 9 月。

② 涉案财物处理“以审判为中心”体现在，如《刑事诉讼法》第二百四十五条第三、四款：“人民法院作出的判决，应当对查封、扣押、冻结的财物及其孳息作出处理。人民法院作出的判决生效以后，有关机关应当根据判决对查封、扣押、冻结的财物及其孳息进行处理。”再如，2013 年 10 月 21 日《最高人民法院关于适用刑法第六十四条有关问题的批复》（法〔2013〕229 号）：“……追缴或者责令退赔的具体内容，应当在判决主文中写明；其中，判决前已经发还被害人的财产，应当注明……”《检察院财物规定》第二十五条第三项：“对于查封、扣押且依法未随案移送人民法院的涉案财物，人民检察院根据人民法院的判决、裁定上缴国库。”《公安财物规定》第二十条第三款：“人民法院作出有罪判决，涉案财物由公安机关管的，公安机关应当根据人民法院的生效判决，对涉案财物作出处理。人民法院的判决没有明确涉案财物如何处理的，公安机关应当征求人民法院意见。”

了。概言之，赃仅存在于刑事犯罪当中，一般的行政违法行为和民事违法行为之物不属于赃，追赃仅指刑事追赃。当然，对于无法启动刑事追赃程序（如《刑法》第十六条、《刑事诉讼法》第十六条等）的，完全可以在行政和民事领域实现救济，如诈骗金额未达到刑事追诉标准的，可以依据《治安管理处罚法》第十一条和第八十九条对违法工具进行收缴或者退还被侵害人财物。

三、赃的概念

（一）概　念

关于赃的概念，一些权威词典的解读多是犯罪所得，如《辞海》中解释为“赃，盗窃所得的财物，亦指贪污、受贿”①；《法学词典》将赃款赃物解释为“犯罪分子用抢劫、抢夺、盗窃、诈骗、敲诈勒索、贪污、受贿、走私、投机倒把等非法手段取得的金钱和物质”②；《中国公安百科全书》的解释为“犯罪分子通过违法手段获取的金钱称做赃款，犯罪分子用非法手段猎取的物资称做赃物”③。《法学大词典》中更是简明扼要地将“赃款赃物”表述为“用犯罪手段取得的物品或钱财”④。诚然，古代和当代的赃的主流观点是违法（犯罪）所得，该观点具有合理性和普世性，但如前述，随着“对物之诉”日益兴起，建立以“对物之诉”为前提的追赃体系终将到来，立法者必须未雨绸缪，提前研究并适应未来。但理论的创新既不能囿于传统学说，也不能一蹴而就，因此，当前赃的概念宜分为广义和狭义两种。其中，狭义的赃即传统意义上的赃，即犯罪所得；而广义的赃，是本书主张的概念，根据“对物之诉”范围和“无犯罪则无赃”的特性，是指与犯罪行为具有关联的违法所得、违禁品和供犯罪所用的本人财物。

据广义的赃概念，要想成为赃必须同时符合两个条件：一是犯罪行为的关联性。与犯罪行为无关联的财物或者非犯罪行为的财物不得认定为赃。例如，甲电信诈骗乙 30 万元，乙在甲的唆使下对所谓的“安全账户”进行转账，但因过于

① 《辞海·语词分册》，上海辞书出版社 2003 年版，第 1405 页。
② 《法学词典》，上海辞书出版社 1989 年版，第 823 页。
③ 宋占生：《中国公安百科全书》，吉林人民出版社 1989 年版，第 916 页。
④ 邹瑜、顾明：《法学大词典》，中国政法大学出版社 1991 年版，第 1316 页。

紧张，乙错将30万元转入丙的账户内。对丙而言，这30万元的获得是乙自身行为造成的，与犯罪行为无关，如果丙拒不归还，公安机关不得通过追赃的形式追缴，而应由乙向丙提出不当得利之诉。判例：广东省茂名市电白区人民法院审理的刘某与谢某某不当得利纠纷一审民事判决书［（2016）粤0904民初1546号］认定："原、被告无债权、债务关系，无经济业务往来，原告刘某错误汇款200000元至被告谢某某名下的账户，原告受到了损失后报警，案经公安部门处理，冻结了被告谢某某名下的涉案银行帐号的存款人民币181120.54元，被告对于自己名下银行账户内增加的181120.54元，没有合法的取得依据，属不当得利，被告负有返还的义务。原告刘某报警称被诈骗而转账，公安部门已立案侦查，案件处理不影响原告取回款项的权利。原告要求被告返还181120.54元的请求，本院应予支持。"① 电白区人民法院判决：限被告谢某某在本判决发生法律效力之日起十日内返还原告刘某不当得利款181120.54元。二是对象的特定性。即除违法所得、违禁品和供犯罪所用的本人财物以外的财物都不是赃款赃物。有些财物虽然与犯罪行为有直接关联性，但其并无追缴的意义，不可划入赃的范围，如故意毁坏财物罪中被损毁的财物，其虽然与犯罪行为有直接关系，但该财物不是违法所得、违禁品和供犯罪所用的本人财物中的任何一种，而是有一定财产价值的证据，其不应追缴，而应以刑事附带民事诉讼赔偿的方式赔偿被害人。

（二）赃的几种关系

（1）赃与财物形态的关系。财物的范围是包罗万象的，既可以是有体物，也可以是无体物（如电）；既可以是有形物，也可以是无形物（如气体、液体）。财物都可以成为赃，但财物本身形态与赃并无必然联系。例如，盗窃罪既可以盗窃固体（如汽车），也可以盗窃液体（如汽油），还可以盗窃无体物（如电）。（2）赃与罪名的关系。罪名只是依据某一犯罪构成而确定的类型化名称，目的是便于司法机关认定犯罪与追诉。有些罪名要求有违法所得（如诈骗罪），有些罪名要求有违禁品（如贩卖毒品罪），有些罪名要求有供犯罪所用的本人财物（如倒卖车票、船票罪），有些犯罪无任何赃物的要求（如侮辱罪）。因此，赃与罪名无必然关联性。举例而言，故意杀人罪中，可能有违法所得（如杀人报酬），也可能有供犯罪所用的本人财物（如杀人的菜刀），也可能完全没有违法

---

① 本书认为此案提起不当得利之诉正确，但公安机关冻结被告存款行为于法无据。

所得和犯罪工具，如赤手空拳将他人打死。再如，盗窃尸体、尸骨犯罪的，其法益侵害的本质是对社会公序和善良风俗的破坏，所以以侮辱尸体罪定罪量刑，但是，这并不妨碍公安机关将被盗窃的尸体、尸骨认定为违法所得，并依法追回[①]。(3) 赃与罪数的关系。通说认为，罪数形态包括“单纯的一罪”“包括的一罪”“科刑的一罪”“并罚的一罪”等多种分类。但无论何种分类，罪数的多少都不影响赃的认定。举例而言，入室抢劫犯罪的，构成非法侵入住宅罪和抢劫罪，但属于牵连犯，最终认定为抢劫罪为一罪加重处罚。抢劫行为中是否有犯罪所得、是否使用凶器（如砍刀）、是否使用违禁品（如枪支），都不是必然的，因案件的不同而不同。(4) 赃与犯罪形态的关系。我国的犯罪形态包括犯罪预备、犯罪既遂、犯罪未遂、犯罪中止四种形态，但无论何种形态，其与赃并无必然关联性。毕竟，每种犯罪形态都不必然有财物的出现和要求。例如，犯罪预备，可以不使用任何财物，如创造犯罪条件的预备——步行前往犯罪现场踩点。(5) 赃与犯罪进程的关系。犯罪进程只是说明犯罪行为进行到何种程度，其本身与是否使用财物、获得财物无必然关联。例如，犯罪报酬有可能是在犯罪结束或者犯罪尚未开始之前支付的，与犯罪的进程是否开始和结束无直接关系。再如，专门用于逃避侦查所穿戴的鸭舌帽、衣物、墨镜、口罩等，其在犯罪前、中、后都可以使用。

概言之，通过财物形态、罪名、罪数、犯罪进程等判断赃都不尽合理，关键在于犯罪过程中是否有使用财物或者因犯罪而获取财物。进言之，只要与犯罪有关联且属于《刑法》第六十四条所指的违法所得、违禁品和供犯罪所用的本人财物都属于本书所主张的赃。

---

① “尸体一般也不认为是财物，盗窃尸体罪（侮辱、故意毁坏尸体、尸骨、骨灰罪选择罪名中的部分）与盗窃罪之间也不存在独立竞合关系。”陈兴良、周光权、车浩等《刑法总论精释》（下）第三版，人民法院出版社，第618页。与此观点不同的是，本书坚持认为，只要对人有价值，有追缴必要的，都可以成为财物，并非局限于经济价值。

第三章　赃的认定与辨析

对某一事物的认定，是搞清其内涵，辨析其与其他事物界限的基本前提。追赃的很多知识内容其实都完全浸没于对涉案财物的研究当中。然而，机械地将涉案财物等同于赃或者将追缴涉案财物本身与追赃等同是令人无法接受的。赃的认定，就是从赃的概念、范围、辨析等内容的研究出发，全面释明赃的内涵和外延，并以当前赃认定的法律渊源及司法实务为落脚点，解释清楚赃为什么不是涉案财物，赃为什么不能局限于违法所得，目的在于将赃的内涵（如图3－1）回归其本位，定分止争。

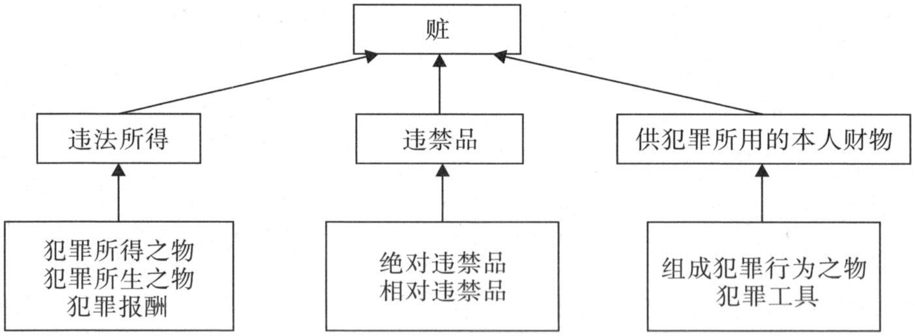

图3－1　赃的内涵

第一节　赃的认定

一、违法所得

（一）概　念

我国《刑法》分则中存在“违法犯罪所得”“违法所得”“非法所得”“犯罪所得”等多种称谓。例如，在高利转贷罪，内幕交易、泄露内幕信息罪，销售假冒注册商标的商品罪，侵犯著作权罪，销售侵权复制品罪，非法经营罪，组织他人偷越国（边）境罪，运送他人偷越国（边）境罪等犯罪行为中，使用的是“违法所得”；在巨额财产来源不明罪中，使用的是“非法所得”；在洗钱罪、掩饰、隐瞒犯罪所得、犯罪所得收益罪中，使用的是“犯罪（的）所得及其产生的收益”；而《刑法》总则第六十四条则使用的是“违法所得”。违法所得包括犯罪所得和一般违法所得（行政违法所得和民事违法所得），国外刑事立法往往是直接规定为对犯罪所得的没收，《日本刑法》第十九条规定没收的对象之一是“因犯罪行为获得之物”，《德国刑法》第七十四条明确规定没收的先决条件之一是“因犯罪所得之物”，故刑法中不存在“违法所得”和“犯罪所得”含义的混淆问题①。以法律之立法意旨测度立法者已做之规定的涵盖范围，显然太抽象、太笼统，没有对规范对象做必要的界定，以致可能使不该被包括的案型包括进去。是故，在适用上有将适用范围依规范目的予以限缩的必要②。我国《刑法》第六十四条的“违法所得”理应缩限解释为符合犯罪构成要件的违法所得（即事实上的犯罪所得），不包括一般违法所得。其一，总则是统领整部《刑法》的，其规定的是原则性内容，适用于所有分则条款。由此，作为追赃的根本法条——《刑法》第六十四条，其所称的“违法所得”理应为标准称谓。其二，如果将其解释为犯罪无关的一般违法所得的财物并予以没收，势必会涉及一般违法

① 谢雄伟：《论刑事违法所得没收的本质、内涵与计算方法》，《法学论坛》2016 年 9 月第 5 期。

② 黄茂荣：《法学方法与现代民法》，法律出版社 2007 年版，第 408 页。

行为的认定问题，而一般违法行为又涉及民事违法和行政违法，显然民事违法和行政违法行为的认定有各自的专门机构和救济途径，这些都与刑法无关系，将一般违法所得涵盖在追赃之中，既节外生枝导致了不必要的麻烦，又侵害了其他机关的职权，极不妥当。刑事法律的根本目的是解决刑事犯罪相关问题，一般违法行为应通过刑事程序之外的其他程序予以解决。其三，用“违法所得”代替“犯罪所得”，可以避免在定性前对行为采用定性评价用语，防止人为陷入主观归罪的风险，特别是对审判前公安机关、检察机关一定的赃处分权视为对“犯罪”财物处分权的误解，进而认为违反无罪推定原则。其四，从相关立法沿革来看，1997 年《刑法》修订时第一百九十一条洗钱罪部分表述为“没收实施以上犯罪的违法所得及其产生的收益”，而 2005 年制定《刑法修正案（六）》时第一百九十四条又表述为“没收实施以上犯罪的所得及其产生的收益”。从历史渊源看，刑法中的“违法所得”和“犯罪所得”具有同义性。

“违法所得”是指符合犯罪构成要件且违法的行为所获得的一切财物①。对“违法所得”中的“违法”，通说认为，按照刑法的法律渊源理论和罪刑法定原则，违法中的法是指刑法，这里的刑法是从广义上理解的，不仅包括《刑法》，也包括单行的刑事法规，还包括其他行政、经济法律中有关犯罪和刑罚的法律规范②。换言之，此处的违法所得不包括民法意义上的违法所得、行政法意义上的违法所得。违法所得仅指犯罪人的违法所得，而不包括犯罪人以外的其他人没有法律依据的所得。例如，在通过给予一定数量的定金而骗取对方财物的合同诈骗案中，我们不能认为定金是违法所得，进而予以没收，这显然是常人所无法接受的。只有该财物通过犯罪行为而被犯罪嫌疑人所掌控时，该财物才成为法律意义上的“违法所得”。举例而言：案例 1，甲盗窃乙一块名贵的手表，后因保管不慎遗失被丙所拾得，丙拒不归还。案例 2，甲谎称乙的银行卡存在异常，要求其将卡内存款转入“安全账户”，乙信以为真，对卡内 10 万元进行网银转账，但由于操作失误不小心将 10 万元转到丙的账户，丙拒不归还。上述两案存在明显不

---

① 本书观点与张明楷教授类似，都是借助阶层犯罪论来认定违法所得，只是为了有助于理解，表述上稍有不同。张明楷教授的观点：“‘犯罪分子违法所得的一切财物’是指符合犯罪构成要件的违法行为所得的一切财物，不以行为人具有责任为前提，对之适用没收规定时，应当区分不同种类的没收，并实现相关规定的目的。”张明楷：《论刑法中的没收》，《法学家》2012 年第 3 期。

② 陈兴良：《刑法适用总论》（上卷），法律出版社 1999 年版，第 93 页。

同，案例1中甲显然已实实在在地取得并占有犯罪之物——手表，对甲而言是违法所得；而案例2中甲并未实际取得并占有犯罪之物——钱款，甲属于犯罪未遂，钱款对甲而言不是违法所得。两案的处理方式就大相径庭，案例1中公安机关可以对丙进行追缴，而案例2中公安机关不得对丙进行追缴，乙只能另行提起不当得利之诉挽回损失。只要具有刑事违法性的所得就是“违法所得”，其不限于具有非法占有目的的违法所得，某些不具有非法占有为目的的所得也是违法所得，如《刑法》分则第一百七十六条非法吸收公众存款罪和第二百七十二条挪用资金罪中的涉案金额未被追回前，也应视为违法所得。违法所得既包括积极所得也包括消极所得。积极所得即取得之物，如抢劫他人的财物、盗窃的首饰等；消极所得即应当失去而未失去的财物①，如税务案件中偷逃的应缴税款和骗取的出口退税税款、侵占罪中应当交出的财物而不交出、拒不支付劳动报酬罪中应当支付的劳动报酬未支付等。而依取得方式，违法所得包括通过犯罪产生之物、取得之物、报酬之物②。（1）犯罪产生之物，即通过犯罪行为产生的原本不存在的物品，如非法制造的发票。（2）犯罪所得之物，通过实施犯罪行为所获取的原本存在的物，如盗窃的汽车、赌博所赢的金钱、盗掘古墓的陪葬品等。（3）犯罪报酬，即因实施犯罪而获得的酬劳，如雇佣杀人后所获得的报酬。

（二）认　定

1. 孳息、收益

违法所得的增值部分即孳息和收益。孳息分为天然孳息和法定孳息。天然孳息即原物的“出产物”，指依物的自然属性所产生的物，如果树结果、动物产仔

---

① 如2019年7月1日实施的《最高人民法院、最高人民检察院关于办理利用未公开信息交易刑事案件适用法律若干问题的解释》第九条：“本解释所称‘违法所得’，是指行为人利用未公开信息从事与该信息相关的证券、期货交易活动所获利益或者避免的损失。”《最高人民法院、最高人民检察院关于办理内幕交易、泄露内幕信息刑事案件具体应用法律若干问题的解释》第十条：“刑法第一百八十条第一款规定的‘违法所得’，是指通过内幕交易行为所获利益或者避免的损失。”《最高人民法院、最高人民检察院关于办理受贿刑事案件适用法律若干问题的意见》第一条第一款第一项中“以明显低于市场的价格向请托人购买房屋、汽车等物品的”，此时受贿人少支付的款物就属于消极所得。同理，采取欺骗的手段，冒充VIP客户，长期享受高级服务，而少支付对应款项的，也应视为违法所得。

② 《日本刑法典》第十九条则将违法所得规定为：“犯罪行为所产生或者因犯罪行为获得之物，以及作为犯罪行为的报酬所得之物。”

等；而法定孳息是物的“使用收益”，指基于法律关系所获得的收益，如出租人根据租赁合同收取的租金、银行存款利息等。收益不是一个法律概念，而是在一般意义上使用的社会概念，《现代汉语词典》给出的释义是“生产上或商业上的收入”，《刑法》第一百九十一条“洗钱罪”和第三百一十二条“掩饰、隐瞒犯罪所得、犯罪所得收益罪”使用的是“收益”而不是“孳息”，但实质上又包括“孳息”[①]。2014 年最高法执行局观点类似，认为“收益”包括赃款赃物的自然孳息、法定孳息以及将赃款赃物置业、投资所获取的租金、股金分红等物质利益[②]。但 2019 年《最高人民法院、最高人民检察院、公安部、司法部关于办理黑恶势力刑事案件中财产处置若干问题的意见》第十二条又对孳息和收益做了严格区分。由此看来，即便是刑法和司法解释对孳息和收益的概念也存在不同认识。无论如何，对于孳息和收益在法律上并无确切的区分，至少在同一司法解释中同时出现孳息和收益时，指代不同的含义，应视情况而定。犯罪直接产生、获得的财物，也称之为直接违法所得，其孳息、收益称之为间接违法所得（或称“间接收益”）。直接违法所得和间接违法所得在一些国际公约和外国法律中较为常见，如《联合国反腐败公约》第二条第五款指出：“犯罪所得”系指通过实施犯罪而直接或间接产生或者获得的任何财产。《罗马规约》第七十七条第二款第二项规定：“本法院还可以命令没收直接或间接通过该犯罪行为得到的收益、财产和资产。”澳大利亚 2002 年《犯罪收益追缴法》规定：“犯罪收益是指全部（或部分）直接（或间接）地通过实施的犯罪而取得或实现的财产。”部分学者主张“收益”作为间接违法所得不应被没收，如我国台湾的林山田教授认为：“当事人通过犯罪行为获得一定的资金、资本之后再通过合法的投入经营生产获取的利益不应该被没收。犯罪人利用犯罪所得从事的投资合法经营活动，只能没收犯罪所得的直接收益，这是基于文明社会的理性治理之道的考虑，正如刑罚的正义理论早已摆脱‘以眼还眼、以牙还牙、以命偿命’式的朴素观念而转向一种价值相当的理性报应一样，倘若对循环增值的所有收益一律剥夺，难免又回到

---

① 如《最高人民法院关于审理掩饰、隐瞒犯罪所得、犯罪所得收益刑事案件适用法律若干问题的解释》第十条规定：“通过犯罪直接得到的赃款、赃物，应当认定为刑法第三百一十二条规定的‘犯罪所得’。上游犯罪的行为人对犯罪所得进行处理后得到的孳息、租金等，应当认定为刑法第三百一十二条规定的‘犯罪所得产生的收益’。”

② 最高法执行局负责人答记者问：《最高法发布司法解释规范刑事裁判涉财产部分执行赃款赃物收益可适当发还被害人》，袁定波整理，《法制日报》2014 年 11 月 6 日第 005 版。

了‘以眼还眼’的野蛮时代。”[①] 也有人认为，追缴的范围应以犯罪而直接所得之物为限，不包括利用该物间接所得之物[②]；持反对观点的则认为，追缴“因犯罪所得物之主旨，在不使犯人因犯罪而有利得。故虽由于事后之情形而增加其物之价值者，亦得没收之”[③]。对此，本书认同间接违法所得也应一并追缴，因为，违法所得的收益由于是在犯罪所得的基础上产生的，从根源上看，仍然是犯罪这棵“毒树”所结的“恶果”，始终难逃非法的“宿命”[④]。外国刑法和国际公约也认为违法所得及于收益，如《德国刑法典》第七十三条第二款第一句规定了“追缴命令的效力及于所得利益”，据此，违法所得的利益亦应予以追缴[⑤]。《联合国反腐败公约》第二条第五项：“‘犯罪所得’系指通过实施犯罪而直接或间接产生或者获得的任何财产。”我国对此也持肯定态度，如《最高人民法院、最高人民检察院、公安部、司法部关于办理黑恶势力刑事案件中财产处置若干问题的意见》第十五条：“涉案财产符合下列情形之一的，应当依法追缴、没收：(1) 黑恶势力组织及其成员通过违法犯罪活动或者其他不正当手段聚敛的财产及其孳息、收益；(2) 黑恶势力组织成员通过个人实施违法犯罪活动聚敛的财产及其孳息、收益……(6) 其他单位、组织、个人利用黑恶势力组织及其成员违法犯罪活动获取的财产及其孳息、收益。”《最高人民法院关于印发〈全国法院毒品犯罪审判工作座谈会纪要〉的通知》（法〔2015〕129 号）第二条：“办理毒品犯罪案件，应当依法追缴犯罪分子的违法所得，充分发挥财产刑的作用，切实加大对犯罪分子的经济制裁力度。对查封、扣押、冻结的涉案财物及其孳息，经查确属违法所得或者依法应当追缴的其他涉案财物的，如购毒款、供犯罪所用的本人财物、毒品犯罪所得的财物及其收益等，应当判决没收，但法律另有

---

① 胡成胜、王莉：《论衍生类型犯罪所得的没收规则》，《重庆大学学报》（社会科学版）2017 年第 23 卷第 3 期。

② 柯庆贤：《刑法专题研究》，（台北）三民书局 1998 年版，第 292 页。

③ 袁益波：《刑法中没收物之分类研究》，《华东政法学院学报》2004 年第 1 期，第 55 页。

④ 胡成胜、王莉：《论衍生类型犯罪所得的没收规则》，《重庆大学学报》（社会科学版）2017 年第 23 卷第 3 期。

⑤ ［德］汉斯·海因里希·耶赛克、托马斯·魏根特：《德国刑法教科书》（总论），徐久生译，中国法制出版社 2001 年版，第 954 页。

规定的除外。”此外，《高法解释》第四百四十三条[①]，《最高人民检察院、公安部关于公安机关办理经济犯罪案件的若干规定》（下称《经济犯罪案件规定》）第五十四条[②]，《最高人民法院、最高人民检察院关于办理非法采矿、破坏性采矿刑事案件适用法律若干问题的解释》第十二条[③]，《财产执行规定》第十条[④]亦有类似观点。概言之，对于孳息、收益的间接违法所得应当与直接违法所得一并予以追缴。可是，被追缴的间接违法所得如何处理？如果有被害人时，应当返还给被害人还是没收？本书认为应分情况处理：（1）如果是“必得利益”[⑤] 的，一般应一并予以返还，包括天然孳息和银行同期利率等。因天然孳息具有高度依赖原物特性，与原物并无差别，应一并追回后返还被害人。例如，被盗窃时母牛已怀孕的，后母牛被追回时，应当连同牛犊一并追回。而同期银行利率也具有确定性，无论是被害人还是犯罪人都可以确定获得，所以也应一并返还。（2）如果是被害人不确定获得的收益或者需要犯罪人投入人力、物力成本才可能获得的收益，则应没收后上缴国库。之所以非“必得利益”应没收，是因为从保护财产权的角度看，法律不应支持犯罪人对违法所得进行任何操作，特别是有风险的经营行为，否则财产权将陷入不稳定状态，甚至随时可能陷入贬损的危险。如某些射幸行为（购买彩票、赌博等）的收益有可能是暴利、也可能是血本无归，如果赚了则追缴盈利后的全部财物，而亏了只责令退赔直接违法所得的价值，显然对犯罪人来说不公平。例如，将盗窃而来的5000元全部用于购买彩票，如果中了100万元，则追缴100万元返还给被害人，如果亏了则责令退赔5000元给被害人，此做法将使追赃陷入不确定状态，并且这种只赚不赔的追赃模式，违反了

---

① 《高法解释》第四百四十三条：“被告人将依法应当追缴的涉案财物用于投资或者置业的，对因此形成的财产及其收益，应当追缴。被告人将依法应当追缴的涉案财物与其他合法财产共同用于投资或者置业的，对因此形成的财产中与涉案财物对应的份额及其收益，应当追缴。”

② 《经济犯罪案件规定》第五十四条：“犯罪分子违法所得的一切财物及其孳息，应当予以追缴或者责令退赔。”

③ 最高人民法院、最高人民检察院《关于办理非法采矿、破坏性采矿刑事案件适用法律若干问题的解释》第十二条规定：“对非法采矿、破坏性采矿犯罪的违法所得及其收益，应当依法追缴或者责令退赔。”

④ 《财产执行规定》第十条规定：“对赃款赃物及其收益，人民法院应当一并追缴。被执行人将赃款赃物投资或者置业，对因此形成的财产及其收益，人民法院应予追缴。”

⑤ 类似于《民法典》第五百八十四条的“期待利益”，即根据犯罪时的情形，被害人确定将获得的利益。

"无人应从犯罪中获益"的原则（中奖的情况下，被害人不但不亏，反而因犯罪赚了近 100 万元），对犯罪人来说是不公平的，毕竟，如果中奖的 100 万元被犯罪人挥霍掉，其要承担退赔 100 万元的不利后果。当然，这种非"必得利益"没收前应当扣除犯罪人合法的支出（如劳务支出、资金支出等）。

司法实践中，切不可将间接违法所得和直接违法所得相等同。某些犯罪案件以行为时的违法所得数额计算追诉标准，如果将孳息、收益视为行为时的违法所得本身，将导致定罪量刑的不确定性，违背罪刑相适应原则。例如，《最高人民法院关于审理挪用公款案件具体应用法律若干问题的解释》（法释〔1998〕9 号）第二条第二款："挪用公款存入银行、用于集资、购买股票、国债等，属于挪用公款进行营利活动。所获取的利息、收益等违法所得，应当追缴，但不计入挪用公款的数额。"举例而言，套路贷一套价值 100 万元的房产，案发后 6 年被公安机关追缴，此时的房子市场价值涨到 150 万元，其中 50 万元是孳息，我们不能说 150 万元是违法所得，否则对行为人量刑上不公平。概言之，对于违法所得的数额计算以行为时为主，而最终追缴应以裁判时为主，包括增值的孳息和收益。

2. 转变、转化物

《高检规则》第五百一十五条明确："犯罪嫌疑人、被告人通过实施犯罪直接或者间接产生、获得的任何财产，应当认定为'违法所得'。违法所得已经部分或者全部转变、转化为其他财产的，转变、转化后的财产应当视为前款规定的'违法所得'。来自违法所得转变、转化后的财产收益，或者来自已经与违法所得相混合财产中违法所得相应部分的收益，也应当视为第一款规定的违法所得。"[①] 该条的旨趣在于，最高司法机关认为只要财物来源于犯罪，不论其如何转变、转化，应等视为违法所得本身。某些国际公约持类似观点，如《联合国反腐败公约》第三十一条："如果这类犯罪所得已经部分或者全部转变或者转化为其他财产，则应当以这类财产代替原犯罪所得而对之适用本条所述措施。"联合

---

① 《最高人民法院、最高人民检察院关于适用犯罪嫌疑人、被告人逃匿、死亡案件违法所得没收程序若干问题的规定》（法释〔2017〕1 号）第六条，《最高人民法院、最高人民检察院、公安部、国家工商行政管理局关于依法查处盗窃、抢劫机动车案件的规定》第十一条，以及《公安部关于公安机关在办理刑事案件中可否查封冻结不动产或投资权益问题的批复》（公复字〔2001〕17 号）有类似观点。

国《打击跨国有组织犯罪公约》第十二条将没收的对象规定为“犯罪所得或价值与其相当的财产”，“犯罪的财产、设备和犯罪工具”等，对于“犯罪所得已经部分或全部转化为其他财产的”“与其他合法财产相混合的”以及前述转化或混合财产再产生的收入或其他收益，也均应没收。本书认为，其道理和证据学领域的“毒树之果”理论类似，转变、转化后的财物也应予以非难，看做违法所得本身，而不是间接所得，如果有被害人的则予以返还，如果无被害人的则予以没收。例如，将诈骗所得的钱款用于购买的高档汽车，将抢劫而来的金首饰熔铸为金块，这些变形物、置换物是违法所得本身，应依法予以追缴后返还被害人。需要注意的是，量刑上还应以转化、转变前的财物的数额为基准，否则财物转变、转化后可能导致数额不确定，使量刑失准。

3. 违法所得的“优势条件”

所谓违法所得“优势条件”，即指通过犯罪行为所取得的某种优势条件。如“名声收益”，系澳大利亚《犯罪收益追缴法》引入的一个新概念，是指行为人通过采取商业手段宣传自己或者他人因实施犯罪而直接或间接产生知名度，从而从中获取的任何利益。商业宣传的方式可以是：以书面或者电子形式公布所有的材料，使用任何能够产生可视图像、话语、声音的媒体，以及任何娱乐、演出或者采访等等①。又如，通过行贿而获得的垄断性商品专卖权。再如，串通投标罪所取得的中标资格。有学者指出，基于获得的某种资格或资质等非财产性利益而获得的财物或财产性利益，如通过行贿获得了某一项目，对从该项目中获得的财物或财产性利益也应当依法予以追缴②。本书认为，这些因犯罪而获得的某种优势条件，本质是某种机会、条件、资格，其本身并不具有财产属性，不是赃的范围，其产生收益还必须借助行为人自己的付出才能获得，不得视为违法所得，应在其他法域内予以调整。例如，对于利用不法手段而变成国家公职人员，进而进行渎职犯罪的，我们既不能因为其身份获得的不法性，进而否定其职务犯罪的本质，更不能因此没收其对应的公务员工资。如《最高人民法院、最高人民检察院关于办理行贿刑事案件具体应用法律若干问题的解释》第十一条规定，行贿犯罪取得的不正当财产性利益应当依照刑法第六十四条的规定予以追缴、责令退赔或

① 张磊：《论我国经济犯罪收益追缴制度的构建》，《政治与法律》2009 年第 5 期。

② 王晓燕：《犯罪收益追缴范围探析》，《盐城工学院学报》（社会科学版）2014 年 06 月。

者返还被害人。因行贿犯罪取得财产性利益以外的经营资格、资质或者职务晋升等其他不正当利益，建议有关部门依照相关规定予以处理。

判例 1 湖南省岳阳市中级人民法院王某、傅某某行贿、伪造公司、企业、事业单位、人民团体印章、受贿二审刑事判决书［（2017）湘06刑终397号］：

2. 对上诉人王某利用王某的职务行为获取的企业承包经营资格的处理原则。

行贿犯罪属于取得利益型犯罪，通过行贿获取的不正当利益，根据其产生方式的差异，可分为因行贿取得的不正当财产性利益和不正当非财产性利益。而“谋取不正当利益”既包括行贿人谋取的利益本身不正当，也包括谋取利益的程序不正当。

一方面，通过行贿获取的不正当财产性利益，包括可以折算为货币的物质利益以及需要支付货币的其他利益，均应认定为犯罪所得，是通过受贿人职务行为即可径直享有的现实利益，属实在性的不正当性利益。根据《关于办理行贿刑事案件具体应用法律若干问题的解释》第十一条第一款之规定：“行贿犯罪取得的不正当财产性利益应当依照刑法第六十四条的规定予以追缴，责令退赔或者返还被害人。”该款明确规定了通过行贿获取的不正当财产性利益，原则上由司法机关在刑事诉讼中通过追缴或者责令退赔等方式进行剥夺。

另一方面，针对行贿犯罪取得的不正当非财产性利益，是财产性利益以外的诸如经营资格、资质等，且通过受贿人职务行为获得的，仅仅是实现现实利益的资格、机会、条件等，主要属机会性不正当利益范畴，转化为实在性的物质利益尚需行贿人付出劳动并实施一系列的生产经营活动。行贿人获得机会性不正当利益后是否可以转化为实在性利益，具有或然性；类似资格等其本身亦无法换算为可计量的金钱和实物，故属非财产性利益。依据《关于办理行贿刑事案件具体应用法律若干问题的解释》第十一条第二款规定：“因行贿犯罪取得财产性利益以外的经营资格、资质或者职务晋升等其他不正当利益，建议有关部门依照相关规定予以处理。”该解释明确规定：对通过行贿获取非财产性利益处理的依据包括相关法律、法规、规章、制度等，处理主体为有关部门依据相关规定作出，具体处理方式不宜由司法解释进行规范。针对类似不正当非财产性利益司法机关亦无权径直处理，只能建议有关部门在刑事诉讼之外依据相关规定进行适度处理；是否及如何处理依据法律及相关司法解释规定，概与司法机关及刑事诉讼程序无关。

综上，上诉人王某于2010年在省地勘局后勤服务中心任职，采用中南公司东莞分公司由局后勤中心托管三年，并利用中南公司资质对外承包经营，该经营资格属于机会性不正当非财产性利益，而非实在性的不正当财产性利益，依法不能用货币来进行等价计量，故不能在刑事诉讼中适用财产追缴等非刑罚方法来处理。且承包经营的相关后续处理因该经营资格已过托管期限，无再行专门处理的必要；而上诉人王某利用中南公司违规经营问题，业经湖南省委巡视组调查并要求整改后，已由中南公司及省地勘局等相关责任单位进行整改：一是由局后勤服务中心按照协议完成实际承包期内的全部结算工作、核实应交管理费、清缴所欠管理费用，将已收管理费移交给中南公司；二是中南公司按照局施工管理办法要求，在2014年1月终止、取消所有分公司的规定基础上，规范经营管理，杜绝类似经营再次发生。

……而利用行贿获得企业资质等有利的经营条件，定性属于不正当非财产性利益，应当由相关机构在刑事诉讼外依规处理。犯罪的本质是侵犯合法权益，而不是犯罪人获得利益。对利用犯罪获得的有利经营条件，进行正常、守法经营所获取的经营收益，法无明文规定不可为，因经营资格等非财产利益非诉讼化地处理及阻隔，该合法经营的收益与行贿等犯罪行为之间无实质性的紧密关联，且两者之间无必然的联系。

综上，上诉人王某利用企业承包经营资格进行承包经营所取得的营业收入既不属违法所得及其他涉案财产范围，亦非违法所得形成的衍生利益，且与犯罪行为之间无必然的联系，依法不能认定为违法所得，并以不正当财产性利益而予以没收。

4. 混合财产

《联合国反腐败公约》第三十一条第五款规定，如果这类犯罪所得已经与具有合法来源的财产相混合，则应当在不影响冻结权或者扣押权的情况下没收这类财产，没收价值最高可以达到混合于其中的犯罪所得的估计价值。《财产执行规定》第十条第三款规定，如果被执行人把获取的赃款赃物与合法财产一起用于投资、置业，混合财产中赃款赃物所占的份额及在此基础上产生的收益，人民法院应当追缴。《经济犯罪案件规定》第四十七条规定："对依照有关规定可以分割的土地、房屋等涉案不动产，应当只对与案件有关的部分进行查封。对不可分割的土地、房屋等涉案不动产或者车辆、船舶、航空器以及大型机器、设备等特定动产，可以查封、扣押、冻结犯罪嫌疑人提供的与涉案金额相当的其他财物。犯罪嫌疑人不能提供的，可以予以整体查封。冻结涉案账户的款项数额，应当与涉案金额相当。"《高检规则》第二百一十一条规定："对犯罪嫌疑人使用违法所得与合法收入共同购置的不可分割的财产，可以先行查封、扣押、冻结。对无法分割退还的财产，应当在结案后予以拍卖、变卖，对不属于违法所得的部分予以退还。"《监察条例》第一百二十八条第五项规定："对被调查人使用违法犯罪所得与合法收入共同购置的不可分割的财产，可以先行查封、扣押。对无法分割退还的财产，涉及违法的，可以在结案后委托有关单位拍卖、变卖，退还不属于违法所得的部分及孳息；涉及职务犯罪的，依法移送司法机关处置。"本书主张，当违法所得与合法财产混合时，对于合法财产部分，只要是善意无过错的都应予以保护。例如，"在洗钱犯罪中，如果犯罪行为人将普通财产与违法财产混合在一起，例如放在同一账户，用以掩盖犯罪所得的来源和性质。对于这部分普通财产，法院通常视为其促进和帮助了洗钱的实施，应当予以没收"①。对于将违法所得与自己财产混合的情形，固然罪犯实施了危害社会安全的犯罪活动，但由于其仍然是具有完整人权和独立人格的人，其合法财产以及自身的体力和脑力劳动价值仍然应当同其他人一样受到法律的保护。因此，在犯罪混合所得和犯罪衍生所得中如果能够清晰地划分罪犯的合法财产和其体力、脑力劳动价值的情况，应当将这些属于罪犯的合法财产予以剥离。即使不能顺利剥离，也应当对其份额和价值予以准确计算，以便于在最终分配时妥善处理②。

5. 个人专属的合法应得利益

对于个人专属的合法应得的利益即使适用犯罪手段也不得认定为违法所得，如《最高人民法院、最高人民检察院关于办理行贿刑事案件具体应用法律若干问

① United States v. Bornfield，145F. 3d1123（10th Cir. 1998），United States v. Hawkey，148F. 3d920，928n. 13（8th Cir. 1998），United States v. Trost，152F. 3d715（7th Cir. 1998）.

② 张伟、戴哲宇：《浅析刑事涉案财物的追缴及分配》，《法学杂志》2017年第5期。

题的解释》第十一条规定："行贿犯罪取得的不正当财产性利益应当依照刑法第六十四条的规定予以追缴、责令退赔或者返还被害人。"该条款明确应当追缴的是不正当利益，不包括合法应得利益。如某教师在评定职称的过程中遭上级领导索贿，虽然该教师符合相关条件但是迫于压力向领导行贿，该教师获评职称，该利益是按照程序应该获得的利益，也是合法利益。应得利益本身是行贿人的合法利益，只是行贿人出于内部或者外部的考虑采取了不适当的利益实现方式，因此，对行贿人获取的应得利益不予没收①。但是对于非专属于自己的合法应得利益，如果采用犯罪手段获得，则属于违法所得。如《最高人民法院关于滥伐自己所有权的林木其林木应如何处理的问题的批复》明确："属于个人所有的林木，也是国家森林资源的一部分。被告人滥伐属于自己所有权的林木，构成滥伐林木罪的，其行为已违反国家保护森林法规，破坏了国家的森林资源，所滥伐的林木即不再是个人的合法财产，而应当作为犯罪分子违法所得的财物，依照刑法第六十条（现为刑法第六十四条——本书注）的规定予以追缴。"

6. 连累犯的违法所得认定

连累犯，是指事前与他人没有通谋，在他人犯罪以后，明知他人是犯罪人，而故意以各种形式予以帮助的行为。我国刑法明文规定的连累犯有窝藏、包庇罪，掩饰、隐瞒犯罪所得、犯罪所得收益罪，洗钱罪，窝藏、转移、隐瞒毒品、毒赃罪。连累犯属于一种事后从犯，连累犯是一种独立犯罪，不是共同犯罪。举例而言，甲盗窃乙价值 10 万元的手镯，后以 4 万元价卖给知情的丙，丙又以 6 万元价格卖给丁（不知情）。案发后，手镯去向不明。问：丙是否应当承当乙的损失 10 万元？或者说向丙追缴是 10 万元还是 6 万元？还是 2 万元？正如学界通说所主张的连累犯和基本犯不是共犯那样，因为属于事后行为，理应不对犯罪本身承担连带责任，亦即，连累犯只对自己的犯罪行为承担责任。若非如此，坚持要求连累犯承担前手犯罪的责任，在多手连累犯存在时，将导致靠后的连累犯可能承担无限的不确定的连带责任，有失公允。因此，本书主张应追缴 2 万元，至于 4 万元属于供犯罪所用的本人财物，按比例予以追缴，相应的，被害人乙的损失应由甲退赃和退赔，毕竟是甲将乙的财物低价变卖，并且甲也得到 4 万元的对价。

---

① 刘志红：《行贿人已获财产性利益的"没收"》，西南政法大学硕士学位论文，2017 年 4 月。

7. 物权变动与违法所得取得与否的认定

通常来说，违法所得的财物是否被犯罪人所取得，应遵循《民法典》关于物权公示的规则，即《民法典》第二百零九条：“不动产物权的设立、变更、转让和消灭，经依法登记，发生效力；未经登记，不发生效力，但是法律另有规定的除外。”第二百二十四条：“动产物权的设立和转让，自交付时发生效力，但是法律另有规定的除外。”但是，对于某些犯罪行为人故意不遵循物权变动规则而实际掌握违法所得，意图逃避侦查的行为，对于这些财物，虽然未进行实质上的物权变动，仍然不影响违法所得的认定。以未办理产权登记为例，《最高人民法院、最高人民检察院关于办理受贿刑事案件适用法律若干问题的意见》第八条：“关于收受贿赂物品未办理权属变更问题。国家工作人员利用职务上的便利为请托人谋取利益，收受请托人房屋、汽车等物品，未变更权属登记或者借用他人名义办理权属变更登记的，不影响受贿的认定。认定以房屋、汽车等物品为对象的受贿，应注意与借用的区分。具体认定时，除双方交代或者书面协议之外，主要应当结合以下因素进行判断：（1）有无借用的合理事由；（2）是否实际使用；（3）借用时间的长短；（4）有无归还的条件；（5）有无归还的意思表示及行为。”概言之，除了法律和司法解释另有规定外，违法所得的获取依然遵循《民法典》有关物权变动的规则。

二、供犯罪所用的本人财物

（一）概　念

供犯罪所用的本人财物是指行为人在实施犯罪构成要件行为过程中所使用的本人财物，包括犯罪行为组成之物和犯罪工具。

（1）犯罪行为组成之物是指构成某种犯罪所必须持有、使用的财物，如倒卖车票、船票罪中的车、船票，走私贵重金属罪中的重金属，赌博罪中的赌资，缺少这些财物就不能构成本罪。①犯罪行为组成之物不是犯罪所得。犯罪所得和犯罪行为组成之物是两种并行的法律概念，从功能上划分，犯罪行为组成之物是犯罪行为的先决条件，而犯罪所得是犯罪行为的结果，两者是前因后果的关系。如贩卖毒品罪中，毒品是犯罪行为组成之物，而销售毒品所得的款物则是贩毒行为的直接结果，有毒品才有款物，属前因后果逻辑。②犯罪行为组成之物不是犯罪工具。犯罪行为组成之物决定了犯罪的是与非，而犯罪工具决定了犯罪的强与弱。换言之，犯罪工具是服务于犯罪行为的，而犯罪行为又包含犯罪行为组成之物，亦即，犯罪工具也是服务于犯罪行为组成之物。如使用船只走私淫秽物品犯罪，这里的船只是犯罪工具，而淫秽物品是犯罪行为组成之物，船只运载淫秽物品，犯罪工具服务犯罪行为组成之物。③犯罪行为组成之物不是犯罪对象。犯罪对象是犯罪行为的直接指向，犯罪对象不属于本人的财物，特指本人之外的财物，如破坏界碑罪中的界碑、故意毁坏文物罪中的文物、非法猎捕濒危野生动物罪中的濒危野生动物。

犯罪行为组成之物，除法律另有规定外，必须在犯罪开始前即已经存在且是行为人自己所有的财物。犯罪开始前不存在的财物，经犯罪行为后而取得的财物，属于违法所得。此处的“法律另有规定”是指有些原本属于自己所有的财物，因取得方式违法，法律将其拟制为违法所得的情形。如最高人民法院在答复吉林省高院《关于宋某某滥伐的林木如何处理的请示》时所做的《关于滥伐自己所有权的林木其林木应如何处理的问题的批复》强调，对于原本自己享有所有权的林木因滥伐行为，不再是个人的合法财产，而应当作为犯罪分子违法所得的财物，依照刑法第六十条的规定予以追缴①。

（2）犯罪工具，是指行为人进行犯罪行为所用的一切器械物品，如故意杀人罪中的凶器、盗窃罪中的镊子。犯罪工具并非犯罪所必需的，如完全可以赤手空拳打死他人，也可以徒手贴身扒窃他人财物。犯罪工具必须是行为人意识物化的载体和身体行为的物质延续②。犯罪工具系增强犯罪效果和降低犯罪难度的财物，其本质是决定犯罪难易程度，而非决定犯罪的成立与否。人，作为社会主宰，不可能是目的之物，难以成为犯罪工具。正如康德法哲学中所强调的那样：“你的行为举止应该是这样：无论是你自己，还是任何其他一个人，你都应该将

---

① 1993年7月24日，《最高人民法院关于滥伐自己所有权的林木其林木应如何处理的问题的批复》：“属于个人所有的林木，也是国家森林资源的一部分。被告人滥伐属于自己所有权的林木，构成滥伐林木罪的，其行为已违反国家保护森林法规，破坏了国家的森林资源，所滥伐的林木即不再是个人的合法财产，而应当作为犯罪分子违法所得的财物，依照刑法第六十条的规定予以追缴。”

② 张阳、郭小峰：《论“犯罪工具”的内涵及其处理模式》，《昆明理工大学学报》（社会科学版）（法学）2008年5月第8卷第5期。

人类看作是目的，而永远不要看作是手段。”[①] 我们不得将被利用于犯罪的无责任能力的人或无犯罪意思的人视为犯罪工具（即间接正犯的情形），也不得将人身体的一部分视为犯罪工具，否则将得出极其荒谬的结论，比如，强奸罪中男性犯罪人的生殖器是犯罪工具、殴打他人的拳头是犯罪工具。这是匪夷所思的。

犯罪行为组成之物决定了犯罪的是与非，而犯罪工具决定了犯罪的强与弱，两者不可混淆，两者也不是非此即彼的关系。有些犯罪既可以有供犯罪所用的本人财物，也可以没有，如前述的故意伤害罪、故意杀人罪；有些犯罪必须有供犯罪所用的本人财物，如走私罪的走私物品；还有些犯罪不存在供犯罪所用的本人财物，主要是不作为的故意犯罪中，无须借助财物来实施犯罪，如丢失枪支不报罪、教育设施重大安全事故罪等，这类犯罪属于消极作为，其无须借助财物进行犯罪。

（二）认　定

1. 故意与过失

“供犯罪所用”属于故意犯罪毫无争议，但是否包含过失犯，却存在正反两种对立的观点。

否定说认为，从某种意义上说，犯罪工具可以反映行为人的犯罪动机、犯罪故意、犯罪目的以及人身危险性。也正因为要考虑行为人与犯罪工具的关系，过失犯罪中，行为人主观心理上不存在实施犯罪行为的故意，也就谈不上有专门为了实施犯罪行为所用之物，同时也无法确定将来存在着将此物用于继续实施犯罪的危险性[②]。“供犯罪所用的本人财物”应当是经过实施犯罪行为的罪犯有意识选择的、为顺利实施犯罪活动而采用的物质载体，也可以说是罪犯身体行为的物质延续[③]。李长坤法官认为，“供犯罪所用”是指行为人有意识地将某物用于某种用途，也就是行为人在使用时对财物为犯罪行为服务有着明确的追求[④]。我国

---

① ［德］伊曼努尔·康德：《实践理性批判》，韩水法译，商务印书馆2003年版，第95页。

② 谢丽珍、叶扬：《论犯罪工具的没收——兼评没收“供犯罪所用的本人财物”规定的不足》，《温州大学学报》2014年第27卷第4期。

③ 张伟、戴哲宇：《浅析刑事涉案财物的追缴及分配》，《法学杂志》2017年第5期。

④ 李长坤：《刑事涉案财物处理制度研究》，华东政法大学博士学位论文，2010年5月16日。

台湾的洪福增先生认为，过失犯罪为无意而犯，所用之物并非犯罪专用，故没收供犯罪所用之物应以故意犯罪为限①。外国刑法也支持否定说，如《芬兰刑法典》第十章第四条“犯罪工具的没收”第二款规定：“也可以针对以下工具，作出没收归国有的命令：（1）实施的故意犯罪中使用过的物品或者财物，以及（2）与审判中的故意犯罪有紧密联系的物品或财物。它们是为实施故意犯罪而被取得，或者完全或主要地是为实施该故意犯罪而准备的，或者它们的特征特别适合于作为故意犯罪的工具。”② 英国法律规定，财物所有人向法院申请返还被没收的财物的前提必须是未对使用这些财物的犯罪表示同意，也不知道而且没有理由怀疑这些财物可能用于实施或帮助实施任何犯罪③。美国法律的规定则以“用于犯罪或拟用于犯罪之物”予以没收为原则，只有在物主能证明自己属于“无辜物主”时才得以免于被没收，而根据美国在一起案件中所确立的标准，一个“无辜物主”必须符合“既没有卷入犯罪行为，又尽了一切合理的努力去阻止犯罪行为人对其财产的使用”④。

肯定说认为，过失犯和故意犯均属犯罪，对两种犯罪过程中的物应一视同仁地予以没收。部分国外法律支持肯定说，如《德国刑法典》第七十四条 a 在关于“没收的扩充条件”中规定：“由于轻率而致使该物或权利被用于犯罪或预备犯罪的工具，或成为犯罪客体的，才可没收。”有学者认为，过失犯罪并不属于意外事件，被告人主观上仍有罪过，对包含使用犯罪工具在内的自身行为有明确认知，仅是对犯罪后果所持心态与故意犯罪不同。以被告人对犯罪后果的心态作为犯罪工具的认定标准似乎过于牵强⑤。黄荣坚先生认为法律并未明确没收以故意犯罪为限，所以可以没收过失犯罪使用之物。如果一个粗心大意的人一再开车撞人，那么没收其车辆也是可行的宣告，因为毕竟不是任何人都有钱一直买车，也不是随处都能借到车⑥。我国台湾的云林县地方法院在 1970 年 6 月召开司法座谈

---

① 洪福增：《刑法之理论与实践》，台湾五南图书出版有限公司 1988 年版，第 473 页。

② 《芬兰刑法典》，肖怡译，北京大学出版社 2005 年版，第 36 页。

③ 谢丽珍、叶扬：《论犯罪工具的没收——兼评没收“供犯罪所用的本人财物”规定的不足》，《温州大学学报》2014 年第 27 卷第 4 期。

④ Calero – Toledo v. Pearson Yacht Leasing Co. , 416 U. S. 663, 668 (1974) .

⑤ 邹啸弘：《普通程序中涉案财物处置程序问题研究》，湘潭大学博士学位论文，2016 年 12 月。

⑥ 黄荣坚：《基础刑法学》（上），台湾元照出版公司 2004 年版，第 59 页。

会议进行法律问题研究，主题即过失犯罪所用之物而非违禁物，是否得以没收的问题。研究结果：《刑法》第三十八条第一项第二款及第三项规定，供犯罪所用之物，如系属于犯人所有者，得没收之。故意犯系属犯罪，过失犯亦属犯罪，所以过失犯所用之物如确属犯人所有者，得没收之①。

本书赞同否定说，理由是：其一，“供”字体现了行为人主观意图，既对犯罪有认识，又刻意将该财物用于危害社会的犯罪之中，具有主观故意成分。如果被告人主观上缺乏将财物用于犯罪行为的违法性认识，就谈不上有意识地将财物用于犯罪，故不存在对过失犯罪使用之物的没收。其二，故意犯和过失犯虽然同属犯罪，但从主观恶性来说，故意犯的社会危害性更大。“供犯罪所用”反映滥用财物所有权的可责性。该财物虽为犯罪人合法所有，但犯罪人在行使所有权时，违反了法律规定。我国《民法典》第三十二条规定，民事主体不得滥用民事权利损害国家利益、社会公共利益或者他人合法权益。行为人将本人合法所有的财物刻意用于犯罪活动，严重损害了公共利益和他人合法权益，当然应予刑事谴责。其三，故意犯在使用犯罪工具时，意图明显且具有再次使用的可能，而过失犯则随意性强，行为不可预测，行为人不具有目的性，难保再次使用该财物，对其财物的没收难以实现特殊预防功能。至于黄荣坚先生所提到的，如果一个粗心大意的人一再开车撞人的案例，本书认为，对于这种反复过失行为造成犯罪的行为，宜对人进行保安处分而不是物，如依据我国道路交通安全法的规定，违反交通规则造成交通事故构成刑事犯罪的，是可以吊销肇事者驾驶证的，严重的甚至终生不得考取驾驶证。人的潜在危险性一直存在，只有对人本身采取保安处分才可以消除这种危险，实现特殊预防，因为如果仅没收其车辆，行为人仍然可以驾驶他人的车辆而造成交通事故，无助于消除这种危险。其四，我国的法律法规多从财物的“专门性”“主要”来界定“供犯罪所用的本人财物”。如《中华人民共和国药品管理法》第一百一十八条第二款规定：“对生产者专门用于生产假药、劣药的原料、辅料、包装材料、生产设备予以没收。”《中华人民共和国产品质量法》第六十条规定：“对生产者专门用于生产本法第四十九条、第五十一条所列的产品或者以假充真的产品的原辅材料、包装物、生产工具，应当予以没收。”此外，《最高人民法院、最高人民检察院关于办理赌博刑事案件具体应用

---

① 蔡墩铭：《刑法暨特别法立法理由、判解决议、令函释示、实务问题汇编》，（台北）五南图书出版公司 1977 年，第 192 页。

法律若干问题的解释》第八条、《最高人民法院、最高人民检察院关于办理非法采矿、破坏性采矿刑事案件适用法律若干问题的解释》第十二条、《最高人民法院、最高人民检察院关于办理侵犯知识产权刑事案件具体应用法律若干问题的解释（三）》（法释〔2020〕10号）第七条第一款等①也从“专门性”“主要”等方面来认定犯罪财物的可没收性，而“专门”“主要”两词显然是有意而为之，相反，对于过失犯罪所使用的财物要求没收却鲜有规定，是故，“供犯罪所用的本人财物”仅体现在故意犯罪之中。

概言之，“供犯罪所用”应当是被告人有意识地主动使用，而非财物单纯从客观上促进了犯罪结果的发生。

2. “犯罪”的理解

“供犯罪所用的本人财物”中的“犯罪”根据当然解释，其是动词，仅指符合《刑法》分则规定的犯罪构成要件行为。虽然刑法理论将广义的犯罪行为分为预备行为、实行行为、共犯行为等，但我国《刑法》分则所规定犯罪构成要件行为除了实行行为外，还包括预备行为（如准备实施恐怖活动罪）、共犯行为（如帮助信息网络犯罪活动罪、协助组织卖淫罪），这些行为都是被刑法所拟制为“实行行为”的行为，亦即，学界中常说的“预备行为实行化”和“帮助行为实行化”等。因此，“供犯罪所用的本人财物”中的“犯罪”不是理论中所称的预备行为、实行行为、共犯行为中的任何一种，而是指符合《刑法》分则犯罪构成要件的行为，或者说是狭义的实行行为。我国《刑法》分则规定的构成

---

① 《最高人民法院、最高人民检察院关于办理赌博刑事案件具体应用法律若干问题的解释》第八条规定：“赌资应当依法予以追缴；赌博用具、赌博违法所得以及赌博犯罪分子所有的专门用于赌博的资金、交通工具、通讯工具等，应当依法予以没收。”《最高人民法院 最高人民检察院 公安部办理跨境赌博犯罪案件若干问题的意见》（公通字〔2020〕14号）第五条第五款：“赌博违法所得、赌博用具以及赌博犯罪分子所有的专门用于赌博的财物等，应当依法予以追缴、没收。”《最高人民法院、最高人民检察院关于办理非法采矿、破坏性采矿刑事案件适用法律若干问题的解释》第十二条：“对非法采矿、破坏性采矿犯罪的违法所得及其收益，应当依法追缴或者责令退赔。对用于非法采矿、破坏性采矿犯罪的专门工具和供犯罪所用的本人财物，应当依法没收。”《最高人民法院、最高人民检察院关于办理侵犯知识产权刑事案件具体应用法律若干问题的解释（三）》（法释〔2020〕10号）第七条第一款：“除特殊情况外，假冒注册商标的商品、非法制造的注册商标标识、侵犯著作权的复制品、主要用于制造假冒注册商标的商品、注册商标标识或者侵权复制品的材料和工具，应当依法予以没收和销毁。”

要件行为极其复杂，包括单一的构成要件行为和复合的构成要件行为。前者，如故意杀人行为，是一种剥夺他人生命的行为，虽然可以由不同动作构成，但从法益侵害的本质看，无论多少个身体动作，都是一个杀人的行为。后者，如强奸罪中，以暴力、威胁或者其他手段奸淫妇女的，暴力、威胁或者其他手段是方法行为，而奸淫是目的行为。因此，只要是分则中明确规定的行为，无论是单一行为还是复合行为，都是“供犯罪所用的本人财物”中的“犯罪”行为，而不能机械地分离，否则会得出诸如“强奸罪中，暴力、威胁等行为是预备行为，奸淫是实行行为”的错误结论。

我国《刑法》第二十二条将犯罪预备定义为“为了犯罪，准备工具、制造条件”，该条的“准备”即提供之意（但未使用），具有意图用于实行行为的目的。亦即，对于有预谋的犯罪，其使用财物的过程是：“准备财物 + 使用财物”，其包括意图使用和实际使用两个阶段。进言之，对于无预谋的犯罪，则无准备财物的过程而仅有使用财物的过程。概言之，除了犯罪预备的财物和犯罪实行的财物等与犯罪行为有关行为的财物外①，其他行为所使用的财物原则上不应认定为供犯罪所用的本人财物。不包括：（1）犯罪预备之预备行为所使用的财物。犯罪预备之预备行为，并不具有直接的法益侵害性和威胁，不得视为犯罪预备本身。如为了杀人而骑单车前往超市购买菜刀，其中菜刀是供实行行为（杀人）而用的犯罪预备财物，当属供犯罪所用的本人财物，而单车是为了犯罪预备（购买菜刀）而使用的财物，不同于凶器本身，不得视为供犯罪所用之物。（2）犯罪行为结束后的行为所使用的财物②。犯罪行为结束后，预示着犯罪法益侵害的结束，无论是犯罪既遂、未遂，还是中止，其针对法益侵害的行为已结束，后来采取的行为与法益侵害无关，对于该犯罪的认定都不可能产生直接影响，对应的财物也不得视为供犯罪所用的财物。例如，强迫他人吸毒后，被害人昏迷，行为人心软又用自己的手机拨打了110求救，将这里的手机视为赃物而追缴显然令人难以接受。再如，盗窃他人的洗衣机后用于洗衣服，洗衣机不应视为供犯罪所用的本人财物。（3）犯罪过程中与犯罪行为无关的财物。如行为人诈骗过程中的抽的香烟、绑架过程中睡的沙发，又如在犯罪人在家用于统计犯罪账目的电脑，

---

① 如共犯行为财物、保有犯罪效果行为的财物。

② 这里不包括保有犯罪效果行为，即逃避行为和对抗行为。如犯罪后用于伪装的衣帽、墨镜，用于逃跑、转移赃物的车辆，用于分解赃物的刀具等。详见下文“供犯罪所用的本人财物的认定方法”部分。

其客观上来说是证据之物，与犯罪行为的发生、发展过程无直接联系。

3. “本人财物”的认定

“本人财物”是本人所有的合法财物，不是违法财物。对于“本人财物”的不同解读：一是从惩罚与预防并重角度看，本人对财物享有所有权即可。例如，“只要行为人对该物享有所有权（或实际控制权）即可，不管该物是否为共有之物或系第三人单独所有都可予没收，这样才可以更好地防止供犯罪所用之物再次对社会造成危害”①。“本人财物”不仅指犯罪分子享有独立所有权的物，而且包括与他人共有物或物上有他物权的情形②。日本学者认为，“属于”是指行为人对需要没收的犯罪中涉及的财物享有所有权、担保物权和用益物权。只存在债权的不妨碍没收③。二是从保护第三人物权角度看，仅限个人所有。例如，“本人财物”应仅限于犯罪分子是唯一所有权主体，他人对该财物不享有权利④。林山田主张“本人财物”应为犯罪行为人对其具有法律上第三人不得主张所有权之财物⑤。根据责任主义原则，“本人财物”当然不涉及第三人财物。比如，《意大利刑法典》第二百四十条第一、二款规定，犯罪所得和“因制造、使用、持有、转让而构成犯罪的物品”应予没收，但用于犯罪或犯罪所得的物品如果属于与犯罪无关的人所有，则不得没收；如果因制造、使用、持有、转让而构成犯罪的物品，属于经“行政当局批准”非犯罪人所有的，也不属于没收范围⑥。又如，《日本刑法典》第十九条第二款“以不属于犯罪人以外的人所有为限”的没收规定，说明了对第三人享有所有权之物没收的禁止。另外，判例认为，即便是犯罪人享有所有权之物，在第三人享有抵押权等物权的场合，也不得对此物进行没

---

① 程宏：《以共有财产作为犯罪工具也应没收》，《检察日报》2009 年 8 月 31 日。

② 李中华：《供犯罪所用的本人财物的认定与处理》，《人民司法》第 2008 年第 4 期。

③ ［日］大塚仁：《刑法概说》（总论），冯军译，中国人民大学出版社 2003 年版，第 454 页。

④ 吴燕、赵祥东：《“供犯罪所用的本人财物”的认定与没收》，载《刑事审判参考（第 45 集）》，法律出版社 2006 年版，第 569 页。

⑤ 林山田：《刑罚通论》（下），蓓蓃印刷有限公司，2000 年，第 399 页。

⑥ ［意］杜里奥·帕多瓦尼：《意大利刑法学原理》（注评版），陈忠林译，中国人民大学出版社 2004 年版，第 337 页。

收[①]。三是特殊情况下，应当包括第三人财物。例如，一般情况下，供犯罪所用的本人财物应为犯罪人单独所有，但是，在拥有所有权的第三人存有恶意或者系犯罪人之家庭共有财产时，可以做出扩大解释，考虑认定为“供犯罪所用的本人财物”[②]。当然，如果被没收的财物系共有人或第三人所必须的生产、生活资料，或没收确有可能影响到第三人的正常生活的，也可不予没收[③]。《芬兰刑法典》第十章第六条规定，物品或财产全部或部分地属于其他人而非犯罪人、参与人或者实施的犯罪所代表的人或者同意实施犯罪的人，则不对其作出没收令。但是，对于第三人违禁持有、恶意取得或资助用于犯罪人犯罪活动的物品，即使原本归第三人所有或应归其所有，也得没收。《德国刑法典》第七十四条第二款第一项规定：“没收只限于下列情形：该物在判决时属于正犯或共犯所有，或者其享有处分权的……”第七十四条 a“没收的扩充条件”规定：“某物品虽不符合第七十四条第二款第一项的条件，而在判决时属于具有下列情形的人所有或者其享有处分权的，当法律规定适用本条时，也可没收：1. 至少是由于轻率而致该物或被作为犯罪或预备犯罪的工具，或成为犯罪客体的；2. 明知该物可能被没收而不当取得的。”[④]

本书认为，“本人财物”应至少是行为人享有所有权的财物，而不能是享有他物权（抵押权、质押权、留置权等）、债权的财物，否则将行为人占有、使用的他人财物予以追缴，势必侵害无辜第三人的所有权。另外，从第三人的角度看，基于“国不与民争利”的理性考量，第三人对该物的所有权（共有）、他物权、债权等合法权益均应得到平等保护。如果行为人在自己享有所有权的财物上在犯罪前已设定物权（如抵押权），这种合法、善意的物权也应受法律保护，在没收这一财物时，应保障第三人的物权实现。例如，长期用于抢夺的车辆，如果该车辆案发前银行已设立抵押权，如果将其没收时，应优先保障银行抵押权的实

① ［日］金光旭：《日本刑法中的不法收益之剥夺——以没收、追缴制度为中心》，钱叶六译，《中外法学》2009 年第 5 期，第 782 页。李冠煜、吕明利：《国际追逃追赃视野中的特别没收程序：法律属性、对象范围与证明规则》，《武大国际法评论》2018 年第 2 期。

② 李长坤：《刑事涉案财物处理制度研究》，华东政法大学博士学位论文，2010 年 5 月 16 日。

③ 李长坤：《刑事涉案财物处理制度研究》，华东政法大学博士学位论文，2010 年 5 月 16 日。

④ 李长坤：《刑事涉案财物处理制度研究》，华东政法大学博士学位论文，2010 年 5 月 16 日。

现。同理，行为人与他人共同享有所有权时，如果将其没收的，也应保障第三人合法所有权。此外，本书认为，对于实施犯罪行为时不属于自己所有，但犯罪行为之后归自己所有的财物，依法应当追缴。如甲借用乙的匕首用于行凶，后乙将该匕首赠予甲的，该匕首应当没收。换言之，只要在法院审判前行为人享有所有权，且被用于犯罪的财物，理论上来说都应当视为供犯罪所用的“本人财物”。

而对于第三人财物是否一并追缴问题，世界各国的同行做法是注重考虑其过错程度。前述《德国刑法典》第七十四条（四）款规定：“应当被追缴之物品属于第三人或者第三人有处分权的，也可对该物品命令追缴，但以第三人允许将该物品用于犯罪或者明知构成犯罪而允许使用为限。”① 第七十四条 a 在关于“没收的扩充条件”中规定“由于轻率而致使该物或权利被用于犯罪或预备犯罪的工具，或成为犯罪客体的，才可没收”。英国法律规定，财物所有人向法院申请返还被没收的财物的前提必须是未对使用这些财物的犯罪表示同意，也不知道而且没有理由怀疑这些财物可能用于实施或帮助实施任何犯罪②。美国法律的规定则对“用于犯罪或拟用于犯罪之物”予以没收是原则，只有在物主能证明自己属于“无辜物主”时才得以免于被没收，而根据美国在案件中所确立的标准，一个“无辜物主”必须符合“既没有卷入犯罪行为，又尽了一切合理的努力去阻止犯罪行为人对其财产的使用”③。显而易见，这些国家认为故意和重大过失而用于犯罪的财物都应当依法予以追缴。对此，本书的立场是，第三人有故意提供本人财物供犯罪使用的，应视为共犯，对第三人而言也是“供犯罪所用的本人财物”，应当予以没收。例如，第三人事先明知行为人将自己的财产用于犯罪而表示同意或默认④，再如，第三人在行为人实施犯罪的过程中得知其将自己的财产用于犯罪而未表示反对或未加以阻止的，财物应当被视为“供犯罪所用的本人财物”。而对于过失提供财物而供犯罪使用如前文所述，对过失行为所用财物的

---

① 《德国刑法典》，徐久生、庄敬华译，中国方正出版社 2004 年版，第 39 页。

② 谢丽珍、叶扬：《论犯罪工具的没收——兼评没收“供犯罪所用的本人财物”规定的不足》，《温州大学学报》2014 年第 27 卷第 4 期。

③ Calero – Toledo v. Pearson Yacht Leasing Co. , 416 U. S. 663, 668 (1974) .

④ 如胡康生、郎胜主编的《中华人民共和国刑法释义》中明确指出：“如果财物不是犯罪分子本人的，而是借用或者擅自使用的他人财物，财物所有人事前不知是供犯罪使用的也应当予以返还。但是，司法机关作为证据扣押的，应当等到案件审理结束后，再发还给财物所有人。”

没收无法实现保安处分的目的，不认定为“供犯罪所用的本人财物”，不应追缴[①]。对于财物是否需要享有专属所有权问题，并不影响其认定为供犯罪所用的本人财物，但追缴时不得损害他人合法权益。即，一是能够被分割的且分割不会造成其他共有人重大损失的应当分割。二是无法分割或者分割后可能造成其他共有人重大损失的，应当要求其他共有人购买该份额财物。三是其他共有人不购买或者怠于购买该份额财物的，应追缴行为人其他等值财产[②]或者将整体拍卖后把未涉案部分返还给其他共有人。

4. 预备用于犯罪之物

供犯罪所用的本人财物包括已经用于犯罪实行行为的财物毋庸置疑，但对于预备用于犯罪的财物是否属于“供犯罪所用的本人财物”不无疑问。《德国刑法典》第七十四条规定，没收适用于：①因犯罪所得之物；②用于犯罪、预备犯罪或准备用于犯罪之物；③他人享有所有权或处分权，但至少是由于其轻率而使该物或权利成为犯罪、预备犯罪的工具，或犯罪客体的；或其明知该物可能被没收后仍不当取得的[③]。《法国新刑法典》中规定：“予以没收之物是指用于或旨在用于实行犯罪之物或犯罪所生之物，但应予返还之物，不在此列。”[④]《日本刑法典》第十九条规定的可没收之物限于：①犯罪构成的物品（即成立犯罪所不可或缺之物）；②供犯罪使用的物品，或意图供犯罪所用的物品；③犯罪行为产生的（在犯罪行为实施前不存在）、通过犯罪行为获得的（犯罪行为实施前已实际存在）或实施犯罪行为获得的报酬；④上述物品的等价物[⑤]。《荷兰刑法典》第三十六c条第三项规定：“下列物品即可充公：用于实施犯罪或准备实施犯罪的

---

① 本书认为，“供犯罪所用的本人财物”的没收分为制裁没收和保安处分没收（详见本书第四章“第一节 追赃的目的与性质”），即便如此，制裁没收也应坚持以故意犯罪为前提，毕竟过失犯罪具有偶然性。

② 如2019年4月9日，最高人民检察院副检察长、全国扫黑办副主任陈国庆就《最高人民法院、最高人民检察院、公安部、司法部关于办理黑恶势力刑事案件中财产处置若干问题的意见》答记者问时强调：“采取处置等值财产时必须有证据能证明财产无法找到、被他人善意取得、价值灭失或者与其他合法财产混合且不可分割，具备这些情况，才能启动没收等值财产这种处理方式。”

③ 《德国刑法典》，徐久生、庄敬华译，中国方正出版社2004年版，第40页。

④ ［法］卡斯东·斯特法尼：《法国刑法总论精义》，罗结珍译，中国政法大学出版社1998年版，第704页。

⑤ 董文：《日本刑法中的没收制度研究》，山东大学硕士论文，2014年。

物品。”第五项又规定：“为实施犯罪制造的物品或意图用于实施犯罪的物品。”① 我国台湾地区刑法第三十八条第一项第二款规定：“所列之物没收之：供犯罪所用或犯罪预备之物。”② 不难看出，有关国家和地区认同预备犯罪之物属于供犯罪所用的财物。我国学界也认同“供犯罪所用的本人财物”，包括预备用于犯罪的财物，如张明楷教授指出，从犯罪行为的时间节点来讲，“供犯罪所用”的财物不仅包括犯罪分子已实际用于实施犯罪的财物，也包括其为进行犯罪而预备的财物（例如，为实施放火犯罪而事先准备的打火机、汽油等）③。最高人民法院原副院长刘家深在其主编的《新刑法条文释义》中，赞同对准备供犯罪所用之物的没收。该书明确指出：“供犯罪所用的财物包括实施犯罪时所用的财物和为实施犯罪所准备但尚未使用的财物，后者指为进行杀人、抢劫、盗窃等犯罪所准备但尚未使用的工具，为实施伪造国家货币而准备的工具，为进行走私而收购的物品、货物等等。”④ “总之，供犯罪所用之物及供犯罪预备之物均与犯罪有密切之联系，为消灭犯罪凭借，为预防犯罪所计，故有没收之必要。”⑤

根据《联合国打击跨国有组织犯罪公约》第十二条第一款的规定，缔约国应在本国法律框架内尽最大可能采取必要措施，以便能够没收“用于或拟用于本公约所涵盖犯罪的财产、设备或其他工具”，而《联合国反腐败公约》第三十一条也有类似的规定。我国是上述两个国际公约的缔约国，为在国内法中体现公约的要求，应将对于“用于或拟用于犯罪的财产、设备或其他工具”的“最大可能没收”原则应用于司法实践之中。再如，我国签订的许多跨境追赃条约中都明确规定犯罪工具包括准备用于实施犯罪的财产，如《中华人民共和国和委内瑞拉玻利瓦尔共和国关于刑事司法协助的条约》第十六条第五项：“犯罪工具，是指用于或者准备用于实施犯罪或者与实施犯罪有关的任何财产。”其是中委双方在国际追赃合作中应当遵循的条款。本书认同犯罪预备之物当属供犯罪所用的本人财物。从赃的本质而言，其是寄生于犯罪行为之中的财物。如前文所述，犯罪行为又包括预备行为和实行行为，故此，犯罪预备行为中的财物当属“供犯罪所用

① 《荷兰刑法典》，于志刚、龚馨译，中国方正出版社2007年版，第27页。

② 张阳、郭小峰：《论“犯罪工具”的内涵及其处理模式》，《昆明理工大学学报·社科（法学）版》2008年第8卷第5期。

③ 张明楷：《论刑法中的没收》，《法学家》2012年第3期。

④ 刘家琛：《新刑法条文释义》，人民法院出版社2001年版，第249页。

⑤ 韩忠谟：《刑法原理》，中国政法大学出版社2001年版，第289页。

的本人财物”。从我国当前的刑事法律程序看，犯罪预备的行为必须是值得科处刑罚的行为，否则无法进入立案程序，刑事追赃程序无法启动。我国《刑法总则》第二十二条规定：“为了犯罪，准备工具、制造条件的，是犯罪预备。对于预备犯，可以比照既遂犯从轻、减轻处罚或者免除处罚。”因此，如果预备行为不符合犯罪构成要件，财物便不能加以没收。对预备供犯罪行为所用的物品，即便未被使用，也属于没收的范围，这主要是基于社会保安的考量①。此外，对于犯罪预备之物②，以反复持续实施犯罪为目的准备的物品，仅使用其一部分，但其余的物品尚未使用时，也可将其视为准备供犯罪使用之物。例如，无许可证医师所存的药品尚未使用时，若使用了一部分，其他未使用的也可以没收③。对于共犯，因“个分行为全部责任”的原理，个别同案犯既遂视为全案既遂，即便个别同案犯正预备使用的财物也同样应予追缴。

5. 保有犯罪效果之物

保有犯罪效果之物包括事前保有犯罪效果之物和事后保有犯罪效果之物。其中，事前保有犯罪效果之物即犯罪预备行为的财物，如前述，理应解释为“供犯罪所用的本人财物”；而在犯罪实施完毕后为达到犯罪效果所使用的财物即事后保有犯罪效果之物，是否应视为供犯罪所用的本人财物却有争议。一种观点认为，供犯罪所用之物的本质，在于为完成犯罪所必须或者所促进。犯罪完成之后，为保有犯罪效果而利用之物，因不具备前述作用，而不应视为供犯罪使用之物。比如窃贼将所窃之财物藏于衣内，并不意味着要将衣服没收；如果藏于住宅，更不可能将不动产一并没收。将保有效果之物列入没收之列，有将没收措施

---

① ［日］大塚仁：《刑法概说》（总论），冯军译，中国人民大学出版社2003年版，第453页。

② 有学者将“犯罪预备之物”和“供犯罪预备之物”混用，如李长坤认为，准备供犯罪所用之物，也可以称为供犯罪预备之物，或意图用于犯罪之物，是指为实施符合犯罪构成要件的实行行为而准备的物品。（李长坤：《刑事涉案财物处理制度研究》，华东政法大学博士学位论文，2010年5月16日。）本书认为：“犯罪预备之物”是指犯罪预备行为的财物，其是预备行为的组成部分，如为了杀人而购买的砍刀。而“供犯罪预备之物”是指犯罪预备行为之外的物品，如前文所述，为了实施爆炸而研读爆炸原理的书籍，其是为了犯罪预备行为而准备和使用的财物，不是犯罪预备行为的组成部分。前者是为了实行行为而预备的财物，而后者是指为了预备行为而预备的财物，即“预备的预备”有关的财物。

③ ［日］福田平、大塚仁：《刑法总论讲义》，李乔等译，辽宁人民出版社1986年版，第223页。

无限扩大的危险[①]。又如，“对偶然用于犯罪的财物和在犯罪完成之后为保有犯罪效果的财物不宜认定为供犯罪所用的财物”[②]。而另一种观点认为，为了与实行行为有密切关系的某种行为而使用的东西——即在着手实行以前有利于犯罪的实施，或者在施行完毕以后，以有利于逃跑、避免逮捕、确保犯罪成果等目的而实施的行为中使用的东西，也应作为供犯罪使用之物没收[③]。犯罪预备阶段和犯罪实行行为完成后所使用的物都可能会对犯罪行为的完成产生促进作用，可以被认定为供犯罪所用之物[④]。日本的相关判例亦持可以没收的观点，“在犯罪终了之后不久，为了确保其结果而供其使用的物，也应被认为是供行为使用的物”[⑤]。《芬兰刑法典》第十章第五条亦有相应规定：“用于贮藏命令予以没收的物品或者财物的容器、包装，或者其他物质，同样可以命令予以没收，如果通过其他方式执行该物品或财物的没收，有过度的不便。”司法实务中个别判例支持对保有犯罪效果之物的没收。例如，福建省泉州市丰泽区人民法院审理的林某某等非法拘禁案中［案号：（2006）丰刑初字第 282 号］，被告人林某某等人因债务纠纷将被害人毛某非法拘禁，强迫毛某在还清欠款协议书上签名并拍摄其裸照。后林某某用手机发短信给毛某威胁其不得报警，否则将裸照发到网上。一审法院判决四名被告人实施了非法拘禁罪，并有殴打、迫使被害人服用药物及强迫拍摄裸体照片的侮辱情节，予以从重处罚。林某某的手机被认定为犯罪工具而被没收。

本书认为，“事后保有犯罪效果之物”是指犯罪行为结束后，为了保证行为人预期的犯罪效果而使用的财物。从行为人的角度看，为了实现这种预期的犯罪效果而采取的行为主要包括两大类：一是逃匿，如逃离犯罪现场，干扰侦查，转

---

① 洪福增：《刑法之理论与实践》，台湾五南图书出版公司 1988 年版，第 455 页。袁益波：《刑法中没收物之分类研究》，《华东政法学院学报》2004 年第 1 期。

② 江必新：《最高人民法院关于适用〈中华人民共和国刑事诉讼法〉的解释理解与适用》，中国法制出版社 2013 年版，第 430 页。

③ ［日］木村龟二：《刑法学词典》，顾肖荣等译，上海翻译出版公司 1991 年版，第 430 页。

④ 胡成胜：《我国刑法第 64 条“没收”规定的理解与适用》，《河北法学》2012 年第 3 期，第 160 页。贺成：《我国犯罪工具没收制度研究》，西南政法大学硕士论文，第 28 页。当然，也有观点认为仅实行犯罪行为所用物方能没收，如陈兴良的《刑法适用总论》（上）（法律出版社 1999 年版，403 页）。

⑤ ［日］大塚仁：《刑法概说》（总论），冯军译，中国人民大学出版社 2003 年版，第 453 页。

移运送赃物。二是对抗，如采取暴力、威胁的方法抗拒抓捕。对应的财物，即：一是逃匿之物。如专门用于逃离现场和运输赃物的车辆，作案后用于伪装逃离犯罪现场使用的面具、假发、头套、帽子等，故意杀人后为了毁尸灭迹而携带的汽油，盗窃后为误导侦查而故意丢在现场的鞋子。二是对抗之物。如为了对抗抓捕而使用的木棒、为了逃跑而砸向被害人的手机等。保有犯罪效果的行为，既可以是对包括被害人在内的任何人，也可以是对侦查机关人员进行使用，如果针对的是侦查机关人员，一般视为反侦查行为之物。根据《刑事诉讼法》第一百零八条，侦查包括收集证据、查明案情的工作和有关的强制性措施①。反言之，反侦查是指一切对抗证据收集、查明案情、强制措施的三大类行为。反侦查行为虽然其本质上不是对法益的侵害，但在犯罪过程中具有极高的并发性和司法干扰性，危害性不言而喻，其行为所使用的财物理应予以没收。在国外，一些国家的法律对于反侦查的财物明令予以没收。如《荷兰刑法典》规定，“用于实施或者准备犯罪的物品、用于阻挠侦查犯罪的物品”应予没收。我国《刑法》第二百六十九条“关于转化型抢劫罪”的规定，即犯盗窃、诈骗、抢夺罪，为窝藏赃物、抗拒抓捕或者毁灭罪证而当场使用暴力或者以暴力相威胁的，依照抢劫罪定罪处罚。这里的“窝藏赃物、抗拒抓捕或者毁灭罪证”是最典型的反侦查行为，亦是事后保有犯罪效果的行为，也是除盗窃、诈骗、抢夺罪三类财产型犯罪之外任何犯罪都可能具备的行为。由此看来，犯罪结束不久后的行为人仍然极具破坏性和危险性，极易造成新的危害（甚至是构成新罪）。故此，本书认为犯罪行为结束之后越短的时间内行为人越具有危险性，也越容易逃避打击，犯罪行为结束后短时间内所使用的具有确保犯罪效果的财物，应视为“供犯罪所用的本人财物”。为了避免无限扩大范围，增强可操作性，宜以“当场”来限定。进言之，犯罪结束后当场使用的具有保有犯罪效果的财物应视为“供犯罪所用的本人财物”予以追缴，而对于犯罪后较长时间后使用的财物不宜认定为“供犯罪所用的本人财物”。另外，对于非基于保有犯罪效果的目的而使用的财物，不得视为供犯罪所用的本人财物，如殴打后给被害人5000元用于补偿被害人，此5000元不具有保有犯罪效果的主观意图，不得予以追缴。对于犯罪效果已实现后再使用的财物，一般也不认为是“事后保有犯罪效果之物”，如盗窃一头牛后给牛买的

① 《刑事诉讼法》第一百零八条：“（一）侦查是指公安机关、人民检察院对于刑事案件，依照法律进行的收集证据、查明案情的工作和有关的强制性措施。”

饲料、诈骗一辆摩托车后给摩托车加的油，饲料和油都是在犯罪目的效果（非法占有他人财物）实现之后而使用的财物，不属于“事后保有犯罪效果之物”。

> **判例2** 四川省高级人民法院审理的李×舟故意杀人二审刑事裁定书［（2018）川刑终368号］裁定理由部分对手机是否属于“供犯罪所用的本人财物”时，指出：“李×舟用本人的手机与被害人联系性交易、打车进入作案现场、打车离开作案现场，该手机系供犯罪所用的本人财物，应当予以没收。”

不难看出，此案中犯罪嫌疑人联系被害人和打车进入作案现场时，手机是事前保有犯罪效果之物，而犯罪嫌疑人打车离开作案现场时，手机是事后保有犯罪效果之物。

6. 供犯罪所用的本人财物的认定方法

（1）理论争议。供犯罪所用的本人财物认定是实务难题，学界和司法实践主要存在以下几种认定方法：

“紧密联系原则”——“紧密联系原则不仅强调财物与犯罪行为之间具有某种联系，而且这种联系还必须达到一定程度而不问此联系是否限于直接联系或间接联系，只要紧密即可。”①

“直接专门理论”——“对于犯罪使用财物并非一律应当没收，只有被告人故意、直接、专门用于犯罪的财物才能被没收，为认为供犯罪使用财物的认定确立了故意、直接和专门的标准。”②“供犯罪所用的本人财物”应理解为专用于或主要用于犯罪活动的财物③。供犯罪所用之本人财物，必须直接用于犯罪，于犯罪中起决定性或促进性作用且属于犯罪人本人之财物④。“并不是所有与犯罪有

---

① 谢丽珍、叶扬：《论犯罪工具的没收——兼评没收“供犯罪所用的本人财物”规定的不足》，《温州大学学报》2014年第27卷第4期。

② 李长坤：《刑事涉案财物处理制度研究》，上海交通大学出版社2012年版，第74－76页。

③ 曲升霞、袁江华：《论我国〈刑法〉第64条的理解与适用——兼议我国〈刑法〉第64条的完善》，《法律适用》2007年第4期，第87页。

④ 李润华：《供犯罪所用的本人财物的认定与没收》，《中国检察官》2012年第3期，第66页。

联系或者使用的财物都一律认定为供犯罪所用的财物，对于非直接或专门用于犯罪的财物是否认定为供犯罪所用的财物，要结合该财物与犯罪形成的关联程度以及财物的价值与犯罪情节的轻重比较，遵循关联性原则和相当性原则，作出符合常情常理的认定。”[①]“供犯罪所用”是指在犯罪过程中直接且专门供犯罪分子实施犯罪而使用[②]。当然，在现实生活中，可能存在某物同时具有多种用途，在这个时候，只要行为人使用该物的主要目的在于犯罪或者犯罪行为人主观上具有将其用于某一特定犯罪的故意，就属于专门用于犯罪，就得没收之[③]。最高司法机关也采用专门说，如明确专门用于赌博的赌资、交通工具、通讯工具等应当予以没收[④]。

“促进联系理论”——美国主要采用该理论。其是针对洗钱犯罪、毒品犯罪中犯罪工具的没收所适用的一种理论，通过是否足够联系或密切联系进行判断。法院一般将“促进”解释为“使得某一犯罪活动的实施难度降低，或者或多或少排除了实施犯罪活动的阻碍或障碍”[⑤]。而且，联邦法院通过 Smith 案[⑥]和 Rivera 案[⑦]认定是否“促进犯罪”必须根据该物是否与犯罪活动有足够联系或者密切联系来判断。促进论降低了检察机关没收证明的要求，为避免被滥用，联邦法院通过 United States v. Chandler 一案对“足够联系”或“密切联系”的判断标准进行了统一和具体化，并从该案中得出五个应考虑的因素：该物与犯罪的联系以及在犯罪中的作用；该物的使用是否有意以及该物对犯罪的实施是否重要；该物在犯罪中使用的时间和空间范围；该物是反复使用还是偶尔使用；该物的获得、

---

① 李晓琦：《供犯罪所用的本人财物的认定——珠海中院判决何某枝贩卖毒品案》，《人民法院报》2011 年 8 月 11 日。

② 韩忠漠：《刑法原理》，中国政法大学出版社 2002 年版，第 289 页。

③ 谢财能：《台湾地区没收犯罪工具界说》，《台湾法研究》2007 年第 2 期，第 64－66 页。

④ 2005 年 5 月 11 日，《最高人民法院、最高人民检察院关于办理赌博刑事案件具体应用法律若干问题的解释》第八条第一款与第二款分别规定：“赌博犯罪中用作赌注的款物、换取筹码的款物和通过赌博赢取的款物属于赌资。通过计算机网络实施赌博犯罪的，赌资数额可以按照在计算机网络上投注或者赢取的点数乘以每一点实际代表的金额认定。”“赌资应当依法予以追缴；赌博用具、赌博违法所得以及赌博犯罪分子所有的专门用于赌博的资金、交通工具、通讯工具等，应当依法予以没收。”

⑤ United States v. 3639－2nd St.，N. E.，869 F. 2d 1093，1096（8th Cir. 1989）.

⑥ United States v. Smith，966 F. 2d 1045，1053－54（6th Cir. 1992）.

⑦ United States v. Rivera，884 F. 2d 544（11th Cir. 1989）.

维持以及使用是否出于实施犯罪的目的等[①]。犯罪工具的形式多种多样，但其本质要符合对实施犯罪起到关键性或促进性作用的工具，才具有用途上应有的专属性要求[②]。如“依据联邦第10和第11巡回法院的判例，洗钱犯罪中可予以刑事没收的财产包括三类：被洗钱的金钱或其他财产、支付给洗钱行为人的佣金或报酬和任何用于促进该犯罪的财产。所谓‘促进’，是指该财产使犯罪行为更加容易或者更少地受到阻碍”[③]。

“与违禁品相当理论”——张明楷教授主张此理论。“与违禁品相当”是指“供犯罪所用的本人财物”虽不属于法律、法规明文规定的违禁品，但其是行为人主要或者通常用于犯罪的财物。如此限制解释符合罪刑相适应原则，也可避免保安处分违反比例原则[④]。

（2）本书立场。“供犯罪”三字，体现了该财物服务犯罪的本质属性：一是功能用途的专属性。即该物的存在价值主要是服务于犯罪。二是犯罪行为的依附性。即该财物必须依附于犯罪行为，无犯罪行为则无“供犯罪所用的本人财物”。但是对“供犯罪所用的本人财物”从根源上是对行为人合法财物的剥夺，须严格限制公权力边界以防侵犯私权，因此还需引入刑法的“比例原则”予以限制。所以，对供犯罪所用的本人财物认定至少应考虑以下性质：

一是行为的依附性。上述“紧密联系原则”“直接专门理论”“促进联系理论”“与违禁品相当理论”等诸多学说，本质都是从财物在犯罪中发挥的作用进行论证，亦即，这些理论都在试图证实财物在造成法益侵害结果中发挥的作用。而本书认为“犯罪行为的依附性”更能体现财物与法益侵害结果的紧密程度：预备行为是法益侵害的前置行为，实行行为是法益侵害的直接行为，共犯行为是法益侵害的帮助行为，保有犯罪效果行为是法益侵害的巩固行为。在认定供犯罪

---

① United States v. Chandler, 36 F. 3d 358 – 369 (4th Cir. 1994).

② 刘振全：《涉众型经济犯罪中涉案财物处置问题研究》，《山东审判》（第32卷）2016年第4期。

③ 向燕：《论刑事没收及其保全的对象范围》，《中国刑事法杂志》2013年第3期。

④ “与违禁品相当理论”内涵包括：一是基本没有什么生活用途，但通常被用于犯罪，且用于犯罪时与违禁品相当的物品，如大型砍刀、迷药。二是被行为人长期或者多次用于犯罪的物品，虽然不是违禁品，但与违禁品相当，如专用于盗窃的镊子、夹子，长期反复用于电信诈骗的手机。三是偶然用于犯罪的（行为人无供犯罪使用之用意），与违禁品不相当，难以认定为供犯罪所用的本人财物。参见张明楷《论刑法中的没收》，《法学家》2012年第3期，第63页。

所用的本人财物时，直接判断该财物是否依附于以下4种行为即可，无须如此繁冗地从直接、间接、紧密、促进等多角度剖析，降低了认定难度：（1）预备行为。根据《刑法》第二十二条第一款，预备行为是指“为了犯罪，准备工具、制造条件”。首先，“为了犯罪”体现了预备行为的目的，也说明了预备行为的下一个行为必然是实行行为。因此，为了预备行为而实施的准备行为不是预备行为。其次，预备行为是为实行行为创造便利条件，其可以分为“准备工具”和“制造条件”。不难看出，“准备工具”是“制造条件”的一种，因为其常见性，刑法对其独立规定。再次，就法益侵害而言，预备行为具有侵害的危险性。概言之，判断预备行为的标准：一是该行为的下一个行为是否为实行行为，二是该行为是否为犯罪创造条件。（2）实行行为。《刑法》第二十三条规定：“已经着手实行犯罪，由于犯罪分子意志以外的原因而未得逞的，是犯罪未遂。”“着手”二字体现了犯罪从预备阶段进入实行阶段。但是何谓“着手”？根据刑法通说（即危险结果说），当行为产生了法益侵害的紧迫危险时，是着手①。因此，实行行为是能够造成法益侵害紧迫危险的行为。（3）共犯行为②。《刑法》第二十五条第一款规定，“共同犯罪是指二人以上共同故意犯罪”。狭义的共犯，包括教唆犯、帮助犯③。教唆犯，是指引起他人的犯罪意思，使他人产生犯罪决议的人。帮助犯是指对正犯提供辅助，使正犯的犯罪更容易得逞的情形。（4）保有犯罪效果行为。包括逃避行为和对抗行为。如犯罪后用于伪装的衣帽、墨镜，用于逃跑、转移赃物的车辆，用于肢解赃物的刀具等。

二是功能用途的专属性。功能用途的专属性体现在该财物必须专门用于犯罪或者主要用于犯罪，类似于张明楷教授所主张的“与违禁品相当”理论，即：（1）原始功能的单一性。基本没有什么生活用途，但通常被用于犯罪，且用于犯罪时与违禁品相当的物品。如通常不用于生活和生产的大型砍刀；虽然不是毒

---

① 张明楷：《刑法学》（第5版），法律出版社2016年版，第342页。

② 此处为狭义的共犯。

③ 广义的共犯包括共同正犯、帮助犯和教唆犯。根据犯罪支配说，犯罪本质上是由行为的主观与客观要素共同组成，在共同犯罪的场合，如果行为人以独立的实行犯罪的意思，而实质地支配犯罪行为和犯罪进程，处于主导、操纵犯罪的支配地位时，就是正犯。换言之，正犯是指实行自己的犯罪行为，实施符合刑法分则构成要件行为罪状规定的人。也就是说，共同正犯，所有同案犯都实施了实行行为。因此，本书对共同正犯部分不再具体讨论，参见实行行为。陈兴良、周光权、车浩等：《刑法总论精释》，人民法院出版社2016年版，第472–489页。

品，但用于麻醉他人的药品，如迷药；虽然不是违禁品，但用于窃听、窃照、偷拍的影音设备。（2）客观使用的专属性。被行为人长期或者多次用于犯罪的物品，虽然不是违禁品，但与违禁品相当。如为了扒窃而专门购买的镊子、夹子。“长期或多次用于犯罪”只针对个人而不是一般人。典型的如电信诈骗中的手机，对常人来说其无法解释为供犯罪用的本人财物，但对具体的行为人来说，其长期或反复使用该手机进行电信诈骗的，则可以认定为供犯罪所用的本人财物。对此，最高司法机关也明确专门用于赌博的赌资、交通工具、通讯工具等应当予以没收[①]。（3）主观目的的唯一性。某财物功能上具有一般的生活用途，虽然未多次使用甚至尚未使用于犯罪，但是行为人持有和使用时的唯一意图是犯罪，该财物也应认定为供犯罪所用的本人财物。如购买来的印刷机，目的是用于制造假币，无论该印刷机是否实际用于制造假币，行为人作案时唯一用途是用来制造假币，并无其他功能，具有目的的唯一性，应当认定为供犯罪所用的本人财物。当然，只要犯罪时具有目的的唯一性，在犯罪后，又起意将该财物用于其他用途的，不影响供犯罪所用的本人财物认定。还是以印刷机制造假币为例，行为人当时买印刷机的唯一目的是用于制造假币，在制造假币结束后，又临时起意将该印刷机用于家庭日常使用，本书认为该印刷机依然是供犯罪所用的本人财物，不能因为事后的使用而影响行为时的认定。

三是比例原则。美国法学家罗斯科·庞德（Roscoe Round）认为：“法律的作用和任务在于承认、确定、实现和保障利益，或者说以最小限度的阻碍和浪费来尽可能满足各种相互冲突的利益。”[②] 对于比例原则，德国学者托马斯·魏根特（Thomas Weigend）曾有精辟论述：“扣押权力的行使与其对公民基本权益的侵害一样应当受到宪法性比例原则的约束和规制，国家对公民财产权的干涉不得超出合理限度，即为了实现合法目的的合理需要。”[③] 比例原则在我国刑事诉讼领域亦有体现，如《刑事诉讼法》规定的5种对人的强制措施中，须以犯罪的危

---

① 《最高人民法院、最高人民检察院关于办理赌博刑事案件具体应用法律若干问题的解释》第八条第二款规定：“赌资应当依法予以追缴；赌博用具、赌博违法所得以及赌博犯罪分子所有的专门用于赌博的资金、交通工具、通讯工具等，应当依法予以没收。”

② 苏辰阳：《我国违法所得没收程序证明制度的现状及问题》，《开封教育学院学报》2016年2月20日。

③ ［德］托马斯·魏根特：《德国刑事诉讼程序》，岳礼玲、温小洁译，中国政法大学出版社2004年版，第107页。

险性、犯罪的社会危害程度、犯罪分子的人身危险性等作为考量标准。而对物的强制措施中，如《公安机关办理刑事案件适用查封、冻结措施有关规定》（以下称《查封、冻结规定》）第二十七条，冻结涉案账户的款项数额，应当与涉案金额相当。不得超出涉案金额范围冻结款项。田宏杰教授认为比例原则在我国刑法中早已存在，其指出妥当性原则对应法益保护原则，必要性原则是对应刑法的谦抑性原则，狭义的比例原则对应罪刑相适应原则①。本书完全认同田宏杰教授的观点，并以此分析比例原则在供犯罪所用本人财物中的程度认定。

广义的比例原则本身包括三项具体原则：妥当性原则（也称“合目的性原则”）、必要性原则（也称“最小干预原则”）和狭义比例原则（也称“均衡原则”）②。

（1）妥当性原则，是指采取的措施必须能够实现目的或至少有助于目的的达成。在刑法领域这种目的是法益保护，而追赃领域（特指供犯罪所用的本人财物追缴）的目的是通过对财物的没收，以实现保安处分（或制裁）。该目的建立在财物本身“罪过”之上，由此，供犯罪所用的本人财物的孳息和收益因缺乏“罪过”而不得追缴，同理，当供犯罪所用的本人财物追缴不能时，也不存在追缴其等值财产的必要③。而对于与犯罪无关的财物，不得基于实现证据价值、民事诉讼、财产刑等其他目的而追缴。我国法律法规对于与犯罪无关之物不得追缴的措施较为常见，如《刑事诉讼法》第一百一十七条、第一百四十一条、第一百四十五条，《高检规则》第二百一十条、第二百一十五条、第二百一十七条、第二百五十条以及公安部《公安机关办理刑事案件程序规定》（2020 年修订，以下称《程序规定》）第二百二十七条、第二百三十三条、第二百四十七条，都规定了对于与案件无关的财物不得查封、扣押（冻结）以及退还措施。

（2）必要性原则，是指存在多种方法均可以达成相同目的时，应当采用损害最小的方式。它在刑法领域是刑法的谦抑性原则，在追赃领域，即采取追赃措施的种类、强度必须保留最小限度，以实现对公民权利的保护。具言之，在认定供犯罪所用的本人财物方面，应坚持谦抑性，只有不得已才可以认定，这种认定

---

① 田宏杰：《比例原则在刑法中的功能、定位与适用范围》，《中国人民大学学报》2019 年第 4 期。

② 熊秋红：《刑事诉讼涉案财物处置程序检视》，《人民检察》2015 年第 13 期。

③ 与此不同的是违法所得的孳息、收益及其等值财产可以被追缴，因为违法所得从本源上来说就不具有正当性，而供犯罪所用的本人财物本源上是合法财物。

必须有助于特殊预防的实现，并且应保持在最低限度内，防止侵犯私益。在追缴措施方面，在不影响诉讼进行的情况下，应当尽量采取不影响权利人权益的措施。一方面，对供犯罪所用的本人财物追缴时，在保证诉讼正常进行的情况下，应当考虑生产、生活预留份，允许当事人适当的使用，实现增值、保值[①]。如《检察院财物规定》第四条规定："查封、扣押、冻结涉案财物，应当为犯罪嫌疑人、被告人及其所扶养的亲属保留必需的生活费用和物品，减少对涉案单位正常办公、生产、经营等活动的影响。"《最高人民法院、最高人民检察院、公安部、司法部关于办理黑恶势力刑事案件中财产处置若干问题的意见》第三条，对涉案财产采取措施，应当为犯罪嫌疑人、被告人及其所扶养的亲属保留必需的生活费用和物品。生活费用和物品除了衣物、食物、住房等生活必需品外，还应包括被追缴人职业上必须的器皿及物品，以及教育、就医上所需物品。《监察条例》第一百零五条第四款规定："冻结财产，应当为被调查人及其所扶养的亲属保留必需的生活费用。"第一百二十六条第三款："查封、扣押财物，应当为被调查人及其所扶养的亲属保留必需的生活费用和物品。"《程序规定》第二百三十条第四款规定："执行查封、扣押时，应当为犯罪嫌疑人及其所扶养的亲属保留必需的生活费用和物品。能够保证侦查活动正常进行的，可以允许有关当事人继续合理使用有关涉案财物，但应当采取必要的保值、保管措施。"另一方面，对于一些容易变质、腐烂、损毁、灭失、过期、贬值等不宜保管的财物，应采取一些变现措施和临时保管措施，以实现保值。如《程序规定》第二百三十六条第一款、第二百四十六条第二款以及《公安机关涉案财物管理若干规定》（下称《公安财物规定》）第二十一条明确，对于因自身材质原因易损毁、灭失、腐烂、变质而不宜长期保存的食品、药品及其原材料等物品，长期不使用容易导致机械性能下降、价值贬损的车辆、船舶等物品，市场价格波动大的债券、股票、基金份额等财产，可以根据具体情况，经县级以上公安机关负责人批准，在拍照或者录像后委托有关部门变卖、拍卖，变卖、拍卖的价款暂予保存，待诉讼终结后一并处理。

（3）狭义的比例原则，要求目的与手段之间必须合乎一定的比例关系，公

① 本书认为，对违法所得的追缴，不得考虑生产、生活预留份，因为违法所得从源头上来说就是违法的，不应属于行为人。

益的追求与私益的限制要相称[①]。在刑法领域是罪刑相适应原则，而在追赃（特指供犯罪所用的本人财物）领域，是指对财物的没收须与案件性质、犯罪后果、犯罪中发挥的作用、财物价值等相匹配。单从字面意义看，《刑法》第六十四条"违禁品和供犯罪所用的本人财物，应当予以没收"的表述，貌似法官对供犯罪所用的本人财物没收不具有自由裁量权，但这种不问案情，不顾财物价值，不论财物发挥何种作用而一律予以没收的法律，是违反狭义比例原则的，也极易侵害私权，不可接受。试想，开自己价值20万元的汽车，仅用于一次盗窃5000元的财物，如果不考虑财物价值、使用的次数，将20万元汽车予以没收是不可想象的。狭义的比例原则，决定了在追缴供犯罪所用的本人财物时，不得超范围追缴，不得伤及无辜。狭义的比例原则，决定了在认定供犯罪所用的本人财物时，法官应根据现有证据情况，考虑案件性质、造成的后果、财物在犯罪过程中发挥的作用以及财物价值等因素，在实现特殊预防和确保犯罪人财产在最大限度内得以保护中寻找平衡点。

不难看出，上述比例原则，既是认定供犯罪所用的本人财物又是追缴供犯罪所用的本人财物应当遵循的原则，但无论如何，在认定供犯罪所用的本人财物时，应符合比例原则，即，为实现保安处分（或制裁）之目的，在确保公益追求与私益保护相平衡的情况下，考虑案件性质、财物价值、犯罪中发挥的作用等因素，最终加以认定。

概言之，供犯罪所用的本人财物认定，须依托法官的自由裁量权，根据行为的依附性、功能用途的专属性、比例原则进行，这种认定是有序的，必须按层级进行。亦即，先判断是否存在行为的依附性，再判断功能用途的专属性，最后根据比例原则最终得以认定[②]。为便于理解，供犯罪所用的本人财物的认定方法简图见图3-2。

---

① 陈运生：《论比例原则在基本权利保障中的适用》，《广州大学学报》（社会科学版）2011年第5期，第19-24页。

② 本书认为，任何犯罪的财物，只要不符合行为的依附性、功能用途的专属性、比例原则之一，即使属于犯罪人的财物，在称谓上也不得称之为"供犯罪所用的本人财物"，而应称为涉案财物，如故意用宝马车刮倒他人致轻伤的，我们不能称宝马车为犯罪工具（供犯罪所用的本人财物），而应称之为涉案财物。

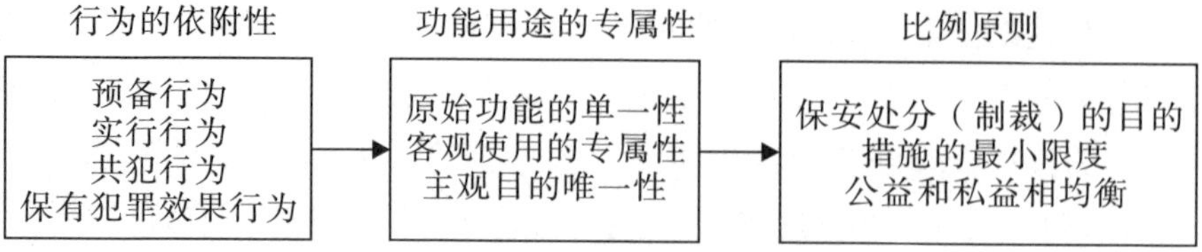

图3－2　供犯罪所用的本人财物认定方法

> **判例3**　河北省邢台市中级人民法院史某某抢劫、诈骗二审刑事裁定书［（2017）冀05刑终276号］认为："犯罪工具是指犯罪分子进行犯罪活动所使用的一切物品、器械，只要在犯罪时以犯罪为目的而使用的物品、器械，即为犯罪工具，并不要求必须是专门或者主要用于犯罪活动。"本案被告人史某某使用被害人赠与其的手机与被害人联系，虚构事实，骗取被害人的信任，诈骗被害人财物83710元，且骗取的部分财物系使用该手机的微信功能收取的，原判认定该手机系犯罪工具，并无不妥。故抗诉机关宁晋县人民检察院提出的"该手机不应作为作案工具予以没收，只有专门用于犯罪活动或者主要用于犯罪活动而偶作其他使用时，才可以认定为作案工具"，邢台市人民检察院提出的"史某某并未将此手机直接用于作案，而是作为日常使用，该手机不是作案工具"，以及原审被告人史某某提出的"不要当将手机作为犯罪工具没收"的意见，均不予采纳。

不难看出，本案判决对供犯罪所用的本人财物认定，仅考虑第一层次——行为的依附性，手机确实有用于实行行为，但并未考虑第二层次——功能用途的专属性，该手机明显有日常使用功能，不符合原始功能的单一性、客观使用的专属性、主观目的唯一性中的任何特性。因此，该判决对其没收，缺乏正当性，并不可取。

上述关于供犯罪所用的本人财物认定方法主要是基于财物的再犯可能，即保安处分的必要进行认定的，具有合理性。但是这种认定方法也是不全面的，其对于临时起意的故意犯罪则难以适用。举例而言，临时起意拿起自己家里的菜刀杀人，如果根据功能用途的专属性原理，此时的菜刀不应没收。进一步说，如果该犯罪人被判处死刑立即执行，对财物的没收以实现保安处分也是多余的。因此，审判实务中对这类犯罪工具予以没收并销毁必定存在其他缘由。本书认为，对供犯罪所用的本人财物认定不应囿于保安处分的单一目的，其还蕴含着另一原理，即对犯罪之物的制裁或报复，并且这种制裁或报复同样也遵循比例原则。从当前的司法实践看，至少重大刑事案件中可以对财物予以没收并销毁，毕竟重大刑事案件所受侵害的法益一般重于轻微的财物价值。至于其他案件是否适用制裁或报复尚需学界进一步研究①。

三、违禁品

（一）概　念

“违禁品，又称违禁物品或查禁品，是指国家规定不准私自生产、加工、交易、持有、使用、储存、运输的物品。在我国违禁品包括枪支弹药、爆炸物品、剧毒化学品、窃听窃照专用器材、毒品、迷药、管制刀具等物品。”② 违禁品有绝对和相对之分。绝对违禁品如淫秽物品，禁止任何人持有，买卖。而相对违禁品是指在特定时空、地域和人可以合法持有的财物，在此之外，均为禁止的财物。如枪支军警可以合法持有，对普通人来说是违禁品。再如，吗啡对于普通人来说是违禁品，但对于病人来说是镇痛剂。违禁品有两类：一是犯罪前即存在的，但具有天然的危险性而禁止个人持有的物品，如枪支、弹药等；二是原本不存在，通过犯罪行为而创造的违禁品，如伪造的假币、拍摄的淫秽音像资料、合成的毒品等。违禁品处理方式有二：一是直接没收后销毁，禁止其流通，危害社会，如假币、毒品等；二是没收受充公（上缴国库的一种），供有权的国家机关管理和使用，如枪支、弹药。

（二）认　定

1. 违禁品以其他禁止性规定为前提

国家之所以对某些物品进行专门管制，概因其在一定的时空和特定的人手中时存在潜在的社会危险性，而这种潜在的危险性必须是最一般的危险性，而不特

---

① 该部分内容可详见第四章第一节“追赃的目的与性质”。

② 公安部、信息产业部、商务部等七部门《关于进一步加强违禁品网上非法交易活动整治工作的通知》（公通字〔2008〕14号）之规定。

指严重程度达到刑事违法的危险性。换言之，违禁品至少被《刑法》之外的一般禁止性规定所禁止，而不是因为《刑法》的规定而被认定为违禁品。如《治安管理处罚法》第六十八条对淫秽物品有禁止性规定，明确制作、运输、复制、出售、出租淫秽的书刊、图片、影片、音像制品等淫秽物品处治安拘留并处罚款①。《文物保护法》第六十五条规定走私文物尚不构成犯罪的，由海关依照有关法律、行政法规的规定给予处罚②。当然，我们也不能因为《刑法》禁止性规定而机械地认定某种物品是违禁品。如行贿的钱款，不能因为行贿犯罪行为而认定钱款是违禁品。又如，生产、销售假冒伪劣产品罪中，普通的假冒伪劣产品只是质量达不到要求或者存在侵权，并不属于违禁品③。再如，法律禁止私人自由贩卖外汇，但并未禁止私人持有外汇，如果把“禁止私自贩卖”亦作为违禁品之本质，就把外汇也纳入了违禁品的范畴，这样显然不够妥当④。

2. 违禁品持有、使用时须具有危险性

多数国家刑法大体都存在因违禁品具有危害公共安全、挑战公序良俗和用于实施违法犯罪的危险而规定予以没收。如《德国刑法典》第七十四条规定：“根据该物的种类和状况，使用它足以危害公共安全或有用于实施违法行为危险的，即使行为人行为时无责任能力，也得没收该物品。”《马其顿共和国刑法典》第一百条－a第一款：“对于法律禁止持有的物品以及对公共道德或公共安全构成威胁的物品，一律予以没收，任何人‘不得声称对其拥有所有权’。”危害公共安全、挑战公序良俗是指不考虑法律禁止性规定的前提下，以社会普遍观点来认定，即持有、使用该财物时一定造成侵害公共秩序、挑战善良风俗的潜在危险，

① 《治安管理处罚法》第六十八条：“制作、运输、复制、出售、出租淫秽的书刊、图片、影片、音像制品等淫秽物品或者利用计算机信息网络、电话以及其他通讯工具传播淫秽信息的，处十日以上十五日以下拘留，可以并处三千元以下罚款；情节较轻的，处五日以下拘留或者五百元以下罚款。”

② 《文物保护法》第六十四条：“违反本法规定，有下列行为之一，构成犯罪的，依法追究刑事责任：……（六）走私文物的；……”第六十五条：“违反本法规定，构成走私行为，尚不构成犯罪的，由海关依照有关法律、行政法规的规定给予处罚。”

③ 2008年2月4日，商务部办公厅在回复公安部办公厅时，对《关于进一步加强违禁品网上非法交易活动整治工作的通知》的意见（商信办便〔2008〕5号）是：违禁品应该特指国家限制或者禁止生产的物品，而普通的假冒伪劣产品只是质量达不到要求或者存在侵权，并不属于违禁品。

④ 郑健才：《刑法总则》，台湾三民书局1985年版，第308页。

如爆炸物、枪支、淫秽物品，一般人持有或使用时多用于杀伤他人或者不被道德伦理所容忍。而用于实施犯罪的危险，多指因该物品的原始属性常被用于违法犯罪的可能，如窃听器、针孔相机、迷药等。不具有潜在危险性的财物，不得认为是违禁品。如货币，即使用于赌博，也不能说其具有危险性、无法被一般人所容忍。

3. 违禁品的认定具有相对性

（1）因地域差异而被认定为违禁品，如在禁放鞭炮的地方，大量持有使用烟花爆竹，就有可能被没收。又如在监狱等地，其违禁品的范围就比通常所指的违禁品的范围更为广泛。（2）因时间差异而被认定为违禁品，如非狩猎期而持有的枪支，应被认定为违禁品。（3）因人的差异而被认定为违禁品，如枪支，对于一般公民来说为违禁品，对军警来说则为必备装备；又如吗啡，对普通公民来说属于违禁品，而对于病人来说则属于药物。我国台湾地区制定有《毒品危害防治条例》，该条例第十八条规定："查获之第一、二级毒品及专供制造或施用第一、二级毒品之器具，不问属于犯人与否，均没收销毁之；查获之第三、四级毒品及制造或施用毒品之器具，无正当理由而擅自持有者，均没收销毁之。但合于医药、研究或训练之用者，则不予销毁。"① 正因为违禁品具有相对性，所以犯罪中的财物被认定为违禁品前，必须首先确定该财物不存在合法所有人。例如，抢劫枪支罪中，如果枪支是他人合法所有的（如军警），则该财物不能被认定为违禁品，而应被认定为是违法所得（被害人合法财产）追缴后予以返还；如果该枪支是他人非法所有的（如非法自制枪支），则应认定为违禁品予以没收。

4. 违禁品没收的无因性

为了防止某种物品的公共安全或社会秩序的危险性（挑战公序良俗、有被用于违法犯罪之风险），从防卫社会的角度来说，不问其有责性，都应予以没收，这就是违禁品没收的无因性。某财物一旦被认定为违禁品，不问其主体的年龄、动机、目的，也不问是否构成犯罪、罪重罪轻、法官有没有裁量权，一律应予没收。一个犯罪案件中，违禁品和供犯罪所用的本人财物、违法所得存在一定交叉

---

① 根据《毒品危害防治条例》第二条之规定，第一级毒品为海洛因、吗啡、鸦片等及相关制品；第二级为罂粟、古柯、大麻、安非他命等及相关制品；第三级为西可马比妥等及相关制品；第四级为二丙烯基巴比妥等及相关制品。参见李长坤《论违法所得及其他涉案财物的界定——兼论对没收程序司法解释第6条的理解》，《法律适用》2017年第13期。

关系，但正是违禁品没收的无因性，即便该违禁品被违法所得或者供犯罪所用，基于其本源的违法性，在最终处理程序上，也只需认定其为违禁品进而没收即可。例如，自制的毒品用于销售的，毒品直接认定为违禁品即可，无须再认定为供犯罪所用的本人财物。再如，诈骗而来的淫秽光盘，直接认定为违禁即可，无须认定为违法所得。如我国台湾地区刑法第三十八条第二款规定："违禁物，不问属于犯罪行为人与否，没收之。"

5. 必须是与犯罪有关的违禁品

个别国家法律认为违禁品无论与犯罪是否有关都应扣押。如《俄罗斯刑事诉讼法》第一百八十二条规定：在提取过程中发现的违禁品的，不论是否与案件有关，都应予以扣押。对此，本书认为，只有制造、持有、使用、转让等行为的违禁品具有刑事违法性的才是追赃的对象，对于与犯罪无关的违禁品不得依刑事追赃程序"附带"的予以没收，否则违反刑法的谦抑性。如在搜查电信诈骗犯罪嫌疑人家里时，发现两张淫秽光盘，对于淫秽光盘不得在审判中决定予以没收，而应由公安机关依据《治安管理处罚法》予以收缴后按程序销毁。再如，在查处持刀故意伤害案件中，从行为人身上搜查出毒品的，不得在故意伤害案件中对毒品进行处置，因为该毒品并非本案的供犯罪所用的本人财物或违法所得，对其没收或销毁的，即处置与犯罪无关的财物具有违诉讼正当性。概言之，在侦查中发现上述与本案无关的违禁品时，正确的处理方法是，先行控制，后另立他案侦查或者依行政程序予以没收。

6. 违禁品认定以裁判时为准

财物之所以被认定为违禁品，主要是因为行为人与财物发生联系时是否产生社会危险性。如果裁判时认为该财物不具有普遍的社会危险性且对应法律被修改而允许持有时，那么没收该物品便无法实现保安处分之目的，法院不得裁判没收，即使该财物在行为时被认定为违禁品。反之，如果行为时不属于违禁品，但审判时被法律认定为违禁品的，应当依法（依其他法律程序）予以没收。概言之，"物品之是否违禁，应当依照裁判时之法律规定为准，行为时器物虽尚非违禁，如裁判时已经明令禁止者，则属违禁品"①。

① 洪福增：《刑法之理论与实践》，五南图书出版有限公司1988年版，第453页。

四、多重属性的认定

当财物只是违法所得、违禁品、供犯罪所用的本人财物中的一种时，较容易认定，但是实践中同一财物在同一起案件中存在多重属性（如选择性罪名），或者在不同案件中存在多种属性时，最终该如何认定（如何处理）就存在疑问了。如《刑法》第一百二十条之六“非法持有宣扬恐怖主义、极端主义物品罪”，恐怖主义、极端主义物品到底是供犯罪所用的本人财物还是违禁品，令人困惑。本书认为，从私益优先原则、保安处分（制裁）、“无人应从犯罪中获益”原则需要等考量，其认定顺序是：被害人的合法财产 > 违禁品 > 无被害人的违法所得 > 供犯罪所用的本人财物。即，同一财物在同一案件中具有多种属性，或者在不同案件中具有多种属性时，被害人合法财产的认定优先于违禁品的认定，违禁品的认定优先于违法所得的认定，违法所得的认定优先于供犯罪所用本人财物的认定。举例来说，甲窃取军警乙的枪支用于抢劫时，枪支对甲而言既属于违禁品，又属于被害人乙的合法财产（军警合法持有），应当优先认定为被害人的合法财产，依法追缴后返还给军警乙，而不是作为违禁品予以销毁。又如，甲盗窃乙的一个密码箱，发现里面有淫秽光盘若干，淫秽光盘既属于违法所得也属于违禁品，因此直接将淫秽光盘认定为违禁品即可，无须认定为违法所得。再如，甲将长期帮忙看赌场而获得的报酬用于赌博犯罪，劳动报酬在开设赌场罪中属于违法所得，在赌博罪中属于供犯罪所用的本人财物，应直接视为违法所得予以没收，而无须视为供犯罪用的本人财物。该规则同样适用于选择性罪名。例如，《刑法》第三百七十四条走私、贩卖、运输、制造毒品罪属于选择性罪名，如果先制造后又走私毒品，显然还是定一罪，制造毒品的时候毒品属于违法所得，走私毒品的时候毒品属于供犯罪所用的本人财物，但最终处置上，因违禁品认定的优先性，毒品无须再烦琐地认定为违法所得和供犯罪所用的本人财物，直接按违禁品予以没收即可。同理，上述“非法持有宣扬恐怖主义、极端主义物品罪”中的宣扬恐怖主义、极端主义物品看似属于供犯罪所用的本人财物，但最终认定上依然是违禁品。

当然，上述认定方法只是在财物的最终处置上有意义，在对案件定罪量刑时，依然要根据财物的不同属性分别予以认定，进而查清其犯罪事实。以上述窃取军警枪支用于抢劫为例，在最终处置上枪支被认定为被害人合法财产，依法应当追缴后予以返还，但在认定犯罪事实上，（对甲而言）枪支属于违法所得，构成盗窃枪支罪。

判例4 如河北省张家口市中级人民法院博拉·托马斯掩饰、隐瞒犯罪所得、犯罪所得收益一审刑事判决书［（2018）冀07刑初10号］：四、关于扣押在案的5.65万元现金的处理。

如前所述，根据证人张某、伯某证言，以及扣押笔录等在案证据分析，公安机关从托马斯住处查扣的5.65万元现金应认定为托马斯基于其掩饰、隐瞒犯罪所得行为所牟取的"好处费"，应作为其违法所得予以没收；但亦有证人张某、石某证言，以及银行账户明细等证据证明该笔款项系上游诈骗犯罪所得诈骗款的一部分，依法应当退还给诈骗犯罪被害人，亦即该笔款项具有上游犯罪之诈骗赃款和托马斯犯罪之违法所得"双重性质"。基于"国不与民争利"原则，为充分保障上游诈骗犯罪被害人的合法权益，该笔款项不予以没收，由查扣机关依法另案处理。

上诉案例，根据多重属性的认定规则，在最终处理环节，直接根据物的原所有人持有该物的属性进行判断即可：即5.65万元属于上游犯罪的被害人的合法财产，因此直接认定为被害人合法财产，返还给上游诈骗犯罪的被害人即可。

第二节 赃的辨析

一、赃与涉案财物[①]

（一）基本区分

关于涉案财物的概念，争议巨大，观点不一。学术概念主要包括：一是认为

① 《刑事诉讼法》第二百九十二条、第二百九十八条、第三百条都有涉案财产的表述。但是《高检规则》《高法解释》等司法解释中，又同时出现"涉案财产""涉案财物"两种表述。因此，本书认为涉案财产和涉案财物两者属于同一概念，不做区分。

司法机关应该追缴并处置的财物。如“刑事涉案财物，是指由有权司法机关依据其职权确认的与刑事案件有关并应当依法予以追缴、没收及退赔的财物”①。二是包括赃款赃物与被害人财产和被指控人合法财产在内的财产。如“涉案财物除了可能构成犯罪的赃款赃物以外，还可能包括部分被指控人或受害人的私有合法财产”②。三是与案件事实有关联，可以作为证据使用的财物。如“刑事诉讼涉案财物，是指办案机关在办理刑事案件过程中，依法采取扣押、查封、收缴、调取、没收、抽样取证等措施提取的，有证据证明与案件事实相关联或可能相关联，并可作为证据使用的财物”③。四是将涉案财物等同于赃款赃物④。五是涉案财物就是违法所得。如“涉案款（财）物，是指在刑事诉讼过程中被公检法机关依据合理理由扣押的、可能是犯罪所得的一切款项、物品及其孳息、变价款物。而不包括作案工具、违禁品，甚至不包括成为罚金、没收财产刑执行标的的被告人的合法财产”⑤。六是诉讼有关的财物。如从程序法的角度看，涉案财物是指“与刑事诉讼直接相关和间接相关的具有财产价值并受到法律保护的权利的总称”⑥。七是与犯罪有关的财物。例如，从实体法角度看，涉案财物是指“刑事案件中与犯罪相关的一切财产，具体包括犯罪工具、违法所得、违禁品与犯罪相关的其他财产等”⑦。“刑事诉讼涉案财物是指依法设立的，在刑事诉讼中与犯罪有关的各种财产和物品，包括犯罪分子本人财物、被害人合法之财物、犯罪所

---

① 李长坤：《刑事涉案财物处理制度研究》，华东政法大学博士学位论文，2010年。

② 尼双纳：《论我国刑事诉讼中被追诉人财产权的保护》，《湘潭大学》2010年，第101－102页。

③ 殷秀峰：《边远、欠发达地区刑事诉讼涉案财物管理的实践与创新——以四川冕宁试点为例》，《国家行政学院学报》2017年2月。

④ 天津市人民检察院、天津市河北区人民检察院课题组：《刑事追赃问题研究》，《法学杂志》2010年第6期。代娇娇：《贪污贿赂犯罪案件的追赃程序研究》，湘潭大学硕士学位论文，2013年6月2日。其认为，赃款赃物与刑事涉案财物没有本质的区别，因为赃的本质在于其依附于犯罪行为，而违禁品和供犯罪分子使用的作案工具均与犯罪有关，都应当受到社会的谴责和否定性评价，因此，赃款赃物不能为“犯罪行为违法所得财物”独享，还应当包括作案工具和违禁品等，与刑法的规定和通说中对刑事涉案财物的界定相谋和。

⑤ 王磊：《论我国涉案款物的扣押、处理制度》，中国政法大学硕士学位论文，2007年，第4页。

⑥ 闫永黎：《刑事诉讼中涉案财产的基本范畴》，《中国人民公安大学学报》（社会科学版）2013年第3期，第145－151页。

⑦ 栾平平：《论刑事案件中涉案财产的产权归属》，《云南大学学报》（法学版）2007年第6期，第62页。

得及其孳息、犯罪工具、利害关系人的财物和其他影响定罪量刑的财物。其他影响定罪量刑的财物一般指涉案的书证、物证或案外人代为赔偿、退还的款物。"① 八是与案件处理有关的财物。例如，刑事涉案财物是指"在刑事诉讼中与案件处理直接相关或间接相关的具有财产属性并受法律规制的各种权利形态的总称"②。"对涉案财物公开的范围也应当做广义上的理解，凡是在刑事诉讼进程中被公安机关、检察机关、人民法院依法查封、扣押、冻结、保全、拍卖、追缴、罚没等程序性处置和实体性处置的当事人财物或相关第三人财物都应该看作是涉案财物。"③ "涉案财物泛指刑事诉讼中可能与案件处理直接或间接相关的具有财产价值的物的总称。"④ 九是包括取保候审保证金在内的与案件有关的财物。例如，"我国法律规定，刑事涉案财产指的是在被指控人在刑事诉讼的过程中，被国家公安机关、检察院或者法院依法以包括扣押、调取、抽样、追查、收缴在内的其他方式提取的同案件相关的财物，具体来讲，这些财物一般包括取保候审金、正在追查、已经收缴或者扣押的现金和其他财物形式以及作案工具、违禁品"⑤。十是任何与案件有关的财物。例如，"在刑事诉讼活动中，只要被公安、检察、法院等司法机关通过扣押、冻结、查封、追缴等方式，提取与案件有关的财物，均属于刑事涉案财物的范畴"⑥。"涉案财物应是指与刑事诉讼案件有关的有形的财产物资，具体包括违法所得的一切物品、取保候审的保证金、违禁品、刑事附带民事诉讼中保全的财物、供犯罪所用的本人财物、没收的财产和罚金、特别没收程序中查封、扣押、冻结的财产等在整个刑事诉讼过程中所涉及的重要财物。"⑦ 十一是指包括财产刑在内的一切与案件有关财物。例如，刑事涉案财物

---

① 姜国峰：《刑事诉讼涉案财物处理程序研究》，青岛大学硕士专业学位论文，2017年11月23日。

② 李志远、黄冬阳等：《刑事涉案财物处理程序问题研究》，《法律适用》2014年第9期，第91页。

③ 张露：《刑事诉讼涉案财物处置公开机制研究》，西南政法大学硕士学位论文，2016年3月28日。

④ 王勇：《论刑事涉案财物处理程序——基于规范化的分析视角》，《司法论坛》2017年第5期，第102页。

⑤ 郭泉：《刑事涉案财产权处置中的刑民关系郭枭》，《法制博览》2017年12月中。

⑥ 关天姝：《刑事案件中涉案财物处理的处置问题研究》，《法制日报》2012年012版。

⑦ 李玮：《刑事诉讼涉案财物保管问题研究》，山东大学硕士学位论文，2018年3月19日。

应界定为：在刑事诉讼过程中查封、扣押、冻结、追缴与没收、责令退赔、执行的财物及其孳息，以及从其他单位和个人接收的财物与孳息，具体包括：违法所得及其孳息；供犯罪所用的财物；非法持有的违禁品；被责令退赔的财物与孳息，及其保全财物；财产刑及其保全资金；其他与案件有关的财物及其孳息①。

而规范概念包括：一是《检察院财物规定》第二条："本规定所称人民检察院刑事诉讼涉案财物，是指人民检察院在刑事诉讼过程中查封、扣押、冻结的与案件有关的财物及其孳息以及从其他办案机关接收的财物及其孳息，包括犯罪嫌疑人的违法所得及其孳息、供犯罪所用的财物、非法持有的违禁品以及其他与案件有关的财物及其孳息。"二是《公安财物规定》第二条："本规定所称涉案财物，是指公安机关在办理刑事案件和行政案件过程中，依法采取查封、扣押、冻结、扣留、调取、先行登记保存、抽样取证、追缴、收缴等措施提取或者固定，以及从其他单位和个人接收的与案件有关的物品、文件和款项，包括：（一）违法犯罪所得及其孳息；（二）用于实施违法犯罪行为的工具；（三）非法持有的淫秽物品、毒品等违禁品；（四）其他可以证明违法犯罪行为发生、违法犯罪行为情节轻重的物品和文件。"② 三是《最高人民法院关于严格执行有关走私案件涉案财物处理规定的通知》："关于刑事案件赃款赃物的处理问题，相关法律、司法解释已经规定得很明确。《海关法》第九十二条规定，'海关依法扣留的货物、物品、运输工具，在人民法院判决或者海关处罚决定作出之前，不得处理'；人民法院判决没收或者海关决定没收的走私货物、物品、违法所得、走私运输工具、特制设备，由海关依法统一处理，所得价款和海关决定处以的罚款，全部上缴中央国库。"《查封、冻结规定》第二条："（一）犯罪所得及其孳息；（二）用于实施犯罪行为的工具；（三）其他可以证明犯罪行为是否发生以及犯罪情节轻重的财物。"

不难看出，规范的涉案财物概念都采用列举法，属于非终局性、程序性的概念，从内容上看，即便是最高司法机关，对涉案财物的概念也是不统一的。最高

① 王艺璇：《侦查程序中涉案财物处置问题刍议——以贪污贿赂案件为视角》，《法制与社会》2017年6月上。

② 《查封、冻结规定》第二条也有类似规定："本规定所称涉案财物，是指公安机关在办理刑事案件过程中，依法以查封、冻结等方式固定的可用以证明犯罪嫌疑人有罪或者无罪的各种财产和物品，包括：（一）犯罪所得及其孳息；（二）用于实施犯罪行为的工具；（三）其他可以证明犯罪行为是否发生以及犯罪情节轻重的财物。"

检明显采取了“与案件有关财物”标准，而公安部采取“与案件有关财物”和“与证据有关的财物”两个标准。最高法倾向于采取“与犯罪有关的财物”标准。令人不解的是，在《查封、冻结规定》中又采取“证据有关的财物”标准。显而易见，最高司法机关对涉案财物的概念，并未完全统一，尚需要进一步厘定。

在研究涉案财物的概念之前，有必要先厘清“犯罪”与“案件”的关系。“犯罪”是指依照法律应当受刑罚处罚的危害社会的行为①。其本质是一种行为，特指主体基于其主观上的自愿性而实施的具有法益侵害性的身体举止②。“案件”是指为了查清犯罪、确定刑罚等诉讼目的，而由司法机关采取的一系列司法手段进而确保诉讼进程的事件，其不但包含调查、认定犯罪的实体性内容，还包含确保诉讼依法进行的程序性内容。前者如调查的犯罪行为以及认定犯罪是否成立的犯罪主体、犯罪结果、主观犯意、犯罪对象、赃款赃物等实体内容，后者包括侦查、起诉、审判等一系列诉讼程序。换言之，案件的外延显著高于犯罪的外延，案件是有关诉讼程序与调查犯罪的事件，属于实体与程序的结合。

涉案财物中的“案”即案件，既然指代案件，那么与犯罪有关和与刑事诉讼程序有关的财物都可以认定为涉案财物，其范围不能仅局限犯罪之物，包括违法所得、供犯罪所用的本人财物、违禁品、取保候审保证金、没收财产刑执行标的被告人的合法财产、刑事附带民事诉讼保全之物、责令退赔的财物、证据之物等一切与案件有关的财物都是涉案财物。从涉案财物的范围看，不难得出如下结论：一是并非所有涉案财物都有证据价值。如附带民事诉讼保全之物、取保候审保证金。二是不限于合法财产。既包括取保候审保证金、没收财产刑执行标的被告人的合法财产、刑事附带民事诉讼保全之物、责令退赔的财物等合法财产，还包括违法所得等不法财产。三是并非所有的财物都被处置。如由犯罪嫌疑人家属自行缴纳的取保候审保证金。某些证据之物，如故意毁坏财物案中被毁坏的财物，虽然有时为了实现证据价值（如当事人不配合的情形），可以对其进行扣

---

① 张明楷：《刑法学》，法律出版社2016年第5版，第86页。

② 陈兴良、周光权等：《刑法总论精释》，人民法院出版社2016年第3版，第157页。本书认为，追赃领域的犯罪行为除了犯罪预备行为、犯罪实行行为以及共犯行为，还包括反侦查行为，因为反侦查行为的依附性和高度普遍性，其严重扰乱侦查，间接地增加了司法机关打击犯罪、追赃挽损的难度，间接增强加了法益侵害，具有极大的危害性，在追赃领域的犯罪行为理应扩大解释包含反侦查行为。

押，但最终不得对这些财物进处置。四是包括已追缴到案之物和应追缴到案之物。如尚未追缴到案的违法所得，应视为涉案财物，否则法院无法予以判决认定和进一步追缴。由此，上述学术概念中，仅九、十、十一等三个观点更符合涉案财物的概念。

概言之，本书所指的涉案财物是一种最广义的涉案财物，即指与案件有关的一切财物，其包括与犯罪有关和与诉讼程序有关的财物。而赃是指与犯罪有关的财物，特指违法所得、违禁品和供犯罪所用的本人财物，本书将之称为狭义的涉案财物。不难看出，广义的涉案财物是狭义的涉案财物——赃的上位概念。但是，现今的学术和司法实务中将二者的概念等同的现象依然普遍。本书坚定地认为，赃属涉案财物的一种，将涉案财物视同为赃，本质是上位概念与下位概念的混淆，其既无法精当地释明赃的本质内涵，也具有偷换概念之虞，就如同在所有的语境下都将"人"统称为"动物"一样，令人困惑。

（二）内在联系

"赃"很容易被错认为"脏"，继而先入为主地得出"赃"是一种"不干净的财物"错觉，而这种"不干净的财物"通常被认为是不法所得，最终结果是将"赃"限定为犯罪所得的僵化思维。本书认为，赃的本质是与犯罪有关联性而应受到法律的追诉，而不能局限于犯罪的结果。之所以将赃认定为与犯罪有关的违法所得、违禁品和供犯罪所用的本人财物，而不仅仅是犯罪所得，概因"对物之诉"具有合理性，但是将这三者视为赃，又不可避免地与涉案财物相交叉。赃的概念何不采用当前主流的观点，直接用"涉案财物"代替，岂不是一劳永逸？如前述，涉案财物的范围明显大于赃，用涉案财物的概念无法解释赃的本质，毕竟涉案财物给人的第一感觉是与案件有关的财物（而不是与犯罪有关的财物），这种感觉还可能因人而异地得出两种不同结论：一种结论即本书所主张的最广义的涉案财物，包括任何与案件有关的财物都是涉案财物，如前述保证金、附带民事诉讼的保全财产等；而另一种结论是违法所得、违禁品和供犯罪所用的本人财物，即本书所说的"赃"。如河南省周口市中级人民法院审理的孙某某等诈骗案［（2018）豫16刑终252号］指出，经查，我国刑事诉讼涉案财物，是指与刑事诉讼案件有关的财物，包括被告人违法所得的一切财物、被害人的合法财产、违禁品和供犯罪所用的本人财物。退言之，即便大多数学者和司法机关能够得出涉案财物就是违法所得、违禁品和供犯罪所用的本人财物的通常结论，是否可以理所当然地用“涉案财物”代替本书所说的“赃”？本书认为不能，因为：一方面“涉案财物”就如同“涉案人员”一样，虽然可以指代任何犯罪行为人，但这个概念本身无法精确表明不同的诉讼阶段行为人的性质。如在对物之诉中，行为人在侦查阶段被称为“犯罪嫌疑人”，起诉阶段和审判阶段又被称为“被告人”，而执行阶段是“罪犯”，“涉案人员”的概念充其量在审判前具有指代作用，审判后再叫“涉案人员”确实欠妥；另一方面，在国际追赃领域，对审后应当追缴的财物用“涉案财物”概念，还不如用“犯罪财物”“犯罪工具”“犯罪所得”等更容易获得国际认可，毕竟“犯罪”二字较之“涉案”二字，更准确地指明了财物的犯罪性质。而用赃的概念，则不存在这个问题，在审前可以认为是疑赃，在审判后经法院判决则成为真正意义上的赃，此时的赃能够表明其本质，如果审后再用“涉案财物”表明财物性质，不免令人陷入疑惑：都判了，还涉案？可以说，“涉案财物”是个极其中性的概念，即使指代违禁品和供犯罪所用的本人财物，也无法准确指明审前的“疑赃”性质。

虽然《财产执行规定》第一条明显将赃款赃物与“供犯罪所用的本人财物”并列，换言之，赃款赃物不包括供犯罪所用的本人财物，仅包括违法所得，如有的学者所言：“赃的含义就是行为人通过犯罪行为所获得的不法收益。供犯罪所用之物虽然是实施犯罪行为的必要手段，但它本身不是通过犯罪行为所获得的，所以不应视为赃款赃物。赃款赃物基本可以等同于非法所得。”① 问题是，即便赃仅指违法所得，但是《刑事诉讼法》第五编第四章“犯罪嫌疑人、被告人逃匿、死亡案件违法所得的没收程序”中所指的“违法所得”明显应包括供犯罪所用的本人财物和违禁品。换言之，我国刑事法律体系内，违法所得的内涵是外向的，具有延展性，不能仅限于违法所得本身②。之所以将违禁品和供犯罪所用的本人财物一道纳入赃的范围，理由是：其一，赃款赃物依附于犯罪行为，与犯罪行为发生联系、侵害法益，具有可谴责性，应受社会否定性评价，这是“赃”的本质。犯罪工具和违禁品均具有这种属性，并非“犯罪行为违法所得财物”独享。其二，若将违禁品和供犯罪所用的财物排除在赃物之外，违背了刑法体系解释原则和立法技术要求，无法实现实体法上的自洽。其三，如果将违禁品等排

① 乔宇：《刑事涉案财物处置程序》，中国法制出版社 2018 年版，第 28 页。

② 在本书看来，刑事诉讼法第五编第四章“犯罪嫌疑人、被告人逃匿、死亡案件违法所得的没收程序”，也可以更名为“犯罪嫌疑人、被告人逃匿、死亡案件赃物的没收程序”。

除在赃款赃物之外，其结果是对掩饰、隐瞒这些物品的犯罪行为无法按照《刑法》第三百一十二条的规定进行有效打击。其四，从实际操作来看，与犯罪有关物品和款项只要被公安机关、检察院、法院查封、扣押、冻结，进入刑事诉讼程序，就按照赃款赃物处理，赃款赃物概念程序性、刑事涉案财物处置程序宽泛性十分明显，不具实体意义和效力，除了最终处理程序外，与其他程序并无二致①。

正如我们所主张的那样，最广义的涉案财物是指与犯罪有关的财物和与诉讼有关的财物，而赃是指与犯罪有关的财物，属于狭义的涉案财物②。本书认为，为了与“对人之诉”相协调，在审判前，用疑赃或者涉案财物，在审判后用赃物来表述较为妥当。见图3－3。

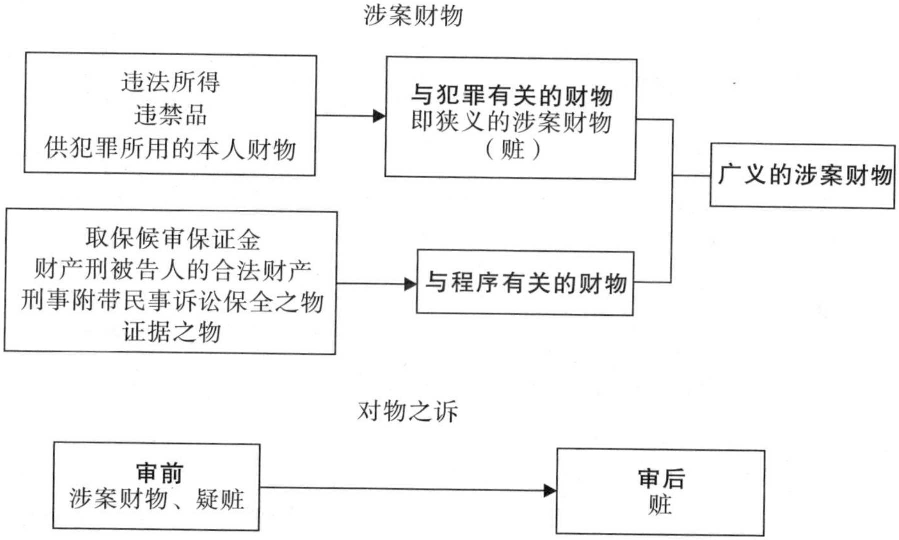

图3－3　对涉案财物的表述

判例5　湖南省岳阳市中级人民法院王某、傅某某行贿、伪造公司、企业、事业单位、人民团体印章、受贿二审刑事判决书［（2017）湘06刑终397号］：

① 天津市人民检察院、天津市河北区人民检察院课题组：《刑事追赃问题研究》，《法学杂志》2010年第2期。

② 有些无法被认定为赃的财物往往也都属于涉案财物。如不符合功能用途专属性的财物，不是供犯罪所用的本人财物但属于涉案财物，如偶然用于盗窃的汽车。

1. 对违法所得与涉案财产范围的确定。违法所得通常是指行为人从事违法活动直接获取的非法财物。针对犯罪财物的处理，《刑法》第六十四条专门规定："犯罪分子违法所得的一切财物，应当予以追缴或者责令退赔；对被害人的合法财产，应当及时返还；违禁品和供犯罪所用的本人财物，应当予以没收。"实体法规定了刑事违法所得的范围；《人民检察院刑事诉讼规则（试行）》第五百二十三条第三款以及《最高人民法院关于适用〈中华人民共和国刑事诉讼法〉的解释》第五百零九条均明确规定，犯罪嫌疑人及被告人实施犯罪行为所取得的财物及其孳息以及犯罪嫌疑人非法持有的违禁品、供犯罪所用的本人财物，应当认定为《刑事诉讼法》第二百八十条第一款规定的"违法所得及其他涉案财产"，司法解释对违法所得的范围均进一步明确与细化。作为实体法与保障实体法适用的程序法，在涉及犯罪财物非刑罚处理时，《刑法》与《刑事诉讼法》在相关概念的内涵上应保持一致性。故《刑法》《刑事诉讼法》上的违法所得即刑事违法所得，是指因犯罪分子的刑事违法行为直接产生的财物，主要包括犯罪所得及其孳息等；而因司法解释对刑事违法所得的范围扩大至因刑事违法所得所衍生的犯罪收益等，刑事违法所得与犯罪组成的财物（包括违禁品）、犯罪工具等与犯罪相关的涉案财物，共同组成刑事诉讼意义上的犯罪财物。据此，违法所得应当与其他涉案财物有所区别，具体是指因实施犯罪活动而取得的全部财物及其孳息，涉案财产的范围应为犯罪嫌疑人非法持有的违禁品、供犯罪所用的本人财物；没收违法所得是针对与犯罪相关联的特定物的处置，本质上是在刑事诉讼中对包括刑事违法所得在内的相关涉案财物即犯罪财物的权利归属做出的一种非刑罚处置，亦是因犯罪行为引发并可归责于被告人的一种责任追究。

根据本书的划分标准，该判将赃的范围限定为违法所得，而将违禁品、供犯罪所用的本人财物视为其他涉案财物，显然不但缩小了赃的范围，而且也缩小了涉案财物范围。

二、赃与证据

证据是诉讼活动通往真相的阶梯，任何具备现代化特征的司法体系都不会忽视证据裁判原则作为“帝王条款”的价值[①]。学术上，“证据”定义为“用来证明特定案件事实的载体”[②]。《刑事诉讼法》第五十条将“证据”定义为“可以用于证明案件事实的材料”，其法定形式包括8类：（1）物证；（2）书证；（3）证人证言；（4）被害人陈述；（5）犯罪嫌疑人、被告人供述和辩解；（6）鉴定意见；（7）勘验、检查、辨认、侦查实验等笔录；（8）视听资料、电子数据。无论何种定义，证据必然具有对特定犯罪事实进行证明的作用。证据和赃的区别主要是：其一，证据的范围大于赃。赃是指与犯罪行为有关的财物，虽然也能证明一定的犯罪事实具备证据价值，但其范围远小于证据。从上述8类证据看，具有赃的财产属性的证据形式只有物证、书证、视听资料、电子数据，这些证据可以具有一定的财产属性。当然，有些物证、书证虽具有财产属性也不是赃，如被撕毁的字画、嫌疑人户籍证明。另外，有些赃并无证据价值，如逃税罪中应当补缴的税款是赃，其难说有证据价值。其二，两者的最终归宿不尽相同。证据一般都随案移送，由案件终结程序的司法机关保存[③]。而赃虽然也要经司法程序，但最终归属要么是返还给被害人，要么没收后销毁或上缴国库，司法机关无权占有。其三，两者的管理方式不尽相同。证据一般只需妥善保管，保持原貌即可，而赃却需要精心管理，有时为了防止其贬值，还要采取托管、拍卖、维护等一系列保值措施，相关规定如《最高人民法院、最高人民检察院、公安部、司法部关于办理黑恶势力刑事案件中财产处置若干问题的意见》第三条、第十二条，《检察院财物规定》第十二条第五项[④]。其四，两者归案的启动机理不同。证据只需

---

① 方柏兴：《论刑事诉讼中的“对物之诉”——一种以涉案财物处置为中心的裁判理论》，《华东政法大学学报》2017年第5期，第126页。

② 陈瑞华：《刑事证据法》，北京大学出版社2018年第3版，第94页。

③ 比如，案件在侦查阶段撤案的，由侦查机关负责保存；案件被不起诉的，由检察机关保存；案件经法院判决生效的，由法院保存。

④ 《最高人民法院、最高人民检察院、公安部、司法部关于办理黑恶势力刑事案件中财产处置若干问题的意见》第三条：“根据案件具体情况，在保证诉讼活动正常进行的同时，可以允许有关人员继续合理使用有关涉案财产，并采取必要的保值保管措施，以减少案件办理对正常办公和合法生产经营的影响。”第十二条：“对于不宜查封、扣押、冻结的经营性财产，公安机关、人民检察院、人民法院可以申请当地政府指定有关部门或者委托有关机构代管或者托管。”《检察院财物规定》第十二条第五项：“易损毁、灭失、变质等不宜长期保存的物品，易贬值的汽车、船艇等物品，经权利人同意或者申请，并经检察长批准，可以及时委托有关部门先行变卖、拍卖，所得款项存入唯一合规账户。先行变卖、拍卖应当做到公开、公平。”

具有证明案件事实的功能即可予以查封、扣押、冻结，不问是否有财产价值；而赃必须具有财产属性才可以启动追缴程序。比如，被打碎古董瓷器，仍然具有证据价值，为实现证据价值可以扣押在案，但因其无财产价值，无追缴（并处置）的必要。概言之，证据范围大于赃，赃是证据中具有财产价值属性的财物，可以是书证、物证、视听资料、电子数据三类。其五，证据具有价值优先性，而赃不一定有优先性。证据价值的优先性，体现在权利人不得基于所有权等物权而排斥，只要持有证据，任何人不得对抗司法办案机关的调查取证。而赃则不存在优先性，如赃与其他合法财产混合时，如果分割可能造成其他合法财产重大损失的，可以不整体追缴，而是采取追缴行为人等值财产的方式实现追赃意图。

三、赃与犯罪对象

犯罪对象是犯罪行为的直接指向，包括人和物。赃与犯罪对象的相同之处在于，当赃是违法所得时，其可能也是犯罪对象。如盗窃他人财物时，财物既是违法所得又是犯罪对象。又如，受托故意毁坏他人财物案中所获得的犯罪报酬，此时犯罪对象不是劳动报酬而是被毁坏的财物。两者的不同点包括：一是范围不尽相同。赃不能是人，而犯罪对象可以是人。二是罪过形式不尽相同。赃仅指故意犯罪中的财物，而犯罪对象无此限制，过失犯罪也有犯罪对象，如过失毁坏文物罪中的文物。三是最终结局不尽相同。赃只要存在就必须予以追缴，而犯罪对象即使存在也不一定追缴，如当犯罪对象是人时，就不存在追缴的问题。四是救济途径不尽相同。赃可以追缴或者责令退赔方式得以救济，而犯罪对象未必。如被盗窃的财物（赃）必须通过追缴或者责令退赔方式获得补救，而故意损毁的财物（犯罪对象）则往往通过刑事附带民事诉讼的方式获得救济。

第四章　追赃的原理

追赃的原理是指具有普遍意义的追赃规律，是追赃实践的基本遵循。只有掌握追赃的原理，才能抓住追赃的核心规律和本质，才能以不变应万变，避免追赃失误。追赃原理是所有司法办案人员启动追赃程序前的内心确信，是认定、追缴、处置赃款赃物时都不可偏离的准则尺度。为实现报应、涤除犯罪和“无人应从犯罪中获益”的追赃目的，追缴、发还、责令退赔、没收等追赃措施天然具备了某种性质，而这些目的和性质又以追赃的发动条件为前提，并逻辑性地追溯到相应的法律渊源。

第一节　追赃的目的与性质

一、追赃的目的

德国著名的法学家鲁道夫·冯·耶林（Rudolph von Jhering）指出：“目的是全部法律的创造者。每条法律规则的产生都源于一种目的，即实际的动机。”追赃是对赃物的追缴、认定和处置的统一过程，其与对犯罪人的查获、定罪和量刑的“对人之诉”一样，是独立的诉讼程序，即“对物之诉”。换言之，追赃的本质即“对物之诉”，研究追赃的目的须研究“对物之诉”的目的。

从表面上看，追赃是物权变动的刑法化，即对犯罪之后的物权关系的否定，以国家强制力予以恢复或重构的刑事过程。追赃的根本法条——《刑法》第六十四条：“犯罪分子违法所得的一切财物，应当予以追缴或者责令退赔；对被害人的合法财产，应当及时返还；违禁品和供犯罪所用的本人财物，应当予以没收。没收的财物和罚金，一律上缴国库，不得挪用和自行处理。”根据句段结构，其包括以下三层内容：第一层是“剥夺”的应然性，即通过追缴与责令退赔，使犯罪人丧失当前的物权关系[①]；第二层是“恢复”的应然性，即通过返还被害人的合法财产，实现已破裂的物权关系的复原；第三层是“重塑”的应然性，即通过没收、上缴国库，使行为人财产（供犯罪所用的本人财物）、违禁品和违法所得归属国家，形成新的物权关系。这三个层次从民法的角度看是物权关系的切断、恢复与重构，即通过刑法手段使不法物权发生变动，进而实现刑事诉讼目的，而这种物权变动是“对物之诉”的必然结果。从本质上看，“对物之诉”追求这种物权变动的目的在于：

一是报应。报应刑论又称绝对主义，是刑事古典学派（旧派）在刑罚论中的主张。报应刑论将刑罚理解为对犯罪的报应，是针对恶行的恶报，恶报的内容必须是恶害，恶报必须与恶行相均衡。恶有恶报、善有善报是古老的正义观念，对恶害的犯罪以痛苦的刑罚进行报应，就体现了正义，这便是刑罚的正当化根据。“因为有犯罪而科处刑罚”，是绝对主义刑罚理论的经典表述。这一理论不仅适用于犯罪之人，也适用于犯罪之物，因为财物之所以被认定为赃，概因其在犯罪过程中被使用而侵害法益，进而构成犯罪，因此具备了苛责的前提。如供犯罪所用的本人财物，其要么作为犯罪工具，促进某一犯罪行为完成，如杀人凶器；要么作为犯罪的组成之物，成为犯罪不可或缺的一部分，如销售伪劣产品罪中的伪劣产品。换言之，这些财物的出现，促进和组成犯罪行为，其“恶”不言而喻，符合报应刑论之要求，对其予以追赃当属报应刑论应有之义。

二是涤除犯罪。诚然，如果严格参照“对人之诉”的模式，供犯罪所用的本人财物因犯罪中使用而具有“罪过”，完全符合“对物之诉”的将财物拟人化进而认定其“罪过”并予以处置的诉讼模式。但是“违法所得”作为犯罪的结果，其“罪过”何在？结果并不具有罪过性，而是罪过实然体现罢了。那么，“对物之诉”的合理性在哪？进一步说，对赃款赃物的裁判、处置目的是什么？要解释这个问题，就有必要对刑法的功能进行阐释。为更好地予以说明，有必要引入“涤除犯罪”概念。“涤除”从字面意义理解为洗涤、清除，其原指民法领域的涤除抵押权，是指在主债务履行期限届满，债务人不履行债务时，抵押物的

---

① 当前物权关系即犯罪后的物权关系，包括犯罪后行为人对违法所得、违禁品的不法占有关系，以及一直对本人财物（供犯罪所用）的合法占有关系。

受让人为了保有抵押物的所有权，防止抵押物的所有权因债权人对抵押物的拍卖而丧失，代债务人清偿债务进而消灭抵押权的行为（原《物权法》第一百九十一条有类似规定，现已废除）[①]。而犯罪的“涤除”大致可以举一例来理解：在一个盛有干净水的碗内，放入一根墨条，要想喝这碗水，就必须取出墨条、净化水质。刑法规范如碗，而碗内盛的清水正是刑法所保护的法益，墨条是犯罪，而被污染的水便是犯罪的结果[②]。原本碗内的水是干净无瑕的，就如同刑法规范所保护的法益那样平和有序，但因墨条的放入（犯罪的介入），污染了碗内的水（侵害法益），对于这碗水而言，如果要恢复原状就必须捞出墨条（消除犯罪）且净化已被污染的水（法益的修复、弥补）。不难看出，“涤除犯罪”就是将本不应出现的犯罪及其后果予以消除和洗涤，以实现法益保护的过程。涤除犯罪的两大核心内容是清除（犯罪）与洗涤（修复法益）。其中，清除犯罪，即以物的危险性为基础，对违禁品和供犯罪所用的本人财物的没收，与“对人之诉”的目的刑论相似，目的在于预防犯罪[③]。而与“对人之诉”的刑罚两大主要功能（报应与预防犯罪）不同的是，“对物之诉”还体现法益修复功能，亦即，对本属于被害人的违法所得予以返还以实现补救遭损害的财产关系。这种法益修复功能是“对物之诉”独有的，根源在于财产关系的可修复性。举例而言，抢劫罪中，包括对人身权和财产权双重侵害，无论对犯罪人判处何种刑罚（如期刑、财产刑、死刑）均无法实现财产权法益的修复[④]；而判决将被抢劫的财物予以返还，却能够实现对财产权关系的修复。又如，强奸罪中，体现的是对妇女性自由权的侵害，同样对被害人判处刑罚亦无法实现法益修复。再如，故意毁坏文物罪中，对犯罪人判处刑罚也无法实现法益修复（文物无法复原、附带民事赔偿也不

---

① 韩松等：《民法分论》，中国政法大学出版社2014年版，第282页。

② 从某种意义上来说，关于犯罪论本质的争议——规范违反说（行为无价值论）和法益侵害说（结果无价值论），其实就是碗和水的关系：没有碗，怎么盛水？有碗没有水（即空碗）又有何意义？

③ 目的刑论又称相对主义，是刑事实证学派（新派）在刑罚论中的主张。目的刑论认为，刑罚只有在实现一定目的即预防犯罪的意义上才具有价值，因此在预防犯罪所必要而且有效的限度内刑罚才是正当的。目的刑论因其内容的不同又分为一般预防论与特殊预防论。根据目的刑论的观点，刑罚的正当根据在于刑罚目的的正当性与有效性。“为了没有犯罪而科处刑罚”是相对主义刑罚理论的经典表述。其主要代表人物是龙勃罗梭、菲利和李斯特。

④ 如果附带民事赔偿，虽然有助于法益的修复（如支付医疗康复费），但其本质不是刑罚，而是民事诉讼。

是刑罚)。凡此种种，无不说明财产关系具有可修复性；而诸如国家安全、公共安全、市场经济秩序、人身权利、民主权利、社会管理秩序、国防利益、职务廉洁、军人职责等刑法分则规定的法益，一旦被侵害，都难以通过对犯罪人的刑罚以实现法益修复。可以说，涤除犯罪中的法益修复功能（确切地说是财产权修复功能）完全符合通说将赃概念限制于犯罪所得的基本意图，也使“对人之诉”较之“对物之诉”具备了财产法益修复功能。

三是“无人应从犯罪中获益”。1882 年，美国 16 岁的少年萨尔默·帕尔默，为提前获得其祖父所立遗嘱中留给自己的财产，用毒药杀死了自己的祖父。帕尔默因此获刑遭到监禁。帕尔默的姑姑里格斯到法院状告帕尔默，要求剥夺帕尔默对其祖父遗产的继承权。此案在当时引起极大争议，不少人（包括部分法官）以“纽约州法律并未明确禁止继承人杀死被继承人当然丧失继承权”为由，反对剥夺帕尔默的继承权。纽约州最高法院最后以一句古老的法谚“任何人不得从自己的过错中获益”，冲破当时法律条文的限制，判令谋杀者帕尔默因其犯罪行为被剥夺获得遗产的权利，里格斯胜诉。在追赃领域，该法谚又称为“无人应从犯罪中获益”，其核心要义在于，良法善法的基本功能是惩恶扬善，弘扬正气，促进社会管理，任何人不得因自己的错误获利，也不得将自己的错误交由别人承担后果，否则该法律为恶法，会助长人们恣意妄为，肆意犯罪，社会秩序陷入混乱之中。“无人应从犯罪中获益”原则体现的是法律的正义性，其不但排斥任何人从犯罪中获得好处，也赋予了国家将无被害人的违法所得上缴国库的正当性。

二、追赃的性质

（一）“追缴”的性质

从追缴程序上看，因赃多具有证据价值，追缴有实现证据价值的意义，但如果仅限于证据价值，办案机关在实现证据价值后则无权继续扣留该财产，结果必然难以实现审判阶段的处置赃物之目的。因此，侦查阶段的追缴还具有防止财物被非法转移、隐匿、变卖、损毁，确保诉讼顺利进行的财产保全目的。需要注意的是，虽然如前文所述，侦查措施包括追缴赃款赃物的强制性措施，但无论如何，不能等同于追缴就是侦查措施，这就跟“动物包括人”但“动物不都是人”的道理一样。监察机关、法院等也具有追缴赃款赃物的权利。但法院不享有侦查权；根据《监察法》，监察机关是行使国家监察职能的专责机关而不是司法机关，其享有的是“调查”权，也不是“侦查”权。如果将追缴视为侦查权，客观上将剥夺监察机关、法院的追赃权[①]，令人难以接受。因此，根据当前《刑事诉讼法》规定，追缴还不完全是侦查措施。概言之，刑事追缴措施不同于侦查措施，它是一种兼具财产保全和证据保全的刑事措施，具有程序性。

（二）“返还”的性质

“返还”，即将属于被害人的合法财产追缴到案后返还给被害人的刑事措施。“返还”体现的是“无人应从犯罪中获益”原则。关于“返还”性质，主流观点认为其属于民事措施。例如，“具体而言，犯罪人犯罪所得的财物，本来属于国家或者他人所有，对其中应当返还被害人之外的犯罪所得予以没收，是使受损的公司财物恢复原状的一种民事实体法上的财产处分措施”[②]。“追赃表面上是在物权受到侵害时，公权力介入物权的保护中，本质上在于物权受到侵害时而产生的追及物权的必要性，这种追及物权的必要性源于人和人类社会的生存和发展。”[③]“追、退赃是一种因犯罪行为产生的民法上的侵权行为之债得以清偿的一种强制性民事责任的承担方式，应在民法的基本原则的指导下进行。”[④] 从法律发展来讲，追赃制度是刑法民法化的具体体现，是以刑法措施保护公民的私权[⑤]。

上述观点是有道理的，因为犯罪可视为最严重的侵权行为，是侵权的最高形式，而作为低层级的民事侵权行为，侵权人负有民事上的返还原物之债。举轻以明重，犯罪行为产生的侵权之债，当然负有将赃款赃物返还被害人的法定义务，与民事侵权之债并无差异。王利明教授曾经指出：刑法只有在侵权法的配合下才能有效地调整社会关系[⑥]。本书认同“返还”的目的是对犯罪所侵害的秩序法益（物权关系）的恢复与补救，其确是物权追及效力的体现。《民法典》第二百三

---

① 《高法解释》第三百四十一条规定，被告单位的违法所得及其他涉案财物，尚未被依法追缴或者查封、扣押、冻结的，人民法院应当决定追缴或者查封、扣押、冻结。法院具有追缴赃物的权利，比如对于自诉案件，其追赃由法院负责执行，生效判决需要继续追缴的也由法院执行局来负责执行。

② 马克昌：《刑罚通论》，武汉大学出版社 2007 年版，第 215 页。

③ 董滨：《论追赃》，《人民检察》2007 年第 7 期，第 26 页。

④ 徐祥：《论追退赃》，《法学》1994 年第 5 期，第 26 页。

⑤ 费飘飘：《我国刑事追赃的实务困境与制度完善——以法院追赃活动为视角》，《法治论丛》2011 年第 26 卷第 4 期。

⑥ 王利明：《侵权行为法归责研究》，中国政法大学出版社 1992 年版，第 7－8 页。

十五条规定："无权占有不动产或者动产的，权利人可以请求返还原物。"诚然，该条与追赃中的"返还被害人合法财产"具有相同意思，但以刑事措施达成民事目的，并不能说明该措施就属于民事措施本身，毕竟，刑事追赃措施是依托国家强制力来实现的措施，是最严厉的法律措施，刑事和民事无法等同。本书认为，返还体现的是物权关系的救济，但本质不是民事措施，其在刑法领域，返还的目的在于对被侵害的财产权关系的修复（即涤除犯罪），亦即，返还属于法益修复的刑事措施。

（三）"责令退赔"的性质

责令退赔是指当违法所得追缴不能时（发生阻却事由），由司法办案机关责令犯罪人退赔等值财物给被害人的刑事措施①。责令退赔的出发点在于不让犯罪人从犯罪中获得好处，其体现的是"无人应从犯罪中获益"原则。责令退赔并非严格意义上的（狭义）追赃措施，而是追缴不能时的替代措施，仅适用于违法所得，其目的与返还措施一样，在于补救被害人已受损的财产权。因此，对于追缴不以法益修复为目的违禁品和供犯罪所用的本人财物，即使发生追缴不能的情形，也不得责令退赔。《财产执行规定》将"责令退赔"作为执行的一项内容，形似有强制性，但从文义解释上看，"责令"即命令、要求之意，而不是强制。责令退赔是以司法机关的威慑力为后盾，给予犯罪分子一种宽限和主动的机会，将无法追缴的违法所得作价赔偿给被害人的措施。这种措施并非强制措施，一方面，退赔是行为人意思自治范畴，赔与不赔、赔多赔少、赔物还是赔钱都不具有强制性。退赔不同于将原属于被害人合法财产返还给被害人的刑事干预性，其属于民事性质赔偿，赔与不赔、赔多赔少、赔钱还是赔物应根据当事人的意思自治而决定，如果动用国家强制力干涉，有插手民事纠纷之虞。另一方面，如果退赔具有强制性，那么退赔无异于追缴，两者混同，既无必要，也显得矛盾。概言之，责令退赔属于不具有强制性的法益修复性刑事措施。

---

① 本书认同对于无被害人的违法所得，当发生追缴不能时，也适用责令退赔。如受贿罪中，受贿人将受贿款物挥霍而导致追缴不能的，为了不让犯罪人在犯罪中获得好处，应当让犯罪人主动退赔被挥霍的款项，只有如此，才不违反"无人应从犯罪中获益"的原则。

（四）“没收”的性质

通说认为，“没收”分两种：一是一般没收（即财产刑），是指剥夺犯罪人合法财产所有权，将犯罪人的合法财产无偿收归国有。我国《刑法》第五十九条以及分则中，各类犯罪中规定的没收财产刑罚是一般没收。二是特别没收（即追赃），是指仅将与犯罪有紧密联系的特定财物收归国有，即我国《刑法》第六十四条。从特别没收的对象看，可以分为“其他违法所得（即无被害人的违法所得）”“违禁品”“供犯罪所用的本人财物”三种，应分别论述。

1. 没收其他违法所得

第一种观点认为没收其他违法所得属于刑罚。如《日本刑法典》就明确规定没收为附加刑，没收的对象包括“犯罪行为所产生或者因犯罪行为获得之物，以及作为犯罪行为的报酬所得之物”①。日本刑法学通说以尊重现行刑法的有效性为主旨，认为没收属于刑罚之一种②。我国台湾学者黄荣坚认为，没收因犯罪所得之物，其用意在使犯罪人不因犯罪行为而获利，否则无异激励犯罪，因此意义偏重刑罚的性质③。国内学者也有类似观点，认为违法所得的没收作为特别没收的一种，其与没收财产刑相对应，都是犯罪在刑法上的后果，其在刑法中的地位属于一种特殊的刑罚，其实质上还是一种刑罚④。第二种观点认为没收其他违法所得属于保安处分。持“保安处分说”的学者则认为，无论刑法如何规定都不妨碍在学理上将没收非法财产认定为保安处分。因为保安处分着眼于防患于未然，是基于社会保安需要而发动的，对违禁物、犯罪所用之物、犯罪所生之物以及犯罪报酬的没收，是为了防止这些财物将来再被用于犯罪⑤。还有学者认为，

---

① 《日本刑法典》，张明楷译，法律出版社 2006 年版，第 10－12 页。

② ［日］木村龟二主编：《刑法学词典》，顾肖荣、郑树周等译，上海翻译出版公司 1991 年版，第 428 页。［日］牧野英一：《日本刑法通义》，陈承泽译，中国政法大学出版社 2002 年版，第 25 页。［日］芝原邦尔：《经济刑法》，金光旭译，法律出版社 2002 年版，第 113 页。［日］大塚仁：《刑法概说》（总论），冯军译，中国人民大学出版社 2002 年版，第 451 页。［日］西田典之：《日本刑法总论》，刘明祥、王昭武译，中国人民大学出版社 2007 年版，第 10 页。

③ 黄荣坚：《基础刑法学》（上），台湾元照出版有限公司 2006 年版，第 101 页。

④ 刘德法：《论刑法中的没收犯罪物品》，《郑州大学学报》（哲学社会科学版）2009 年第 2 期。

⑤ 万志鹏：《论犯罪所得之没收》，《法律适用》2018 年 10 月。

根据体系解释的统一，同一制度性质在实体法与程序法中应具有一致性。同时“强制医疗程序”以及“违法所得没收程序”位于《刑事诉讼法》特殊程序一章，使两个程序被认为兼具保安处分性质。刑事制裁和保安处分构成了刑法的双向骨架，从逻辑的角度进行解释，该程序实现了程序法与实体法的契合①。第三种观点认为没收属于独立的处分措施。如“没收犯罪所得并不是确保其他法律有效执行的强制手段，而是为了达到刑事目的或者落实刑事政策而使用的手段，虽然兼具刑罚与保安处分的性质，但是没收犯罪所得是独立于刑罚与保安处分的一种特殊的国家公法行为”②。我国台湾地区学者柯耀程认为，违法所得没收在本质上是对违法所得及所生之物或利益的没收，在作用对象上是以行为整体为适用客体，因而其定位不应当是一种从刑，而是一种与刑罚并行的独立法律效果③。第四种观点认为没收属于不当得利衡平措施。如“在德国，对于违法所得没收，因其不以罪责为前提，且没收对象也扩及安外第三人，是故违法所得没收无法被解释为单纯之刑罚或保安处分，因而被普遍认为是一种准不当得利衡平措施。”④“在奥地利，违法所得也被视为一种准不当得利衡平措施。”⑤

诚然，作为在现代社会的基础性东西，财产成为其他一切权利行使的基础，也就是说是一种“前权利”，所以对财产权的否定和剥夺，通常能够带来痛苦，但是有痛苦并不意味着刑罚。如政府收容教养或强制医疗行为，均有痛苦特征，也非刑罚。依据我国《刑法》第六十一条，刑罚轻重取决于侵害法益的种类，犯罪的事实、性质以及情节，造成的实害结果或造成危险之程度，法官具有自由裁量权，而没收违法所得财物显然不完全取决于上述因素，只要是违法所得就应当一律没收。另外，刑罚针对的是行为人的合法财产，其本质在于使行为人丧失合法的财产权，违法所得显然不是合法财产，如果将其等视之，无异于认同违法所得属于合法财产，令人无法接受。由此看来，没收其他违法所得只能是一种带

---

① 熊秋红：《从特别没收程序的性质看制度完善》，《法学》2013年第9期。

② 林傅哲：《论从刑中财产利益之剥夺》，硕士学位论文，台湾大学法律学研究所，2006年，第10-11页。

③ 柯耀程：《没收、追征、追缴与抵偿法理诠释系列（一）——没收与追征之法律效果定性》，《军法专刊》2011年第3期。

④ ［德］汉斯·耶赛克、托马斯·魏根特：《德国刑法教科书》，徐久生译，中国法制出版社2001年版，第955页。

⑤ 曾淑瑜：《犯罪所得没收追征及保全研究》，《军法专刊》2012年第2期。

有痛苦性的刑事措施，并非属于刑罚。违法所得作为犯罪的结果，而不是手段，没收犯罪结果并无任何预防再犯的意义[①]，《刑事诉讼法》中“犯罪嫌疑人、被告人逃匿、死亡案件违法所得的没收程序”，对已死亡的犯罪人其不可能再犯罪，而这些财物又是犯罪的结果，不可能像违禁品那样存在社会危险性，仍然没收其违法所得，也说明了其不属于保安处分。本书认同没收其他违法所得是刑罚和保安处分之外的另一种独立处分措施，但是上述第三种观点并未指明这种独立处分措施的具体性质。而第四种观点虽然指明没收违法所得属于不当得利，但是“不当得利”明显属于民法范畴的概念，根据《民法典》第九百八十五条，其指得利人没有法律根据取得不当利益的，受损失的人可以请求得利人返还取得的利益。不当得利的条件包括：（1）一方取得财产利益；（2）另一方受损失；（3）利益与损失存在因果关系；（4）取得利益没有法律上的根据。如果从民法的角度看，将没收其他违法所得视为不当得利存在以下问题：一是不当得利的不当利益，应当返还被损害人（被害人），而不是没收。二是如果其他违法所得属于违禁品时，因为违禁品的法律禁止持有特性，那么，行为人无论是用何种手段获得的，违禁品理应予以没收，其也不符合不当得利应当返还受损人的特征。三是对上述观点的批判意见主要是认为类似于不当得利的衡平措施这一定性有循环论证的嫌疑，即从没收的法律规定中可以由无罪责没收得出其欠缺刑罚的必要特征，然后再导出因为欠缺刑罚的特征则可以在没有确定罪责的情况下予以没收[②]。这一论证逻辑是在原地兜圈，并不能揭示没收的本质，有待修正。

本书认为，通过没收给犯罪人造成痛苦，法律本意依然是不想犯罪人在事实上占有“便宜”，是法律对犯罪行为的否定性评价，是“无人应从犯罪中获益”原则的法律体现，目的在于彰显法律正义，亦即，没收其他违法所得本质上是刑罚、保安处分之外的独立刑事措施，这种独立措施体现的是法律正义的本质。

2. 没收违禁品

根据通说，保安处分最广义的概念是指为了防止犯罪的危险，保持社会治

---

① 即便是对恐怖活动犯罪、黑社会性质组织犯罪乃至其他有组织性的犯罪而言，没收其违法所得貌似也具备了预防再犯罪的功能，但是这种观点值得商榷。本书认为，这些违法所得如果犯罪组织准备将其用于犯罪，那么，从源头上来说，这些财物是供犯罪所用的本人财物，并非违法所得本身，也难得出结论没收这类违法所得具备特殊预防的结论。

② 吴耀宗：《德国刑法追征（Verfall）制度之研究——兼论我国现行刑事法制之“追征”相关规定》，《刑事法杂志》2001 年第 45 卷第 3 期，第 17 页。

安，对一切被认为有害的特定的人或物所采取的刑事司法或者行政处罚，以及为了保护或者矫正行为人，而采取的改善、教育、保护措施。保安处分并不是一种类似于刑罚或者说是“轻度刑罚”性质的处罚，而是基于社会需要、配合刑罚而实施的一系列刑罚的补充措施[①]。在外国，对物的保安处分的措施一般包括没收、关闭事务所、法人解散、禁止或停止营业、禁止贩卖等。根据对象的不同，保安处分可以分为对人的保安处分和对物的保安处分。对人的保安处分，如《意大利刑法典》第二百零二条第一款规定：“只有对实施了被法律规定为犯罪的行为并且具有社会危险性的人，才可以适用保安处分。”[②]《德国刑法典》第六十三条规定：“实施违法行为时处于无责任能力（第二十条）或限制责任能力（第二十一条）状态的，法院在对行为人及其行为进行综合评价后，如认为该人还可能实施违法行为，因而对公众具有危险性的，可命令将其收容于精神病院。”[③]《德国刑事诉讼法》第一百一十一条还规定了扣押驾驶执照（暂时剥夺驾驶权），即有重要根据估计将要依刑法规定剥夺驾驶权时，法院可以作出裁定扣押驾驶执照，以防“马路杀手”继续危害社会。对物的保安处分，如《德国刑法典》第七十四条规定：“根据该物的种类和状况，使用它足以危害公共安全或有用于实施违法行为危险的，即使行为人行为时无责任能力，也得没收该物品。”《意大利刑法典》第八章“行政保安处分”将“人身保安处分”和“财产保安处分”分别规定，并于第二百四十条对“为犯罪服务或者被用于实施犯罪的物品以及作为犯罪产物或收益的物品”以及其他犯罪关联物的没收作出专门规定[④]。《意大利刑事诉讼法》第三百二十一条规定：当对与犯罪有关的物品的自由支配有可能加重犯罪的结果或延续犯罪的结果或者有可能便利其他犯罪的实施时，法官可以根据公诉人的要求，以附理由的命令的形式对上述物品实行扣押。《奥地利刑法典》第二十六条第一款规定：“根据物的特点，没收有助于避免应受刑罚处罚行为的实施的，行为人用于此等行为之物，准备用于此等行为之物，或因应受刑罚处罚的行为所得之物，应予以没收。”[⑤] 我国法律并无专门的保安处分条款，但却存在具有保安处分色彩的措施，如我国《刑法》第三十七条规定的“从业禁

① 冷枫：《没收违法所得的性质及可没收的违法成本》，《三峡大学学报》2017 年 12 月。
② 《最新意大利刑法典》，黄风译，法律出版社 2007 年版。
③ 《德国刑法典》，徐久生、庄敬华译，中国方正出版社 2004 年版，第 27 页。
④ 胡成胜、王莉：《论特别没收的本质属性》，《湖北社会科学》2017 年第 11 期。
⑤ 张明楷：《外国刑法纲要》，清华大学出版社 2007 年版，第 428－429 页。

止”即为典型的保安处分，还有强制医疗、强制戒毒、收容教养、醉酒约束等也属于保安处分措施。有学者认为，财物自身的危险性和人的危险性无关，对于违禁品的没收并不是保安处分[①]，其根源在于未意识到对物也可以进行保安处分。本书认为，“违禁品”因为持有、使用即具有危害性，对其没收无疑具有特殊预防功效，符合保安处分的要求，当属保安处分。

3. 没收供犯罪所用的本人财物

（1）关于没收供犯罪所用本人财物的性质存在以下几种学说：

一是刑罚说。即主张没收供犯罪所用的本人财物属于一种附加刑。刑罚说的理由包括，一是没收供犯罪所用的本人财物具有痛苦性；二是将其视为刑罚也并不会导致失衡，因为即使是刑法也要求罪刑相适应，这点和供犯罪所用的本人财物的比例原则类似。三是报应的正当性，毕竟行为人滥用了财物的财产权。四是《刑法》第六十四条出现“没收的财物和罚金一律上缴国库”的表述，亦有将其视为刑罚的用意。

二是保安处分说。我国台湾学者黄荣坚也指出，对于供犯罪所用或供犯罪预备之物的没收，其作用应该是着眼于让犯罪人不能再利用这些东西来犯罪，基本上也是保安处分的意义[②]。《奥地利刑法典》第二十六条第一款规定：“根据物的特点，没收有助于避免应受刑罚处罚行为的实施的，行为人用于此等行为之物，准备用于此等行为之物，或因应受刑罚处罚的行为所得之物，应予以没收。”[③]张明楷教授的“与违禁品相当”说也是保安处分，“与违禁品相当”的理解：一是基本没有什么生活用途，但通常被用于犯罪，且用于犯罪时与违禁品相当的物品。如通常不用于生活和生产的大型砍刀；虽然不是毒品，但用于麻醉他人的药品，如迷药；虽然不是违禁品，但用于窃听、窃照、偷拍的影音设备。二是被行为人长期或者多次用于犯罪的物品，虽然不是违禁品，但与违禁品相当。如为了扒窃，而专门购买的镊子、夹子。“长期或多次用于犯罪”之针对个人而不是一般人。典型的如电信诈骗中的手机，对常人来说其无法解释为供犯罪用的本人财物，但对具体的行为人来说，其长期或反复使用该手机进行电信诈骗的，则该手

---

① 李鑫源：《违法所得没收程序与刑法第64条关系分析》，《黑龙江省政法管理干部学院学报》2018年第4期。

② 黄荣坚：《基础刑法学》（上）（第三版），中国人民大学出版社2009年版，第60页。

③ 张明楷：《外国刑法纲要》，清华大学出版社2007年版，第428－429页。

机可以认定为供犯罪所用的本人财物。三是偶然用于犯罪的（行为人无供犯罪使用之用意），与违禁品不相当，难以认定为供犯罪所用的本人财物，如用拳头致人重伤的，拳头所戴手套不可认定为供犯罪所用的本人财物，但为了增加打击效果或者为了防止自己受伤而故意戴护具殴打他人致轻伤的，此时的护具应认定为供犯罪所用的本人财物。

三是强制措施说。该学说主张，可以根据没收对象的不同将没收分为行政强制措施和刑事强制措施。该学说认为没收供犯罪所用的本人财物如犯罪分子用于盗窃的钥匙类的工具、聚众赌博的赌具、用于杀人的刀、绳子等杀人工具以及为了网络诈骗而使用的电脑等属于刑事诉讼中的强制措施，对其进行没收是为了在案件办理的过程中作为证据使用①。

四是独立的刑事措施说。“犯罪工具没收既不是刑罚措施，也不是矫正及保安处分措施，而是一种独立裁制措施，并认为犯罪工具没收有两种：刑法上的没收与安全上的没收，前者作为附加制裁措施适用于一般犯罪工具，后者作为保护公众安全措施适用于具有危险性的财物或可能用于犯罪的财物。”②“没收犯罪工具的性质，既非纯粹的刑罚也非严格意义的保安处分，而是针对物的一种独立的刑事处分，即立足于犯罪行为所造成的客观‘害’，并通过对此种客观‘害’的修复来达到阻却再次犯罪的目的。”③“犯罪工具（即供犯罪所用的本人财物）没收属于一种与刑罚、保安处分并列的独立制裁措施。我们认为犯罪工具没收制裁的并不是犯罪行为人的法益侵害行为，其目的也不在于预防犯罪工具再次成为犯罪工具，它制裁的是财物所有人有过错地使其财物被用作犯罪工具，进而提高犯罪行为成功可能性的行为，其目的在于促使财产所有人合法或谨慎地行使财产权，避免财物成为自己或他人实施犯罪的工具。”④有关国家和地区有的法律也采用此观点，如《德国刑法典》将对犯罪所得的没收与对犯罪所用之物的没收

---

① 邓成龙：《浅议犯罪工具的界定标准与没收边界》，湖南省刑事法治研究会公众号，最后访问日期：2020 年 7 月 4 日。

② ［德］汉斯·海因里希·耶赛克、马斯·魏根特：《德国刑法教科书》，徐久生译，中国法制出版社 2001 年版，第 952、960 页。

③ 胡成胜、王莉：《犯罪工具没收的权属限制和量度限制》，《人民检察》2017 年第 23 期。

④ 吴光升：《刑事涉案财物处理程序研究》，法律出版社 2018 年版，第 48 页。

视为与刑罚、保安处分并列的“犯罪之法律效果”[①]。《奥地利刑法典》在“总则”第三章将没收与刑罚、预防性处分并列规定为犯罪的刑法后果。《越南刑法典》第四十一条则将没收与犯罪直接相关的财物，作为和强制治疗、赔偿损失、强制公开道歉等并列的一种司法措施。《瑞士联邦刑法典》将保安没收、没收财产价值作为“其他处分措施”，与刑罚、保安处分并列。《匈牙利刑法典》将没收等规定为与刑罚并列的“处分措施”。《芬兰刑法典》则单独将没收规定为第十章，作为犯罪收益、扩展的犯罪收益以及犯罪工具等与犯罪关联之物的处理措施[②]。《西班牙刑法典》将没收作为犯罪产生的附加处理办法。我国澳门特别行政区的《澳门刑法典》将之规定在“总则”第八章“与犯罪有关之物或权利之丧失”中。2015 年 8 月，我国台湾地区通过了有关没收的“刑法修正草案”，删除了原作为“从刑”之一的“没收”，将其作为与刑罚、保安处分相并列的第三类法律措施，有学者评价此次改革是“一举从 DOS 版本转型到 WIN 版”的浩大工程，终于使没收挣脱了百年的“从刑枷锁”[③]。

五是多元说。日本学者大谷实认为，特别没收兼具刑罚与保安处分的特征[④]。法国刑法学者斯特法尼（Gaston Stefani）认为，特别没收不论是作为附加刑还是主刑，仍然可以看成是一种保安处分措施，甚至看成是一种民事赔偿措施[⑤]。我国台湾地区学者林山田也认为，没收虽然属于从刑的一种，但是在理论上具有刑罚、保安处分与类似刑罚的多面法律性质[⑥]。

（2）本书立场。

关于刑罚说，虽然没收体现出对行为人犯罪行为的否定评价和谴责，也能使犯罪人陷入被剥夺之痛苦，具有“惩罚”的味道，但这种惩戒又不同于刑罚本身。一是我国的财产刑并未包括没收供犯罪所用的本人财物。二是追赃的适用对象是符合犯罪构成要件的行为，不问行为人的有责性，无须考虑行为人是否最终

---

① 《德国刑法典》，王士帆等译，台湾元照出版有限公司 2017 年版，第 95－107 页。

② 李长坤：《刑事涉案财物处理制度研究》，华东政法大学博士学位论文，2010 年 5 月 16 日。

③ 林钰雄等：《没收新制（一）：刑法的百年变革》，台湾元照出版有限公司 2016 年版，第 1 页。

④ ［日］大谷实：《刑法总论》，黎宏译，中国人民大学出版社 2008 年版，第 464 页。

⑤ ［法］卡斯东·斯特法尼：《法国刑法总论精义》，罗结珍译，中国政法大学出版社 1998 年版，第 495 页。

⑥ 林山田：《刑法通论》（下册），2008 年版，第 482 页。

承受刑罚。《刑事诉讼法》中“犯罪嫌疑人、被告人逃匿、死亡案件的违法所得的没收程序”作为一种特殊追赃程序，其也不以行为人是否有罪为前提，如果追赃是刑罚的一种，则也违背了设立该程序的初衷。三是没收供犯罪所用的本人财物是刑罚的另一个结果是行为人遭受双重惩罚之虞，因为一般没收已经实现对行为人的惩戒，再将犯罪所用之物也视为刑罚而没收，必然导致对犯罪人的双重惩戒，令人难以接受。四是刑罚针对的是被告人合法财产的限制和剥夺，而并非与犯罪有牵连之物。如果是刑罚，当供犯罪所用的财物灭失时，刑罚并未随之灭失，行为人依然要向国库缴纳相当于应没收之物等值的金钱或没收被告人其他财产，同样会使一般没收和特别没收重叠适用。五是不能因为没收的财物和罚金同时规定在《刑法》第六十四条中，就想当然地认为其属于财产刑，毕竟没收供犯罪所用的本人财物和违禁品也规定在《刑法》第六十四条中，为何就不能是保安处分，明显自相矛盾。因此，刑罚说站不住脚。

关于保安处分说，即使主张该观点的台湾地区学者也承认，没收供杀人所使用的刀子或是没收供赌博所使用的牌，对于行为人甚至其他人再犯杀人罪或赌博罪的预防，其实没有任何意义。因为要杀人或赌博，到处都可以买到这类犯罪工具①。对此，本书予以认同。一方面，诸如黑社会性质组织、恐怖活动等犯罪行为具有反复性和持续性，对这些犯罪的财物没收固然会起到预防再犯之目的，如没收砍刀、棍棒、绳索等；但是另一方面，如果坚持主张保安处分，其无法解释这个案例：甲专门买来一把菜刀用来杀死仇人乙，乙最终被甲杀死，甲被判处死刑（立即执行）。根据“与违禁品相当”说，菜刀应当视为供犯罪所用的本人财物予以没收。可是，从一般人的眼中不难得出这样的结论：罪犯都死了（执行死刑），对菜刀进行没收，真的有特殊预防的作用吗？令人不解。预防再犯固然属于保安处分的必然目的，但是预防再犯并非专属于保安处分，因为刑罚（如死刑、自由刑）具有报应性质的同时，也同样能够实现预防犯罪人再犯的价值。

关于强制措施说，其根本的问题是违背了“以审判为中心”的法院专属权。毕竟，强制措施是公检法三家都可以采取的程序性措施，没收显然属于实体处分措施，且我国的强制措施并不包括没收，强制措施说也不可取。

关于多元说，多元说的观点较为复杂，有刑罚、保安处分、制裁等多种学说，这些学说纷繁复杂，难以形成统一的学说，也无法准确地指出没收的本质，

---

① 黄荣坚：《基础刑法学》（上）（第三版），中国人民大学出版社2009年版，第61页。

且多具有争议。如在美国，对于犯罪工具刑事没收属于一种刑罚措施，基本上不存在争议，但对于犯罪工具民事没收，却有不同观点。在1993年奥斯丁案之前，一般认为犯罪工具民事没收是一种补偿司法成本、被害人损失等的措施，但在此案后，有人认为犯罪工具民事没收还是一种惩罚财物所有人有过错地允许财物被用于犯罪行为的措施①。多元说中只有主张制裁和保安处分的学说具有可取之处。

本书赞同独立刑事措施说，即没收供犯罪所用的本人财物是一种兼具制裁和保安处分特性且独立于刑罚的一种刑事措施②。理由如下：一是没收具有制裁性。对于某些不具有反复犯罪可能的财物，犯罪结束后也就意味着该财物不会再用于下次犯罪，对其没收无法实现保安处分。如走私犯罪，走私犯不大可能将某一货物反复走私（一般是走私出入境后即予以销售），对其没收明显不是为了保安处分。再如，被执行死刑的杀人犯，对凶器的没收无法实现保安处分。对这些财物的没收根本目的在于制裁，即"对物之诉"所主张的报应。因为，对犯罪的否定不能仅否定犯罪之人，也应当对犯罪之物进行否定，对供犯罪所用的本人财物的没收体现的正是法律对犯罪之物的否定性评价，而否定后的制裁（没收）正是法律评价的必然结果，这也是"对物之诉"存在的意义之一，否则刑法评价体系和报应功能是不完整的。二是没收具有保安处分特性。对于某些明显可能反复用于犯罪的财物（如对预备用于犯罪之物、张明楷教授所主张的"违禁品相当"财物），没收客观上剥夺了包括行为人在内的任何人继续使用该财物的可能，避免了其被再次用于犯罪，理应具备特殊预防功能，属于保安处分。客观上来说，任何没收措施都具有保安处分特性，这和将罪犯判处死刑立即执行永无再犯的可能一个道理，没收供犯罪所用的本人财物亦不例外。三是制裁和保安处分并无明显的界限。制裁与保安处分是相对的，而非对立关系，就如保安处分和刑罚的关系一样。保安处分体现的承载的功能主要是弥补刑罚的适用须严格恪守罪

---

① 吴光升：《刑事涉案财物处理程序研究》，法律出版社2018年版，第44页。

② 确切地说，本书认同汉斯·海因里希·耶赛克、马斯·魏根特关于没收分为"刑法上的没收与安全上的没收"的学说，只是该学说针对的是犯罪工具，而不是供犯罪所用的本人财物，范围还不够准确。本书同时认为：（1）在犯罪既遂的情况下，多数情况下对犯罪行为组成之物的没收倾向于制裁性，而对犯罪工具的没收倾向于保安处分。以走私犯为例，走私物品的没收倾向于制裁，而走私犯罪工具的没收，倾向于特殊预防，即保安处分。（2）在犯罪预备、犯罪中止、犯罪未遂的情况下，为了防止财物再用于犯罪的可能，多数情况下，对犯罪行为组成之物、犯罪工具的没收倾向于保安处分。

刑法定、罪刑均衡、罪责自负等原则所带来的不足，为遏制虞犯可能而使刑法提前介入。刑罚体现的更多是镇压色彩，而保安处分更多体现的是预防色彩，但二者在基本目的上没有根本的区别，都是为了阻止和防止犯罪[①]。亦即，即使是刑罚本身，也有预防犯罪人再犯的作用，刑罚和保安处分没有明显的界分，对供犯罪所用的本人财物的没收应该是两者兼具。

概言之，没收供犯罪所用的本人财物，既非刑罚，也非严格意义的保安处分，而是针对物的独立刑事措施。这种独立刑事措施兼具制裁和保安处分属性。当基于制裁的需要进行没收时，是为实现刑事诉讼程序的报应功能；当基于保安处分的需要进行没收时，是为实现涤除犯罪功能；而当两者兼具时，是通过对行为人所持有物的没收，鞭策行为人审慎行使财物所有权，避免财产被自己或他人用于犯罪。这种独立措施，无论是制裁还是保安处分需要，其与刑罚适用的罪刑相适应原则一样，都应考虑比例原则，并且仅对故意滥用财产的比例程度进行评价和制裁。正是由于制裁、保安处分具有必要性，当该物客观灭失时，制裁、保安处分便无存在的意义，司法办案机关无理由再要求行为人及其亲友退赔、退赃或者缴纳等值财物，但是为避免其逃避法律制裁，对于行为人故意导致追缴不能的，以及非基于客观原因灭失的，都应追缴等值财产。如被第三人善意取得的情形，对于这种情形依然需要追缴等值财产或者责令退赔，因为善意的取得是有对价的，这种对价使得犯罪人获得好处，规避法律追缴，实质违反了“无人应从犯罪中获益”原则，依然应没收对价、等值财产或责令退赔。例如，刘某、刘某君等寻衅滋事罪一案中[②]，法院判决：“对已被他人善意取得的作案工具×××号灰色皮卡车追缴人民币一万八千元的等值财产，上缴国库。”另外，对于“供犯罪所用的本人财物”产生的孳息、收益与犯罪行为无直接关联，无制裁、保安处分之必要，也不得没收。例如，甲购买了一台专门用于盗窃的面包车，偶尔用来拉货赚点钱，案发后公安机关可以扣押该面包车，但是不得没收该车拉货所赚取的钱款。再如，主人驱使动物伤人，对该动物的幼崽，不得没收。此外，基于比例原则要求，可以部分没收或者整体没收后按比例返还。例如，美国《2000 年民事资产没收改革法》在处理涉案财物的部分没收时，就规定可分割实物，也可

---

① 万志鹏：《论犯罪所得之没收》，《法律适用》2018 年 10 月。

② 内蒙古自治区扎兰屯市人民法院刑事判决书（2019）内 0783 刑初 120 号。

将财物没收上缴国家，同时补偿无辜所有人①。

（五）其他措施的性质

追赃的其他措施，除《刑法》第六十四条规定的上缴国库外，还包括销毁、交有权机关处理等。本书认为，这些措施都是没收的后续措施，属于程序性措施，目的在于使“没收”这个实体程序得以完结。毕竟判决没收的财物，只是在法律上确定了其应当被依法剥夺，至于剥夺后的去向尚不明朗，只有根据财物的不同价值分别上缴国库外、销毁、交有权机关处理等，才能实现物尽其用。如被判决没收的毒品，对任何人而言都无价值甚至是有害的，应当予以销毁。又如判决被没收的赃款，其具有市场流通的价值，理应上缴国库，造福国家和人民。再如，判决没收的枪支，其对军警而言具有使用价值，则应交给军队或者警察机关使用。概言之，上缴国库、销毁、交有权机关使用仅是“没收”的后续措施，属于程序性措施。

各措施的逻辑关系和性质如图 4－1 所示。

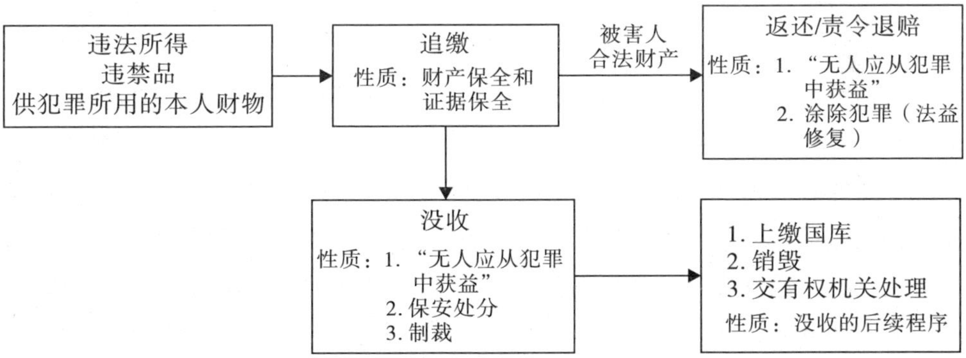

图 4－1　各措施的逻辑关系和性质

从上图不难看出，追赃体现了“无人应从犯罪中获益”“法益修复”“保安处分”“制裁”等多重特性，其不是确保其他法律有效执行的强制手段，而是为

① Avital Blanchar, “The Next Step in Interpreting Criminal Forfeiture,” 28 Cardozo L. Rev. 1415 (2006): 1423. 参见吴光升《刑事涉案财物处理程序研究》，法律出版社 2018 年版，第 47 页。

了达到刑事目的或者落实刑事政策而使用的手段，其难以归入“保安处分”“刑罚”“民事处分”等任何一个法律规则中，从《刑法》第六十四条在“刑罚的具体适用”中“量刑”的位置看，追赃的最终处置取决于法院判决，具有刑事裁判的高度依附性，其当属一种独立的刑事法律措施。正是这种独立的刑事法律措施特性，为向第三人追赃提供正当性。

第二节　追赃的条件

既然法律赋予司法办案机关追赃的权力，那么追赃的前提条件是什么？或者说，什么情况下具备向行为人进行追赃的资格。财物因犯罪而具备非难的可能性，犯罪是发动追赃的前提条件。在大陆法系刑法理论中，犯罪的成立条件是指犯罪构成要件的该当性、违法性和有责性，也就是刑法通说所指的“犯罪构成三阶层理论”或“三阶层犯罪论”（张明楷教授将前两个阶层称之为“不法”，进而形成二阶层犯罪论），这种递进式犯罪构成体系的三个要件各司其职：构成要件该当性作为一种事实判断，为犯罪认定确定一个基本的事实范围。违法性作为一种法律判断，将违法阻却事由排除在犯罪之外。有责性作为一种责任判断，解决行为的可归责性问题①。三阶层理论的递进认定过程，较之苏联“四要件”理论的一存俱存、一损俱损的共存关系，具有的天然优越性，该理论为剖析犯罪构成开辟了新的科学思路，也为释明追赃条件创造了绝无仅有的机遇。追赃的前提是犯罪，但追赃本质“对物之诉”决定了其不同于“对人之诉”，不需要考虑行为人的归责问题，只要行为具有刑事违法性，即便是死亡、未达刑事责任能力、精神病人、情节显著轻微不认为是犯罪、不具有主观犯意的客观违法行为人（如间接正犯的情形）、无法确定被告人等，都应当追缴其赃款赃物。这种独立于行为人责任的诉讼没收，在有关国家、地区及国际公约中均有体现。如《挪威一般刑法典》第三十七条规定：“如果犯罪人以及物品占有人不明，或者在王国的居住地不明，在没有任何人成为被告人的情况下，基于第一款的类似规定，简易审判法庭可以命令没收。”《匈牙利刑法典》第七十七条 C 第二款规定：“即使因为

① 周光权、陈兴良、车浩：《刑法总论精释》（第三版），人民法院出版社 2016 年版，第 98 页。

行为人属于未成年、精神错乱或者因为行为的社会危害性程度轻微而不应当追究刑事责任的，也不影响没收财产的适用。”我国台湾地区刑法第四十条规定：“没收，除有特别规定者外，于裁判时并宣告之。违禁物或专科没收之物得单独宣告没收。”澳门特别行政区的《澳门刑法典》第一百零一条规定：“即使无任何人可因该事实而受处罚，亦适用没收。”此外，《瑞士联邦刑法典》第五十八条，《芬兰刑法典》第十章第一条中均有类似规定①。《联合国反腐败公约》第五十四条规定：“考虑采取必要的措施，以便在因为犯罪人死亡、潜逃或者缺席而无法对其起诉的情形或者其他有关情形下，能够不经过刑事定罪而没收这类财产。”因此，三阶层理论的前两个阶层，即构成要件的该当性和违法性或者说“不法”成为追赃的条件，诸如故意、过失、目的、动机、违法性认识、期待可能性、责任能力等有责性内容则不属于追赃条件。

一、犯罪构成要件的该当性

构成要件的该当性，又称为构成要件的符合性，指行为符合刑法关于犯罪的构成要件规定，其包括主体、行为、行为对象、结果、因果关系、时间、地点等，是符合某一犯罪构成要件必须认定的要素。（1）主体，即构成要件实行犯或正犯。如《刑法》第二百三十六条规定：“以暴力、威胁或者其他手段强奸妇女的……”虽然刑法对强奸罪的主体未做特殊规定，但奸淫妇女只能由男性来实施，妇女无法进行强奸，所以强奸罪的主体限定于男性，我们在认定强奸罪时自然而然地将女性奸淫男性的行为排除在强奸罪之外。（2）行为，是主体基于主观上的自愿性而实施的具有法益侵害性的身体举止，包括作为、不作为和持有。犯罪是危害社会的行为，某种意义上来说，行为是犯罪的基础，没有行为则没有犯罪。如故意杀人罪、丢失枪支不报罪、非法持有毒品罪等。（3）行为对象，又称刑法中的客体，即行为所指向的具体人或物。如《刑法》第二百四十条，拐卖妇女、儿童罪的对象只能是妇女和儿童，如果拐卖男性则不构成本罪。再如，《刑法》第一百五十一条第二款走私文物罪，其行为对象只能是物，即国家所保护的文物，对于非文物，不能成立本罪。（4）结果，是指行为所造成的一

---

① 裴显鼎、王晓东、刘晓虎：《〈关于犯罪嫌疑人、被告人逃匿、死亡案件适用违法所得没收程序若干问题的规定〉的理解与适用》，《人民司法》2017 年第 16 期。

定客体的物质性的或者精神性的实际损害事实[①]。例如，故意伤害罪中，只有导致他人轻伤以上的结果才可以构成犯罪，职务侵占罪中，只有侵占公司财产价值6万元时才能构成本罪；侮辱罪中导致他人人格和名誉的贬损，属于精神性损害。（5）因果关系，是指原因和结果之间决定与被决定、引起与被引起之间的关系，包括事实的因果关系和法律的因果关系（又分为相当因果关系和客观归责）。事实的因果关系，刑法通说一般采取条件说，即“若无前者，则无后者”的逻辑思路，而法律的因果关系说是在条件说的基础上进行相当性判断，而在某些复杂的案件中，客观归责则从能否将结果归责于某一行为这一视角出发，对行为是否创设了法律所禁止的危险，这种危险是否实现，进行实质性的考察。（6）时间、地点，又称客观的附随情状，任何犯罪都存在一定的时间与地点，犯罪的时间与地点是犯罪存在的基础。某些情形下，犯罪的成立以发生在特定的时间与地点为必要，此时，犯罪的时间和地点就成了构成要件要素。如《刑法》第三百七十六条第一款战时拒绝、逃避征召、军事训练罪以“战时”为时间要素；再如，《刑法》第四百四十四条遗弃伤病军人罪以“战场”为地点的构成要素。

犯罪构成要件的该当性绝不仅指行为，在认定某一犯罪构成时，应结合以上几种构成要件进行符合性分析。如果完全符合，则得出构成要件的该当性，继续进行下一层次的犯罪构成分析。如果不符合，则从第一层面将其排除在犯罪之外，不认为是犯罪。

二、犯罪构成要件的违法性

在行为具备构成要件该当性以后，定罪活动就进入了违法性阶层。因此，违法性是紧接着该当性以后的第二个阶层。通过该当性的判断，将那些根本不符合构成要件的行为从犯罪中排除出去，并且为违法性判断提供对象。因此，违法性是犯罪成立的一个重要条件，它的主要功能在于排除具备构成要件该当性，但是不具有实质上的违法性的情形。所谓违法性，是指行为在法律上不能被容许的性质。根据通说，不具有违法性的事由包括：违法性的低程度即“情节显著轻微危害不大”和违法的阻却事由，而违法阻却事由又包括：一是不法阙如的阻却事由。如被害人承诺、推定的承诺、假定的承诺、自损行为、危险接受等。二是法

① 周光权、陈兴良、车浩：《刑法总论精释》（第三版），人民法院出版社2016年版，第196页。

益衡量的阻却，如正当防卫、紧急避险、法令行为、正当业务行为、自救行为、行政许可等。举例而言，《刑法》第二十条关于“正当防卫”的规定：“为了使国家、公共利益、本人或者他人的人身、财产和其他权利免受正在进行的不法侵害，而采取的制止不法侵害的行为，对不法侵害人造成损害的，属于正当防卫，不负刑事责任。”一般认为，正当防卫的条件包括存在不法侵害、不法侵害正在发生、防卫行为给不法侵害人造成损害、防卫行为针对的是不法侵害人本人等。当发生故意伤害案件时，虽然该行为客观上是一种伤害他人的行为，但通常具备上述防卫条件时，基于法律的规定被认定为正当防卫，其在违法性的层面被阻却，不认为是犯罪。又如，同样符合构成要件的该当性的举枪杀人行为，对于普通人而言构成故意杀人罪，而对于执行死刑的武警战士来说，因法令的许可，其执行死刑的行为不具有违法性，不被认为是犯罪。再如，自助行为，又称自救行为，是指权利被侵害的人依靠自己的力量，采用为社会公德、习惯和公序良俗所认可的手段，保全自己的权利并使之恢复原状的行为①。自助行为的条件包括：（1）前提条件——有不法侵害且能够被救济的可能。（2）主观条件——保护自己合法权益。（3）时机条件——必须情况紧急迫不得已才实施。（4）方法条件——救济手段的相当性。例如，对正在实行犯罪或者在犯罪后即时被发觉的、通缉在案的、越狱逃跑的、正在被追捕的人采取的拘禁手段，属于《刑事诉讼法》第八十四条规定的公民扭送，不属于非法拘禁。又如，被害人同意行为人可以当众羞辱自己时，即便造成了恶劣的社会影响，行为人也不构成侮辱罪，因为被害人承诺也属于违法阻却事由。再如，妇女因穷困潦倒，承诺自愿被拐卖的，因人身的不可买卖性，其属于超出其承诺范围的承诺，属于无效承诺，行为人依然构成拐卖妇女罪。

本书认为，在具备构成要件的该当性后，只要符合“情节显著轻微危害不大”，或者包括任何一项违法的阻却事时，都排除行为违法性，无法认定为犯罪。追赃的条件简图如图4-2。

① 周光权、陈兴良、车浩：《刑法总论精释》（第三版），人民法院出版社2016年版，第298页。

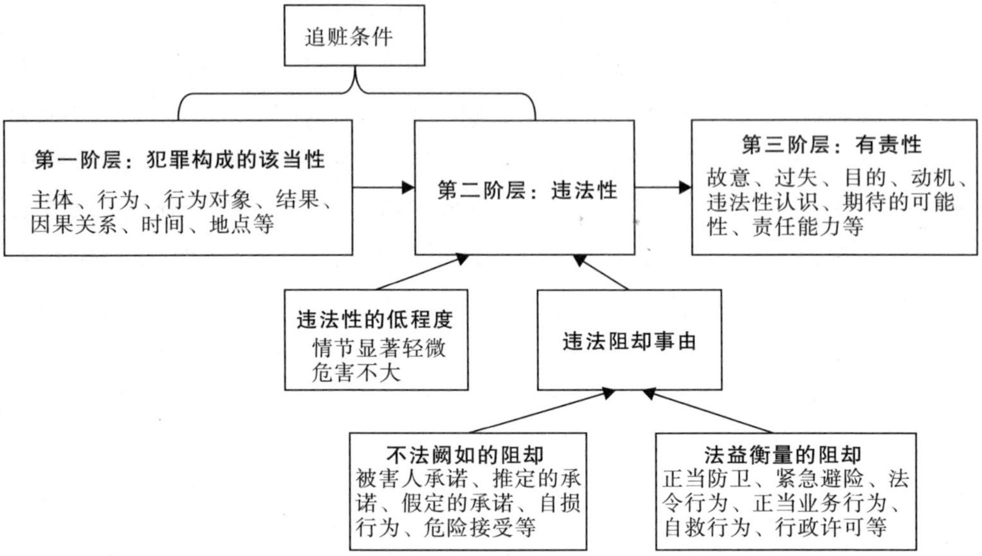

图 4-2　三阶层犯罪论

三阶层犯罪论的逐级递进关系，通过层层筛查，一步步地将犯罪排除在外，当某个行为最终符合前两个阶层时，便具备了“不法”性，达到了应当追赃的条件。追赃的条件无须考虑行为人的有责性，因此，犯罪已过追诉时效期限的、经特赦令免除刑罚的、犯罪嫌疑人死亡的、精神病人、未达到法定年龄、不具有违法性认识的可能、不具有期待可能性、主客观不统一而无罪的同案犯、片面共犯等都可以成为追赃的对象。最高人民法院法官在《〈关于犯罪嫌疑人、被告人逃匿、死亡案件适用违法所得没收程序若干问题的规定〉的理解与适用》中针对立案前死亡的行为人是否适用独立没收程序时就明确表示：“行为人在纪检监察阶段或者在公安立案侦查前就死亡的，适用违法所得没收程序没有法律障碍。”举例而言，A 对 B 谎称自己在中央有“关系”，可以摆平刑事案件，让 B 去找有这方面需求的朋友。后 B 找到 C，C 正巧有亲戚被公安机关查处，C 着急心切便转了 100 万元给 B，用于 A 做“关系”用。B 遂将 100 万元再转给 A，后因事情久拖无进展，C 遂向公安机关报案，后经核查 A 所谓的“关系”纯属子虚乌有。本案中 A 构成诈骗罪无疑，B 因缺少诈骗的主观故意无罪，但是 B 依然具有退赃的义务，因为从客观上来说其行为是符合诈骗行为，且不具有违法阻却事由，虽然主观上无责，但从阶层犯罪论的前两层看，其符合追赃的要求，应当责令退赔或追缴其等值财产。要说明的是，追赃的条件不同于追赃的阻却事由。追缴的阻却事由是已经符合追赃的条件下，因为某种原因导致无法继续进行追缴。例如，善意取得制度是典型的追缴阻却事由，这种阻却事由是以司法办案机关已经具备追赃资格为前提，只是因为善意取得制度而导致在实务中无法继续追缴下去，但司法办案机关依旧可以采取追缴等值财产或者责令退赔的方式变相追缴。

概因“对物之诉”在我国尚未成形，在我国当前的刑事法律体系内，虽然追赃的条件须符合阶层犯罪论的前两层，但本书认为适用阶层犯罪论的前提是必须已经进入刑事诉讼程序（立案之后），如果司法部门不受理或者不立案，基于立案前不得对物采取限制性措施，追赃自然无从谈起。亦即，追赃的一个潜在前置条件是已立案。对于未立刑事案件或撤销案件的，只能另行提起民事诉讼解决或依据其他法律法规处理（如治安管理处罚法）。例如，盗窃案中发现本案唯一嫌疑人不满16周岁时，应当撤销案件，被害人损失应当另行提请民事诉讼。

第三节　追赃的渊源

时至今日，综观我国刑事法律体系，乃至全世界法律体系，依然没有一部“追赃法”或者“对物之诉”的相关法律，追赃制度亦尚无建章立制之迹象。因此，任何与追赃有关的法律、法规、立法解释、司法解释、部门规章及规范性文件都属于追赃的渊源。当前，我国追赃的渊源主要包括《刑法》《刑事诉讼法》《公安机关办理刑事案件程序规定》《人民检察院刑事诉讼规则》《最高人民法院关于适用〈中华人民共和国刑事诉讼法〉的解释》等。不难看出，这些法律渊源纷繁复杂、法律位阶也各有不同，但令人欣慰的是，这些法律法规所规定的追赃内容异常丰富多样，且具有很强的启发性和参考性。因此，“追赃”的渊源必定深藏其中，需要进一步梳理和完善。

追赃的主要渊源包括：

一、刑法的规定

《刑法》第六十四条：“犯罪分子违法所得的一切财物，应当予以追缴或者责令退赔；对被害人的合法财产，应当及时返还；违禁品和供犯罪所用的本人财物，应当予以没收。没收的财物和罚金，一律上缴国库，不得挪用和自行处理。”

作为总则条文，《刑法》第六十四条具有总领分则的重大意义，任何犯罪中的财物都依此认定、追缴和处置。换言之，《刑法》第六十四条是追赃的纲领性法条，是最基础、最本源的追赃法条，也是整个追赃学的“基石”条文，其不但明确了追赃的具体范围——违法所得（被害人合法财产）、违禁品、供犯罪所用的本人财物三类，还进一步确定了追赃的措施，包括追缴、责令退赔、返还、没收、上缴国库五种具体措施，展现了追赃的合法性和严肃性。

（一）法条的不足与重构

纵然如此，《刑法》第六十四条仍有不足，该条各段的规定存在一定的逻辑问题，根据“对象和措施”及条文句式结构，第六十四条简图如图4－3所示。

第六十四条
① 违法所得 ——→ 追缴/退赔；
② 被害人的合法财产 ——→ 返还；
③ 违禁品/供犯罪所用的本人财物 ——→ 没收。
④ 没收的财物/罚金 ——→ 上缴国库。

图4－3　《刑法》第六十四条简图

不难看出，其中①②③是并列关系，而④是③的递进，由此带来的问题是：其一，处理对象重叠时难以适用。司法实务中，违法所得和被害人合法财产、违禁品、供犯罪所用的本人财物时常存在交叉关系，此时适用何种措施就不无疑问。例如，甲盗窃乙的1千克毒品时，毒品既是违法所得又是违禁品，此时是适用“追缴/退赔”还是“没收”？令人不解。其二，违法所得最终处理措施不明。被害人合法财产最终结果是返还被害人；④是③的递进，亦即，违禁品和供犯罪所用的本人财物经没收后最终上缴国库；那么①中追缴后的最终结局是什么？是返还？没收？还是上缴国库？不无疑问。其三，上缴的对象与刑法体系不符。虽然立法者对《刑法》第六十四条的意见是对一切涉案财物的刑事处理方法，并不是一种刑罚。但从刑法体系上看《刑法》“总则”的第四章“刑罚的具体运用”应是第四章“刑罚”的细化操作规则，将第六十四条归入“刑罚的具体运用”却不是一种刑罚，有违体系协调之嫌；而且，将第六十四条的涉案“财物”与财产刑的“罚金”并列，亦有将“财物”等视为刑罚实施对象的嫌疑；同时，既然作为财产刑的“罚金”在《刑法》第六十四条得到具体应用（“一律上缴”），那么，同样是财产刑的第五十九条“没收财产”在刑法中具体如何适用却无章可循。

为完善《刑法》第六十四条，本书认为，可以从以下方面着手：一是要对五种处理措施实质进行明确。即五个刑事处理措施应分为程序性措施三个："追缴""责令退赔""上缴国库"；实体性措施两个："返还""没收"。二是要重新厘定各措施之间的逻辑关系。第六十四条的逻辑关系应分为三个层次：第一层次是对涉案财物取得与控制的程序性措施，即追缴与责令退赔。违法所得原物存在的，应予以追缴；如果违法所得属于被害人合法财产，但被消耗、损毁或依法请求不能而无法追缴时，则应责令其退赔。第二个层次是对涉案财物归属指向的实体性措施，即没收与返还——对违禁品、供犯罪所用的本人财物以及除被害人合法所有财产以外的其他违法所得在追缴后经法院审判后予以没收；对属于被害人的违法所得则应返还或者责令退赔。第三个层次是对涉案财物最终去向的程序性措施，即上缴、销毁。没收的一切财物和罚金，除了法律另有规定（如依法销毁），一律上缴国库。

为避免罚金和上述涉案财物措施的混用，且上缴国库作为后续程序，上缴国库的措施应另有规定。依次重构之后的第六十四条各刑事处理措施关系图如图4－4。

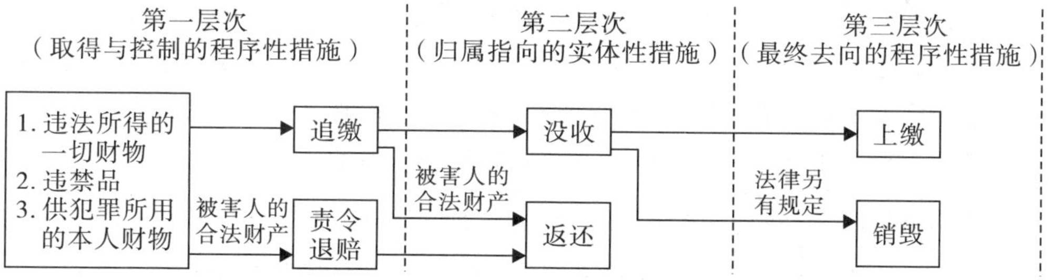

图4－4 《刑法》第六十四条各刑事处理措施关系图

由此，《刑法》第六十四条修法建议是：

"犯罪分子违法所得的一切财物，违禁品和供犯罪所用的本人财物，应当在追缴后予以没收；违法所得属于被害人合法财产的，追缴后及时返还；违法所得无法追缴的，责令退赔后及时返还。没收的财物和罚金，一律上缴国库，不得挪用和自行处理，法律有其他规定的除外。”[①]

（二）法条的基本理解

1.“违法所得”的理解

《刑法》第六十四条所称的违法所得，既不是指一般违法行为所得，也不是要求是完全符合犯罪成立条件的犯罪所得，而是指符合犯罪构成要件的违法行为所得。亦即，不以行为人具有责任为前提[②]。外国刑法也有类似规定，如《挪威一般公民刑法》第三十七条b规定，基于物品的属性或者被再次用于犯罪的危险等其他情形，也可以没收。该没收不考虑物品所有人以及是否承担刑事责任。意大利没收的财产范围限定为“为犯罪服务或者被用于实施犯罪的物品和作为犯罪产物或收益的物品”。即使在没有宣告处罚判决的情况下，法官也可以决定没收“制造、使用、携带、持有和转让构成犯罪的物品”[③]。《德国刑法典》第七十四条第三款规定：在第二款第二项规定之条件下，即使行为人无责任能力，也得没收之。例如，未满14周岁的人实施抢劫犯罪获得的违法所得仍须没收。在《德国刑事诉讼法典》中即有对“未经定罪之没收”的专门规定，“根据侦查的结果可能命令没收的时候，检察院、自诉人可以提出自主没收的申请。除另有规定外，对保安程序参照适用刑事诉讼程序的规定”[④]。《日本刑法典》也规定对无责任无能力者也可以对犯罪所得之物科处没收[⑤]。犯罪所得属于狭义的违法所得，用违法所得而不是犯罪所得的好处是符合无罪推定原则，从严肃刑事司法活动的角度看，审前也不宜用“犯罪”一词来认定财物的属性。

2. 法官自由裁量权的必要性

对无被害人的违法所得和违禁品的没收，法官不存在自由裁量权，但对于供

---

① 张磊：《〈刑法〉第64条财物处理措施的反思与完善》，《现代法学》2016年11月第38卷第6期。

② 张明楷：《论刑法中的没收》，《法学家》2012年第3期，第55－70页。

③ 朱丽欣：《我国〈刑法〉第六十四条的分析与完善》，《中国检察官》2014年第11期。

④ 李昌珂译：《德国刑事诉讼法典》，中国政法大学出版社1995年版，第156－157页。

⑤ ［日］大塚仁：《刑法概说》（总论）（第三版），冯军译，中国人民大学出版社2003年版，第452页。

犯罪所用的本人财物单行法律一度认为应当一律没收①。本书认为，刑法谦抑性决定了供犯罪所用的本人财物没收必须根据财物在犯罪中的作用、关系、价值以及保安处分（制裁）的必要性等因素决定是否没收。亦即，对供犯罪所用的本人财物理应遵从比例原则，由法官依据案情自由裁量。

3. 犯罪分子

《刑法》第六十四条的犯罪分子，不是经法院判决确定的“犯罪分子”，而是有证据证明实施了刑法分则构成要件该当性行为的人，亦即，是“事实犯罪人”而非“法律犯罪人”。其可以是自然人、法人、非法人组织等任何法定主体。

二、《刑事诉讼法》的规定

（一）《刑事诉讼法》主要条款简释

第五十四条——人民法院、人民检察院和公安机关均有权向有关单位和个人收集、调取证据。

第一百三十六条——为了收集证据（追赃），侦查员可以对相关身体、物品、住处和其他场所进行搜查。

第一百三十七条——任何单位和个人有义务按检察机关、公安机关要求交出有罪、无罪证据。

第一百四十一条——侦查活动中，任何能够证明有罪、无罪的财物都应当查封、扣押，与案件无关的除外。应妥善保管和封存查封、扣押财物。

第一百四十四条——根据侦查需要，人民检察院、公安机关可以冻结存款、汇款、债券、股票、基金份额等财产性利益。

第一百四十五条——经查明确实与案件无关的查封、扣押、冻结财产，应当

① 《全国人民代表大会常务委员会关于惩治破坏金融秩序犯罪的决定》[中华人民共和国主席令（第五十二号）] 第二十二条，犯本决定规定之罪的违法所得应当予以追缴或者责令退赔被害人；供犯罪使用的财物一律没收。《全国人民代表大会常务委员会关于惩治虚开、伪造和非法出售增值税专用发票犯罪的决定》第十二条，对追缴犯本决定规定之罪的犯罪分子的非法抵扣和骗取的税款，由税务机关上交国库，其他的违法所得和供犯罪使用的财物一律没收。供本决定规定的犯罪所使用的发票和伪造的发票一律没收。

在三日以内解除并退还。

第一百七十七条——人民检察院决定不起诉时，应当解除查封、扣押、冻结措施。

第一百八十二条第二款——经最高检核准，公安机关撤案、人民检察院决定不起诉的，应当及时对查封、扣押、冻结的财物及其孳息作出处理。

第一百九十六条——在庭审过程中法院为调查核实证据，可以进行查封、扣押、冻结。

第二百四十五条——（1）公检法都应妥善保管查封、扣押、冻结在案的财物及其孳息。其中属于被害人合法财产的及时返还，对违禁品或者不宜长期保存的物品，应当依照国家有关规定处理。（2）作为证据使用的实物原则上随案移送，不宜移送的应当将清单、照片或者其他证明文件附卷移送。（3）法院判决应当对查封、扣押、冻结的财物及其孳息作出处理。有关机关应当根据法院判决对查封、扣押、冻结的财物及其孳息进行处理。赃款赃物除应当返还被害人的以外，一律上缴国库。

第二百九十一条——缺席判决中人民法院作出判决时应对违法所得及其他涉案财产作出处理。

第二百九十八条——“特别没收”程序中，公安机关没收申请意见书中应当列明查封、扣押、冻结的财产情况。人民法院在必要的时候，可以查封、扣押、冻结申请没收的财产。

第三百条——“特别没收”程序法院审理时，除依法返还被害人的以外，应当裁定予以没收。对不属于应当追缴的财产的，应当裁定驳回，解除查封、扣押、冻结措施。对裁定结果，权利人和人民检察院可以提出上诉、抗诉。

（二）不足与完善建议

《刑事诉讼法》不但明确了存款、汇款、债券、股票、基金份额等财产性利益可以作为追缴的对象①，要求办案单位对赃物尽到妥善保管义务②，赋予当事人和辩护人、诉讼代理人、利害关系人对于司法机关及其工作人员非法追赃的救济权和无辜财产的受保护权③，而且还授权公检法赃物的追缴权和处置权④。

---

① 《刑事诉讼法》第一百四十四条："人民检察院、公安机关根据侦查犯罪的需要，可以依照规定查询、冻结犯罪嫌疑人的存款、汇款、债券、股票、基金份额等财产。有关单位和个人应当配合。"存款、汇款等可以视为银行对持卡人的资金给付义务，是财产性利益的一种。而债券、股票、基金份额意指权利人获得本金及分红的权利，也是财产性利益。

② 第一百四十一条第二款，对查封、扣押的财物、文件，要妥善保管或者封存，不得使用、调换或者损毁。第二百四十五条第一、二款，公安机关、人民检察院和人民法院对查封、扣押、冻结的犯罪嫌疑人、被告人的财物及其孳息，应当妥善保管，以供核查，并制作清单，随案移送。任何单位和个人不得挪用或者自行处理。对被害人的合法财产，应当及时返还。对违禁品或者不宜长期保存的物品，应当依照国家有关规定处理。对作为证据使用的实物应当随案移送，对不宜移送的，应当将其清单、照片或者其他证明文件随案移送。

③ 第一百一十七条："当事人和辩护人、诉讼代理人、利害关系人对于司法机关及其工作人员有下列行为之一的，有权向该机关申诉或者控告：……（三）对与案件无关的财物采取查封、扣押、冻结措施的；（四）应当解除查封、扣押、冻结不解除的；（五）贪污、挪用、私分、调换、违反规定使用查封、扣押、冻结的财物的。"第一百四十一条第一款，与案件无关的财物、文件，不得查封、扣押。第一百四十五条，对查封、扣押的财物、文件、邮件、电报或者冻结的存款、汇款、债券、股票、基金份额等财产，经查明确实与案件无关的，应当在三日以内解除查封、扣押、冻结，予以退还。第一百七十一条，人民检察院审查案件的时候，必须查明侦查活动是否合法。第一百九十八条，法庭审理过程中，对与定罪、量刑有关的事实、证据都应当进行调查、辩论。经审判长许可，公诉人、当事人和辩护人、诉讼代理人可以对证据和案件情况发表意见并且可以互相辩论。第二百四十五条第五款，司法工作人员贪污、挪用或者私自处理查封、扣押、冻结的财物及其孳息的，依法追究刑事责任；不构成犯罪的，给予处分。

④ 如《刑事诉讼法》第五十四条第一款，人民法院、人民检察院和公安机关有权向有关单位和个人收集、调取证据。有关单位和个人应当如实提供证据。第一百九十六条第二款，人民法院调查核实证据，可以进行勘验、检查、查封、扣押、鉴定和查询、冻结。第一百七十七条第三款，人民检察院决定不起诉的案件，应当同时对侦查中查封、扣押、冻结的财物解除查封、扣押、冻结。第一百八十二条第二款，根据前款规定不起诉或者撤销案件的，人民检察院、公安机关应当及时对查封、扣押、冻结的财物及其孳息作出处理。第二百四十五条第三、四款，人民法院作出的判决，应当对查封、扣押、冻结的财物及其孳息作出处理。人民法院作出的判决生效以后，有关机关应当根据判决对查封、扣押、冻结的财物及其孳息进行处理。对查封、扣押、冻结的赃款赃物及其孳息，除依法返还被害人的以外，一律上缴国库。需要注意的是，虽然查封、扣押、冻结措施被规定在侦查这一章中，但法院也享有的查封、扣押、冻结权，法院不是法定侦查主体，这间接地说明了查封、扣押、冻结应兼具侦查和追赃的双重功能。

《刑事诉讼法》的许多法条对追赃具有重大意义，如第二百四十五条第二款明确规定，人民法院作出的判决，应当对查封、扣押、冻结的财物及其孳息作出处理。这一规定既是对实践中已经存在的法院审理刑事涉案财物做法的确认，同时也对刑事涉案财物判决内容提出了明确的要求。这一规定包含以下内容：第一，只有法院有权对权属不明确的涉案财物进行认定和处理，对于公诉机关提起明确指控的，法院必须进行审查并作出处理结论，不得因涉案财物权属不明或者情况复杂而不作处理。第二，法院对涉案财物的处理决定要体现在判决书中，无论是何种处理结果，必须在判决书中予以明确。第三，需要法院处理的不仅是涉案财物本身，也包括这些财物的孳息。第四，法院对涉案财物的处理内容应当明确具体，根据涉案财物的性质分别作出不同的处理。如经认定不属于违法所得或者依法应当追缴的其他涉案财物，应当作出发还物品持有人的决定；对于无法认定是否属于违法所得或者依法应当追缴的其他涉案财物，也应当作出返还物品持有人的决定①。当然，也有不足之处。我国《刑法》第六十四条将追缴作为追赃的程序措施，而《刑事诉讼法》中对“追缴”并无实质性规定。根据当然解释，《刑事诉讼法》相关条款②将包括违法所得在内的“赃”称之为涉案财产，且追赃的程序性措施“追缴”，特指查封、扣押、冻结，亦即，追缴仅能依据查封、扣押、冻结三种措施来实现。综观整部《刑事诉讼法》，并未设定专门为了追赃而查封、扣押、冻结的条款，诸如第五十四条、一百三十七条、一百四十一条、一百四十四条、一百九十六条都是基于“收集、调取证据”“证明犯罪嫌疑人有罪或者无罪”“根据侦查需要”“调查核实证据”等非追赃目的而设置的条款③，

① 胡红军、王彪：《刑事涉案财物的审理问题研究》，《人民司法》2014 年第 1 期。乔宇：《执行中利害关系人对刑事涉案财物主张权利的处理》，《人民司法》2017 年第 20 期。

② 《刑事诉讼法》第三百条第一款，人民法院经审理，对经查证属于违法所得及其他涉案财产，除依法返还被害人的以外，应当裁定予以没收；对不属于应当追缴的财产的，应当裁定驳回申请，解除查封、扣押、冻结措施。

③ 《刑事诉讼法》第五十四条第一款：“人民法院、人民检察院和公安机关有权向有关单位和个人收集、调取证据。有关单位和个人应当如实提供证据。”第一百三十七条，任何单位和个人，有义务按照人民检察院和公安机关的要求，交出可以证明犯罪嫌疑人有罪或者无罪的物证、书证、视听资料等证据。第一百四十一条，在侦查活动中发现的可用以证明犯罪嫌疑人有罪或者无罪的各种财物、文件，应当查封、扣押。第一百四十四条，人民检察院、公安机关根据侦查犯罪的需要，可以依照规定查询、冻结犯罪嫌疑人的存款、汇款、债券、股票、基金份额等财产。有关单位和个人应当配合。第一百九十六条第二款，人民法院调查核实证据，可以进行勘验、检查、查封、扣押、鉴定和查询、冻结。

这种以收集证据为目的的条款被用于“附带”追赃，好处是办案机关追赃具有更大的灵活性和可操作性，可以随时根据案情进展，依托“收集证据”需要，对任何可能隐藏证据的人、物、住处等进行搜查，进而查扣赃物①。但这种依托证据收集需要的“附带”追缴赃物的条款，并不完全适合追赃。一是有些违法所得不具有证据价值，将导致无法追缴。如逃税罪中的欠税、拒不支付劳动报酬罪中的劳动报酬等。二是对于无罪证据（财物）的查冻扣不符合追赃的要求。三是过分注重证据价值，可能侵害权利人的合法权益。例如，为了追缴被转移至第三人银行账户的赃款，公安机关往往会直接冻结该第三人的账户，理由是办案单位有权向有关单位和个人收集、调取证据，有关单位和个人有义务如实提供证据。再如，汽车租赁公司被盗窃的汽车，案发后如果公司自行找回，公安机关以收集证据为由，再将汽车扣押到案。本书认为，如果是仅为了实现证据价值而收集证据的侦查行为，必须保持在最低限度内，在财物的证据价值得以实行后应第一时间解除财物的强制措施，不得任意扩大而侵害他人财产权。在冻结第三人账户的例子中，如果目的是为了“收集证据”，当事人自然须无条件配合，但公安机关完全可以通过主动查询该第三人账户的银行流水或者责令第三人向公安机关提交银行流水的方式，实现证据价值，而不必冻结账户。同理，上述扣车案例，公安机关也可以采取对车辆进行拍照、录像，押解犯罪嫌疑人对该车进行现场指认等措施实现对证据的固定，而无须扣押车辆侵害他人汽车租赁权②。实务中，还存在为了迫使当事人配合作证，而对善意第三人的财产采取、查封、扣押、冻结的措施，并且往往超范围冻结的情况居多，美其名曰“调取证据”，以此迫使第三人跨省市“主动”到公安机关配合作证，严重侵害了当事人的财产权。

《刑事诉讼法》第一百零八条中的“侦查”包括“收集证据”“查明案情的工作”和“有关的强制性措施”三种，立法者认为，“有关的强制性措施”不仅

---

① 《刑事诉讼法》第一百三十六条，为了收集犯罪证据、查获犯罪人，侦查人员可以对犯罪嫌疑人以及可能隐藏罪犯或者犯罪证据的人的身体、物品、住处和其他有关的地方进行搜查。第一百四十一条，在侦查活动中发现的可用以证明犯罪嫌疑人有罪或者无罪的各种财物、文件，应当查封、扣押。

② 当然，这个例子如果换成公安机关为了追赃而扣押该汽车也同样令人无法接受，因为对于有被害人的犯罪中，追赃的目的是将被害人合法财产返还给被害人，如果被害人已经通过各种途径取回自己的合法财产，追赃的目的就不复存在。公安机关再以追赃为由扣押该汽车缺乏正当性。

包括《刑事诉讼法》总则第六章对人的强制措施，还应包括为了取证而对物的强制措施和为了追赃而对物的强制措施[①]。如前述，为了取证而对物的强制措施的法条已广泛存在（如第五十四、一百三十七、一百四十一、一百四十四、一百九十六条），但是为了追赃而对物的强制措施却在整个刑事诉讼法典中难觅其踪。鉴于此，作为程序和方法性质的追赃（追缴）应当制度化并在《刑事诉讼法》的条文中显名化，亦即，《刑事诉讼法》中有必要设置专门条款明确追赃的正当性，如增设“除法律另有规定外，为了追缴违法所得、供犯罪所用的本人财物、违禁品，公安机关、检察机关和人民法院有权查封、扣押、冻结对应的财产或财产性利益，有单位和个人有义务配合”。再如，“为了侦查取证需要而查封、扣押、冻结的财物，实现证据价值后，除违法所得、供犯罪所用的本人财物、违禁品外，应当在三日内解除查封、扣押、冻结措施返还原持有人、权利人”。

无论如何，《刑事诉讼法》将追缴这一追赃措施具体化为查封、扣押、冻结三个侦查措施，提高了可操作性，具有重大实践意义。在相关法律尚未完善之前，追赃目前还只能依靠证据收集规则来实现对赃物的追缴。

三、其他规定

追赃的渊源除了《刑法》《刑事诉讼法》等专门法律外，还包括一些非刑事法律及司法解释、规范性文件等，如《民法典》第三百一十一条关于“善意取得”制度的规定是追赃的法定阻却事由。《程序规定》第二百二十八条授予了公安机关在勘验搜查过程中进行现场扣押财物的权力。第二百七十九条明确，为了追赃可以发布悬赏通告。《高检规则》第一百八十六条第二款规定，因追赃需要，可以提押嫌疑人出看守所。第二百一十条第二款规定，对于可疑物可以先行追赃，但应及时审查。第二百一十一条规定，共同购置且不可分割的财产，整体追缴后，变现后应退还合法部分。《高法解释》第二百七十九条明确庭审中必须对追缴到案的财物进行权属审核，调查其是否属于赃物。第四百四十五条规定，对于赃物尚未追缴到案的，应当判决继续追缴。《查封、冻结规定》第八条规定：“公安机关对于采取措施的涉案财产，应当全面收集证明其来源、性质、用途、权属及价值的有关证据，审查判断是否应当依法追缴、没收。证明涉案财产来源、性质、用途、权属及价值的有关证据……”该条明确了公安机关对追缴、

① 王爱丽：《中华人民共和国刑事诉讼法释义》，法律出版社2018年版，第237页。

没收的赃款赃物，应当有证据支撑。《最高人民法院、最高人民检察院、海关总署打击非设关地成品油走私专题研讨会会议纪要》（署缉发〔2019〕210号）第五条关于等值财产追缴没收规定：“有证据证明依法应当追缴、没收的涉案财产被他人善意取得或者与其他合法财产混合且不可分割的，应当追缴、没收其他等值财产。”《经济犯罪案件规定》第四十六条规定：“严格区分违法所得、其他涉案财产与合法财产，严格区分企业法人财产与股东个人财产，严格区分犯罪嫌疑人个人财产与家庭成员财产，不得超权限、超范围、超数额、超时限查封、扣押、冻结，并注意保护利害关系人的合法权益。”该条明确了追赃的谦抑性，不得超范围追缴。《财产执行规定》第四条规定：“人民法院刑事审判中可能判处被告人财产刑、责令退赔的，刑事审判部门应当依法对被告人的财产状况进行调查；发现可能隐匿、转移财产的，应当及时查封、扣押、冻结其相应财产。”该条肯定了法院的追赃权。2013年10月21日，《最高人民法院关于适用刑法第六十四条有关问题的批复》（法〔2013〕229号）规定：“被告人非法占有、处置被害人财产的，应当依法予以追缴或者责令退赔。据此，追缴或者责令退赔的具体内容，应当在判决主文中写明；其中，判决前已经发还被害人的财产，应当注明。被害人提起附带民事诉讼，或者另行提起民事诉讼请求返还被非法占有、处置的财产的，人民法院不予受理。”该条指明了追赃与附带民事诉讼的适用范围。

第五章 追赃的基本内容

追赃的基本内容是指构成追赃基本要素的集合。追赃的基本内容包括追赃本体、追赃的辨析、追赃的阻却事由和追赃的难点四个部分。其中的难点和重点是追赃的主体、基本原则、追赃与民事诉讼的辨析、毛利说与纯利说，厘清这些内容，就大体掌握了追赃的基本内容。当然，追赃的基本内容是开放的、包容的，还需在实践和理论中不断丰富、完善，唯有如此，追赃学才具有生命力。

第一节 追赃的本体

一、追赃的概念与特征

（一）追赃的概念

追赃制度是一项独立的制度，而不是其他证据制度的附属。搜集证据的时候当然可以控制犯罪嫌疑人的违法财物，但是这并不意味着就等于完成了对赃款赃物的控制，在刑事诉讼审判制度之外仍然需要进行独立的追赃程序，也只有如此，方能全面地保障行为人的合法权益①。时至今日，作为我国刑事法律体系中的基础性法律，《刑法》和《刑事诉讼法》中并无任何“追赃”的字眼，也无专

① ［美］卡多佐：《法律的成长·法律科学的悖论》，董炯、彭冰译，中国法制出版社2002年版，第17页。

门性的追赃条款，追赃的实质性措施只能由“追缴”[①]“查封”“扣押”“冻结”等措施予以承担，且实质仍然是调查取证。例如，《刑事诉讼法》第一百三十七条规定：“任何单位和个人，有义务按照人民检察院和公安机关的要求，交出可以证明犯罪嫌疑人有罪或者无罪的物证、书证、视听资料等证据。”第一百四十一条第一款规定：“在侦查活动中发现的可用以证明犯罪嫌疑人有罪或者无罪的各种财物、文件，应当查封、扣押。”第一百四十四条第一款规定：“人民检察院、公安机关根据侦查犯罪的需要，可以依照规定查询、冻结犯罪嫌疑人的存款、汇款、债券、股票、基金份额等财产。”[②] 第一百九十六条第二款规定：“人民法院调查核实证据，可以进行勘验、检查、查封、扣押、鉴定和查询、冻结。”诚然，大多数赃物除了具有财产价值外，也同时具有证据价值，但“追赃”的目的绝非限于证据价值，对赃物的追缴也具有财产保全以实现为被害人挽回财产损失和特殊预防等重要使命。追赃应立足于取证，更应超越取证本身。

广义的追赃是指赃的认定、追缴与处置的过程[③]，其是财产保全和财产处置的统一。而狭义的追赃是指具有查禁犯罪权力的机关所采取的对违法所得、违禁品、供犯罪所用的本人财物采取的追缴到案的过程。追赃是赃物认定、追缴和处置的统一过程，其本质是“对物之诉”，目的在于实现报应、涤除犯罪、“无人应从犯罪中获益”。其与“对人之诉”的侦查措施相对应，是一种独立的措施，不属于侦查措施，但现今立法者依然意图将追赃的措施也涵盖到侦查措施之中，将《刑事诉讼法》第一百零八条侦查的内容之一定义为“有关的强制性措施”，特指侦查机关为收集证据、查明犯罪事实和查获犯罪人而采取的限制、剥夺人身自由或者对人身、财物进行强制的措施，如拘传、取保候审、监视居住、拘留和逮捕五种限制或者剥夺人身自由的强制措施，通缉在逃的犯罪嫌疑人，以及搜

---

① 如《刑法》第六十四条规定：犯罪分子违法所得的一切财物，应当予以追缴。虽然《刑法》和《刑事诉讼法》都有“追缴”一词，但追缴仍然需要借助查封、扣押、冻结等措施才能实现。

② 根据《刑事诉讼法》第一百零八条第一项“侦查是指公安机关、人民检察院对于刑事案件，依照法律进行的收集证据、查明案情的工作和有关的强制性措施”的规定，此处的冻结措施依然是为了收集证据、查明案情的需要。

③ 赃的认定往往又蕴含在赃的追缴之中，即在追缴的同时或者之前已经确定其为赃，因此，广义的追赃又指赃的追缴与处置。

查、扣押、冻结作为证据的财物、文件等[①]。但是该观点也存在问题：一是措施不完整，只有扣押、冻结，未包括查封。二是对象上限定为“作为证据的财物、文件”，出发点还是囿于证据之物，而非为了纯粹的追赃。三是将追赃限制于侦查措施，将导致法院、监察委等机构不享有侦查权的机关的执行追赃，陷入无法可依的窘境。从属性上看，追赃不是民事措施，但和民事又存在诸多联系，对被害人合法财产的追缴与返还体现的是犯罪行为所产生的侵权之债得以清除的一种强制性民事责任的承担方式，追赃的无因性体现的又是民法物权追及效力。追赃也不是行政措施，未经审判的措施，不符合以“审判为中心”的现代司法精神。

（二）追赃的特征

追赃的特点即追赃不同于其他事物之处。追赃具有如下特点：

1. 追赃主体的专门性

追赃并不限于公安机关[②]、检察院、法院等传统意义上的司法机关，还包括享有侦查权的国家安全机关、监狱、军队保卫部门、走私犯罪侦查部门，以及享有查禁职务犯罪权力的监察机关[③]。赃的犯罪行为的依附性，决定了这些具有查禁犯罪权力的机关也享有追赃权，非行使刑事案件查禁权的任何机关和个人都不享有追赃权，不应将被害人主动查找赃物和行政机关查处一般违法行为时收缴违

---

① 王爱丽：《中华人民共和国刑事诉讼法释义》，法律出版社 2018 年版，第 237 页。陈瑞华教授也认为，“强制性措施”是指侦查机构采取的涉及限制或者剥夺个人人身自由、财产、隐私等权益的措施，内容包括上述五种法定的“强制措施”，也包括搜查、扣押、冻结等侦查措施。参见陈瑞华《刑事诉讼的前沿问题》（第二版），中国人民大学出版社 2005 年版，第 502 页。

② 确切地说，公安机关是享有司法侦查权的政府职能部门，而不是司法机关。

③ 监察机关追赃权的体现，如《监察法》第二十三条：“监察机关调查涉嫌贪污贿赂、失职渎职等严重职务违法或者职务犯罪，根据工作需要，可以依照规定查询、冻结涉案单位和个人的存款、汇款、债券、股票、基金份额等财产。”第二十五条：“监察机关在调查过程中，可以调取、查封、扣押用以证明被调查人涉嫌违法犯罪的财物、文件和电子数据等信息。”第五十二条：“国家监察委员会加强对反腐败国际追逃追赃和防逃工作的组织协调，督促有关单位做好相关工作：……（二）向赃款赃物所在国请求查询、冻结、扣押、没收、追缴、返还涉案资产；（三）查询、监控涉嫌职务犯罪的公职人员及其相关人员进出国（境）和跨境资金流动情况，在调查案件过程中设置防逃程序。”正是因为追赃主体不限于司法机关，本书用“司法办案机关”指代一切法定追赃主体。

法财物的过程视为追赃过程。

2. 追赃范围的特定性

追赃的范围仅包括违法所得、供犯罪所用的本人财物、违禁品三类，除此之外的与案件无关的财物不得追缴。任何意图通过收集证据的方式，排除他人合法财产权行使的行为都具有不正当性。例如，以权谋私的方式为了逼迫被害人给犯罪嫌疑人出具谅解书，通过长期扣押追缴到的赃物（如租车行的汽车），在履行完必要的取证措施（如鉴定、估价、拍照固定等）后依然长时间不返还被害人，皆不正当。再如，有些财物虽然具有证据价值，但其如果不是赃物，也不得采取追赃等措施，如甲在故意杀人过程中，偶然路过的乙用自己的手机拍到犯罪的过程，办案机关不得因为乙的手机存储的视频具有极高的证据价值而对乙的手机进行追缴，正确的做法是对乙手机内的视频进行提取后及时返还。

3. 追赃适用的无因性

除法律另有规定外（如善意取得），赃物无论如何辗转，也无论由谁持有，都应依法予以追缴，任何人不得以任何理由抗辩。追赃的无因性决定了司法办案机关享有无限追索权，任何单位和个人都必须无条件配合，司法办案机关不得消极追赃而要求被害人通过诉讼等其他途径追讨损失。追赃的无因性，赋予了司法办案机关追赃的直接指向性，免去了司法办案机关证明赃款赃物流转的义务，显著降低了追赃的证明难度。追赃无因性的证明责任分配：其一，司法办案机关负有义务证明财物属于赃款赃物。其二，实际占有人负有证明追赃阻却事由的义务。如赃物是善意购得。例如，甲盗窃乙的一枚戒指后不幸遗失，被丙拾获，公安机关只需证明丙持有的戒指属于乙被盗的，即享有对丙的追缴权力，丙须无偿配合，公安机关不得要求乙对丙提起民事诉讼而怠于追赃。再如，甲抢劫了乙一部 IPHONE 手机后转手卖给丙，公安经侦查并向丙追缴，丙只需证明自己善意不知情从甲处购买时，即可阻却公安机关的追赃。

4. 追赃措施的强制性

追赃措施是司法办案机关依法享有的公权力，以强制力为后盾，对于拒不配合的任何人和单位，均可以强制执行，不以当事人的意志为转移。追赃的强制性决定了其和“对人之诉”一样，应当具有一套完备的诉讼保障程序，通过对程序的规范和控制，确保追赃能够依法进行。

5. 追赃代价的无偿性

追赃是无偿进行的，不得讨价还价，也不得有偿进行。任何赃物无论价值大小，都应无偿追缴，被追缴人不得主张对价，司法办案机关也不得要求被害人支付报酬。

6. 追赃程序的独立性

追赃程序的独立性，即追赃与否，与行为人的罪责和存亡无关，是单独进行的。其根源在于“对物之诉”独立于“对人之诉”。具言之，一方面，追赃与行为人的罪责无关；另一方面，“对人之诉”中犯罪嫌疑人、被告人死亡的，“对人之诉”当然终结；而“对物之诉”却不受行为人是否消亡的影响，只要财物在，就可以继续追赃。

二、追赃的主体与价值

（一）追赃的主体

追赃的主体即依法享有追赃资格的特定承担者。一般来说，审前追赃主体包括负有查禁犯罪的公安机关、国家安全机关、监狱、军队保卫部门、走私犯罪侦查部门、人民检察院、监察委员会等部门。在审前，法院有时候也享有一定的追赃权，如为保证特别没收的执行，人民法院在必要的时候，可以查封、扣押、冻结申请没收的财产①。《高法解释》第三百四十二条规定，为保证判决的执行，人民法院可以先行查封、扣押、冻结被告单位的财产，而判决的内容显然包括退赔和处置赃物的情形。第六百一十三条第二款规定，对于人民检察院尚未查封、扣押、冻结申请没收的财产或者查封、扣押、冻结期限即将届满，涉案财产有被隐匿、转移或者毁损、灭失危险的，人民法院可以查封、扣押、冻结申请没收的财产。再如，自诉案件中，法院也享有追赃权。对于审后的追赃主体，则由法院负责执行，查禁犯罪的部门负责配合。如《高法解释》第五百二十一条规定法院负责追缴、责令退赔违法所得、处置随案移送的赃款赃物、处置随案移送的赃款赃物等。2019 年 1 月 30 日，《最高人民法院、最高人民检察院、公安部印发关于办理非法集资刑事案件若干问题的意见》的通知（高检会〔2019〕2 号）

---

① 《刑事诉讼法》第二百九十八条第三款。

第九条规定，对审判时尚未追缴到案或者尚未足额退赔的违法所得，人民法院应当判决继续追缴或者责令退赔，并由人民法院负责执行，处置非法集资职能部门、人民检察院、公安机关等应当予以配合。《人民法院办理执行案件规范》第七百三十四条第二款规定，执行法院在执行继续追缴或者责令退赔的事项中，可以要求人民检察院、公安机关、国家安全机关、司法行政机关等予以配合。《民事诉讼法》第二百二十四条规定："发生法律效力的民事判决、裁定，以及刑事判决、裁定中的财产部分，由第一审人民法院执行。"1957 年 11 月 27 日，《最高人民法院关于被判处徒刑并追缴赃款的犯罪分子无力退缴赃款可否易服劳役的函》也明确，追缴是刑事案件的判决和裁定中关于财产部分的执行问题。《高法解释》第四百四十七条第一款规定，随案移送的或者人民法院查封、扣押的财物及其孳息，由第一审人民法院在判决生效后负责处理。《财产执行规定》第十条规定："对赃款赃物及其收益，人民法院应当一并追缴。"刑事裁判的执行理应由法院负责执行，这是由刑事司法的分工所决定的，亦是法院职权所在。由法院负责执行的另一好处是，追赃的同时如涉及民事执行时可以一并协调统筹处理，比如，基于"国不与民争利"的原则，在没收供犯罪所用的本人财物和违法所得时，如有附带民事赔偿时，应协调将没收财物变现后给被害人。再如，故意杀人取得的犯罪报酬在优先赔偿被害人家属后，再予以没收上缴国库。概言之，审后由法院负责追赃，对于一时无法追缴而终结本次执行程序后，发现被执行人有可供执行财产，不立即采取执行措施可能导致财产被转移、隐匿、出卖或者毁损的，执行法院可以依申请执行人申请或依职权立即采取查封、扣押、冻结等追赃措施。

在具体实施追赃过程中，因有些赃款赃物的追缴具有较强的专业性，则由特定的国家机关负责执行。如《最高人民检察院、最高人民法院、国家税务局关于印发关于办理偷税、抗税案件追缴税款统一由税务机关缴库的规定》的通知（高检会〔1991〕31 号）明确对逃税、抗税罪应补缴的税款，不宜由人民检察院或者人民法院追缴后直接上交地方财政，应当由税务机关依法征收，并办理上交国库手续。需要注意的是，有些特定的机构，虽然对赃款起到临时控制的措施，但这些控制措施最后都应当由司法办案机关决定是否继续执行，本质上仍不属追赃主体。如《反洗钱法》规定的应当履行反洗钱义务的金融机构和特定非金融机构采取的四十八小时临时冻结措施，这一冻结措施最终是否继续执行，由侦查机关决定[①]。

（二）追赃的价值

美国法哲学家戈尔丁（Martin P. Golding）曾言："我们需要价值的指引，以便评价结果和事实，并权衡各种冲突的利益，我们若不指出法律体系应当促进的价值，就不能具体说明法律的限度。"[②] 梁治平在其《自然法今昔：法律中的价值追求》一书中提到，探求法律的价值意义就是在寻找法律最真实的生命，禁绝这种探求，就是扼杀法律的生命[③]。追赃的价值即追赃为国家、社会乃至被害人所带来的益处。

1. 法益保护

追赃的法益保护价值体现在对追赃的目的实现。根据涤除犯罪论，其包括两层含义：（1）已损害法益的修复。追赃对已损害法益的修复价值体现在两方面：一方面，将追缴的被害人合法财产予以返还，如果部分赃款赃物因客观原因无法追缴的，则追缴等值财产或者责令退赔给被害人；另一方面，如果被害人的财产无法追回的，还应当优先将应当没收的违法所得和供犯罪所用财物变现后偿还给被害人。返还和责令退赔均是基于利益平衡的正义观念对既遭破坏的相关领域的法律制度所维系的安定平和之法治秩序的修复。（2）对法益的提前保护。以财物的危险性为适用基础，对违禁品和具有再次危害社会的供犯罪所用的本人财物进行没收，杜绝其将来危害社会的可能，以实现法益的提前保护。例如，对淫秽物品的没收可以防止公序良俗被破坏，对毒品的没收可以防止危害人的身体健康，对爆炸物的没收可以防止不特定的人员伤亡和财产损失，对专用于盗窃的镊

---

① 《反洗钱法》第二十六条："经调查仍不能排除洗钱嫌疑的，应当立即向有管辖权的侦查机关报案。客户要求将调查所涉及的账户资金转往境外的，经国务院反洗钱行政主管部门负责人批准，可以采取临时冻结措施。侦查机关接到报案后，对已依照前款规定临时冻结的资金，应当及时决定是否继续冻结。侦查机关认为需要继续冻结的，依照刑事诉讼法的规定采取冻结措施；认为不需要继续冻结的，应当立即通知国务院反洗钱行政主管部门，国务院反洗钱行政主管部门应当立即通知金融机构解除冻结。临时冻结不得超过四十八小时。金融机构在按照国务院反洗钱行政主管部门的要求采取临时冻结措施后四十八小时内，未接到侦查机关继续冻结通知的，应当立即解除冻结。"

② ［美］马丁·P. 戈尔丁：《法律哲学》，齐海滨译，生活·读书·新知三联书店 1982 年版，第 133 页。

③ 梁治平：《法辩》，广西师范大学出版社 2015 年版，第 186 页。

子进行没收可以防止他人财产被盗窃的可能。司法解释也体现保安处分的价值，如《最高人民法院、最高人民检察院、公安部关于印发办理黑社会性质组织犯罪案件座谈会纪要》中指出："要依法运用查封、扣押、冻结、追缴、没收等手段，彻底摧毁黑社会性质组织的经济基础，防止其死灰复燃。"

2. 实现证据价值

追赃能够实现证据保全，查清案件事实，防止证据因灭失而丧失证据价值，保证庭审的证据公示，确保诉讼进程。一方面，绝大多数的赃款赃物本身就是证据，都有证明案件事实的作用。例如，杀人用的砍刀，砍刀的形状以及其上的生物残渍（如血液、油脂）即有证明杀人犯罪事实发生的作用。另一方面，有些赃款赃物本身并无证据价值，但是在追缴这些赃款赃物过程中也同样有证明犯罪事实发生的作用。例如，追缴被盗刷的款项，这些款项属于财产性利益，其体现在现实生活中只是代表一定金额的数值，本身难说有证据价值，但是在追缴这些赃款的过程中，顺着资金流向（银行流水）进行追查，也能证明犯罪事实的发生（证明谁是犯罪人、赃款去向等）。因此，追赃的过程往往是实现证据价值的过程。

3. 量刑量罚价值

退赃、退赔和协助追赃在一定程度上实现了对法益的修复①，也体现了行为人的罪过程度减轻。因此，我国司法解释和相关判例中，对于犯罪人主动退赃和退赔、协助追赃等，在量刑和量罚上给予不同程度的从宽和减轻处理。如《高法解释》第一百七十六条规定，被告人非法占有、处置被害人财产的，应当依法予以追缴或者责令退赔。被害人提起附带民事诉讼的，人民法院不予受理。追缴、退赔的情况，可以作为量刑情节考虑。2014 年《中央政法委关于严格规范减刑、假释、暂予监外执行，切实防止司法腐败的意见》，对职务犯罪、破坏金融管理秩序和金融诈骗犯罪、组织（领导、参加、包庇、纵容）黑社会性质组织犯罪等三类罪犯"确有悔改表现"的认定，应当考察其是否通过主动退赃、积极协助追缴境外赃款赃物、主动赔偿损失等方式，积极消除犯罪行为所产生的社会影响。《最高人民法院关于减刑、假释案件审理程序的规定》第五条规定："人民法院审理减刑、假释案件，除应当审查罪犯在执行期间的一贯表现外，还应当综

① 本书主张，退赃和退赔属于追赃的一种替代方式，应予以一并研究。

合考虑犯罪的具体情节、原判刑罚情况、财产刑执行情况、附带民事裁判履行情况、罪犯退赃退赔等情况。”对于确有退赃能力而拒绝退赃或拒不配合追赃的，在量刑上应当从严把握。例如，河南省高级人民法院在段某某刑罚变更刑事裁定书［（2018）豫刑更170号］中认为：“本院认为，罪犯段某某虽获得一定的奖励，但其系主犯，拒不退赃，罚金刑未履行，狱内消费较高，应依法从严减刑。综合其入狱以来的改造表现、犯罪性质和情节、改造难度和原判刑罚及执行情况等，其尚不符合我国法律规定的适用减刑的条件，需要进一步接受教育改造，以观后效。依照《最高人民法院关于减刑、假释案件具体应用法律的规定》第二条、《最高人民法院关于减刑、假释案件审理程序的规定》第十六条第一款第（三）项之规定，裁定如下：对罪犯段某某本次不予减刑。”再如，广东省广州市中级人民法院在曹甲、曹乙等集资诈骗罪一审刑事判决书［（2016）粤01刑初407号］认定：“被告人曹甲明知所宣传项目没有盈利，仍然隐瞒真实经营情况，诱骗社会人员投资，尤其是重点针对老年人进行集资，给集资参与人造成巨大的经济损失，社会影响极其恶劣，且拒不认罪，拒不配合追赃，应酌情从重处罚。”

4. 正义价值

追赃的过程是正义实现的过程。一方面，以国家强制力保障的追赃，对违法所得的没收与返还（被害人），贯彻了“无人应从犯罪中获益”的原则，能够体现国家对不劳而获、损人利己行为的否定，实现公平正义，也慰藉了被害人受伤的心灵，彰显法律温暖；另一方面，对违禁品和犯罪所用的本人财物的无偿追缴、没收，向世人宣示了法律正义的同时，警醒人们应审慎行为，不得滥用财产权而触犯刑律，被法律所制裁。最后，将没收的财物上缴国库或交由有权机关处理，这种“取之于民而用之于民”的做法，亦能体现法律正义。

三、追赃的基本原则

追赃的基本原则贯穿于追赃的始终。当具体的法律规范不能得出一致结论或者无法实现个案的正义时，追赃的基本原则在解释法律、弥补法律漏洞时起到高屋建瓴的作用。追赃的基本原则除了法定原则（即公权的“法无明文规定不可为”，私权的“法无禁止皆自由”）、无罪推定原则（即未经法院裁判不得认定为赃款赃物，办案单位负有提出证据证明被追缴财物属于赃，除阻却事由和辩护事由由赃款赃物持有人承担举证责任外，其他的证明责任由司法办案机关负责）、程序正当原则（即追赃必须遵循正当法律程序，包括事先告知相对人，向相对人说明行为的根据、理由，听取相对人的陈述、申辩，事后为相对人提供相应的救济途径等）、保密原则等常见原则外，追赃也有自己独特的原则。

（一）“无人应从犯罪中获益”原则

“无人应从犯罪中获益”原则是“对物之诉”的重要内容，也是追赃过程中应当遵循的基本原则。我国许多法律文件中均体现了该原则，如2020年12月21日国务院通过的《防范和处置非法集资条例》第二十五条第二款规定：“任何单位和个人不得从非法集资中获取经济利益。”在当代，“无人应从犯罪中获益”应不再局限于犯罪人不得从犯罪中获益，还包括被害人等其他任何人（甚至是国家）都不得在犯罪中获益，其至少包含三层意思：（1）违法所得及其孳息、收益以及对应的转变、转化物应当被完全追缴，对于追缴不能时，应当责令其退赔或者追缴等值财产[①]。（2）包括犯罪人在内的任何人都不得从犯罪中获益。一是犯罪人及其家属不得获益，即对于违法所得既不得主张所有权，也不得像《刑法》第五十九条那样主张必要的生活费用[②]。二是第三人不得主张所有权。即除善意取得等法定情形外，只要是违法所得，无论其如何流转、变形和转化，任何第三人不得主张所有权。三是共同犯罪中同案犯对超出自己责任比例部分退赃的，可以向未退赃的同案犯追偿。四是被害人也不得因犯罪而获益，即对于间接违法所得不得主张所有权，如犯罪所得经犯罪人投资经营所取得的收益（尤其是

---

① 对于无被害人的违法所得无法追缴时（如贩毒所赚的钱被犯罪人挥霍掉的情形），是否应当责令退赔或追缴等值财产？从“无人应从犯罪中获益”的原则看，这种犯罪中获益，哪怕是曾经获益的行为都是法律所不可容忍的，因为其严重违背了人们朴素的正义观。因此，本书认同无被害人的违法所得追缴不能时，应通过责令退赔或追缴等值财产方式，迫使犯罪人让渡犯罪所占有的便宜。

② 当赃款赃物是违法所得时，基于来源的违法性，犯罪人及其家属自身的最低生活需要不得对抗追赃，这种生活保障应以国家和社会作为兜底保障和救济。但是对于供犯罪所用的本人财物，基于财产的原始合法性，则应当给予最低生活费用。由此，《检察院财物规定》第四条第三款规定，查封、扣押、冻结涉案财物，应当为犯罪嫌疑人、被告人及其所扶养的亲属保留必需的生活费用和物品，减少对涉案单位正常办公、生产、经营等活动的影响。本条特指供犯罪所用的本人财物追缴时，应给予亲属保留必需的生活费用和物品，而不是违法所得。

射幸收入）应当没收后上缴国库，而对直接违法所得及其可期待的利益（如银行同期利息、天然孳息）则追缴后返还给被害人。（3）追赃不得以损害他人合法财产权为代价。一是被害人不得获得双重（及以上）的补偿。如甲存入银行的10万元钱，因银行系统被入侵而被盗刷，案发后，甲民事起诉银行未尽安全保管义务胜诉后获得银行支付的10万元赔偿，后公安机关侦破此案并追回赃款10万元后，因银行的赔偿本质上也是由盗窃行为造成的，银行赔偿甲的损失后从民事上看，其自动获得对盗窃犯罪人的追偿权，此时，甲不得再次主张10万元赃款的所有权，否则甲即获得双重补偿，违背“无人应从犯罪中获益”原则①。再如，共同犯罪中，部分同案犯已经代其他同案犯全部退赃退赔，那么被害人的损失已全部获得赔偿，被害人不得再向其他未退赃退赔的犯罪人主张退赃退赔，否则被害人也获得双重补偿，违背“无人应从犯罪中获益”原则。二是犯罪人对违法所得进行投资所投入的必要成本应当扣除。案发后，犯罪人对犯罪所得进行投资获益时，应当扣除犯罪人自身的成本，包括体力、智力、经济上等任何可计算的成本投入，不得不问成本地全部追缴。三是对于赃与其他合法财产混合时，原则上应当按份追缴，如果无法分割追缴，也应整体追缴后按比例返还或追缴其等值财产②。

---

① 当然，这并不否定甲的被害人的身份，只是赃款赃物的处理上，要么赃款赃物应由银行来获得，要么由甲获得后10万元后，转交给银行以弥补其损失。当然，司法实践中多采取将追回的赃款赃物直接退还给已承担民事责任的人。如最高人民法院（2017）最高法民申1914号：在民事案件已经执行完毕、刑事被害人的民事权益得到全部救济的情形下，因罪犯是民事责任的最终责任人，民事案件的责任人承担完民事责任后有权向罪犯追偿，因此，赃款应退还给民事责任人。

② 如《最高人民法院、最高人民检察院、海关总署打击非设关地成品油走私专题研讨会会议纪要》（署缉发〔2019〕210号）第五条第二款，有证据证明依法应当追缴、没收的涉案财产被他人善意取得或者与其他合法财产混合且不可分割的，应当追缴、没收其他等值财产。《关于办理黑恶势力刑事案件中财产处置若干问题的意见》第十九条，有证据证明依法应当追缴、没收的涉案财产无法找到、被他人善意取得、价值灭失或者与其他合法财产混合且不可分割的，可以追缴、没收其他等值财产。《经济犯罪案件规定》第四十七条第二款，对不可分割的土地、房屋等涉案不动产或者车辆、船舶、航空器以及大型机器、设备等特定动产，可以查封、扣押、冻结犯罪嫌疑人提供的与涉案金额相当的其他财物。犯罪嫌疑人不能提供的，可以予以整体查封。

（二）比例原则

比例原则是西方国家公法领域一项重要的原则，要求国家干预公民基本权利的手段和所欲达到的目的之间，必须符合一定的比例。追赃的比例原则包括三项具体的原则：（1）妥当性原则（也称“合目的性原则”），是指采取的措施必须能够实现目的或至少有助于目的的达成。具体而言，妥当性原则包括以下要求：第一，任何国家权力的行使都必须以某种紧急状态的出现为前提，只有紧急状态出现而使国家和社会公共利益面临受到损害的现实危险时，国家才有正当理由对个人权利和自由进行限制或剥夺。当社会运行处于有序状态时，国家对个人权利和自由进行限制或剥夺，即构成对国家权力的滥用。第二，任何国家权力都只能用来实现国家和社会公共利益，不能用来谋求个人私利。第三，任何国家权力的运作都必须以实现法律明确规定的职能为目标。第四，国家机关所采取的措施和手段必须能够实现其所追求的职能目标①。在刑法领域这种目标是法益保护，而追赃领域，是指实现法益修复、正义价值（无人应从犯罪中获益）、保安处分、制裁等。具言之，即对属于被害人所有合法财产的追赃，追赃的目的必须是为了恢复被害人的财产所有权，实现财产权的修复功能。对不属于被害人的违法所得（贪污所得、赌博所得、犯罪报酬等），追赃的目的应是为了实现正义价值，避免犯罪人因犯罪而获得好处。对于违禁品，应从预防再犯的目的进行追缴、没收并上缴国库。而供犯罪所用的本人财物，对其追赃是处于保安处分和制裁的需要。（2）必要性原则（也称“最小干预原则”），是指存在多种方法均可以达成相同目的时，应当采用损害最小的方式。在刑法领域体现的是刑法的谦抑性原则，在追赃领域，即采取追赃措施的种类、强度必须保留最小限度，以实现对公民权利的保护。具言之，一是给犯罪人及其家属保留必需的生活物品。二是尽量降低对被追缴人的办公、生产、经营的影响。三是在不影响诉讼的情况，允许被追缴人合理使用，并采用必要保值措施。四是赃物与其他合法财产混合且不可分割的，应尽量采取变通方式，如责令退赔、追缴等值财产的方式，不得已的情况下才整体追缴后按比例返还，减少对善意第三人的影响。五是当采取强制措施的原因消失或者发生变化后，应当及时解除强制措施或者予以变更，不得拖延或者拒不解除。例如，作为证据价值的财物，当实现证据价值时应当及时解除对财物

---

① 陈永生：《刑事诉讼的宪政基础》，北京大学出版社2010年版，第292页。

的强制措施。再如，当出现新证据证明的财物与犯罪无关纯属个人合法财产时，侦查机关应当尽快解除并返还被扣押的财物。（3）狭义比例原则（也称“均衡原则”）[①]，要求目的与手段之间必须合乎一定的比例关系，公益的追求与私益的限制要相称[②]。在刑法领域是罪刑相适应原则，而在追赃领域，则是追赃的强度必须与犯罪的严重程度相匹配。换言之，指追赃所造成的公民权利损害必须与保护的法益保持必要的均衡。追赃过程中应当严格区分违法所得、其他涉案财产与合法财产，严格区分企业法人财产与股东个人财产，严格区分犯罪嫌疑人个人财产与家庭成员财产，不得超权限、超范围、超数额、超时限查封、扣押、冻结，并注意保护利害关系人的合法权益[③]。例如，《检察院财物规定》第四条、《监察条例》第一百一十条和第一百三十四条、《公安财物规定》第六条都规定[④]，对于查封、扣押、冻结、保管、处理涉案财物，必须严格依法进行。不得查封、扣押、冻结与案件无关的财物。凡查封、扣押、冻结的财物，都应当及时进行审查；经查明确实与案件无关的，应当在三日内予以解除、退还，并通知有关当事人。严禁以虚假立案或者其他非法方式采取查封、扣押、冻结措施。对与本案无关，但有证据证明涉及其他部门管辖的违纪、违法、犯罪行为的财物，应当依照相关法律规定，连同有关线索移送有管辖权的部门处理。对涉案单位违规的账外资金但与案件无关的，不得查封、扣押、冻结，可以通知有关主管机关或者其上级单位处理。再如，对供犯罪所用的本人财物进行没收时，有对供犯罪所用的财产价值和所侵害法益价值进行比较的必要性，不得为了保护较小法益（即犯罪所侵害的法益）而损害行为人较大的财产性利益。

---

① 熊秋红：《刑事诉讼涉案财物处置程序检视》，《人民检察》2015 年第 13 期。

② 陈运生：《论比例原则在基本权利保障中的适用》，《广州大学学报（社会科学版）》2011 年第 5 期，第 19 – 24 页。

③ 《经济犯罪案件规定》第 46 条。2016 年 11 月 10 日，《最高人民法院关于在执行工作中规范执行行为切实保护各方当事人财产权益的通知》，要求查封、扣押、冻结财产要严格遵守相应的适用条件与法定程序，坚决杜绝超范围、超标的查封、扣押、冻结财产，对银行账户内资金采取冻结措施的，应当明确具体冻结数额。

④ 又如，《公安部关于进一步依法严格规范开展办案协作的通知》第十三点：“对涉嫌犯罪但仍在正常生产经营的企业，依法慎用查封、扣押、冻结等强制性侦查措施，减少对企业正常生产经营的不利影响。确需查封、扣押、冻结的，应当严格区分违法所得、其他涉案财产与合法财产，禁止超权限、超范围、超数额、超时限查封、扣押、冻结。”

（三）经济原则

在当代文明国家和法治社会，“刑事诉讼法不容许以不择手段、不问是非及不计代价的方法来发现真实”[①]。刑法的谦抑性必然要求刑法以最少的刑法资源投入，获取最大的刑法治理效果。在刑事诉讼中，效益的基本理念就是通过最佳的方法，即以最少的人力、物力和财力，在最短的时间内来最大限度地满足人们对正义、自由和秩序的需求[②]。与此类似，所谓追赃的经济原则，是指追赃过程中以最少的代价获得追赃的法律效果。在确保追赃目的实现的情况下，追赃的经济原则包含以下内容：（1）追缴违法所得所要支付的成本显著高于违法所得本身时，应当阻却追赃[③]，采取责令退赔或追缴等值财产等变通方式，实现追赃目的。例如，在英国，资产追缴局启动追缴程序的一个基本条件就是可追缴财产必须经过被确认，且其估价在10000英镑以上[④]。毕竟，为了追缴一枚硬币而花费上千元的代价，是令人难以接受的。（2）如果应当没收并上缴国库的赃款赃物价值显著轻微，或者上缴国库需要花费较大的经济代价时，应当直接采取销毁、原物充公、捐赠等方式实现对赃的处理。《德国刑事诉讼法典》第四百三十条规定：“（一）作为可能的刑罚、矫正及保安处分的附加处分，没收显得并不重要，或者进行没收程序则需要不相称的耗费，或者将对判处其他法律处分的裁判造成不相称的复杂化的时候，经检察院同意，法院可以在程序的任何阶段将对行为的追究范围限制在其他的法律处分上；（二）检察院也可以在侦查程序中作出限制，对所作限制要记录载明。”[⑤]《芬兰刑法典》第十章“没收”中关于“没收令的调整”规定，如果犯罪收益或者该物品或财产的等价物的价值不大的，可不作出没收令。法官对赃的判决应考虑执行的诉讼成本，如犯罪用的绳索、镊子等判决没收上缴国库的，应先委托估价机构进行估价，然后根据估价结果委托拍卖

---

① 林枉雄：《刑事诉讼法》（上册，总论编），中国人民大学出版社2005年版，第11页。

② 李文健：《刑事诉讼效率论》，中国政法大学出版社1997年版，第34页。

③ 但对于违禁品和供犯罪所用的本人财物，如果有继续犯罪的可能，应当予以不考虑经济成本问题，继续追缴直至消除再犯的可能。

④ 吴光升：《刑事涉案财物处理程序研究》，法律出版社2018年版，第271页。

⑤ 李长坤：《刑事涉案财物处理制度研究》，上海交通大学出版社2012年版，第20－21页。

机构进行拍卖，试想，如此低廉的财物进行估价、拍卖，其花费的成本远高于财物本身。例如，《罚没财物管理办法》第十九条规定："罚没物品难以变卖或者变卖成本大于收入，且具有经济价值或者其他价值的，执法机关应当报送同级财政部门，经同级财政部门同意后，可以赠送有关公益单位用于公益事业；没有捐赠且能够继续使用的，由同级财政部门统一管理。"我国法院在处理传统作案工具时注重诉讼的经济原则，在故意杀人罪、故意伤害罪中没有出现过把作案凶器刀具没收上缴国库的判决。无论如何，赃的判决执行的价值临界点，应由法官在个案中自由裁量把握。（3）赃折抵被害人损失时，考虑到折现的成本，应当允许实物直接交付被害人以折抵其损失。例如，盗窃被害人 5000 元财物无法追缴到案而行为人又无其他财产时，法院判决没收犯罪人作案用的手机（价值 4000 元）的，如果拍卖手续成本需要 1000 元的，仍然要拍卖可能损害被害人的利益，可行的做法是经估价或者以双方同意的价格，直接将该手机交付给被害人，作为一种替代退赔的方式。（4）赃处置时应物尽其用。赃物只要对国家和社会有益处，都应尽量物尽其用而慎用销毁措施，但实现价值成本如果过高的或可能损害其他法益的除外。例如，对于新型毒品，如果存在重大科研价值，应当允许交付一定量给科研单位研究使用。又如，枪械等违禁品，如果情况良好，可以交付给军警使用。又如，对于高仿的珠宝首饰，如果确实属于真金白银做的，应当化整为零后（如熔断）进行拍卖而不是销毁，否则可能会继续侵权（如《商标法》第六十三条第四款就明确："假冒注册商标的商品不得在仅去除假冒注册商标后进入商业渠道"，该条旨意是对被侵害商标权的特别保护）。例如，江西省上饶市广丰区人民法院的汪某某诈骗一审刑事判决书［（2020）赣 1103 刑初 64 号］中，在审判理由部分法院认为："对于本案犯罪数额问题，本院认为，假金项链系作案工具，不能从犯罪数额中扣除，且在案证据显示，假金项链尚在案，对于假金项链的处置，可以拍卖价款折抵被害人的损失或给被害人直接折抵。"最终，法院判决该案假金项链拍卖所得折抵被害人的损失或直接给被害人折抵被害人的损失，假金项链并未被依法销毁，做到了物尽其用。

（四）不利原则

追赃的不利原则，来源于英国法院的没收违反信托财产实践，即违反信托规则。譬如，甲把 300000 英镑的可追缴财产，存入业已拥有 100000 英镑合法资产的丙的账户内，丙使用这一账户内的 100000 英镑购得两台汽车，其余的资金被挥霍殆尽，则认定这两台汽车是合法财产。我国部分学者也有类似观点，如货币追缴的特殊性：货币属于一般等价物，其由国家的最高信誉作为担保。因此，如果作为赃款赃物的资金被存入在金融机构所开账户中，无论与合法资金发生怎样的混合，该资金均继续"保持为赃款赃物"①。

根据风险控制理论②和罪责自负原则以及"无人应从犯罪中获益"原则的必然要求，对于属于种类物的赃，犯罪人将自己合法所有的同种类物与赃混合后无法区分时，无论如何处置，犯罪人都将承担不利的后果，在追缴时，都应做出不利于犯罪人的解释。这种不利解释体现在，如有贬损，则犯罪人财产贬损；如有增值，则赃款赃物增值。例如，甲贪污而来的 10 万元存入自己银行卡内（甲自己银行卡内原本已有 10 万元），此时甲通过挥霍花掉 10 万元时，甲不得主张花掉的 10 万元是贪污的 10 万元，而坚持银行卡内余下的 10 万元为自己所有而对抗追缴。又如，甲自己持有一张名贵的龙邮票，后又诈骗乙的一张相同的龙邮票，案发后，甲将其中的一张龙邮票抵押给丙，公安机关追缴时，甲不得主张被抵押的龙邮票为乙所有，而认为自己手里剩下的那张龙邮票为自己所有进而对抗追缴。再如，将盗窃而来的 500 千克鲤鱼倒入自家同样养有 500 千克鲤鱼的鱼塘中，案发后第一年变卖了一半鲤鱼净赚 20000 元，剩下的一半鲤鱼第二年销售但因市场行情变化并未赚钱。公安机关进行追缴时，犯罪人不得主张第二年销售的另一半鲤鱼为被害人的进而少退还 20000 元。本书认为，不利原则必须同时满足如下条件：（1）赃款赃物与犯罪人所持有的财物属于同一种类物，具有完全相同的特征和属性。如两枚相同的龙邮票、两根相同的钓鱼竿、两支相同的钢笔等。（2）赃款赃物和自己持有的种类物混合并且无法区分。如将赃款赃物存入银行卡和自己的卡内余额混合，又如将盗窃的鱼倒入自己养同种鱼的池塘中。需要特别说明的是，"无法区分"是一种客观的结果，不问原因。犯罪人主张可以区分的，应确有实据，否则就应当适用不利原则。另外，有些种类物虽然具有不同的特征，但两者相混合后无法区分（可能是某些特征消失，也可能是犯罪人弄混了等），也同样适用不利原则。如人民币具有冠字号，是可以区分的，但是事先并未予以区分，而放到一起的进而无法区分的，也适用不利原则。再如，甲在店里买了一台 IPHONE X 手机（未索要发票和收据），又同时在店里偷了一台相

---

① 王立华：《赃款赃物研究》，《检察实践》2001 年第 2 期。

② 所谓风险控制理论，简言之，危险应当由那些最能控制和管理该危险的当事人承担。

同型号的 IPHONE X 手机，虽然手机客观上有识别码，但是因为犯罪人事先未予以区分，并予以混合，也适用不利原则。（3）对于可以区分开来的混合财产，如果行为人故意损耗赃款赃物的，应视为非赃款赃物的损耗。如乙明知 300000 英镑是可追缴资产仍将其存入银行账户，同时这一账户内也包含了乙所拥有的 150000 英镑的合法财产。如果乙用这一账户内的资金购得一处价值 150000 英镑的住宅，并挥霍掉余下的资金，或者先挥霍掉 150000 英镑再购买一处住宅，在这两种情况下，这处住宅都被认定为可追缴的对象。

（五）私益优先原则

刑事诉讼的目的在于谋求调和而非片面牺牲，亦即解决冲突并不必然意味着牺牲其一而成就其他，而是在尽可能的范围之内，谋求并存的方案，并且，在迫不得已时仅容许最小限度的牺牲①。《刑事诉讼法》的这一精髓体现在追赃领域便是“私益优先原则”。所谓私益优先原则即当同时实现公益价值和私益价值时，应优先保护私益，实现“国不与民争利”“公益不损合法私益”。私益优先原则已成为当今各国追赃的普遍原则。例如，根据英国 1982 年《刑事司法法》，如果法庭决定同时适用罚金和赔偿令，赔偿令的执行应当优先于罚金的执行。《瑞士联邦刑法典》第六十条专门规定了“有利于被损害人的使用”。该条规定：“某人因重罪或轻罪而遭受财产损失，该财产损失不能由保险公司予以赔偿，且认为损害者不可能对其所为之损害予以赔偿的，法官可根据被损害人的要求，在法院规定的或通过和解确定的损害赔偿范围内，命令给予被损害人以赔偿：a. 被判刑人所缴纳的罚金；b. 没收之物品和财产或在扣除变卖费用之后的变卖所得之现金；c. 赔偿要求；d. 担保金。”《保加利亚刑法典》第四十六条规定：“国家应当以被没收财产的价值为限，首先对犯罪造成的损失进行赔偿。”而我国澳门地区的《澳门刑法典》第六编规定的“犯罪所引致之损失及损害之赔偿”中同样确立了民事责任之优先原则，即在被害人不能从应负责任之人处得到赔偿的，应被害人的请求，法院可以将刑法规定的可没收之物或其价值给予被害人。该原则在我国法律体系中亦有体现，如从我国《刑法》第三十六条、第六十条之规定以及《财产执行规定》第十三条、《关于办理非法集资刑事案件若干问题的意见》第九条第二款的规定精神上看，在没收财产、罚金上缴国库与赔偿被害

① 林钰雄：《刑事诉讼法》（上册），中国人民大学出版社 2005 年版，第 11 页。

人损失两者之间，立法者做出了“私益优先”的抉择[①]。此外，《民法典》第一百八十七条、《产品质量法》第六十四条、《食品安全法》第一百四十七条、《公司法》第二百一十四条、《证券法》第二百二十条也贯彻了私益优先理念[②]。本书认为，追赃领域的私益优先原则包括以下内容：（1）被害人合法财产的优先认定。当一财物在一起案件中属于被害人合法财产，在另一起案件中属于违法所得，应当认定为属于被害人合法财产，而予以返还。例如，博拉·托马斯掩饰、隐瞒犯罪所得、犯罪所得收益一案[③]判决书中“四、关于扣押在案的5.65万元现金的处理”。如前所述，根据证人张某2、伯某证言、扣押笔录等在案证据分析，公安机关从托马斯住处查扣的5.65万元现金应认定为托马斯基于其掩饰、隐瞒犯罪所得行为所牟取的“好处费”，应作为其违法所得予以没收；但亦有证人张某2、石某证言、银行账户明细等证据证明该笔款项系上游诈骗犯罪所得诈骗款的一部分，依法应当退还给诈骗犯罪被害人，亦即该笔款项具有上游犯罪之诈骗赃款和托马斯犯罪之违法所得“双重性质”。基于“国不与民争利”原则，为充分保障上游诈骗犯罪被害人的合法权益，该笔款项不予以没收，由查扣机关依法另案处理。同理，当某一财物对被害人而言属于合法财产，对犯罪人属于违禁品时，在最终处理措施的认定上，应将其认定为被害人合法财产，追缴后予以返还。例如，军警被盗窃的枪支，枪支应当认定为被害人合法财产追缴后予以返还，而不得视为违禁品予以没收。（2）被害人损失的优先受偿。对于属于被害人合法财产的违法所得追缴不能或无法足额追缴时，经责令退赔仍无法得到补偿

---

① 此外，1962年6月29日，最高人民检察院、最高人民法院、公安部对江苏省政法三机关《关于打击投机盗窃活动中追赃情况通报》的意见［（62）高检发8号］也出现过“没收财产作为抵偿”的表述。

② 《民法典》第一百八十七条：“民事主体因同一行为应当承担民事责任、行政责任和刑事责任的，承担行政责任或者刑事责任不影响承担民事责任；民事主体的财产不足以支付的，优先用于承担民事责任。”《产品质量法》第六十四条：“违反本法规定，应当承担民事赔偿责任和缴纳罚款、罚金，其财产不足以同时支付时，先承担民事赔偿责任。”《食品安全法》第一百四十七条：“违反本法规定，造成人身、财产或者其他损害的，依法承担赔偿责任。生产经营者财产不足以同时承担民事赔偿责任和缴纳罚款、罚金时，先承担民事赔偿责任。”《公司法》第二百一十四条：“公司违反本法规定，应当承担民事赔偿责任和缴纳罚款、罚金的，其财产不足以支付时，先承担民事赔偿责任。”《证券法》第二百二十条：“违反本法规定，应当承担民事赔偿责任和缴纳罚款、罚金、违法所得，违法行为人的财产不足以支付的，优先用于承担民事赔偿责任。”

③ 裁判文书网：河北省张家口市中级人民法院刑事判决书（2018）冀07刑初10号。

的，对于犯罪人的合法财产（追缴等值财产方式）和应当没收的供犯罪所用的本人财物、违法所得理应优先折抵给被害人以弥补损失，实践中可以财物拍卖、变卖、实物折抵等多种方式返还给被害人。但无论如何，这种返还应以被害人的同意为前提，特别是以物抵债时，被害人的接受程度尤为关键，法律不能强人所难。例如，河北省景县人民法院的杜某某诈骗罪一审刑事判决书［（2019）冀1127刑初342号］判决："……三、景县公安局扣押在案未随案移送的被告人杜某某红色大阳250摩托车一辆，依法处置，用于折抵被害人的退赔款。"再如，大连市金州区人民法院的张某盗窃一审刑事判决书［（2018）辽0213刑初522号］判决："……扣押在案的犯罪工具折价款优先退赔被害人经济损失，剩余部分予以没收，上缴国库。"（3）生活预留份。没收供犯罪所用的本人财物时，应当保留其本人及其家属预留份。《检察院财物规定》第四条："查封、扣押、冻结涉案财物，应当为犯罪嫌疑人、被告人及其所扶养的亲属保留必需的生活费用和物品，减少对涉案单位正常办公、生产、经营等活动的影响。"《最高人民法院、最高人民检察院、公安部、司法部关于办理黑恶势力刑事案件中财产处置若干问题的意见》第三条："对涉案财产采取措施，应当为犯罪嫌疑人、被告人及其所扶养的亲属保留必需的生活费用和物品。"生活费用和物品除了衣物、食物、住房等生活必需品外，还应包括被追缴人职业上必须的器皿及物品，以及教育、就医上所需物品。（4）最小干预。即在追赃过程中应尽量减少对涉案主体的正常办公、生产、经营等活动的影响。办案单位也可以根据案件具体情况，在保证侦查活动正常进行的同时，允许有关当事人继续合理使用有关涉案财物，并采取必要的保值保管措施，以减少侦查办案对正常办公和合法生产经营的影响①。再如，《关于政法机关依法保障疫情防控期间复工复产的意见》（中政委〔2020〕13号）第6条"慎重使用逮捕和查封、扣押、冻结等强制性措施"："办理涉企

---

① 如《公安财物规定》第六条第二款："对涉案财物采取措施，应当为违法犯罪嫌疑人及其所扶养的亲属保留必需的生活费用和物品；根据案件具体情况，在保证侦查活动正常进行的同时，可以允许有关当事人继续合理使用有关涉案财物，并采取必要的保值保管措施，以减少侦查办案对正常办公和合法生产经营的影响。"《检察院财物规定》第四条第三款："查封、扣押、冻结涉案财物，应当为犯罪嫌疑人、被告人及其所扶养的亲属保留必需的生活费用和物品，减少对涉案单位正常办公、生产、经营等活动的影响。"2016年11月28日，《最高人民法院关于充分发挥审判职能作用切实加强产权司法保护的意见》强调，依法慎用强制措施和查封、扣押、冻结措施，最大限度降低对企业正常生产经营活动的不利影响。不得查封、扣押、冻结与案件无关的财产。

业案件，能够采取较为轻缓、宽和措施的，尽量不采用限制人身、财产权利的强制性措施。需要查封、扣押、冻结的，一般应当预留必要的流动资金和往来账户；对于涉案企业正在投入生产运营和正在用于科技创新、产品研发的设备、资金和技术资料等，原则上依法不予查封、扣押、冻结，确需提取犯罪证据的，可以采取拍照、复制、现场勘验等方式提取。”（5）财产保值。对于被追缴到案的财物，司法办案机关应确保符合防火、防盗、防潮、防腐等安全要求，尽全力确保价值不发生非人为贬损，以免损害当事人合法权益。对于因自身材质原因易损毁、灭失、腐烂、变质而不宜长期保存的食品、药品及其原材料等物品，长期不使用容易导致机械性能下降、价值贬损的车辆、船舶等物品，市场价格波动大的债券、股票、基金份额等财产和有效期即将届满的汇票、本票、支票等，权利人明确的财产，应当书面告知当事人或者其法定代理人、委托代理人有权申请出售，但不得损害国家利益、被害人利益，不影响诉讼正常进行。对有效期届满的财产性利益侦查机关可以依法出售或者变现。（6）第三人财产的合法保护。一是追赃不得损害善意第三人的合法财产；二是财产混合时，能分割的分割，不能分割的整体予以追缴后按比例返还，或者追缴其等值财产。

（六）无因原则

《刑事诉讼法》第一百四十四条规定：“人民检察院、公安机关根据侦查犯罪的需要，可以依照规定查询、冻结犯罪嫌疑人的存款、汇款、债券、股票、基金份额等财产。有关单位和个人应当配合。”该条规定司法办案机关貌似只能冻结嫌疑人名下的存款、汇款、债券、股票、基金份额等财产，但是真的对持有赃款赃物的第三人不得追缴吗？明显不是。无因原则是指除阻却事由外，赃物无论如何辗转，也无论由谁持有，都应依法予以追缴，任何人不得以任何理由抗辩。追赃的无因性在于赃物的不法性和禁止流通性，法律禁止案外人持有和使用，否则会扰乱司法秩序、侵害案件当事人财产权。对于明知而为的情形，刑法规定了掩饰隐瞒犯罪所得、犯罪所得收益罪以及包庇罪等罪名，情节严重当科处刑罚，而对于不明知而持有的，应一律追缴，即追赃的无因性。通常来说，赃的原物存在时，应追缴原物，如果发生阻却事由的，则有对价物的继续追缴对价物，无对价物的责令退赔、追缴等值财产。本书认为，追赃的无因性的条件：（1）司法机关证明所追缴的财物确系本案的赃物。（2）持有人或所有人证明占有财物具有阻却事由。追赃的无因性决定了司法办案机关享有无限追索权，任何单位和个人都必须无条件配合，司法办案机关不得消极追赃而要求被害人通过诉讼等其他途径追讨损失。追赃的无因性，赋予了司法办案机关追赃的直接指向性，免去了司法办案机关证明赃款赃物流转的义务，显著降低了追赃的证明难度。例如，甲盗窃乙的一枚戒指后不幸遗失，被丙拾获，公安机关只需证明丙持有的戒指属于乙被盗的，即享有对丙的追缴权力，丙须无偿配合，公安机关不得要求乙对丙提起民事诉讼而怠于追赃。再如，甲抢劫了乙一部手机后转手卖给丙，公安经侦查并向丙追缴，丙只需证明自己善意不知情从甲处购买时，阻却公安机关追赃的无因性。为此，根据追赃的无因性，本书认为，《刑事诉讼法》第一百四十四条的正确解读是只要是犯罪嫌疑人的存款、汇款、债券、股票、基金份额等财产，无论在行为人自己还是第三人账户内，都应予以冻结，而不仅仅是冻结行为人本人的名下账户。

令人困惑的是，根据我国《刑事诉讼法》第一百四十四条的规定，人民检察院和公安机关貌似只能冻结嫌疑人自己名下的存款、汇款、债券、股票、基金份额等财产性利益，而第一百三十七条似乎又规定可以追缴任何赃款赃物，认真研究后不难发现，第一百三十七条针对的是证据收集并非追赃措施，概言之，追赃的无因性在我国《刑事诉讼法》中尚无确切的规定。对此，《查封、冻结规定》第二十三条明显已经意识到这点，将冻结的对象变为“涉案”的财产性利益，不再局限于犯罪嫌疑人名下。因此，有必要在今后的修法中增加一条专门的追赃条款，并对追赃的无因性进行肯定。例如，“人民检察院和公安机关有权对涉案财物进行追缴，任何单位和个人，都有义务交出涉案财物，法律另有规定的除外”。

（七）高度盖然性原则

所谓高度盖然性原则，即虽然在案证据无法确实充分地证明其是赃物，但这些证据足以证明这些财物高度可能来源于犯罪，并且使司法办案人员形成内心确信，进而将其认定为赃物的标准。之所以采用这种标准，概因某些犯罪事实认定及相关证据收集的难度比普通刑事案件要大，如坚持使用普通刑事案件证据证明标准，则绝大多数案件难以顺利推进。因此，对于这些案件事实的认定在司法实务中通常采取高度盖然性原则。某些案件的赃物认定与此类似，也采取高度盖然性原则。例如，《中华人民共和国反有组织犯罪法》第四十五条：“被告人实施黑社会性质组织犯罪的定罪量刑事实已经查清，有证据证明其在犯罪期间获得的财产高度可能属于黑社会性质组织犯罪的违法所得及其孳息、收益，被告人不能说明财产合法来源的，应当依法予以追缴、没收。”又如，在犯罪嫌疑人、被告人逃匿、死亡案件违法所得没收程序中，对财物是否属于违法所得、违禁品和供犯罪所用的本人财物的证明责任，也采取高度盖然性原则。

第二节　追赃的辨析

一、追赃与财产刑

追赃和刑罚都是针对犯罪而采取的刑事措施，两者都属于刑事程序，都适用比例原则，只是追赃针对的是财物，而刑罚针对的是人①。追赃和作为刑罚的财产刑（没收财产、罚金）的区别主要包括：（1）适用的前提不同。财产刑适用判决确定有罪的犯罪人，而追赃适用于任何符合犯罪构成要件且违法的行为人，不问行为人是否有责。只要行为具有刑事违法性，即便是死亡、未达刑事责任能力、精神病人、情节显著轻微不认为是犯罪、不具有主观犯意的客观违法行为人（如间接正犯的情形）、查不清行为人、行为人未到案等，只要进入刑事程序也应当追缴其赃款赃物。（2）适用的对象不同。财产刑针对的是犯罪人的合法财产，与案件无关联。而追赃适用的是涉案财物，即与犯罪有关的财物，包括违法所得、供犯罪所用的本人财物、违禁品三种。（3）适用的目的不同。财产刑的目的是对犯罪人的惩戒和报应，而追赃的目的则存在多样性，包括“法益修复”“保安处分”“无人应从犯罪中获益”“制裁”等。（4）针对主体不同。财产刑只能针对罪犯进行，而追赃的无因性决定了，当赃物流转至第三人时，追赃可以对第三人进行。（5）优先效力不同。国家财富的增长不应包含受害人的成本，应当避免没收中出现“国家与民争利”之情形②。当追赃被阻却，在执行财产刑时，根据《财产执行规定》第十三条规定，财产刑所执行的财产应当优先退赔给被害人。又如，《刑法》第二百一十二条：“犯本节第二百零一条至第二百零

① 刑罚属于对人之诉，即使是财产刑，其目的也是使犯罪人陷入痛苦。

② 李长坤：《刑事涉案财物处理制度研究》，华东政法大学博士学位论文，2010年5月16日。

五条规定之罪，被判处罚金、没收财产的，在执行前，应当先由税务机关追缴税款和所骗取的出口退税款。”换言之，追赃优于财产刑执行。（6）执行的机关不同。追赃在审前公安机关、检察院可以提前执行（返还），在判决后由法院执行，而财产刑必须等待法院判决后才可以执行。追赃的具体执行主体，有时候还可以是非司法办案机关，如税收的追缴由税务机关负责。财产刑则只能由法院负责，办案机关予以配合。（7）处置的方式不同。追赃的处置方式包括返还、上缴国库、销毁等，而财产刑的处置方式只有上缴国库。（8）后果不尽相同。《刑法》第五十三条第二款规定，由于遭遇不能抗拒的灾祸等原因缴纳确实有困难的，罚金可以适当地减免，而追赃却不存在减免一说[①]。

二、追赃与财产保全

财产保全是民事诉讼、行政诉讼专有的措施，而行政诉讼的财产保全措施实质是适用民事诉讼有关规定来执行[②]。根据《民事诉讼法》第一百条规定，财产保全的目的是防止判决难以执行和造成当事人其他损害。从追缴的特性看，刑事追赃的追缴措施也具有防止判决（判决处置在案的赃款赃物）难以执行的目的。换言之，民事财产保全和刑事追赃一样兼具防止判决难以执行的功能，且具体采用的都是查封、扣押、冻结措施。两者的主要区别在于：（1）执行主体不同。追赃从追缴到最终执行，公检法三家均有参与，而财产保全则仅有法院可以执行。（2）适用对象不同。追赃的对象只能是违法所得、供犯罪所用的本人财物、违禁品，三者均与犯罪行为有紧密联系。而财产保全所实施的对象是被告人的合法财产，与犯罪行为无关联。（3）启动条件不同。追赃是司法办案机关依职权主动采取的对物强制措施，当事人是否申请不影响追赃的进行。而财产保全启动

---

① 1953年5月14日，《最高人民法院关于有关“三反”贪污案件追赃问题的意见的批复》中明确，对于贪污分子刑罚执行完毕后，依然无力退赃的，可以视情形减免一部或全部。但本书观点认为，除非是存在追赃阻却事由，否则追赃应当继续进行。况且，贪污罪造成的是国家的损失，司法机关主张减免追缴，实质上是对国家财产的处分，不可取，建议废除该司法解释。

② 《行政诉讼法》第一百零一条，人民法院审理行政案件，关于期间、送达、财产保全、开庭审理、调解、中止诉讼、终结诉讼、简易程序、执行等，以及人民检察院对行政案件受理、审理、裁判、执行的监督，本法没有规定的，适用《中华人民共和国民事诉讼法》的相关规定。《刑事诉讼法》第一百零二条明确，人民法院采取保全措施，适用《民事诉讼法》的有关规定。

方式分为一般由附带民事诉讼原告人、检察院申请和法院依职权主动决定执行[①]。（4）执行条件不同。刑事追赃无偿进行，司法办案机关不得要求当事人提供担保。而财产保全如果由当事人申请的执行的，一般都要提供担保[②]。（5）适用程序不同。追赃是刑事领域专有的程序，适用《刑事诉讼法》及相关刑事法律规定，而保全措施适用行政诉讼、民事诉讼及其相关规定[③]。（6）目的不完全相同。最终目的不同。追赃不仅具有收集证据查明案情的重要功能，而且有助于实现保安处分、法益修复、制裁等目的，而财产保全的目的是确保刑事附带民事判决裁定得以实现，亦即，被害人获得民事赔偿。

三、追赃与查封、扣押、冻结

追赃包括追缴、认定、处置三个程序。在我国刑事法律体系中，追缴虽然承担查控赃款赃物的职能，是处置赃款赃物前的程序性措施。但是迄今为止，法律并未规定追缴的内涵和对应的程序，也无任何追缴法律文书，其控制赃款赃物的功能实际由“查封”“扣押”“冻结”三个措施来承担。换言之，追缴的具体化措施就是查封、扣押、冻结三个措施。查封、扣押、冻结三个措施还承担着收集证据和民事财产保全等功能。正是由于查封、扣押、冻结的多功能属性，极易导致司法机关借用收集证据的目的来侵害当事人财产权的行为。在法律尚未对追缴内涵和程序进行完善前，查封、扣押、冻结将继续承担追赃的具体化措施，但是建议修法时明确为了收集证据而采取查封、扣押、冻结财物的，在实现证据价值后应在三日内解除强制措施。

---

① 《刑事诉讼法》第一百零二条规定，人民法院在必要的时候，可以采取保全措施，查封、扣押或者冻结被告人的财产。附带民事诉讼原告人或者人民检察院可以申请人民法院采取保全措施。人民法院采取保全措施，适用民事诉讼法的有关规定。

② 《最高人民法院关于人民法院办理财产保全案件若干问题的规定》（法释〔2016〕22号）第九条明确了7种不需要提供担保的情形，略。

③ 虽然《刑事诉讼法》第一百零二条刑事附带民事诉讼有规定保全措施，但其本质还是民事诉讼。

四、追赃与民事诉讼

（一）追赃和附带民事诉讼

《刑事诉讼法》第一百零一条规定，被害人由于被告人的犯罪行为而遭受物质损失的，在刑事诉讼过程中，有权提起附带民事诉讼。《高法解释》第一百七十六条规定，被告人非法占有、处置被害人财产的，应当依法予以追缴或者责令退赔。被害人提起附带民事诉讼的，人民法院不予受理。追缴、退赔的情况，可以作为量刑情节考虑。《最高人民法院关于适用刑法第六十四条有关问题的批复》规定："……被告人非法占有、处置被害人财产的，应当依法予以追缴或者责令退赔。"《最高人民法院关于印发全国法院维护农村稳定刑事审判工作座谈会纪要的通知》（法〔1999〕217 号）"关于刑事附带民事诉讼问题"中指出，人民法院审理附带民事诉讼案件的受案范围，应只限于被害人因人身权利受到犯罪行为侵犯和财物被犯罪行为损毁而遭受的物质损失，不包括因犯罪分子非法占有、处置被害人财产而使其遭受的物质损失。对因犯罪分子非法占有、处置被害人财产而使其遭受的物质损失，应当根据《刑法》第六十四条的规定处理，即应通过追缴赃款赃物、责令退赔的途径解决。如赃款赃物尚在的，应一律追缴；已被用掉、毁坏或挥霍的，应责令退赔。无法退赃的，在决定刑罚时，应作为酌定从重处罚的情节予以考虑。

概言之，在犯罪中直接遭受损失的财物，通过附带民事诉讼救济，而在犯罪中被占有、处理的财物，通过追赃方式挽回损失。亦即，属于违法所得的应通过追赃方式挽回，而非违法所得却遭受损失的财物（如犯罪直接毁坏之物）应通过附带民事诉讼解决。举例而言，破门而入抢劫珠宝的案件中，被抢劫的珠宝属于违法所得应予以追赃，而被损害的门属于犯罪直接损失，不是违法所得，应通过附带民事诉讼解决。

（二）追赃和另行提起民事诉讼

本书认为，除非追赃裁判文书裁判内容不明确[①]，否则适用追赃的案件不得

① 追赃裁判文书的不明确将导致执行不能，最高法判例允许当事人另行提起民事诉讼。最高人民法院（2017）最高法民申4094 号。

再另行提起民事诉讼。首先，违背“一事不再理”原则。刑事判决中关于追赃（继续追缴或责令退赔）的事项具有拘束力、确定力和执行力，性质上是对被害人民事权利的救济手段，与民事判决具有同等法律效力，无重复判决之必要。如果已进入刑事诉讼程序情况下，再就同一事实提起民事诉讼，既浪费司法资源，又违反“一事不再理”原则，还可能造成民事判决与刑事判决的冲突。其次，司法解释不予认同。例如，《关于办理非法集资刑事案件适用法律若干问题的意见》第七条“关于涉及民事案件的处理问题”和《最高人民法院关于审理民间借贷案件适用法律若干问题的规定》第五条第一款均明确：“人民法院立案后，发现民间借贷行为本身涉嫌非法集资犯罪的，应当裁定驳回起诉，并将涉嫌非法集资犯罪的线索、材料移送公安或者检察机关。”再次，被害人未丧失救济权。经追缴或退赔仍不能弥补损失的，以及因暂无财产可执行而终止执行的，发现被执行人有财产可执行的，还可以依据随时申请执行，被害人客观上并未丧失救济权。

判例6　最高人民法院（2017）最高法民申106号：

本院经审查认为，本案系因非法吸收公众存款的犯罪行为而受到财产损失的被害人在人民法院刑事判决发生法律效力后，认为通过追缴和退赔不能弥补损失而另行提起的民事诉讼，争议焦点是：王某某的起诉是否符合法律规定的受理条件。首先，人民法院的生效刑事判决已对被害人的财产损失作出处理。山东省济南市历下区人民法院于2015年11月3日就晨光公司及其法定代表人苏某非法吸收公众存款案作出（2014）历刑初字第264号刑事判决，认定晨光公司及法定代表人苏某构成非法吸收公众存款罪，对二被告分别处以刑罚，并责令其按该判决书所附明细表载明金额退赔包括本案王某某在内的被害人损失共计83 404 470.52元。该刑事判决发生法律效力后，人民法院就其中财产部分立案执行，因未能查找到二被告可供执行的财产，裁定终结执行程序。刑罚兼有对被告人的惩罚和对被害人的补偿功能，刑事判决中的责令退赔是人民法院在刑事案件的审理中，对被害人因财产被非法占有、处分而遭受损失的事实予以确认后，作出的责令被告人承担民事赔偿责任的判决事项。该判决事项具有拘束力、确定力和执行力，性质上是对被害人民事权利的救济手段，与民事判决具有同等法律效力。而且，该刑事判决财产部分已进入执行程序，虽然因未能查找到二被告可供执行的财产而终结执行程序，但根据《最高人民法院关于适用的解释》第五百一十九条第二款的规定，如发现被执行人有可供执行财产的，可以再次申请执行。因此，王某某的损失仍可通过执行程序寻求救济。

其次，王某某另行提起民事诉讼不符合法律规定的受理条件。《最高人民法院关于适用的解释》第一百三十九条规定："被告人非法占有、处置被害人财产的，应当依法予以追缴或者责令退赔。被害人提起附带民事诉讼的，人民法院不予受理。"《最高人民法院关于适用刑法第六十四条有关问题的批复》（法〔2013〕229号）规定："根据刑法第六十四条和《最高人民法院关于适用〈中华人民共和国刑事诉讼法〉的解释》第一百三十八条、第一百三十九条的规定，被告人非法占有、处置被害人财产的，应当依法予以追缴或者责令退赔。据此，追缴或者责令退赔的具体内容，应当在判决主文中写明；其中，判决前已经发还被害人的财产，应当注明。被害人提起附带民事诉讼，或者另行提起民事诉讼请求返还被非法占有、处置的财产的，人民法院不予受理。"根据上述规定，对于因犯罪分子非法占有、处置被害人财产而使其遭受的物质损失，应通过追缴或责令退赔手段予以救济，被害人不能提起刑事附带民事诉讼或另行提起民事诉讼。本案中，王某某起诉的被告与此前生效刑事判决认定的承担刑事责任的被告完全竞合，不涉及其他责任主体，且该刑事判决对涉案财产的处理结果已涵盖民事诉讼请求的赔偿范围，被害人已获得公力救济。在此情况下，王某某基于同一事实、相同的诉讼标的、事实和理由另行提起民事诉讼，违反民事诉讼法"一事不再理原则"，也不符合上述司法解释的规定。此外，本案借款人和担保人分别为晨光公司及其法定代表人苏某，借款和担保行为均是其非法吸收公众存款犯罪行为的实施手段，王某某起诉请求苏某承担担保责任不符合《最高人民法院关于审理民间借贷案件适用法律若干问题的规定》第八条规定的条件。综上，王某某申请再审的理由不能成立。原审裁定认定事实清楚，适用法律正确，依法应予维持。

无疑，上述判例的观点是正确的，对于被犯罪人占有、处理的财物应当通过追赃的方式追回，被害人不能提起刑事附带民事诉讼或另行提起民事诉讼。问题是，有关司法的解释和判例同时也认为，即便构成犯罪但对某些犯罪的民事合同并非当然无效。例如，《最高人民法院关于审理民间借贷案件适用法律若干问题的规定》第十三条："借款人或者出借人的借贷行为涉嫌犯罪，或者已经生效的判决认定构成犯罪，当事人提起民事诉讼的，民间借贷合同并不当然无效。"最高人民法院公报2011年第11期发布的公报案例"吴某军诉陈某富、王某祥及德清县中建房地产开发有限公司民间借贷、担保合同纠纷案"中，明确了"民间借贷涉嫌或构成非法吸收公众存款罪，合同一方当事人可能被追究刑事责任的，并不当然影响民间借贷合同以及相对应的担保合同的效力"。在该案中，一审、二审法院均判决认定在行为人构成非法吸收公众存款罪的情况下，行为人与合同相对人签订的民间借贷合同有效。对此，义乌市人民检察院调研组认为，对于违反法律强制性规定的犯罪或者资格缺失的犯罪案件，应当认可民事合同的效力。因为，"一个法律行为违反强制性规定时，可能发生行为无效并受到公法上的处罚、行为无效但无需受到公法上的处罚、行为有效且不受公法上的处罚、行为有效但要受到公法上的处罚等四种法律后果。由此可见，公私法各有各的调整领域，在公法上受到惩罚与在私法上受到惩罚并非一一对应的关系"①。比如，对于违反市场准入型的犯罪，典型的是非法经营行为，行为人的市场准入资格有问题，可能涉及非法经营犯罪，但因此产生的相关民事行为并不必然是非法的、无效的，如果同时存在民事诉讼和刑事追诉的话，"民刑并行"甚至"先民后刑"，并不是完全不可行，这样也有利于在打击犯罪的同时，及时维护民事相对人的合理权利、利益。但对于涉及诈骗、侵占类犯罪，按照举重明轻的原理，相关民事侵权、欺诈的理解和判断，可能要充分考虑刑事的认定，故此类案件按照"先刑后民"的思路处理更合理。换言之，刑事违法性和民事违法性并无实质关联，也不一定是非此即彼的关系。中国刑事警察学院的吴丹教授一针见血地指出，对犯罪所涉及的民事合同并非当然无效，其目的主要是为了解决担保条款等合同附随义务问题②。对此，本书的观点是，虽然民事违法和刑事违法在实践中难以界分，但根据"禁止双重危险"原则，上述司法解释和判例所谓的"并非当然无

---

① 义乌市人民检察院调研组：《当前非法集资类犯罪现状及涉案财物处置问题研究——以义乌市为例》，《浙江警察学院学报》2017年第2期。

② 本书认同吴丹教授的观点，需要说的是这种并非当然无效，还有一个重要的作用是对于案件已经裁判且赃款赃物已执行完毕后新出现的被害人，可基于物权请求权、不当得利等另行提请民事诉讼。

效”，实质依然以是否为“同一法律关系”来判断——如果非“同一法律关系”，民事合同有效，如果属“同一法律关系”民事合同无效。如《最高人民法院关于在审理经济纠纷案件中涉及经济犯罪嫌疑若干问题的规定》第十条：“人民法院在审理经济纠纷案件中，发现与本案有牵连，但与本案不是同一法律关系的经济犯罪嫌疑线索、材料，应将犯罪嫌疑线索、材料移送有关公安机关或检察机关查处，经济纠纷案件继续审理。”法律关系的产生与“法律事实”有关，所谓“法律事实”是指法律规定的、能够引起法律关系产生、变更和消灭的现象，其又包括事件和行为①。以上述非法经营罪为例，刑事违法的“法律事实”是市场准入资格的缺失行为，而民事违法的“法律事实”是经营者与客户的销售行为，前者是经营者和国家的行政关系，后者是平等主体的民间关系，并非“同一法律关系”，对应的民事行为当然有效。而非法吸收公众存款罪中，刑事“法律事实”是未取得国家许可而从事吸储行为，民事“法律事实”是行为人与不特定对象的借贷行为，同样也非“同一法律关系”，也可以“刑民并行”。吴丹教授所主张的“为了解决担保条款等合同附随义务问题”观点则高明许多，明显意识到担保关系等其他事实与刑事违法并非“同一法律关系”，可以“刑民并行”。概言之，刑事追赃与民事诉讼的关系实质是刑民交叉处理问题，应根据是否属于“同一法律关系”进行判断。

举例而言，最高人民法院裁定书（2019）最高法民申11号：

> 中行河北支行与富禄德公司签订《流动资金借款合同》，富禄德公司向中行河北支行借款1500万元，约定用途为购买原材料。该笔贷款实际发放后，实际上由富禄德公司法定代表人、经理殷某使用。生效刑事判决认定殷某构成骗取贷款罪，并判殷某对中行河北支行损失进行赔偿。因上述借款并未按期清偿，中行河北支行又诉至法院要求富禄德公司承担还款责任。法院认为，根据合同相对性原则，即使殷某作为贷款经办人，实际操作并最终使用、支配贷款，亦不能直接取代富禄德公司

---

① 司法解释中同时存在用“法律事实”和“法律关系”区分刑民关系情形，如《经济犯罪案件规定》（2017修订）第二十条、第二十一条、第二十二条采用的是“同一法律事实”，而《最高人民法院关于在审理经济纠纷案件中涉及经济犯罪嫌疑若干问题的规定》（2020修正）第十条采用的是“同一法律关系”。本书认为，法律事实是因，法律关系是果，基于“一因多果”的可能，采用判断是否“同一法律关系”来区分刑民更具有妥当性。

成为民事借贷关系的借款人，不足以否定富禄德公司需依约对中行河北支行承担违约责任。《最高人民法院关于在审理经济纠纷案件中涉及经济犯罪嫌疑若干问题的规定》第三条亦明确规定："单位直接负责的主管人员和其他直接责任人员，以该单位的名义对外签订经济合同，将取得的财物部分或全部占为已有构成犯罪的，除依法追究行为人的刑事责任外，该单位对行为人因签订、履行该经济合同造成的后果，依法应当承担民事责任。"故本案中殷某作为贷款具体经办人犯有骗取贷款罪，作为借款主体的富禄德公司仍应依法承担民事违约责任。因此，富禄德公司关于刑事裁判足以推翻本案原审判决的申请再审理由不能成立。

上述判例之所以存在刑事和民事两种审理措施，原因在于一个法律事实产生了刑事和民事两种法律关系。关于民事法律关系和刑事法律关系并存时的处理思路，最高人民法院 2019 年 11 月 8 日的《全国法院民商事审判工作会议纪要》（法〔2019〕254 号）第一百二十八点明确："同一当事人因不同事实分别发生民商事纠纷和涉嫌刑事犯罪，民商事案件与刑事案件应当分别审理，主要有下列情形：（1）主合同的债务人涉嫌刑事犯罪或者刑事裁判认定其构成犯罪，债权人请求担保人承担民事责任的；（2）行为人以法人、非法人组织或者他人名义订立合同的行为涉嫌刑事犯罪或者刑事裁判认定其构成犯罪，合同相对人请求该法人、非法人组织或者他人承担民事责任的；（3）法人或者非法人组织的法定代表人、负责人或者其他工作人员的职务行为涉嫌刑事犯罪或者刑事裁判认定其构成犯罪，受害人请求该法人或者非法人组织承担民事责任的；（4）侵权行为人涉嫌刑事犯罪或者刑事裁判认定其构成犯罪，被保险人、受益人或者其他赔偿权利人请求保险人支付保险金的；（5）受害人请求涉嫌刑事犯罪的行为人之外的其他主体承担民事责任的。审判实践中出现的问题是，在上述情形下，有的人民法院仍然以民商事案件涉嫌刑事犯罪为由不予受理，已经受理的，裁定驳回起诉。对此，应予纠正。"该规定肯定了当存在刑民两种法律关系时可以分别审理的情形，而对于刑民存在某种关联时，是"先刑后民"还是"先民后刑"的问题，该纪要第一百三十点进一步规定："人民法院在审理民商事案件时，如果民商事案件必须以相关刑事案件的审理结果为依据，而刑事案件尚未审结的，应当根据《民事诉讼法》第一百五十条第五项的规定裁定中止诉讼。待刑事案件审结后，再恢复民商事案件的审理。如果民商事案件不是必须以相关的刑事案件的审理结果为依据，则民商事案件应当继续审理。”就此问题，最高人民法院的于同志法官也指出，按照《民事诉讼法》第一百五十条第一款第五项关于“本案必须以另一案的审理结果为依据，而另一案尚未审结的，应该中止审理”的规定，根据刑民交叉案件中刑、民诉讼发生的时间顺序，以及两者之间的审理是否存在依存关系，来确定刑事诉讼和民事诉讼的受理和审理：（1）刑民交叉案件引起的民事诉讼与刑事诉讼的处理不会产生矛盾，两者也不存在相互依赖关系的，可以“刑民并行”，各自分别进行或者并案审理。（2）当刑民交叉案件引发的民事诉讼和刑事诉讼可能发生冲突，民事诉讼的进行需要以刑事诉讼的结果为前提时，应当“先刑后民”。（3）当刑民交叉案件引发的刑事诉讼需要以民事诉讼的结果为前提时，则应当“先民后刑”①。

综上，本书认为在处理刑民交叉问题时，第一步是判断是否同时存在刑事和民事两种法律关系，再根据刑事关系和民事关系是否相互依存、互为前提，并由此来决定是“刑民并行”还是“先刑后民”抑或是“先民后刑”。如果同时存在刑事民事两种法律关系，且不互为前提的，则刑民并行；如果民事审判必须以相关刑事案件的审理结果为依据的，则先刑后民；反之亦然。当然，如果最终刑民都得到审理时，为了避免被害人双重获益而违反“无人应从犯罪中获益”原则，还应当对刑事追赃和民事责任数额进行协调。

判例7 最高人民法院（2017）最高法民申1914号：

（三）关于本案是否应在刑事案件执行终结后由远大公司另诉以及认定远大公司的实际损失为1406万元是否正确问题。如前所述，刑事案件与民事案件在价值取向、保护法益、责任形式、证明标准、举证责任承担等方面均存在不同。因同一法律事实分别产生刑事法律关系和民事法律关系的，构成刑事责任和民事责任的聚合，刑事责任的承担并不能否定民事责任的承担。刑事案件没有执行终结也并不影响民事案件的受理和审理。为避免民事权利人（同时为刑事被害人）双重受偿，可在执行中对于刑事追赃与民事责任，依据实体责任的认定进行综合处理。

因此，刑事案件未执行终结并不意味着民事案件不能受理。

---

① 于同志：《重构刑民交叉案件的办理机制》，《法律适用》2019年第16期。

由于刑事案件和民事案件审理的法律关系和救济的法益不同，本案所涉刑事判决书认定远大公司实际损失的标准和依据与本案一二审法院认定的标准和依据存在不同，并不违反法律规定和客观事实。本案一二审法院依据中轻公司基于《代理协议》而提出的诉请，认定远大公司的损失为远大公司开立信用证支付的金额扣减追回的赃款、中轻公司支付的保证金后的数额，并无不当。……（二）刑事判决与民事判决是否存在法律冲突。在民刑交叉案件中，由于救济的法益不同、责任形式不同，刑事案件与民事案件对于刑事被害人或者民事权利人的救济方式并不相同。在刑事判决明确进行追赃，民事判决判决责任人承担民事责任的情形下，应对追赃与民事责任的认定和执行进行协调。在民事案件审理过程中，追赃款应从民事责任人赔偿范围内进行扣减。在执行过程中，执行法院应结合民事责任、刑事责任的认定，确定民事责任人应承担的民事责任范围和赃款的退还对象，避免民事权利人（刑事被害人）双重受偿。在民事案件已经执行完毕、刑事被害人的民事权益得到全部救济的情形下，因罪犯是民事责任的最终责任人，民事案件的责任人承担完民事责任后有权向罪犯追偿，因此，赃款应退还给民事责任人。本案中，中轻公司已全部履行本案事项下全部给付义务，故案涉追赃款应给付中轻公司。一二审法院未明确该事项虽存在不当，但该不当不影响本案实体审理结果。

从上述案例不难看出，为避免违反“无人应从犯罪中获益”原则，刑事追赃数额和民事赔偿数额应予以协调：其一，在刑事追赃和民事诉讼并存时，还应协调刑事追赃和民事责任的赔偿数额，避免民事权利人（刑事被害人）双重受偿。其二，因罪犯是民事责任的最终责任人，民事案件的责任人承担完民事责任后有权向罪犯追偿，因此，赃款应退还给民事责任人。

第三节　追赃的阻却事由

追赃是为实现“保安处分”“法益修复”“无人应从犯罪中获益”“制裁”等特定刑法目的而采取的刑事措施，它并非毫无边界，毕竟，除了刑法追求的价值外，还有一些其他法益也值得保护，当其他法益显著高于追赃价值时，追赃当予以阻却，这是追赃价值考量原则的必然要求。比如，法律为保护市场经济秩序的健康平稳，规定了“善意取得”制度，对于善意的市场主体承认其获得赃款赃物的所有权，司法办案机关不得再对善意第三人进行追缴。此外，对公序良俗（如墓碑、祭祀用品）、道德、外交行为、教育医疗、公益活动、特定金额管理秩序等法律也予以特殊保护。因此，追赃时须充分考虑阻却事由，不得无边界追缴，对于被阻却追赃的应采取替代措施，如责令退赔或追缴等价值财产等①。追赃的阻却事由分为法定事由和非法定事由两种。其中，法定事由是法律、法规、司法解释、部门规章强制性规定，须无条件适用，不得追缴，如善意取得。而非法定事由则是因价值虚取舍的必要性原则决定（比例原则的一种），如赃在与其他合法财产混合时，赃的价值显著低于其他合法财产且不可分割时，一般不得追缴（但可以通过拍照、鉴定等方式实现证据价值）。再如，赃的客观价值显著降低或消失时，一般也不得追缴。比如，将盗窃而来的玉手镯摔成两半时，玉手镯虽然实物还在，但其已丧失经济价值和使用价值，不应继续追缴，应责令退赔或者追缴其他等值财产。再如，将诈骗来的 1 万元和自己家里的 50 万元用于购买奥迪小汽车，除非犯罪人无经济能力退赃或者拒绝退赃、退赔的，一般不得为了追缴 1 万元而将汽车扣押。非法定阻却事由需要司法办案机关根据实际情况做出价值选择，具有一定的裁量权，应严格适用并加强审查。非法定阻却事由又包括客观阻却事由和主观阻却事由。对于某些赃物，如果不追缴到案就无法查的情形，亦即，追赃的阻却不包括为实现证据而必须查封、扣押、冻结的情形。例如，赃物被第三人善意取得时，善意第三人拒不配合作证，司法办案机关不得为了追赃而将该财物扣押到案，但是可以为了实现证据价值而将该赃款赃物先行扣押到案，待实现证据价值后，再返还给善意第三人。由此，本书所说的阻却事由

① 《办理走私刑事案件适用法律若干问题的意见》（法〔2002〕139 号）第二十四条，关于走私货物、物品无法扣押或者不便扣押情况下走私违法所得的追缴问题：在办理走私普通货物、物品犯罪案件中，对于走私货物、物品因流入国内市场或者投入使用，致使走私货物、物品无法扣押或者不便扣押的，应当按照走私货物、物品的进出口完税价格认定违法所得予以追缴；走私货物、物品实际销售价格高于进出口完税价格的，应当按照实际销售价格认定违法所得予以追缴。2019 年 4 月 9 日，《最高人民法院、最高人民检察院、公安部、司法部关于办理黑恶势力刑事案件中财产处置若干问题的意见》第十九条、第二十一条分别规定：“有证据证明依法应当追缴、没收的涉案财产无法找到、被他人善意取得、价值灭失或者与其他合法财产混合且不可分割的，可以追缴、没收其他等值财产。”

是追赃的阻却事由，而不是实现证据价值的阻却事由，须加以区分。

追赃的阻却事由是避免司法资源浪费，尽快转变追赃措施，最大限度实现追赃目的不可或缺的。如果不明确追赃阻却事由，许多时候，追赃将成为无底洞甚至是朝着错误的方向进行下去，事与愿违。

一、法定阻却事由

（一）禁止性规定

所谓禁止性规定，主要是指法律、司法解释、规范性文件规定的某些禁止司法机关追缴的规定。这些禁止性规定具有强制性，司法办案机关必须无条件适用。主要包括①：

1. 特定的账户和款项不得冻结

《查封、冻结规定》第三十条，《中国银监会、最高人民检察院、公安部、国家安全部关于印发银行业金融机构协助人民检察院公安机关国家安全机关查询冻结工作规定的通知》（银监发〔2014〕53号）第二十一条，对下列账户和款项，不得冻结：

（一）金融机构存款准备金和备付金；

（二）特定非金融机构备付金；

（三）封闭贷款专用账户（在封闭贷款未结清期间）；

（四）商业汇票保证金；

（五）证券投资者保障基金、保险保障基金、存款保险基金；

（六）党、团费账户和工会经费集中户；

（七）社会保险基金；

（八）国有企业下岗职工基本生活保障资金；

（九）住房公积金和职工集资建房账户资金；

（十）人民法院开立的执行账户；

（十一）军队、武警部队一类保密单位开设的“特种预算存款”“特种其他

① 这里不考虑法律位阶高低问题。有些属于民事禁止性规定，但从“法秩序统一”需要考量，本书认为追赃也应同样适用。

存款”和连队账户的存款；

（十二）金融机构质押给中国人民银行的债券、股票、贷款；

（十三）证券登记结算机构、银行间市场交易组织机构、银行间市场集中清算机构、银行间市场登记托管结算机构、经国务院批准或者同意设立的黄金交易组织机构和结算机构等依法按照业务规则收取并存放于专门清算交收账户内的特定股票、债券、票据、贵金属等有价凭证、资产和资金，以及按照业务规则要求金融机构等登记托管结算参与人、清算参与人、投资者或者发行人提供的、在交收或者清算结算完成之前的保证金、清算基金、回购质押券、价差担保物、履约担保物等担保物，支付机构客户备付金；

（十四）其他法律、行政法规、司法解释，部门规章规定不得冻结的账户和款项。

2. 国库库款不得冻结、扣划

《中国人民银行关于对查询、冻结、扣划国库库款有关问题的复函》（银函〔1999〕48 号）：“根据《中华人民共和国预算法》及《中华人民共和国国家金库条例》的规定，国库负责办理国家预算资金的收入和支出，各级国库库款的支配权属于本级政府财政部门。除法律、行政法规另有规定外，未经本级政府财政部门同意，任何部门、单位和个人都无权动用国库库款或者以其他方式支配已入国库的库款。因此，中国人民银行、最高人民法院、最高人民检察院、公安部《关于查询、冻结、扣划企业事业单位、机关、团体银行存款的通知》（银发〔1993〕356 号）中查询、冻结、扣划的存款范围不包括国库库款。”

3. 信用证开证保证金可冻结，但不得扣划

《最高人民法院关于人民法院能否对信用证开证保证金采取冻结和扣划措施问题的规定》（法释〔1997〕4 号）：“人民法院在审理或执行案件时，依法可以对信用证开证保证金采取冻结措施，但不得扣划。”

4. 不宜对信用卡账户冻结、扣划

《中国人民银行关于金融机构协助冻结、扣划信用卡账户款项有关问题的批复》（银办函〔1996〕30 号）：“信用卡账户不同于其他存款账户，冻结、扣划信用卡账户，不能立刻停止持卡人使用信用卡进行违法犯罪活动或进行消费性活动，反而会造成银行垫付资金。因此，不宜对信用卡账户采取冻结、扣划等强制措施。”

5. 依法收回的贷款不能作为赃款予以收缴

1989 年 7 月 17 日，《中国工商银行关于依法收回的贷款不能作为赃款追缴的函》对于哈市平房公安分局以诈骗款（赃款）为由要求工商银行新疆街办事处退回已清收的到期贷款应如何处理的请示中复函明确：

哈尔滨市分行：

你行“关于哈市平房公安分局以诈骗款（赃款）为由要求我行新疆街办事处退回已清收的到期贷款应如何处理的请示”收悉，现函复如下：

一、关于依法收回的贷款不能作为赃款追缴的问题，总行［86］工银调字第 16 号文、中国人民银行银复〔1986〕224 号文和银条法〔1987〕10 号文、中国工商银行［88］工银函字第 109 号文都明确规定：按正常业务手续收回的银行贷款，不受任何理由追索，企业经营中发生的问题，由企业负责。

二、你行 1988 年 7 月 29 日发放 43 万元专项贷款（汇票），至 1989 年 2 月已基本陆续收回，银行收贷理由正当，手续完备，这种合法的收贷行为应受法律保护。至于以后企业因诈骗被立案审查，一切后果应由企业负责，与银行没有直接法律关系。

三、货币不同于一般财物。货币作为流通手段和支付手段，是一般等价物，只要经过结算，款项性质就发生变化，就归持有人所有，只要银行收贷正当，手续完备，事先并未与行为人恶意串通，都不能当成赃款向银行追索。

《中国人民银行关于城市信用社已收回的贷款不能作为赃款追缴的批复》（银条法〔1994〕23 号）重申：“银行和信用合作社已依法收回的贷款不能作为赃款予以收缴。”

6. 特定的场所、设施、住房等原则上不得查封

《查封、冻结规定》第二十一条：“对以公益为目的的教育、医疗、卫生以及社会福利机构等场所、设施，保障性住房，原则上不得查封。确有必要查封的，应当经设区的市一级以上公安机关负责人批准。”

7. 当事人及其家属的特定财物不得查封、扣押、冻结

《人民法院办理执行案件规范》第三百五十四条，人民法院对被执行人的下列财产不得查封、扣押、冻结：

（一）被执行人及其所扶养家属生活所必需的衣服、家具、炊具、餐具及其他家庭生活必需的物品；

（二）被执行人及其所扶养家属所必需的生活费用，当地有最低生活保障标准的，必需的生活费用依照该标准确定；

（三）被执行人及其所扶养家属完成义务教育所必需的物品；

（四）未公开的发明或者未发表的著作；

（五）被执行人及其所扶养家属用于身体缺陷所必需的辅助工具、医疗物品；

（六）被执行人所得的勋章及其他荣誉表彰的物品；

（七）根据《中华人民共和国缔结条约程序法》，以中华人民共和国、中华人民共和国政府或者中华人民共和国政府部门名义同外国、国际组织缔结的条约、协定和其他具有条约、协定性质的文件中规定免于查封、扣押、冻结的财产；

（八）法律及司法解释规定的其他不得查封、扣押、冻结的财产。

8. 工会经费及“工会经费集中户”不应冻结、划拨

《最高人民法院关于产业工会、基层工会是否具备社团法人资格和工会经费集中户可否冻结划拨的批复》（2020 修正）：

“根据工会法的规定，工会经费包括工会会员缴纳的会费，建立工会组织的企业事业单位、机关按每月全部职工工资总额的百分之二的比例向工会拨交的经费，以及工会所属的企业、事业单位上缴的收入和人民政府的补助等。工会经费要按比例逐月向地方各级总工会和全国总工会拨交。工会的经费一经拨交，所有权随之转移。在银行独立开列的‘工会经费集中户’，与企业经营资金无关，专门用于工会经费的集中与分配，不能在此帐户开支费用或挪用、转移资金。因此，人民法院在审理案件中，不应将工会经费视为所在企业的财产，在企业欠债的情况下，不应冻结、划拨工会经费及‘工会经费集中户’的款项。”

9. 信托财产一般不得强制执行

《中华人民共和国信托法》第十七条：

“除因下列情形之一外，对信托财产不得强制执行：（一）设立信托前债权人已对该信托财产享有优先受偿的权利，并依法行使该权利的；（二）受托人处理信托事务所产生债务，债权人要求清偿该债务的；（三）信托财产本身应担负的税款；（四）法律规定的其他情形。对于违反前款规定而强制执行信托财产，委托人、受托人或者受益人有权向人民法院提出异议。”

10. 一般情况下，旅行社质量保证金不得执行

《最高人民法院关于执行旅行社质量保证金问题的通知》（法〔2001〕1

号）：

"人民法院在执行涉及旅行社的案件时，遇有下列情形而旅行社不承担或无力承担赔偿责任的，可以执行旅行社质量保证金：（1）旅行社因自身过错未达到合同约定的服务质量标准而造成旅游者的经济权益损失；（2）旅行社的服务未达到国家或行业规定的标准而造成旅游者的经济权益损失；（3）旅行社破产后造成旅游者预交旅行费损失；（4）人民法院判决、裁定及其他生效法律文书认定的旅行社损害旅游者合法权益的情形。除上述情形之外，不得执行旅行社质量保证金。同时，执行涉及旅行社的经济赔偿案件时，不得从旅游行政部门行政经费帐户上划转行政经费资金。"

11. 证券投资基金财产不得强制执行

《中华人民共和国证券投资基金法》第七条：

"非因基金财产本身承担的债务，不得对基金财产强制执行。"

12. 银行承兑汇票保证金可以冻结，但不得扣划

《最高人民法院、中国人民银行关于依法规范人民法院执行和金融机构协助执行的通知》（法发〔2000〕21 号）第九条：

"人民法院依法可以对银行承兑汇票保证金采取冻结措施，但不得扣划。如果金融机构已对汇票承兑或者已对外付款，根据金融机构的申请，人民法院应当解除对银行承兑汇票保证金相应部分的冻结措施。银行承兑汇票保证金已丧失保证金功能时，人民法院可以依法采取扣划措施。"

13. 不得对办公必需品采取强制执行措施，但可以执行政府财政经费以外账户内的存款

《最高人民法院关于审理军队、武警部队、政法机关移交、撤销企业和与党政机关脱钩企业相关纠纷案件若干问题的规定》（法释〔2001〕8 号）：

第十五条　人民法院在审理有关移交、撤销、脱钩的企业的案件时，认定开办单位应当承担民事责任的，不得对开办单位的国库款、军费、财政经费账户、办公用房、车辆等其他办公必需品采取查封、扣押、冻结、拍卖等保全和执行措施。

第十六条　人民法院在执行涉及开办单位承担民事责任的生效判决时，只能用开办单位财政资金以外的自有资金清偿债务。如果开办单位没有财政资金以外自有资金的，应当依法裁定终结执行。

14. 空难死亡赔偿金非死者所有，不应作为死者的财产进行执行

《最高人民法院关于空难死亡赔偿金能否作为遗产处理的复函》（〔2004〕民一他字第26号）：

“空难死亡赔偿金是基于死者死亡对死者近亲属所支付的赔偿。获得空难死亡赔偿金的权利人是死者近亲属，而非死者。故空难死亡赔偿金不宜认定为遗产。”

15. 党费不得冻结或划拨

《最高人民法院关于强制执行中不应将企业党组织的党费作为企业财产予以冻结或划拨的通知》（法〔2005〕209号）：

“企业党组织的党费是企业每个党员按月工资比例向党组织交纳的用于党组织活动的经费。党费由党委组织部门代党委统一管理，单立账户，专款专用，不属于企业的责任财产。因此，在企业作为被执行人时，人民法院不得冻结或划拨该企业党组织的党费，不得用党费偿还该企业的债务。执行中，如果申请执行人提供证据证明企业的资金存入党费账户，并申请人民法院对该项资金予以执行的，人民法院可以对该项资金先行冻结；被执行人提供充分证据证明该项资金属于党费的，人民法院应当解除冻结。”

16. “特种预算存款”“特种其他存款”和连队账户的存款，原则上不能被冻结或扣划

《中国人民银行、最高人民法院、最高人民检察院、公安部关于查询、冻结、扣划企业事业单位、机关、团体银行存款的通知》（银发〔1993〕356号）：

第五条　军队、武警部队一类保密单位开设的“特种预算存款”“特种其他存款”和连队账户的存款，原则上不采取冻结或扣划等项诉讼保证措施。但军队、武警部队的其余存款可以冻结和扣划。

17. 不得执行被执行人的封闭贷款结算专户中的款项

《最高人民法院关于执行〈封闭贷款管理暂行办法〉和〈外经贸企业封闭贷款管理暂行办法〉中应注意的几个问题的通知》（法发〔2000〕4号）：

第二条　人民法院在执行案件时，不得执行被执行人的封闭贷款结算专户中的款项。

第三条　如果有证据证明债务人为逃避债务将其他款项打入封闭贷款结算专户的，人民法院可以仅就所打入的款项采取执行措施。

18. 法院不得冻结、划拨客户在期货公司保证金账户中的资金和用于充抵保证金的有价证券

《最高人民法院关于审理期货纠纷案件若干问题的规定（二）》（法释〔2011〕1号）：

第四条　期货公司为债务人，债权人请求冻结、划拨以下账户中资金或者有价证券的，人民法院不予支持：

（一）客户在期货公司保证金账户中的资金；

（二）客户向期货公司提交的用于充抵保证金的有价证券。

19. 法院不得冻结、划拨非结算会员在结算会员保证金账户中的资金和用于充抵保证金的有价证券

《最高人民法院关于审理期货纠纷案件若干问题的规定（二）》（法释〔2011〕1号）：

第五条　实行会员分级结算制度的期货交易所的结算会员为债务人，债权人请求冻结、划拨结算会员以下资金或者有价证券的，人民法院不予支持：

（一）非结算会员在结算会员保证金账户中的资金；

（二）非结算会员向结算会员提交的用于充抵保证金的有价证券。

20. 实行会员分级结算制度的期货交易所或者其结算会员为债务人，法院不支持冻结、划拨期货交易所向其结算会员依法收取的结算担保金

《最高人民法院关于审理期货纠纷案件若干问题的规定（二）》（法释〔2011〕1号）：

第七条　实行会员分级结算制度的期货交易所或者其结算会员为债务人，债权人请求冻结、划拨期货交易所向其结算会员依法收取的结算担保金的，人民法院不予支持。

有证据证明结算会员在结算担保金专用账户中有超过交易所要求的结算担保金数额部分的，结算会员在人民法院指定的合理期限内不能提出相反证据的，人民法院可以依法冻结、划拨超出部分的资金。

21. 生产、生活预留份不得追缴

如《检察院财物规定》第四条第三款规定，查封、扣押、冻结涉案财物，应当为犯罪嫌疑人、被告人及其所扶养的亲属保留必需的生活费用和物品，减少对涉案单位正常办公、生产、经营等活动的影响。《公安财物规定》第六条：

“对涉案财物采取措施，应当为违法犯罪嫌疑人及其所扶养的亲属保留必需的生活费用和物品。”

22. 除法律另有规定外，农民工工资专用账户资金和工资保证金不得因支付为本项目提供劳动的农民工工资之外的原因被查封、冻结或者划拨

《最高人民法院、人力资源社会保障部、中国银保监会关于做好防止农民工工资专用账户资金和工资保证金被查封、冻结或者划拨有关工作的通知》（人社部发〔2020〕93 号）：“二、人民法院在查封、冻结或者划拨相关单位银行账户资金时，应当严格审查账户类型，除法律另有专门规定外，不得因支付为本项目提供劳动的农民工工资之外的原因查封、冻结或者划拨两类账户资金。”

（二）善意取得

1. 概　念

英国的犯罪收益追缴法中规定了“污点赠与”这一情形。污点赠与指的是犯罪嫌疑人以逃避刑事追缴为目的，将自己通过犯罪行为获得的犯罪收益以赠与的名义转移给他人或者以明显低于该财产价值的不合理对价出卖给第三人，此时对第三人不能认定为善意第三人。“污点赠与”实为善意取得制度的破除，亦即，非善意取得不得阻却追赃，那么，何为善意取得？善意取得制度起源于日耳曼法的“以手护手”（Hand muss Hand wahren）原则，其又称即时取得，是指无权处分人转让标的物给第三人时，善意的第三人即可取得标的物的所有权，原所有权人丧失所有权。设置善意取得制度，就是在承认财产所有权静的安全为法律保护财产秩序的基本原则的前提下，在法定场合下以牺牲所有权静的安全为代价来保障财产交易的动的安全的一项制度安排[①]。善意取得制度是本权保护和交易安全保护的权衡产物，是以占有公信力为逻辑基础的合理分配无权处分行为风险的制度，设立的根本目的是维护市场交易秩序的需要。

善意取得被国际社会广泛接受。如《日本刑法典》第十九条第二款有相类似的规定：“没收以不属于犯罪人以外的人所有之物为限；但在犯罪后，知情人取得其物时，虽然属于犯罪人以外的人所有，也可以没收。”在美国，根据 2000

① 黎宜春：《刑事没收中设置善意取得制度的探讨》，《法治与社会》2010 年 11 月（上）。

年《2000年民事资产没收改革法》（*the Civil Asset Forfeiture Reform Act of* 2000）规定的善意受让者抗辩事由，在民事没收中，对于第三人不知情，同时也无任何理由知道争议财产属于违法所得，且以合理对价购买所得的，不能没收。在刑事没收中也有类似规定，其中，第三人在争议财产上的利益，不限于所有权，还包括留置权、抵押权、承租权等担保物权、用益物权①。《美国统一商法典》第2-403条第一项规定："货物的购买人获得他的转让人过去所拥有或过去有权转让的全部所有权，除利益有限的购买人获得与购买的利益相当的权利。有可以取消的权利人过去有权把可靠的所有权转让给付出代价的诚信的购买人。当货物已经在购买交易中交付时，购买人有这种权利，即使交付是通过如刑法中犯盗窃罪那样的处罚的欺骗来完成的。"《挪威刑法典》第三十七条a规定，在向第三人转让犯罪所得物品的情况下，如果"接受人知道或者应当知道犯罪行为和物品之间的联系，则应从接受人处没收该物品或其等值物"②。这里所说的"应当知道"通常被理解为根据转让时的具体情形"有正当理由相信该物品或财产与犯罪有关"③。只有当受让人不知晓并且没有合理理由认为有关财产构成追缴的对象时，他才属于所谓的"无辜所有主（innocent owner）"④。《荷兰刑法典》第三十三条第三款规定，物品的所有人"知道该物品的目的或用途与犯罪有关，或者早该合理怀疑该物品的来源、用途或目的"的，有关物品可成为没收的对象⑤。《斯洛文尼亚共和国刑法典》第七十五条第三款规定，如果某人在获得犯罪人所转让的、与犯罪有关的财产利益时，"并未支付与该财产利益相等之对价的"，则该受让的财产利益应予没收⑥。《塞尔维亚共和国刑法典》第九十二条第二款也规定："如果某一法人或者某一自然人在接受犯罪收益时，并未支付相应对价，或者所支付的对价明显小于该犯罪收益之实际价值，则法庭可以没收该犯罪收

---

① 吴光升：《刑事涉案财物处理研究程序》，法律出版社2018年版，第38页。

② 《挪威刑法典》，马松建译，北京大学出版社2005年版，第8页。

③ 《芬兰刑法典》第10章第6条第1款，肖怡译，北京大学出版社2005年版，第37页。

④ 《美国法典》（U. S. Code）第18编第983条（d）（3）（A）。

⑤ 《荷兰刑法典》，于志刚、龚馨译，中国方正出版社2007年版，第25页。

⑥ 《斯洛文尼亚共和国刑法典》，王立志译，中国人民公安大学出版社2012年版，第33页。

益。"[①] 只有当第三人能够证明自己是在付出足够对价（sufficient consideration）后取得财产时，被转让给该第三人的财产"才停止作为犯罪收益"[②]。在证明自己为取得有关财产支付了足够对价时，受让人需要证明：所付出的对价符合被转让财物的"公允市场价值"（fair market value）[③]，或者说"仅从商业对价的角度考虑足以反映有关财物的价值"[④]。澳大利亚《2002 年犯罪收益追缴法》第三百三十条第四款规定："如果作为犯罪收益的财产被某一第三人取得，该第三人为此付出了'足够的对价'，并且不知晓该财产属于犯罪收益，则该财产'停止作为'犯罪所得。"在加拿大，除非是第三人基于善意购买的财产法庭可取消那些为避免没收决定而做出的向第三人转移财产的行为[⑤]。

目前，我国批准通过且规定有没收内容的国际刑事公约，均要求在追缴没收过程中，注重对善意第三人权利的保护。1988 年《联合国禁止非法贩运麻醉品和精神药物公约》第五条第八款、1999 年《制止向恐怖主义提供资助的国际公约》第八条第五款、2000 年《联合国打击跨国有组织犯罪公约》第十三条第八款、2003 年《联合国反腐败公约》第三十一条第九款均规定在执行没收时，应避免影响善意第三方的权利。以《联合国反腐败公约》为例，其第三十四条第二款也规定：各缔约国均应当在适当顾及第三人善意取得的权利的情况下，根据本国法律的基本原则采取措施，消除腐败行为的后果。第五十五条第九款强调：不得对本条规定作损害善意第三人权利的解释。第五十七条"资产的返还和处分"第二款规定："各缔约国均应当根据本国法律的基本原则，采取必要的立法和其他措施，使本国主管机关在另一缔约国请求采取行动时，能够在考虑到善意第三人权利的情况下，根据本公约返还所没收的财产。"我国作为缔约国，在国际追赃过程中也须遵循善意取得要求。但是对于刑事领域的"善意取得"的内涵，我国刑事法律暂无条文明确规定善意取得制度，相关善意取得的规定散见于各种解释、规章和规范性文件之中，从时间轨迹上看，这些规定从最初的排斥善

---

① 《塞尔维亚共和国刑法典》，王立志译，中国人民公安大学出版社 2011 年版，第 45－46 页。

② 《澳大利亚 2002 年犯罪收益追缴法》第 330 条第 4 款，张磊等译，中国政法大学出版社 2008 年版，第 232 页。

③ 加拿大马尼托巴省 2004 年《犯罪财产追缴法》第 17（1）条（b）（iii）。

④ 南澳大利亚《2005 年犯罪资产没收法》第三条关于 sufficient consideration 的解释。

⑤ 吴光升：《刑事涉案财物处理研究程序》，法律出版社 2018 年版，第 38 页。

意取得，到有条件地接受善意取得，到完全接受善意取得[①]，对善意取得的相应的条件也从单一的不知情，到必须有偿取得、不明显低于市场的价格、源于合法活动等[②]更加严格，相关领域也从市场、商店，到用于归还债务、贷款或其他经济活动，到清偿债务、转让或者设定其他权利负担。可以说，随着法律研究的深入和立法技术的不断完善，刑事领域的善意取得制度也不断发展和进步。虽然，当前刑事领域的善意取得制度和《民法典》的善意取得制度还不完全相同，如对于善意取得，刑事领域并未明文要求按《民法典》第三百一十一条把“交付

① （1）完全排斥，例如，1951年《最高人民法院关于善意非直接由所有人手中取得之所有权应否保护的问题的复函》：“故虽丁是不知情的第三人，甲对丁买得的猪仍有请求返还之权。”（2）有条件接受，例如，1958年7月14日，《最高人民法院关于不知情的买主买得的赃物应如何处理问题的复函》（法研字第84号）：“一、不知情的买主买得的赃物，如果是从市场、商店等合法买得的，应认为已取得所有权。但如果失主愿支付价金要回原物时，应当准许。二、不知情的买主买得的赃物，如果不是从市场、商店等合法买得的，不能取得所有权。其所受损失，可以斟酌具体情况由失主和不知情的买主分担。”又如，1953年11月9日《最高人民法院关于追缴与处理赃物问题的复函》：“不知是赃物而买者，如有过失，应将原物返还失主，如无过失（通过合法交易而正当买得者），失主不得要求返还，而可协议赎回。国家机关、企业、合作社为失主时，对于不知情而又无过失的买者，有要求返还原物之权。”（3）完全接受，例如，1998年5月8日《最高人民法院、最高人民检察院、公安部、国家工商行政管理局关于依法查处盗窃、抢劫机动车案件的规定》（公通字〔1998〕31号）第十二条：“对不明知是赃车而购买的，结案后予以退还买主。”《监察条例》第二百零九条第二款：“证据证明依法应当追缴、没收的涉案财物无法找到、被他人善意取得、价值灭失减损或者与其他合法财产混合且不可分割的，可以依法追缴、没收其他等值财产。”

② 单一的不知情，如1997年1月9日《公安部关于办理利用经济合同诈骗案件有关问题的通知》（公通字〔1997〕6号）第五条：“行为人将诈骗财物已用于归还债务、贷款或者其他经济活动的，如果对方明知是诈骗财物而收取，属恶意取得，应当一律予以追缴；如确属善意取得，则不再追缴。”有偿取得、不明显低于市场的价格、源于合法活动等，如《经济犯罪案件规定》第五十四条第二款：“发现犯罪嫌疑人将经济犯罪违法所得和其他涉案财物用于清偿债务、转让或者设定其他权利负担，具有下列情形之一的，应当依法查封、扣押、冻结：（一）他人明知是经济犯罪违法所得和其他涉案财物而接受的；（二）他人无偿或者以明显低于市场价格取得上述财物的；（三）他人通过非法债务清偿或者违法犯罪活动取得上述财物的；（四）他人通过其他恶意方式取得上述财物的。”

和登记”作为物权变动效力，但是，审判实务中越来越多判例[①]引用《物权法》一百零六条（现为《民法典》第三百一十一条）原文作为刑事领域的善意取得，将交付和登记作为善意取得的基本条件之一。例如，浙江省台州市中级人民法院黄某某合同诈骗罪一审刑事判决书［（2016）浙10刑初2号］中明确：“（2）……客户购车在主观上是善意的，且3辆轿车已经提走，交付行为完成，客户善意取得上述车辆的所有权，依法不予追缴。（3）……万森车行虽然支付了4辆轿车的合理对价，但其尚未提取车辆，且现有证据也无法证实万森车行与宏志公司之间就该4辆轿车的所有权转移方式有特殊约定，故该4辆轿车仍处于尚未交付状态，即该4辆车的所有权尚未从好德宝公司转移到万森车行。故该4辆轿车作为好德宝公司被黄某某诈骗的财物，其可以自行救济即拿回车辆，被扣押的也应予以发还。”又如，广东省高级人民法院驳回申诉通知书［（2017）粤刑申311号］：“涉案房屋的宅基地使用权已被登记，根据《物权法》第一百零六条第一款第（三）项、第一百五十五条的规定，你购买的涉案房屋及宅基地使用权并没有办理过户登记，因此，你还没有取得对该涉案房屋的所有权和宅基地使用权，故你对涉案房屋所享有的债权请求权并没有对抗司法处置的优先效力。你提出你系该房屋的实际权利人的申诉意见于法无据，不予采纳。”此外，个别发达地区的省级公检法三家也认可追赃的善意取得制度，并出台规范性文件，如《浙江省高级人民法院、浙江省人民检察院、浙江省公安厅关于涉众型经济犯罪案件追赃挽损工作的意见》第十条：“将涉案款物用于清偿债务、转让或者设置其他权利负担，主要包括以下情形：（一）他人明知是涉案款物而接受的；（二）他人无偿取得涉案款物的；（三）他人以明显低于市场的价格取得涉案款物的；（四）他人取得涉案款物系源于非法债务或者违法犯罪活动；（五）转让的涉案款物依法应变更登记未登记的或不需要登记未交付的；（六）通过其他恶意方式

---

① 如河南省许昌市中级人民法院刑事裁定书［（2018）豫10刑终437号］：“经查，《物权法》第一百零六条规定，善意取得需要具备以下几个方面的条件：（1）受让人受让该不动产或者动产时是善意的；（2）以合理的价格转让；（3）转让的不动产或者动产依照法律规定应当登记的已经登记，不需要登记的已经交付给受让人。上述三个条件缺一不可。因本案所受让的车库并没有办理完成不动产权属变更登记手续，买受人不能根据《物权法》的规定取得该车库的所有权，其诈骗犯罪行为所得的车库款系违法所得，应退赔被害人，符合法律规定。”西藏自治区那曲地区中级人民法院庞某、邓某某盗窃二审刑事判决书［（2017）藏24刑终3号］、河南省禹州市人民法院何某诈骗一审刑事判决书［（2017）豫1081刑初653号］等。

取得涉案款物的。”

诚然，不同的法律制度设计应当坚持服务不同法域的法秩序整体目的原则。刑事诉讼和民事诉讼分属不同法律领域，两者的善意取得适用的前提、时效等肯定会有所不同[①]。即便如此，本书依然认可赃物可以适用善意取得制度，理由是：其一，法定原则的必然要求。现今刑事领域的善意取得制度多以司法解释和规范性文件规定的形式得以确认，从法律层级看，《民法典》的效力显然高于这些司法解释和规范性文件，既然司法解释认可赃物的善意取得，而《民法典》本身也并未禁止善意取得适用，根据法定原则，私权的“法无禁止即可为”，应认可第三人可以取得赃物所有权。其二，公平性的必然要求。对第三人而言，其通过交易取得赃物所有权与民法上的取得他人无权处分财物的物权一样，从权利外观上也并无二致，如果加以区别对待，有失公允。其三，法秩序统一[②]的必然要求。为保持法律体系的统一性，司法解释等认可赃的善意取得，而《民法典》并未禁止赃物的善意取得，刑事领域和民事领域应“殊途同归”，都适用善意取得。其四，追赃国际接轨的必然要求。当前我国签订的许多跨境追赃的双边条约都承认善意取得制度。举例而言，《中华人民共和国和日本国关于刑事司法协助的条约》第十六条关于犯罪所得和犯罪工具的追缴、移交程序中就明确指出：“应当根据被请求方法律尊重善意第三方的合法权益。”《中华人民共和国和阿根廷共和国关于刑事司法协助条约》第十六条关于犯罪所得和犯罪工具的追缴、移交程序中也指出：“善意第三方对这些财物的合法权益应当被依法请求方法律所尊重。”其五，权利救济并非必然丧失。即使追赃适用善意取得，也并非当然地导致被害人丧失救济，因为善意取得是有对价的，犯罪人取得的对价应被追缴后予以返还。

---

① 如民事领域的善意取得，学界有观点认为应依据风险控制论，非基于本意而脱离占有的财物不适用善意取得，换言之，只有合法占有但无权处分的情形才可以适用善意取得。对此，本书认为，此理论将导致除侵占类犯罪外，其他犯罪追赃被完全阻却，不符合刑法价值追求。再如，《民法典》第三百一十二条规定遗失物回复请求权的2年时效等。本书认为，设定时效的追赃，也不符合打击犯罪的需要，应审慎适用。

② 陈兴良教授认为：“法秩序统一原理是指各个部门法在合法化事由上具有统一的根据。在一个部门法中合法的行为，不得在另一个部门法中认定为违法。否则，就会造成法秩序内部的逻辑混乱。”参见陈兴良《刑民交叉案件的刑法适用》一文。

2. 基本条件

根据《民法典》第三百一十一条①，追赃适用善意取得必须满足善意、合理价格、已登记或交付三个条件。

（1）善意。所谓“善意”，即不知情而无重大过失。不知情，即不知道，指相信了犯罪人对动产占有或者不动产登记的公信力②。例如，甲将盗窃来的字画挂在家中，旁人很自然会误认为甲就是画的所有人（由占有而被推定为所有）。对于知情的情形，司法解释常有规定，如受让不动产时，以下情形可以推定为知情：（一）登记簿上存在有效的异议登记；（二）预告登记有效期内，未经预告登记的权利人同意；（三）登记簿上已经记载司法机关或者行政机关依法裁定、决定查封或者以其他形式限制不动产权利的有关事项；（四）受让人知道登记簿上记载的权利主体错误；（五）受让人知道他人已经依法享有不动产物权。再如，《最高人民法院、最高人民检察院、公安部、国家工商行政管理局关于依法查处盗窃、抢劫机动车案件的规定》第十七条：“本规定所称的‘明知’，是指知道或者应当知道。有下列情形之一的，可视为应当知道，但有证据证明确属被蒙骗的除外：（一）在非法的机动车交易场所和销售单位购买的；（二）机动车证件手续不全或者明显违反规定的；（三）机动车发动机号或者车架号有更改痕迹，没有合法证明的；（四）以明显低于市场价格购买机动车的。”无重大过失，是指第三人对于动产的占有人、不动产登记的物权所有人尽到了一般理性之人在一般交易安全场合下的形式审查义务，而仍然无从发现真实权利状态与公示出来的权利状态不一致这一情节。例如，在判断合同相对人主观上是否属于善意且无过失时，应当结合合同缔结与履行过程中的各种因素综合判断合同相对人是否尽到合理注意义务，此外还要考虑合同的缔结时间、以谁的名义签字、是否盖有相

① 《民法典》第三百一十一条规定，无处分权人将不动产或者动产转让给受让人的，所有权人有权追回；除法律另有规定外，符合下列情形的，受让人取得该不动产或者动产的所有权：（一）受让人受让该不动产或者动产时是善意的；（二）以合理的价格转让；（三）转让的不动产或者动产依照法律规定应当登记的已经登记，不需要登记的已经交付给受让人。受让人依照前款规定取得不动产或者动产的所有权的，原所有权人有权向无处分权人请求赔偿损失。当事人善意取得其他物权的，参照前两款规定。

② 根据《民法典》，动产、不动产物权的公示方式分别是占有与登记，具有公信力也即物权享有的推定效力——动产的占有人、不动产的登记人在通常情形下被推定为物权人，即使推定的权利状态与真实的权利状态不相符合，第三人善意的信赖了该推定效力，该推定效力也应该受到保护。可见，此处的“善意”，就是对物权公示方式具有的公信力的信赖。

关印章及印章真伪、标的物的交付方式与地点、购买的材料、租赁的器材、所借款项的用途、建筑单位是否知道项目经理的行为、是否参与合同履行等各种因素，作出综合分析判断[①]。对于交易的对象、场所或者时机等不符合交易习惯的，应当认定受让人具有重大过失。例如，甲于凌晨2点在公园的树林深处从乙（实为盗窃犯）手中购得一块价值10万元的劳力士手表。对于该笔交易，无论是时间（凌晨）、地点（公园树林深处）、对象（乙）都不符合交易习惯，令人无法相信甲构成善意取得。

概言之，第三人是否恶意应结合受让财产性质、价格、市场行情、交易时间、交易习惯、交易场所等综合判断。另外，第三人具有买赃前科、拒不提供交易情况、与转让人具有特定亲属关系的以及依据第三人经验、特殊身份足以发现可疑等情况的，证据充分情况下，都可以推定为“恶意”。例如，《典当管理办法》第35条规定，办理出当与赎当，当户除应当出具身份证明外还应当如实向典当行提供当物的来源及相关证明材料。因此，典当行以不知当物来源为由主张善意取得的，可以推定为恶意。再如，对于已被网上查封的赃车，被交警甲购买后并过户的，根据交警的专业知识及工作条件，其不可能不知道车辆是赃车。

（2）合理价格。“合理价格”即有偿（支付对价）且价格不显著低于市场价值。一是必须有对价。支付对价是市场交易行为的必然手段，无对价则无市场交易。进言之，对于捐赠、继承、单纯的还债等非市场行为不适用善意取得。毕竟，正是基于市场经济秩序特殊保护的需要，法律不得已而选择保护第三人的财产权，若非如此，在被害人和善意第三人平等的财产权之中，无论是基于物权的追及效力，还是基于“刑事优于民事”的原则，法律都理应保护被害人的合法权益而不是第三人的财产权，否则，法不正当。二是价格符合商品价值，不得显著低于市场价。当价格显著高于市场价格时，高出的部门属于收益，应当一并予以追缴。价格是否合理，应当根据转让标的物的性质、数量以及付款方式等具体情况，参考转让时交易地市场价格以及交易习惯等因素综合认定。而所谓“明显不合理的低价”，人民法院应当以交易当地一般经营者的判断，并参考交易当时交易地的物价部门指导价或者市场交易价，结合其他相关因素综合考虑予以确认。转让价格达不到交易时交易地的指导价或者市场交易价百分之七十的，一般

---

① 2009年7月7日《最高人民法院关于当前形势下审理民商事合同纠纷案件若干问题的指导意见》（法发〔2009〕40号）第十四条。

可以视为明显不合理的低价；对转让价格高于当地指导价或者市场交易价百分之三十的，一般可以视为明显不合理的高价。实践中，司法办案机关可以通过本地物价管理部门设立的价格事务所进行估价，以确定价格是否合理。违禁品因国家禁止流通，不得进入市场交易，不存在市场价格一说，不适用善意取得。三是合法真实的交易。只要不是法律所禁止的场所和交易方式（除非法债务清偿或者违法犯罪活动取得外），都是有效的交易，其对应交易价格应当得到法律所认可。

（3）已交付或者登记。交付和登记又称物权的公示原则①，是物权变动的法定原因。登记是指不动产、股权、基金等国家规定的需要以专门登记机构登记确权的法定程序，如《民法典》第二百一十四条明确，不动产物权的设立、变更、转让和消灭，依照法律规定应当登记的，自记载于不动产登记簿时发生效力。以房产为例，其物权是否变动，应以不动产交易中心的登记信息为准。“交付”是指将自己占有的物或所有权凭证移转给他人占有的行为。其含义有二：一是主观上有转移占有的意思。无转移占有的意思表示，如归因于暴力、精神胁迫所致或原占有人为无民事行为能力人，不能认识和辨别转移占有的法律后果，不应认定其有转移占有的意思表示，其不适用善意取得制度。二是客观上占有转移。虽然民法领域的“交付”存在现实交付、简易交付、代办托运、占有改定、指示交付等模式，但只有现实交付、简易交付是赃物客观上发生转移，第三人实实在在地占有财物的情形，而代办托运、占有改定、指示交付属于观念交付（拟制交付），受让人本质上并未实际占有该财物，受让人并不具备享有动产的权利外观。因此，刑事领域的善意取得应仅指现实交付、简易交付两种。关于交付，需要特别说明的是机动车、船舶、航空器等特殊动产，根据《民法典》第二百二十四条、第二百二十五条②规定以交付为生效要件。以机动车为例，《公安部关于确定机动车所有权人问题的复函》（公交管〔2000〕98 号）、《公安部关于机动车财产所有权转移时间问题的复函》（公交管〔2000〕110 号）都明确：公安机关办理的机动车登记，是准予或者不准予上道路行驶的登记，不是机动车所有权登记。同时，最高人民法院研究室在答复陕西省高级法院的《关于如何认定买卖合

① 如《人民法院办理执行案件规范》第三百七十二条第三款规定，人民法院的查封、扣押、冻结没有公示的，其效力不得对抗善意第三人。

② 《民法典》第二百二十四条规定，动产物权的设立和转让，自交付时发生效力，但法律另有规定的除外。第二百二十五条规定，船舶、航空器和机动车等物权的设立、变更、转让和消灭，未经登记，不得对抗善意第三人。

同中机动车财产所有权转移时间问题的复函》[法（研）〔2000〕121号]中认为："应认定机动车辆所有权从交付之日起转移。"该复函也明确了机动车所有权实行交付取得制度。进言之，机动车、船舶、航空器等依然是以交付为生效要件，考虑到这些动产的特殊性，根据公众的常识交易时都会审核这些动产登记在谁的名下，因此，通常以不知道该动产登记在谁名下主张"善意"的理由均难以成立。

从程序上看，善意取得制度作为追赃的法定阻却事由，应在刑事审判中一并予以认定。如果要求当事人另外提起民事诉讼，一方面，将不当导致被害人、第三人的诉累，拖延追赃的时间；另一方面，刑事和民事都适用《民法典》第三百一十一条规定的善意取得，确无必要另行诉讼，浪费司法资源。从举证责任看，虽然有判例[①]认为应由第三人负证明其善意的举证责任，但本书认为，除善意的基本条件构成外（如存在债务关系、存在真实交易等），"善意"的认定应采取推定善意的方式，即除有相反证据，都应当承认第三人交易时不知情且无重大过失，这与我国《刑事诉讼法》第五十二条的不得"自证其罪"原则类似[②]，司法办案机关负有举证第三人恶意的义务。

除具备三个条件外，以下几种情形不适用善意取得：（1）"回首善意取得"。所谓回首善意取得，即无权处分人在将某物处分给第三人后，又从第三人处购得所转让之物的行为，即民法上所说的无权处分人回首取得[③]。对于犯罪人将赃物转让后又再次购入的行为，无论是经过几手，犯罪人不得依据善意取得制度，排斥司法办案机关的追缴。例如，甲盗窃乙价值10万元的玉手镯一个，后以5万元价格卖给丙，丙又卖给丁，丁最后又再次以低价卖给甲，无论如何，甲不得以不知该玉手镯为乙所有为由，排斥公安机关的追缴。（2）犯罪人之间的互为善意取得。基于保护交易安全的需要，善意取得的交易双方至少有一方是合法财产

---

① 辽宁省大连市中级人民法院驳回申诉通知书[（2019）辽02刑申95号]："你虽非本案当事人，但本案案涉部分赃款在你处，无证据证明你取得该赃款属于善意。故原审法院判决向你追缴赃款，正当合法。"

② 《刑事诉讼法》第五十二条规定，审判人员、检察人员、侦查人员必须依照法定程序，收集能够证实犯罪嫌疑人、被告人有罪或者无罪、犯罪情节轻重的各种证据。严禁刑讯逼供和以威胁、引诱、欺骗以及其他非法方法收集证据，不得强迫任何人证实自己有罪。必须保证一切与案件有关或者了解案情的公民，有客观地充分地提供证据的条件，除特殊情况外，可以吸收他们协助调查。

③ 王利明：《物权法研究》，中国人民大学出版社2007年版。

才值得动用法律保护，如果双方都是违法物，法律不保护。进言之，两个犯罪人之间利用犯罪之物互相交易，无论双方是否知情，均不适用善意取得。例如，甲盗窃乙的一个名贵古董，丙诈骗丁的一块名表，如果甲将古董和丙的名表互换，若主张善意取得，其结果是乙和丁的合法权益无法得到维护，令人难以接受。（3）具有人身属性和特殊情感的财物不适用善意取得。具有人身属性和特殊情感色彩的财物，诸如特殊纪念意义的奖章、手稿、结婚戒指、祖传纪念物、亲人的相片以及特定环境下形成的具有重大意义的财物，对第三人来说价值不大，但对被害人来说具有无可替代的作用，是其精神寄托，一般不适用善意取得。

3. 善意取得的实务问题

（1）他物权也可以适用善意取得。根据《民法典》第三百一十一条第三款，除了所有权外，赃物的用益物权、担保物权①等他物权也适用善意取得，如《关于办理“套路贷”刑事案件若干问题的意见》的通知（法发〔2019〕11号）第七条第二款：“犯罪嫌疑人、被告人已将违法所得的财物用于清偿债务、转让或者设置其他权利负担，具有下列情形之一的，应当依法追缴……”本条所指的“其他权利负担”即指他物权。再如，四川省绵阳市中级人民法院田某某等5人非法吸收公众存款案二审刑事判决书［（2017）川07刑终15号］：“被告人田某某用吸收的公众部分存款及其收益先后购买的商品房、汽车依法应当追缴，但被告人田某某在案发前将商品房抵押向他人借款120万元，且抵押权人属善意取得，故应当对房屋设置抵押权120万元以外的价值部分财产予以追缴。”但是对这种他物权的善意取得，一定要在主合同真实存在时才可适用。如第三人收取工程项目保证金（实为赃款）后，但后续并未取得对应的工程项目的，不适用善意取得②。之所以考虑他物权的善意取得问题，在于他物权可能在赃款赃物之上设立权利负担，进而享有优先受偿权，客观上亦是对赃款赃物追缴的阻却。

（2）供犯罪所用的本人财物和其他违法所得也适用善意取得。刑法善意取

---

① 用益物权包括土地承包经营权、建设用地使用权、宅基地使用权、地役权、自然资源使用权（海域使用权、探矿权、采矿权、取水权和使用水域、滩涂从事养殖、捕捞的权利）等，担保物权包括抵押权、质押权、留置权等。

② 湖北省随州市中级人民法院刑事判决书［（2017）鄂13刑终88号］：“本院认为，案外人李某本人并未取得双方合同约定的拆迁工程，即收取上诉人亢某的30万元保证金，不属于法律规定的善意取得，其中上诉人亢某用被害人支付的保证金交给案外人李某的20万元应依法予以追缴，发还给被害人。”

得的无权处分，并非指物的原始处分权的有无，而是因具有刑事违法性而不得处分，亦即，指无处分赃款赃物的权利。换言之，对于供犯罪所用的本人财物，虽然财物原本属于犯罪行为人的合法财产，但因刑事法违法性，而具备了刑事无权处分，依然适用善意取得。如内蒙古自治区扎兰屯市人民法院刘某、刘某某等寻衅滋事罪一审刑事判决书［（2019）内0783刑初120号］判决内容：“被告人刘某、刘某某的作案工具应予以没收，已被他人善意取得的作案工具应追缴等值财产……十、对已被他人善意取得的作案工具×××号灰色皮卡车追缴人民币一万八千元的等值财产，上缴国库。”同理，其他违法所得（即无被害人的违法所得）也适用善意取得。两者适用善意取得的结果是：如果有对价的，追缴对价；无对价的，责令退赔或者追缴其等值财产。

（3）货币、无记名有价证券[①]适用善意取得。对于货币、无记名有价证券是否适用善意取得问题，专家指出：“这是因为金钱、无记名证券的本质为流通性，只有流通才能充分发挥物权的公示表征权利的推定效力，发挥其经济价值，如果允许被害人或遗失人请求回复，势必使这些特殊物的功能丧失殆尽，而影响社会经济发展。”[②] 德国学者曼弗雷德·沃尔夫曾论述道：“对于个别物品，由于它们顺畅的流通能力对经济活动具有特别重要的意义，尽管丢失也可以善意取得。这些物品除了硬币和纸币以外，还包括无记名证券，特别是无记名股票、投资股份以及无记名支票。”[③] 根据美国的法律规定，任何流通票据的持有人都享有完整有效的权利主张，即使该持有人是从盗窃者手中取得的票据，但该持有人必须是通过正常交易方式取得票据才可[④]。在大陆法系国家或地区，《瑞士民法典》第九百三十五条、《德国民法典》第九百三十五条第二款以及我国台湾地区“民法”第九百五十一条都承认货币及无记名有价证券的善意取得。对此，本书认同货币和无记名有价证券适用善意取得制度，理由如下：一是符合物权公示原则。

---

① 所谓无记名证券，指持有人对于发行人可以请求依记载的内容为给付的证券，包括无记名股票、无记名公司债券、公共汽车票、火车票、戏票、电影票、邮票、彩票、购物券等。

② 王永红、薛海明：《多维视角下赃物适用善意取得制度的再思考》，《新疆警官高等专科学校学报》2011年11月。

③ ［德］曼弗雷德·沃尔夫：《物权法》，吴越、李大雪译，法律出版社2002年版，第293页。

④ Owner's Intent and the Negotiability of Chattels：A Critique of Section 2－403 of the Uniform Commercial Code Yale Law Journal，Vol. 72，Issue 6（May 1963），p. 1212.

动产的物权公示原则是占有，而不动产的公示原则是登记。货币作为一般等价物，以国家信誉为保障，拥有极强的公信力，是市场经济中商品流通的支付手段，具备“占有即所有”的特征，任何第三人都有理由认为占有人即为所有人。而无记名有价证券与货币类似，其发行人以其信誉为保障，对任何持有人都必须不问原因地无条件兑换，第三人也同样有理由相信持有人即为所有人，货币和无记名有价证券的权利外观，均符合善意取得的物权公示原则。二是保护市场经济秩序的需要。善意取得制度是所有权的静态安全和市场交易的动态安全权衡下的产物，本质是为了维护市场经济秩序的安全和有序，货币和有价证券作为市场经济的重要手段，是任何市场经济都必须具备的，对其排斥使用，必然有损市场经济秩序，不符合善意取得制度的价值取向。三是承认善意取得并不必然损害被害人权益。作为对价，货币、无记名股票、购物券、彩票、无记名债券等一般在交易中被兑换成对应的款物，司法办案机关完全可以将其视为违法所得并予以追缴，而电影票、邮票、车票等因被兑换成对应的服务，不存在对应的款物，司法办案机关也可以通过责令退赔、追缴等值财产方式弥补被害人，承认善意取得并不必然损害被害人权益。

（4）其他问题。一是善意取得时间。考虑在判决前第三人善意取得该财物的情形，对于所有权时间的把握，本书赞同马克昌教授的观点，“确定财物所有权归属的时间标准，应以判决时的权利关系为时间标准”①。换言之，赃物的善意取得最迟必须在判决前。二是善意取得虽然阻却追赃，但不阻却取证。经核查，第三人确实符合善意取得条件的，应阻却追赃（即不得基于追赃需要而追缴财物），但是对于被善意取得的财物属于本案关键证据的，第三人不予配合作证的，可以根据侦查取证的需要，依法强制查封、扣押、冻结，但必须在实现证据价值后，尽快返还，不得作为赃款赃物处置。

二、客观阻却事由

所谓客观阻却事由，是指不以人的意志和法律规定为限制，而是基于某种客观原因而阻却追赃的事由。客观阻却的事由认定的目的在于，当发生客观追缴不能事由时，司法办案机关可以灵活地采取其他变通追缴措施来实现追赃，避免追赃陷入困境而停滞不前。客观阻却事由主要包括：（1）价值灭失的阻却。一是

---

① 马克昌：《比较法原理》，武汉大学出版社2002年版，第884页。

期限届满的阻却。例如，被盗窃的食品、药品，若干年后追回，但食品药品已过安全食用有效期，此时无再追缴的必要。再如，电影票、彩票、演出票等有有效期的有价证券，期限届满未使用的自动丧失价值。二是物理化学功效贬损的。即通过物理破坏、化学反应导致价值损毁的。这种功效的贬损，既可以是人为的，也可以是非人为因素导致的（如自燃）。例如，摔碎的玉器、撞毁的汽车、撕碎的字画、燃烧汽油、烧毁家具、风化的红珊瑚等。三是观念上的贬损。有些财物虽然客观上依然有价值，但因发生人们所无法接受的特殊情况，导致从社会一般人看来权利人无法继续行使财产权的情形。例如，被泼洒粪便的餐具，虽然洗净之后还可以使用，但通常来说，人们已经无法容忍这种餐具继续使用的可能。（2）经济代价的阻却。当追赃所付出的经济代价远高于赃物本身时，追赃行为就应当被阻却。毕竟，为了追缴一支铅笔而花费数万元的代价，是国民所无法容忍的。在英国，资产追缴局启动追缴程序的一个基本条件就是可追缴财产必须经过被确认，且其估价在 10000 英镑以上①。例如，为追缴被转移到境外的一把小刀，不得不花费较大的经济代价，此时应当形成阻却。再如，将一枚金戒指丢入大海，虽然具有捞回来的可能，但希望渺茫且花费巨大，也应阻却追赃。需要注意的是，对于有特殊意义的财物，如祖传的财物、纪念章、荣誉凭证等，原则上不考虑经济效益阻却。（3）利益权衡的阻却。即被追缴的赃款赃物与其他利益价值进行比较时，如追缴将导致其他利益价值严重损害的，视为追缴不能而阻却。《监察条例》第二百零九条第二款就明确规定，赃与其他合法财产混合且不可分割的，形成阻却事由，进而追缴其等值财产。例如，被害人一个肾被盗割后植入尿毒症患者身上，案发 5 年后才破案，对于被害人而言，已经造成严重的身体创伤，但此时公安机关如果将被植入者的肾再取出，有可能造成被植入者更重大的伤害甚至死亡，基于法益权衡的需要，无再追缴的必要。再如，用盗窃而来的 5000 元和合法的 100 万元用于购买房产，一般不得为了追缴 5000 元而将房子强制拍卖，而应追缴行为人的其他等值财产。

三、主观阻却事由

三阶层犯罪论中，被害人承诺具有阻却违法性的效力，那么，被害人承诺是否也具有阻却追赃的效力？财产权为个人创造了一个不受国家控制的领域，限制

① 吴光升：《刑事涉案财物处理程序研究》，法律出版社 2018 年版，第 271 页。

了政府的行动范围以及统治者的专横意志，是抑制国家权力无限扩张的有效屏障①。诚哉斯言。通说认为，财产权（占有、使用、收益、处分权能）属于被害人可承诺的范围，同意他人对财产的任意处分、损毁、使用等行为是财产权利人的行使财产权的直接体现。因此，法律不应主动干涉这种权利行使，被害人对财产权的承诺具有阻却违法的正当性。既然被害人对财产权的承诺具有阻却犯罪的效力，那么，在追赃领域，也同样具有阻却效力。一方面，财产权属于所有人私权范畴，对属于被害人的违法所得，被害人有主动放弃的权利；另一方面，对于主动放弃的财产权，公权力无须大费周折地予以恢复，否则有违诉讼的经济性。故，依据被害人意思表示所做的承诺放弃追索财产的，属于主观的阻却事由。考虑到人的思想具有易变动性和模糊性，这种承诺必须严格符合如下条件：一是对承诺放弃追赃的意义、范围等具有理解能力（承诺能力）。做出承诺的人必须具有认识其承诺的性质、意义、作用、后果并独立地作出意思表示的能力。也就是说，做出承诺的被害人必须达到一定的年龄，并且具有正常的辨认能力和控制能力。关于该年龄的确定，刑法有规定的，应以刑法的规定为准；刑法没有规定的，应当以民法通则中关于民事行为能力的年龄规定为标准。例如，精神病人承诺放弃追赃属于无效的承诺。二是真实的意志。被害人做出的承诺放弃追赃必须是其内心真实意志的反映，他愿意承担基于放弃追赃所导致的财产损失。如果承诺并非是被害人真实的意志，被害人内心并不愿意放弃追索财物，基于该承诺的行为就不能成为追赃阻却事由。当然，这种真实的意志必须是在司法办案机关充分告知其权利义务的基础上的意志。三是现实的承诺。即这种承诺方式必须是现实地体现出来，被司法办案机关所知悉，不能是被害人的思想。如通过书面承诺放弃追赃，或者由司法办案机关制作笔录方式确定其放弃追赃。对于当事人未明确表示是否放弃追赃的，应视为不同意放弃追赃。四是至迟在决定追赃前做出。为避免被害人的恣意承诺扰乱诉讼程序，浪费国家司法资源，承诺应该在决定启动追赃程序前提出，对于追赃程序启动后决定放弃追赃的，属于无效承诺，办案单位继续采取追赃程序并将追回财物返还被害人，被害人拒不接受的，按无主物处理。五是追赃不超过承诺的范围。承诺放弃追赃的财产权，可以部分放弃或全部放弃，如果是部分放弃，则司法办案机关在追赃时须按照未放弃的财产权进行追

① 佑启：《私有财产权公法保护研究——宪法与行政法的视角》，北京大学出版社 2007 年版，第 42 页。

缴，不得自作主张全部追缴，否则违反当事人承诺范围，不符合追赃的主观阻却原则。

对于不属于被害人的违法所得、违禁品、供犯罪所用的本人财物，因不属于被害人私权范畴，被害人无承诺权，自然不构成主观阻却事由。

第四节　追赃的难点

一、毛利说与纯利说

大多数犯罪是需要投入一定成本的，比如强迫交易罪、非法经营罪（如无证销售卷烟）、高利转贷罪、倒卖车票和船票罪、交易型贿赂罪[①]、内幕交易罪等。对于此类犯罪的支出是否需要扣除其成本，追赃领域存在“毛利法”和“纯利法”两种学说[②]。

（一）毛利说

毛利说，也称销售数额说、经营数额说、总额原则，一般是指犯罪分子因实施违法犯罪活动而取得的全部财物，包括金钱和物品，是包含经营成本在内的所有违法所得数额[③]。主张毛利说观点认为：“不法支出的成本，不能主张其属于正当之权利，否则无异允许不法之成本，在法律地位上必须视之为合法的谬误，故宜采取总额原则为当。”[④]“应将违法所得额跟会计学中的销售收入概念统一起

---

① 《最高人民法院、最高人民检察院关于办理受贿刑事案件适用法律若干问题的意见》第一条第二款规定，受贿数额应该按照交易时当地市场价与实际支付价格的差额计算。

② 当然，还存在一种“评估说”，主要是无法确定收益时，由法官自由裁量决定没收的总额。如《芬兰刑法典》第二条第二款规定：“如果没有关于犯罪收益总额的证据或者如果该证据在提供上有困难，则考虑犯罪的性质、犯罪行为的程度以及其他情节来评估该收益。”《挪威一般刑法典》第三十四条规定：“如果该犯罪行为产生的直接收益数额无法确定，应由法庭酌情决定。”显然，该学说与“疑罪从无”原则相违背，不被我国学界所接受，本书不予采纳研究。

③ 郭越鸣：《违法所得的司法认定困境及出》，《贵州警官职业学院学报》2017 年 3 月。

④ 柯耀程：《没收、追徵、追缴与抵偿制度之运用与检讨》，《法令月刊》2008 年第 6 期。

来，解释为已售商品的价值总额，包括成本和利润，这样可避免理论和实践上的歧义，也符合此类犯罪的性质。”①“追缴违法所得不扣除犯罪成本已经成为国际社会的大趋势，这也反映出追缴违法所得的目的不仅在于没收犯罪收入，恢复犯罪前的状态，更在于对犯罪行为和犯罪人的制裁。”② 我国毛利说的法律文件包括：《关于办理非法集资刑事案件适用法律若干问题的意见》第五条，向帮助吸收资金人员支付的各种费用，应当予以追缴。《全国法院审理金融犯罪案件工作座谈会纪要》明确行为人为实施金融诈骗活动而支付的各种费用均应计入金融诈骗的犯罪数额。《最高人民法院、最高人民检察院关于办理生产、销售伪劣商品刑事案件具体应用法律若干问题的解释》（法释〔2001〕10 号）第二条规定，《刑法》第一百四十条、第一百四十九条规定的“销售金额”，是指生产者、销售者出售伪劣产品后所得和应得的全部违法收入。《最高人民法院、最高人民检察院关于办理环境污染刑事案件适用法律若干问题的解释》（法释〔2016〕29 号）第十七条：“本解释所称‘违法所得’，是指实施刑法第三百三十八条、第三百三十九条规定的行为所得和可得的全部违法收入。”在核定走私偷逃的应缴税额时，《最高人民法院、最高人民检察院、海关总署关于办理走私刑事案件适用法律若干问题的意见》第十二条规定：“对走私犯罪嫌疑人因出售走私货物而实际缴纳走私货物增值税的，在核定走私货物偷逃应缴税额时，不应当将其已缴纳的增值税额从其走私偷逃应缴税额中扣除。”第二十四条规定：“在办理走私普通货物、物品犯罪案件中，对于走私货物、物品因流入国内市场或者投入使用，致使走私货物、物品无法扣押或者不便扣押的，应当按照走私货物、物品的进出口完税价格认定违法所得予以追缴……”《关于适用犯罪嫌疑人、被告人逃匿、死亡案件违法所得没收程序若干问题的规定》第六条规定：“通过实施犯罪直接或者间接产生、获得的任何财产，应当认定为刑事诉讼法第二百八十条第一款规定的‘违法所得’。”“违法所得已经部分或者全部转变、转化为其他财产的，转变、转化后的财产应当视为前款规定的‘违法所得’。”“来自违法所得转变、转化后的财产收益，或者来自已经与违法所得相混合财产中违法所得相应部分的收益，应当视为第一款规定的‘违法所得’。”《联合国反腐败公约》第二条“术语的使用”第五项明确：“‘犯罪所得’系指通过实施犯罪而直接或间接产生

---

① 竹莹莹：《违法所得问题研究》，《西南政法大学学报》2005 年第 1 期。

② 张磊：《论我国经济违法所得追缴制度的构建》，《政治与法律》2009 年第 5 期。

或者获得的任何财产。”我国审判实践中，不扣除成本的毛利说已是主流，如山东省烟台市中级人民法院关于于某某偷越国（边）境二审刑事裁定书［（2019）鲁06刑终327号］认为：“关于上诉人及其辩护人所提‘实际违法所得没有39.01万元，相关费用没有扣除’的上诉理由和辩护意见，根据法律规定，违法所得是指实施犯罪所产生、获得的财物，无需扣除相关费用或成本，不以实际获利数额为依据，原审依法认定违法所得准确，本院予以确认，故该项上诉理由及辩护意见不成立，本院不予采纳。”

（二）纯利说

纯利说，即指因违法犯罪所获得的全部收入扣除行为人直接用于经营活动的适当的合理支出。该说是德国早期刑事司法的主要立场。因为原来德国关于犯罪收益剥夺制度的剥夺对象为“财产利益”，视为行为人因犯罪所得的纯利益。故而在计算没收范围之际，不仅应扣除费用，其他所有减少利润之成本均不得计入[①]。有学者认为，宪法对于财产权的保障重点在于保障财产权人对于权利存续的信赖，将财产投入犯罪并不必然会导致宪法上的失权，最多只是降低其保护需要性而已[②]。总额原则完全地体现了任何人不能从不法行为中获利的理念，符合没收与追征的目的，但同时也有抵触罪责原则和双重处罚禁止原则之虞。从适当性的角度讲，净额原则主张对犯罪行为人的处罚要有一定的界限，不能逾越罪责范围的限制，也有其合理性[③]。如采取总收入原则，就会使违法所得没收具有一种惩罚性质，因而与违法所得没收旨在要求犯罪行为人吐出违法所得的目的不相符合[④]。张明楷教授也持类似观点，认为违法所得没收只能采取纯益主义，至于用于犯罪的成本，则属于供犯罪所用的本人财物，应根据其是否属于与违禁品相当的财物做出是否作为犯罪工具没收的判断[⑤]。纯利说在我国司法解释中亦较为常见，如《最高人民法院关于审理非法出版物刑事案件具体应用法律若干问题的

---

① 吴天云：《没收犯罪所得的法律性质与具体适用》，《法学新论》2012年第8期。

② 薛智仁：《犯罪所得没收制度之新典范？评析食安法第四十九条之一之修正》，《台大法学论丛》2015年。

③ 刘志红：《行贿人已获财产性利益的“没收”》，西南政法大学硕士学位论文，2017年4月。

④ 刘清生：《论刑事违法所得的认定与追缴》，《湖南社会科学》2009年第2期。

⑤ 张明楷：《论刑法中的没收》，《法学家》2012年第3期。

解释》（法释〔1998〕30 号）第十七条规定，本解释所称“违法所得数额”是指获利数额；《关于办理内幕交易、泄露内幕信息刑事案件具体应用法律若干问题的解释》（法释〔2012〕6 号）第十条规定，《刑法》第一百八十条第一款规定的“违法所得”，是指通过内幕交易行为所获的利益或者避免的损失。《最高人民法院研究室关于非法经营罪中“违法所得”认定问题的研究意见》认为，非法经营罪中的“违法所得”，应是指获利数额，即以行为人违法生产、销售商品或者提供服务所获得的全部收入（即非法经营数额），扣除其直接用于经营活动的合理支出部分后剩余的数额。

（三）本书立场

我国法律文件中存在非法经营数额、销售数额、货值金额、违法所得数额等多种数额称谓，为避免概念混乱而导致的追赃错误，本书认为有必要对这些概念本身进行界定。一是非法经营数额。根据《关于办理侵犯知识产权刑事案件具体应用法律若干问题的解释》第十二条、《关于公安机关管辖的刑事案件立案追诉标准的规定（一）》第十六条，将“非法经营数额”解释为“行为人在实施侵犯知识产权行为过程中，制造、储存、运输、销售侵权产品的价值”，已销售的侵权产品的价值，按照实际销售的价格计算。制造、储存、运输和未销售的侵权产品的价值，按照标价或者已经查清的侵权产品的实际销售平均价格计算。侵权产品没有标价或者无法查清其实际销售价格的，按照被侵权产品的市场中间价格计算。二是销售金额。根据《最高人民法院、最高人民检察院关于办理侵犯知识产权刑事案件具体应用法律若干问题的解释》第九条，“销售金额”是指销售假冒注册商标的商品后所得和应得的全部违法收入。《关于办理假冒伪劣烟草制品等刑事案件适用法律问题座谈会纪要》（商检会〔2003〕4 号）第一条，销售金额是指生产者、销售者出售伪劣烟草制品后所得和应得的全部违法收入。《最高人民法院、最高人民检察院关于办理危害药品安全刑事案件适用法律若干问题的解释》（高检发释字〔2022〕1 号）第二十条：销售药品的金额以所得和可得的全部违法收入计算。三是货值金额。《关于办理假冒伪劣烟草制品等刑事案件适用法律问题座谈会纪要》第一条和《最高人民法院、最高人民检察院关于办理生产、销售伪劣商品刑事案件具体应用法律若干问题的解释》第二条，货值金额以违法生产、销售的伪劣产品的标价计算；没有标价的，按照同类合格产品的市场中间价格计算；货值金额难以确定的，按照《扣押、追缴、没收物品估价管理办法》的规定，委托指定的估价机构确定。《最高人民法院、最高人民检察院关于办理危害药品安全刑事案件适用法律若干问题的解释》（高检发释字〔2022〕1号）第二十条：对于生产、提供药品的金额，以药品的货值金额计算。四是违法所得数额。“违法所得”是指符合犯罪构成要件且违法的行为所获得的一切财物①。其既包括积极所得，也包括消极所得。依取得方式，违法所得包括产生之物、取得之物、报酬之物。

不难看出，这些数额概念都是依据查处不同犯罪需要而设定的量化的不同追诉标准或定罪处罚标准。尽管如此，无论采取何种数额概念，有且仅有“违法所得、供犯罪所用的本人财物、违禁品”三种属于法定追赃的对象，上述非法经营数额、销售数额、货值金额等实质上并未依追赃的三种对象进行归类，难以归入法定追赃数额。如非法经营数额中“未销售的侵权产品的价值，按照标价或者已经查清的侵权产品的实际销售平均价格计算。侵权产品没有标价或者无法查清其实际销售价格的，按照被侵权产品的市场中间价格计算”。这里的侵权产品很可能指代的是“供犯罪所用的本人财物”。《最高人民法院研究室关于非法经营罪中“违法所得”认定问题的研究意见》也明确指出“如将‘违法所得数额’混同于‘非法经营数额’，势必会引发认识混乱，并影响对相关案件的正确处理”，并且在2020年9月12日《最高人民法院、最高人民检察院关于办理侵犯知识产权刑事案件具体应用法律若干问题的解释（三）》（法释〔2020〕10号）第十条第一款中，将违法所得数额和非法经营数额予以并列②。

判例8　《最高人民法院公报》2012年第2期刊载的董某、陈某非法经营案。一审、二审法院认定的事实基本一致：

2006年9月至2007年春节，董某、陈某雇用人员通过使用向他人

---

① 本书观点与张明楷教授类似，都是借助阶层犯罪论来认定违法所得，只是为了有助于理解，表述上稍有不同罢了。张明楷教授观点：“犯罪分子违法所得的一切财物，是指符合犯罪构成要件的违法行为所得的一切财物，不以行为人具有责任为前提，对之适用没收规定时，应当区分不同种类的没收，并实现相关规定的目的。”（参见张明楷《论刑法中的没收》，《法学家》2012年第3期）

② “两高”《关于办理侵犯知识产权刑事案件具体应用法律若干问题的解释（三）》（法释〔2020〕10号）第十条第一款：“对于侵犯知识产权犯罪的，应当综合考虑犯罪违法所得数额、非法经营数额、给权利人造成的损失数额、侵权假冒物品数量及社会危害性等情节，依法判处罚金。”

> 购得的名为“小金鱼”的外挂，帮助热血传奇游戏玩家升级并牟利。2007年3月，董某、陈某又通过互联网向他人购得名为“冰点传奇”的外挂程序，以“土人部落工作室”的名义，雇用员工在热血传奇游戏中以每周80元、每月300元的价格帮助玩家使用“冰点管家”外挂程序代练升级，先后替一万多个热血传奇游戏账户代练升级。董某、陈某收取玩家“代练款”150万元，支付给上家“拉哥”点卡费用130余万元，从中获利额近20万元。一审法院判处二人犯非法经营罪，判处董某有期徒刑六年，罚金150万元；判处陈某有期徒刑三年，缓刑四年，罚金140万元。二人上诉后，二审法院维持了一审法院的事实认定、定罪和主刑判决，对二人的附加刑分别改判为罚金30万元和20万元[①]。

对于本案定性，一审、二审完全正确，但一审明显将“非法经营数额”等同于违法所得，进而在判处附加刑“并处违法所得一倍以上五倍以下罚金”时适用法律错误，造成罚金的畸高，而二审正确理解了违法所得数额，适用了正确的罚金。

因此，如果按非法经营数额、销售数额、货值金额等追诉标准数额[②]予以追赃，于法无据。由此看来，上述非法经营数额、销售数额、货值金额的追诉标准数额应转化成对应的违法所得、供犯罪所用的本人财物和违禁品，再予以追缴。

《最高人民法院研究室关于非法经营罪中“违法所得”认定问题的研究意见》中，非法经营罪的“违法所得”是扣除用于经营活动的合理支出后的获利数额，是对“违法所得”的缩限解释。本书认为，该意见的理解应该是“扣除成本后才是违法所得”而不是“违法所得应当扣除成本”。换言之，抛开追赃的三个对象，谈“纯利说”“毛利说”并不合理。无论法律规定哪种追诉数额概念，诸如非法经营数额、销售数额、非法吸收公众存款数额、犯罪数额、强迫交易数额、非法买卖金额，都应先分类成违法所得、供犯罪所用的本人财物、违禁品三种。其中，违禁品因潜在的社会危险性，应无条件地予以没收，不问成本；供犯罪所用的本人财物应依比例原则没收；而违法所得则存在毛利说和纯利说两

---

① 郭越鸣：《违法所得的司法认定困境及出》，《贵州警官职业学院学报》2017年3月。

② 又如，非法吸收公众存款案中，其追诉标准是个人非法吸收或者变相吸收公众存款，数额在20万元以上的，单位非法吸收或者变相吸收公众存款，数额在100万元以上的。我们不得想当然地将20万元或100万元认定为违法所得，应考虑其成本问题后进行追缴。

种争议学说。

没收违法所得如果采取毛利说，无疑具有附加刑的特征，可能导致双重刑罚的结果，间接损害被害人的利益（当被害人损失需要以违法所得折抵时），也无法实现个案公平。如无烟草销售许可证卖真烟所得 20 万元和销售假烟所得 20 万元，如果所销售的卷烟数量相同时，两个案件都没收 20 万元的话，对于无证售真烟的行为人来说显示公允。又如，利用自己合法的 1000 万元进行内幕交易获利 100 万元，如果不考虑成本，将 1100 万元没收，对于 1000 万元的成本按赃款予以没收，显然比罚金刑还严厉。因此，不问成本的合理性，一律总额没收是欠妥的。而对于一律扣除成本的纯利说也存在问题。譬如，使用变质的食物生产、销售有毒、有害食品构成犯罪的，对于生产成本（变质食物）明显是不能扣除的，也无扣除必要。由此，无论采取毛利说还是纯利说都容易陷入两种极端。针对此问题，原最高人民法院戴长林法官认为，整体而言，认定违法所得利益一般不应高于犯罪人实际所获利益，否则追缴、没收具有了“附加刑”的刑罚特征，这与刑法将刑事没收排除在刑罚之外的制度安排并不相契合。具体言之，对于经营利益型的犯罪，理应采取纯利原则，即扣除相应的经营成本；而对于取得利益型的犯罪，则无须扣除所谓的成本开支①。这种观点根据不同的案件性质加以区分，具有合理性，但是实务中区分取得利益型犯罪与经营利益型犯罪是有难度的，不利于实务操作。典型的如组织他人偷越国（边）境罪，对于偷越国（边）境所支付的成本是取得型还是经营型，是否应扣除？不无疑问。

本书认为，犯罪成本是否扣除，不可一概而论。在研究追赃是否扣除成本问题前，有必要对犯罪成本进行甄别进而加以区别对待。犯罪成本指的是直接转化成违法所得的成本，对于未转化成违法所得的财物，不得视为犯罪成本，如雇请他人帮忙的费用、人力成本、电话费等都无法直接转化成犯罪的成本，不应扣除。犯罪成本分为两种：一种是不合理支出，即不考虑财物的违法性，仅从财物的功能性看，属于法律禁止再使用的财物②，包括违禁品、有毒有害、变质财物

---

① 戴长林：《刑事案件涉案财物处理程序——以违法所得特别没收程序为重点的分析》，法律出版社 2014 年版，第 39 页。

② 在此不考虑财物本身的违法、犯罪问题，仅从财物的功能性和使用价值判断。如果财物本身还涉及违法违纪问题，行为人依然将其用于犯罪的，财物具备多重属性，一般应将其扣除后依据对应的法律法规处理。例如，将贪污所得用于赌博盈利的，当然应将这部分钱款事先扣除，并置于贪污案中予以处理。

等。如前述将变质食物加工成有毒、有害食品构成犯罪的，不应扣除成本。另一种是合理支出[①]，即法律所允许使用的财物，又指合法财产。其又分为：（1）行为人自己及同案犯合法所有的财物。如将自己的存款用于放高利贷涉嫌非法经营罪的情形。（2）被害人的以及与案件无牵连的第三人的合法财物。如《刑法》第一百七十五条“高利转贷罪”，以转贷牟利为目的，套取金融机构信贷资金高利转贷他人的行为。显然前者将自己的财物投入犯罪，应认定为“供犯罪所用的本人财物”，按比例原则扣除成本。而后者属于无辜的他人财物，应依法予以扣除。

概言之，对于违法成本是否扣除问题，当前的法律法规及司法解释并非严格按照违法所得进行设定。在实践中，有法律规定如何追缴没收的，应从其规定；无法律规定的，应根据成本的特性进行区分。属于不合理支出的亦采取毛利说，不扣除成本。属于合理支出的，如果财物属于他人（被害人）合法所有的，应当予以扣除；如果属于犯罪人自己或者同案犯所有的，应依据供犯罪所用的本人财物按比例扣除。

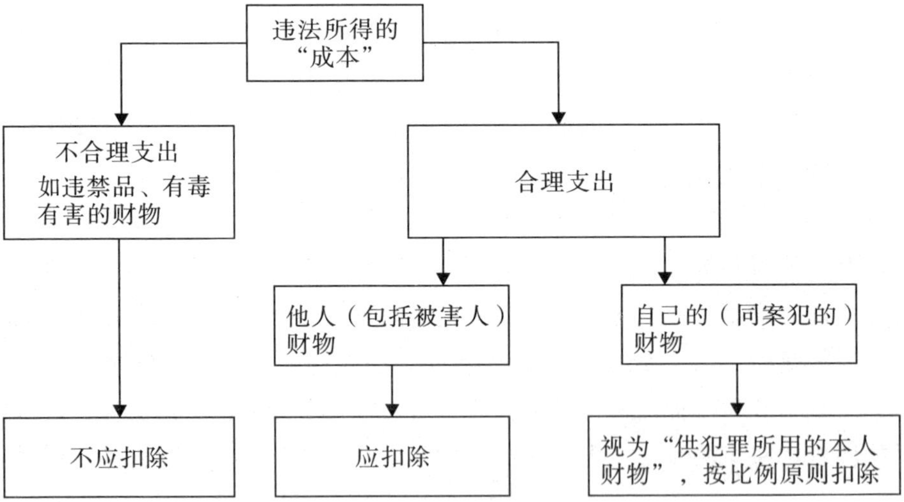

图 5－1　违法成本区分图

① 《最高人民法院研究室关于非法经营罪中“违法所得”认定问题的研究意见》和《工商行政管理机关行政处罚案件违法所得认定办法》第二条对于“成本”使用的是“合理支出”。

二、等值财产的追缴

从尊重客观实际的角度看，对应该追和可能追回的赃款、赃物尽量追回，对有些确实无法追回的赃款赃物不必要求过死[①]，应采取灵活的追缴措施，而等值财产的追缴当属其中。等值财产的追缴，也称为追征。等值财产的追缴是“无人应从犯罪中获益”原则的体现。在美国，为了执行或实现没收令，可以授权政府没收被告人与犯罪无关的不动产，甚至可以没收（追缴——本书注）被告人的最后一个“便士”作为替代性财产[②]。追缴等值财产在国际上属于通行做法。例如，《德国刑法典》第七十四条c（1）规定：“如正犯或共犯可能知道将要没收行为时属于其所有或其享有处分权的物品，而于判决前用尽该物品，尤其是出售或耗损，或以其他方式致使无法没收该物的，法院可命令没收正犯或共犯应交付与该物价值相当的折价款。”[③]《日本刑法典》第十九条之二规定，在不能没收由犯罪行为所产生的物、由犯罪行为所获得的物、作为犯罪行为的报酬所获得的物或者作为这些物的对价所获得的物的全部或者部分时，可以追征其价款。《挪威一般刑法典》第三十五条规定：“替代犯罪物品的等值物或者部分等值物可以没收；可以在判决中说明该等值物或者部分等值物是用来作为没收物品的担保物。”俄罗斯《联邦刑法典》第104－2条规定：“没收金钱代替没收财产。”[④] 在美国联邦刑事没收中，根据《毒品滥用综合预防与控制法》（Comprehensive Drug Abuse Prevention and Control Act），在违法所得原物因为犯罪行为人的作为或不作为（act or omission）而出现以下情况时，法院可将被告人的其他财产作为替代物加以没收：一是通过尽责调查也无法找到原物；二是原物已被转移或出卖，或处理给第三方；三是原物已被转移出管辖范围；四是原物已严重贬值；五是原物已

---

① 1962年6月29日，《最高人民法院、最高人民检察院、公安部对江苏省政法三机关〈关于打击投机倒把盗窃活动中追赃情况通报〉的意见》：“……在具体执行时，一方面对应该追和可能追回的赃款、赃物尽量追回，另方面对有些确实无法追回的就不必要求过死……”

② 袁坦中、刘建：《论刑事诉讼法中追缴的性质》，《中国刑事法杂志》2010年第4期。

③ 《德国刑法典》（2012年修订），徐久生、庄敬华译，中国方正出版社2004年版，第41页。

④ 《俄罗斯联邦刑法典》第104－2条：“如果本法典第104－1条所列财产中的特定物品，由于使用、变卖或其他原因而在法院作出没收该物品的判决时已经不可能没收，则法院应当作出判决，没收与该物品价值相当的金钱。”（《俄罗斯联邦刑法典》，黄道秀译，北京大学出版社2008版，第47页。）

经与其他财产混同而无法区分[①]。

在我国，关于等值财产的追缴的规定，在国家层面仅包括监察机关管辖的职务犯罪、走私成品油犯罪、有组织犯罪（黑社会性质组织犯罪）、查封经济犯罪财产[②]等部分案件，最高人民法院的法官也部分认可等值财产的追缴[③]，而地方也仅有个别经济发达省份认可等值财产追缴，如《浙江省高级人民法院、浙江省人民检察院、浙江省公安厅关于涉众型经济犯罪案件追赃挽损工作的意见》第十四条[④]。不难看出，其适用范围依然过窄，难以适应司法实务。

首先，等值财产的追缴能够最大限度实现法益保护、实现法律正义价值。对于有被害人的违法所得，追缴等值财产能够尽早地弥补被害人损失，实现财产权修复的功能。而对于无被害人的违法所得，如贪污所得、贩毒所得，不是已被挥

---

① 21 U. S. C. sec. 853（p）。

② 如《最高人民法院、最高人民检察院、海关总署关于印发〈打击非设关地成品油走私专题研讨会会议纪要〉的通知》（署缉发〔2019〕210号）第五条第二款："有证据证明依法应当追缴、没收的涉案财产被他人善意取得或者与其他合法财产混合且不可分割的，应当追缴、没收其他等值财产。"《最高人民法院、最高人民检察院、公安部、司法部关于办理黑恶势力犯罪案件若干问题的指导意见的通知》（法发〔2018〕1号）第二十九条，依法应当追缴、没收的财产无法找到、被他人善意取得、价值灭失或者与其他合法财产混合且不可分割的，可以追缴、没收其他等值财产。《反有组织犯罪法》第四十五条第二款和《最高人民法院、最高人民检察院、公安部、司法部关于办理黑恶势力犯罪案件若干问题的指导意见的通知》（法发〔2018〕1号）第二十九条规定，依法应当追缴、没收的财产无法找到、被他人善意取得、价值灭失或者与其他合法财产混合且不可分割的，可以追缴、没收其他等值财产。《经济犯罪案件规定》第四十七条第二款规定："对不可分割的土地、房屋等涉案不动产或者车辆、船舶、航空器以及大型机器、设备等特定动产，可以查封、扣押、冻结犯罪嫌疑人提供的与涉案金额相当的其他财物。犯罪嫌疑人不能提供的，可以予以整体查封。"《监察条例》第二百零九条第二款规定："有证据证明依法应当追缴、没收的涉案财物无法找到、被他人善意取得、价值灭失减损或者与其他合法财产混合且不可分割的，可以依法追缴、没收其他等值财产。"

③ 裴显鼎、王晓东、刘晓虎：《〈关于犯罪嫌疑人、被告人逃匿、死亡案件适用违法所得没收程序若干问题的规定〉的理解与适用》（《人民司法》2017年第16期）。

④《浙江省高级人民法院、浙江省人民检察院、浙江省公安厅关于涉众型经济犯罪案件追赃挽损工作的意见》第十四条规定："公安机关查扣的涉案款物，明显不足以清偿参与人或受害人损失的，除保留必需的生活费用和物品以外，可以对嫌疑人其他资产进行查扣，查扣的财物价值一般不超过其涉案金额，且不得侵犯第三人合法权益，在共同犯罪案件中还应考虑嫌疑人实际犯罪所得金额。他人对被查扣财物主张权利的，办案单位应予以审查，理由成立的，应及时解除查扣措施。"

霍，原物“没了”就案结事了，还要让犯罪人吐出已获得的“便宜”，付出代价，追缴其等值财产能够彰显法律对犯罪行为的否定，实现正义价值。

其次，审判实践中关于追缴等值财产的判例比比皆是，早已拓展到其他类型的案件。如《汪某某非法采矿一审刑事判决书》[（2019）湘0682刑初239号]：“被告人汪某某违法所得人民币8685600元，依法予以追缴，由被告人汪某某出资190000元购买的皖M×××××号奔驰小型汽车作为被告人汪某某的等值财产予以抵缴，不足部分，继续追缴，上缴国库（共同犯罪中其他共犯人已退缴部分可予以扣除）。”《王某某、陈某某职务侵占一审刑事判决书》[（2019）黔0201刑初455号]：“被告人尹某犯罪所得位于六盘水市第三中学（高中部），产权证号市土国用（籍）第20110150号的土地50平方米继续追缴或者追缴等值财产后返还六盘水市钟山区人民政府。”再次，对于等值财产的追缴也是为了适应国际追赃的需要。当前，我国已批准并签署了《联合国打击跨国有组织犯罪公约》《联合国反腐败公约》以及《禁止非法贩运麻醉药品和精神药物公约》，并且未对其中关于“替代没收”与“等值没收”“没收价值相当于非法收益的财产”的规定提出保留，同时我国也成为FATF组织的正式成员，为贯彻这些国际公约，对腐败分子提出“替代没收”“等值没收”以及打击毒品犯罪的“没收价值相当于非法收益的财产”的要求，我国应当在刑事实体法领域将“替代财产”与“等值财产”“价值相当于非法收益的财产”作为可追缴、没收的对象，在诉讼法领域将“替代财产”与“等值财产”“价值相当于非法收益的财产”作为可限制的财物，在追缴阶段予以保全。无论如何，追缴等值财产是今后追赃的一个重要方向，具有重大价值。

本书认为，追缴等值财产的条件包括：（1）追缴条件。即追赃阻却时适用。只有证据证明追缴不能时才可以启动追缴等值财产程序。《监察条例》第209条第2款：“有证据证明依法应当追缴、没收的涉案财物无法找到、被他人善意取得、价值灭失减损或者与其他合法财产混合且不可分割的，可以依法追缴、没收其他等值财产。”例如，财物被他人善意取得时，可以启动追缴等值财产程序。（2）适用对象。仅适用于违法所得，包括有被害人的违法所得和无被害人的违法所得。对于违禁品和供犯罪所用的本人财物，因其没收之目的在于对犯罪之物的保安处分和制裁，不符合“无人应从犯罪中获益”的本质，不适用追缴等值财产。（3）追缴限度。追缴的价值以违法所得及其孳息、收益为上限，可以是货币、财物等任何等值财物，但不得超范围追缴。（4）可替代性。只有能够替代的种类物才适用等值财产的追缴，对于特定的财物一般不适用。如货币、汽车、钻石等能够用市场价值衡量的财物，一般追缴不能时，可以替代性地追缴其等值财产。再如，纪念币、遗物等具有特殊意义的财物，一般不可以追缴等值财产，但如果被害人愿意且未超过合理的限度内（如可以估价），也应允许追缴等值财产。（5）应责令退赔后再追缴等值财产。其实，无论是责令退赔还是主动退赔都不具有强制性。退赔不同于将原属于被害人合法财产返还给被害人的刑事干预性，其属于民事赔偿范畴，赔与不赔，赔多赔少，赔钱还是赔物，应根据当事人的意思自治而决定，如果动用国家强制力干涉，有插手民事纠纷之虞。但为了保护被害人合法权益，防止行为人在犯罪中获得不法利益，动用强制措施干涉这种私权是有必要的，如《高法解释》第一百五十九条就明确规定，可以将保证金用来退赔被害人、履行附带民事赔偿义务或者执行财产刑[①]。又如，《人民法院办理执行案件规范》第七百二十条："人民法院刑事审判中可能判处被告人财产刑、责令退赔的，刑事审判部门应当依法对被告人的财产状况进行调查；发现可能隐匿、转移财产的，应当及时查封、扣押、冻结其相应财产。"因此，在追缴犯罪人的等值财产前，应当给予犯罪人一次机会，让其自由选择退赔范围。如果不予退赔或者退赔不足额的，再继续追缴等值财产。（6）优先执行。等值财产的追缴实质依然是追赃，当等值财产追缴和财产刑同时适用时，等值财产的追缴具有优先性，特别是对于被害人合法财产尚未追回时，基于"国不与民争利"理念，理应优先进行等值财产追缴。财产刑本质是对人的刑罚，与追赃的"对物之诉"不同。如果将财产刑优先执行，可能导致"无人应从犯罪中获益"的正义价值无法实现，间接地促成犯罪人在犯罪中获益。（7）按比例分配。刑事案件的受害人本质上就是一个民事债权人，当追缴的等值财产第三人也对该财产享有债权时，根据公平原则，受害人没有理由比其他民事债权人享有当然的优先受偿权，追缴等值财产与第三人债权具有平等性，所以应按比例分配。如被追缴的等值财产是一套价值 100 万元的房子，如果需要追缴的等值财产是 100 万元，第三人对该房子也享有债权 100 万元，那么该房子应当按比例分配，即追缴等值财产只能是房子拍卖后的 50 万元。（8）获益追缴。即如果有多个同案犯的，

---

① 《高法解释》第一百五十九条："对被取保候审的被告人的判决、裁定生效后，应当解除取保候审、退还保证金的，如果保证金属于其个人财产，人民法院可以书面通知公安机关将保证金移交人民法院，用以退赔被害人、履行附带民事赔偿义务或者执行财产刑，剩余部分应当退还被告人。"

谁实际获违法所得的，谁可以被追缴等值财产，除非有违法所得的行为人确无财产可以追缴的，对于未获得违法所得的同案犯，不应被追缴等值财产。举例而言，甲有恩于乙，乙碍于情面，答应帮甲一起去抢劫丙并抢到1万元，乙分文未得，甲独得1万元。案发后，1万元被甲完全挥霍。根据甲乙的财产情况，本案可以分两种情形，一是如果甲乙都有其他可以执行的合法财产，则公安机关应当追缴甲的等值财产1万元，而不得追缴乙的合法财产。二是如果甲无任何合法财产，而乙有合法财产的，则公安机关可以追缴乙的等值财产，乙被追缴后可以向甲追索这1万元①。

三、财产混合时的追缴

所谓财产混合，即指违法所得和合法财产的混合，这种混合既可以是赃与行为人自己的合法财产混合，也可以是赃与第三人的财产混合，混合的结果包括可以分割或者无法分割两种情形。实践中，混合财产是否全部追缴？有学者认为："从行为人将非法收益与合法财产相混合的主观目的看，其是想隐瞒、掩饰其非法财产的性质或来源；从行为人将非法收益与合法财产相混合的客观过程看，其合法财产充当了非法收益的'挡箭牌'，实质上相当于作了隐瞒、掩饰非法收益的工具。从这个意义上说，对混合没收采取全额没收并不为过。"② 本书认为该观点过于片面。应分情形区别对待：如果是与犯罪人自己的财产混合，因不具有期待的可能性，合法财产不应被追缴。如果是他人明知是赃款赃物而用合法财产与之混合的，还要看混合时犯罪人是否有掩饰隐瞒的情节（如客观上足以造成赃款赃物无法被掩饰和隐瞒，主观上具有混合的故意），如果有则构成掩饰隐瞒犯罪所得罪或洗钱罪③，应在掩饰隐瞒犯罪所得收益案、洗钱案中予以追缴。如果无则不应追缴。对于不构成掩饰隐瞒犯罪所得罪、洗钱罪的情形，国际通行的做法是整体没收后按比例追缴。如《联合国反腐败公约》第三十一条第五款规定，如果这类犯罪所得已经与具有合法来源的财产相混合，则应当在不影响冻结权或

① 本书主张共犯超过自己不法所得部分退赔或者被追缴的，可以向其他同案犯追索。原理详见第六章第三节"退赔的要点"中"共犯代为退赔"。

② 阮方民：《洗钱罪比较研究》，中国人民公安大学出版社2002年版，第275页。

③ 如果是供犯罪所用的本人财物与他人财产混合，第三人具有掩饰隐瞒的故意时，则构成包庇罪，处理结果类似，不赘述。

者扣押权的情况下没收这类财产，没收价值最高可以达到混合于其中的犯罪所得的估计价值。1988 年联合国《禁止非法贩运麻醉药品和精神药物公约》第五条规定：“如果收益已与得自合法来源的财产相混合，则在不损害任何扣押权或冻结权的情况下，应没收此混合财产，但以不超过所混合的该项收益的估计价值为限。”我国也有类似观点，如《高法解释》第四百四十三条第二款规定：“被告人将依法应当追缴的涉案财物与其他合法财产共同用于投资或者置业的，对因此形成的财产中与涉案财物对应的份额及其收益，应当追缴。”《财产执行规定》第十条第三款规定，如果被执行人把获取的赃款赃物与合法财产一起用于投资、置业，混合财产中赃款赃物所占的份额及在此基础上产生的收益，人民法院应当追缴。可见司法解释也支持按比例处置混合财产中的违法所得。本书认为，如果违法所得和第三人的合法财产混合时，如不涉及掩饰隐瞒犯罪所得、洗钱犯罪问题，为保护第三人的合法权益，还应考虑合法财产所占的比例，如果所占比例较高的，应采取没收等值财产的方式为宜。例如，将盗窃而来的 5000 元的赃款和他人合法的 20 万元一同用于购买汽车，如果为了追缴 5000 元而将该汽车没收，显然不利于保护他人合法财产。总结起来，实践中的可行做法应该是：一是能分割而不损害第三人合法权益的，应分割后追缴。如果不能分割的，整体追缴又会明显损害第三人合法财产的，应追缴犯罪人的等值财产。如果不能分割且犯罪人无等值财产的，应整体追缴后，按比例没收违法所得的部分。

第六章　追赃的措施

追赃的措施即指追赃的办法。追赃的措施是实现追赃目的所必须借助的手段，也是追赃中最重要的环节，只有利用追赃措施将赃款赃物追回，赃款赃物才具备被处置的前提，“对物之诉”的意义才能得以彰显。追赃措施是包罗万象的，也是与时俱进的，其离不开法律支撑，需要追赃司法工作人员耐心、细致地扎实推进才能将赃款赃物追缴到案。因此，追赃的措施应尽量法定化和具体化，方能易于执行。

广义的追赃除了《刑法》第六十四条规定的“追缴”“责令退赔”“返还”“没收”“上缴国库”等刑事措施外，还包括销毁、划扣等一切能实现赃款赃物追缴和处置的措施。而狭义的追赃仅指将赃款赃物追回归案的措施，即追缴。关于追缴，我国并无细化的执行措施和对应的法律文书，追缴程序依赖“查封”“扣押”“冻结”来执行，换言之，当前的追缴包括查封、扣押、冻结三个措施。客观来说，我国的调取、接收等措施也具有获取赃款赃物的功能，但是这些措施并不是标准意义上的追赃措施。如《监察法》第二十五条第一款规定，监察机关“调取”被调查人涉嫌违法犯罪财物。《经济犯罪案件规定》第四十八条和《检察院财物规定》第五条第二款规定，公安机关、人民检察院可以在立案前“先行接收”行为人自首时提供的涉案财物。首先，“追”字说明追赃应属积极作为而非被动作为。亦即，追赃是司法办案机关通过努力积极寻获赃款赃物的过程，而不是被动地接收、接受。其次，“调取”“接收”等措施从文义解释看，更倾向于不具有强制力的措施，对于一些书证、电子数据等非财产性证据更为合适。再次，“调取”“接收”等措施并不像查封、扣押、冻结措施那样具有一整套完备的程序，对赃款赃物的控制难免存在不足。最后，最高司法机关也将这些措施视为不限制财产的措施。例如，《高检规则》第一百六十九条①认为“调取”属于不限制财产的措施，《检察院财物规定》第五条第二款将“先行接收”限制为“立案前”的措施。概言之，诸如调取、接收等措施虽然也具有获得赃款赃物的功能，但其还不是标准意义上的追赃措施。亦即，追赃的措施特指追缴措施，不包括调取、接收。而诸如责令退赔、退赃等措施在追赃实务中极其广泛地存在，且与追赃具有等同效果，应一并予以研究、释明。

第一节 追 缴

一、追缴的概念

《刑法》第六十四条规定：犯罪分子违法所得的一切财物，应当予以追缴……

实践中，赃的掩饰隐瞒分为两类：一是掩饰，即以假乱真，予以“洗白”。如虚构商品（服务）交易，使其表面合法化；又如假借投资古董、名家字画、股票、股权、期货、中奖的彩票、拍卖物、游戏币、比特币、保险等投机财产，让赃形似“溢价”而来。另一种是隐瞒，即销声匿迹，予以“藏匿”。如将财产转换为现金、金融票据、有价证券，通过转账、跨境转移资产或者其他支付结算方式转移资金等，使赃无法查找。赃的掩饰隐瞒方法无论如何层出不穷，都应当对其依法予以追缴。广义的追缴，即指对赃款赃物的追查与固定。“追查”，即对赃款赃物的追踪、查找措施。例如，公安部《程序规定》第二百七十九条规定，经县级以上公安机关负责人批准，可以发布悬赏通告追缴赃物②。又如，《高检规则》第一百八十六条第二款规定，为了追缴赃款赃物，经检察长批准，

① 《高检规则》第一百六十九条规定，进行调查核实，可以采取询问、查询、勘验、检查、鉴定、调取证据材料等不限制被调查对象人身、财产权利的措施。不得对被调查对象采取强制措施，不得查封、扣押、冻结被调查对象的财产，不得采取技术侦查措施。

② 《程序规定》第二百七十九条规定，为发现重大犯罪线索，追缴涉案财物、证据，查获犯罪嫌疑人，必要时，经县级以上公安机关负责人批准，可以发布悬赏通告。确切地说，悬赏通告是查封、扣押、冻结的前置程序。

可以提押犯罪嫌疑人出所①。“追查”既包括询问、讯问、搜查、辨认、指认、查询、通缉、鉴定、技术侦查等规范性措施，还包括耳目布控、情报分析、图像侦查等任何能够查找到赃的非法定措施。而“固定”，是指将赃款赃物置于司法办案机关的控制之下，禁止其使用转移、处分的措施，即查封、扣押、冻结措施②。狭义的追缴，即对赃款赃物的固定、保全措施，仅指查封、扣押、冻结措施③。追缴属于程序性措施，“无案件则无追赃”，亦即，在立案前不得对犯罪嫌疑人的财物采取任何追缴措施④。追缴的目的在于以国家强制力为手段对赃款赃物进行强行固定，以实现财产保全之目的。对于立案后发现的不能排除合理可疑的财产，可以先行追缴，但必须及时审查⑤。对犯罪嫌疑人自动投案时主动提交的涉案财物和权属证书等，可以先行接收，如实登记并出具接收财物凭证，根据立案和侦查情况决定是否查封、扣押、冻结。对于违法所得的赃款赃物追缴及于孳息、收益，追缴作用在于固定赃款赃物，防止其被隐匿、贬损、消耗、灭失，目的是为了后续返还、没收等实体措施服务。

二、追缴的基本原则

（一）法定原则

所谓法定原则，是指追缴赃款赃物时必须按照法定的权限、范围和条件、程序、时限履行相关法律手续，开具相应法律文书，并由两名以上办案人员进行。我国规定了许多追缴法定程序：法律文书应当统一编号、填写规范，写明涉案财物的名称、编号、规格、数量、重量、质量、特征及提取和固定的地点、部位，

---

① 《高检规则》第一百八十六条第二款，因辨认、鉴定、侦查实验或者追缴犯罪有关财物的需要，经检察长批准，可以提押犯罪嫌疑人出所，并应当由两名以上司法警察押解。

② 除了查封、扣押、冻结措施之外，有些程序也有对赃款固定、保全的作用，如“扣划”，根据《人民法院办理执行案件规范》第五百一十三条：对未冻结的银行存款，人民法院的扣划裁定同时具有冻结的法律效力。本书主张以刑事诉讼法规定了确定狭义的追缴措施，即查封、扣押、冻结。

③ 本书采用狭义的追缴措施，也以此为研究方向。

④ 如《高检规则》第一百六十九条、《程序规定》第一百七十四条第二款、《公安财物规定》第五条、《经济犯罪案件规定》第十八条等。

⑤ 如《高检规则》第二百一十条第二款：“不能立即查明是否与案件有关的可疑的财物和文件，也可以查封或者扣押，但应当及时审查。”

并应当会同在场见证人和财物持有人查点清楚，共同签名或者盖章；对于价值较大或者容易遗失、混淆、损坏、变质的物品、文件，还应当用笔录、绘图、拍照、录像等方法加以保全，或者单独封存，并由办案人员、见证人和财物持有人在封条上签名。对于追缴到案的财物，经查明确实与案件无关的，应当及时解除措施并退还。对于当事人拒绝配合的，司法办案机关可以强制执行。严禁在立案之前查封、扣押、冻结持有人财物。立案之前发现涉嫌犯罪的财物，符合立案条件的，应当及时立案，并采取查封、扣押、冻结措施，以保全证据和防止涉案财物转移、损毁。个人或者单位在立案之前向司法办案机关自首时携带涉案财物的，办案单位可以根据管辖规定先行接收，并向自首人开具接收凭证，根据立案和侦查情况决定是否查封、扣押、冻结。不得重复追缴，但可以轮候查封和轮候冻结。查封、扣押、冻结的财产不得超过对应的法定期限。

（二）保密原则

所谓保密原则，是指对于追缴工作中接触到国家秘密、商业秘密和个人隐私时，依照法律法规严格保密，不得泄露。根据《保守国家秘密法》，国家秘密是指关系国家安全和利益，依照法定程序确定，在一定时间内只限一定范围的人员知悉的事项，其范围包括：（1）国家事务重大决策中的秘密事项；（2）国防建设和武装力量活动中的秘密事项；（3）外交和外事活动中的秘密事项以及对外承担保密义务的秘密事项；（4）国民经济和社会发展中的秘密事项；（5）科学技术中的秘密事项；（6）维护国家安全活动和追查刑事犯罪中的秘密事项；（7）经国家保密行政管理部门确定的其他秘密事项。依据《反不正当竞争法》的规定，商业秘密是指不为公众知悉、能为权利人带来经济利益、具有实用性并经权利人采取保密措施的技术信息和经营信息。而个人隐私是指关系个人财产、名誉或者其他利益的不宜对外公开的情况、资料。

（三）保值原则

所谓保值原则，是指追缴过程中对赃款赃物采取不明显降低其价值措施的工作原则。如，对于因自身材质原因易损毁、灭失、腐烂、变质而不宜长期保存的食品、药品及其原材料等物品，长期不使用容易导致机械性能下降、价值贬损的车辆、船舶等物品，市场价格波动大的债券、股票、基金份额等财产和有效期即将届满的汇票、本票、支票等，权利人明确的财产，应当书面告知当事人或者其法定代理人、委托代理人有权申请出售，但不得损害国家利益、被害人利益，不影响诉讼正常进行。对有效期届满的财产性利益侦查机关可以依法出售或者变现。

（四）证据原则

所谓证据原则，是指对于有证据价值的赃款赃物，在追缴的同时应当注重证据收集，不得在未实现证据价值的情况下处置赃款赃物。例如，对于需要审前返还给被害人的赃物，应先给犯罪嫌疑人指（辩）认无误后再返还。通常而言，为了实现证据价值，应当通过登记、拍照、鉴定、估价、指认、制作笔录和开具清单等方式，及时固定财产的名称、型号、权属、地址、规格、数量、重量、质量、成色、纯度、颜色、新旧程度、缺损、面额、编号、种类等特征信息。

（五）灵活原则

所谓灵活原则，是指追缴的同时，在保证追缴目的能够如期实现的前提下，可以根据案情的不同采取灵活措施，以降低对财产权利人的影响。如对于不宜查封、扣押、冻结的经营性财产，公安机关、人民检察院、人民法院可以申请当地政府指定有关部门或者委托有关机构代管或者托管。对企业采取查封、扣押、冻结措施的，可以根据案件具体情况，在保证侦查活动正常进行的同时，为涉案企业预留必要的流动资金和往来账户，允许企业继续合理使用厂房、设备、车辆等涉案财物，并采取必要的保值保管措施，最大限度地减少侦查办案对企业正常办公和合法生产经营的影响。查封、扣押、冻结涉案财物，应当为犯罪嫌疑人、被告人及其所扶养的亲属保留必需的生活费用和物品。对于赃款赃物与其他财产混合的，应当按比例追缴，无法分割追缴或者分割追缴可能导致案外人财产重大损失的，应当追缴等值财产。

（六）无偿原则

所谓无偿原则，是指追缴的全过程由国家承担相关费用。追缴无偿进行，当事人和有关机关应当无条件配合，司法办案机关不得收取任何费用。要坚决杜绝以办案经费紧张为由，要求被害人或者其他当事人支付、报销差旅、食宿等费用的情形，更不得为了追缴赃物而要求被害人支付赎回赃物的对价。

（七）审慎原则

所谓审慎原则，是指基于对一些特殊财产保护的需要，非经严格审批不得采取追缴措施或者慎用追缴措施。例如，冻结股权的，冻结保单权益的；涉案土地和房屋面积、金额较大的，应当经设区的市一级以上公安机关负责人批准；冻结上市公司股权应当经省级以上公安机关负责人批准。人寿险、养老险、交强险、机动车第三者责任险等提供基本保障的保单原则上不得冻结，确需冻结的，应当经省级以上公安机关负责人批准。对以公益为目的的教育、医疗、卫生以及社会福利机构等场所、设施，保障性住房，原则上不得查封。确有必要查封的，也应当经设区的市一级以上公安机关负责人批准。对金融机构账户、特定非金融机构账户和以证券登记结算机构、银行间市场交易组织机构、银行间市场集中清算机构、银行间市场登记托管结算机构、经国务院批准或者同意设立的黄金交易组织机构和结算机构、支付机构等名义开立的各类专门清算交收账户、保证金账户、清算基金账户、客户备付金账户，不得整体冻结，法律另有规定的除外。如《关于政法机关依法保障疫情防控期间复工复产的意见》（中政委〔2020〕13号）第六条“慎重使用逮捕和查封、扣押、冻结等强制性措施”明确要求：“办理涉企业案件，能够采取较为轻缓、宽和措施的，尽量不采用限制人身、财产权利的强制性措施。需要查封、扣押、冻结的，一般应当预留必要的流动资金和往来账户；对于涉案企业正在投入生产运营和正在用于科技创新、产品研发的设备、资金和技术资料等，原则上依法不予查封、扣押、冻结，确需提取犯罪证据的，可以采取拍照、复制、现场勘验等方式提取。”

三、追缴的具体化措施[①]

追缴的具体化措施即特指查封、扣押、冻结[②]。这些措施有一些共性的特点，比如，严格依法采取查封、扣押、冻结措施，严禁在立案之前查封、扣押、冻结财物，不得查封、扣押、冻结与案件无关的财物，查封、扣押、冻结不得超过涉案的范围。凡查封、扣押、冻结的财物，都应当及时进行审查；依法严格区分违法所得、其他涉案财产与合法财产，严格区分企业法人财产与股东个人财产，严格区分涉案人员个人财产与家庭成员财产。对于涉及国家秘密、商业秘密、个人隐私的涉案财物，应当保密。依法对文物、金银、珠宝、名贵字画等贵重财物采取查封、扣押、扣留等措施的，应当拍照或者录像，并及时鉴定、估价；必要时，可以实行双人保管。发现涉案财产有灭失、转移的紧急风险的，经审批可以采取临时冻结、临时扣押的紧急措施[③]。经查明确实与案件无关的，应当在三日以内解除查封、扣押、冻结并退还等。查封、扣押过程中，由于客观原因无法由符合条件的人员担任见证人的，应当在笔录材料中注明情况，并对相关活动进行录像。

（一）查　封

《现代汉语词典》对“查封”一词解释为“检查以后，贴上封条，禁止动用”。查封也称就地留置，是指司法办机关对不动产及不宜移动的车辆、船舶、航空器和大型机器、设备等特定动产予以就地封存的刑事措施。查封可以分为“死封”和“活封”。“死封”不允许持有人使用，而“活封”允许持有人合理地使用。对能“活封”的财产，尽量不进行“死封”，目的是使查封财产能够物尽其用，避免社会资源浪费。“活封”合理使用的前提是不得处置财产，不得使

---

① 因公检法及监察委等的查封、扣押、冻结措施不尽相同，但又有许多相似之处，追缴的具体化措施以公安机关程序为例。

② 实践中的追缴措施远远不止于此。比如在跨境追赃过程中，为了追回赃物而在资产流入国提起民事没收程序，其实也属于追缴的一种替代措施。再如，《中国人民银行、工业和信息化部、公安部、国家工商行政管理总局关于建立电信网络新型违法犯罪涉案账户紧急止付和快速冻结机制的通知》（银发〔2016〕86号）关于紧急止付的规定，本质上与冻结具有同质性，也是追缴的替代措施。

③ 《反有组织犯罪法》第27条第2款。

其财产价值贬损，不得损害财产的证据价值。

查封的程序：

查封应当制作查封决定书，由两名以上侦查员持本人工作证件和相关法律文书执行。查封应当通知有关当事人、见证人到场，制作查封笔录和查封清单。查封笔录由侦查员、持有人和见证人签字，对于无法确定持有人或者持有人拒绝签字的，侦查员应当在笔录中注明。查封清单应当一式三份，一份交给不动产所有权人或者使用权人，一份交给公安机关保管人员，一份连同照片、录像资料或者扣押的产权证照附卷备查。对于不配合查封的，可以强行查封。查封财物有登记、管理机关的，应当制作协助查封通知书，写明财物的名称、型号、权属、地址等详细情况，通知有关财物的登记、管理部门办理查封登记手续。

查封特别事项：

（1）查封需要见证人。邀请见证人的目的在于到场观察和监督查封行为是否依法进行。下列人员不得担任查封的见证人：（一）生理上、精神上有缺陷或者年幼，不具有相应辨别能力或者不能正确表达的人；（二）与案件有利害关系，可能影响案件公正处理的人；（三）公安机关的工作人员或者其聘用的人员。确因客观原因无法由符合条件的人员担任见证人的，应当对有关查封活动进行全程录音录像，并在笔录中注明有关情况。

（2）严格审批程序。查封涉案财物需要国土资源、房地产管理、交通运输、农业、林业、民航等有关部门协助的，应当经县级以上公安机关负责人批准，制作查封决定书和协助查封通知书，明确查封财物情况、查封方式、查封期限等事项，送交有关部门协助办理，并及时告知有关当事人。涉案土地和房屋面积、金额较大的，应当经设区的市一级以上公安机关负责人批准，制作查封决定书和协助查封通知书。对以公益为目的的教育、医疗、卫生以及社会福利机构等场所、设施，保障性住房，原则上不得查封。确有必要查封的，应当经设区的市一级以上公安机关负责人批准。

（3）权属不明确时的查封。土地、房屋等涉案不动产的权属确认以国土资源、房地产管理等有关部门的不动产登记簿或者不动产权属证书为准。不动产权属证书与不动产登记簿不一致的，除有证据证明不动产登记簿确有错误外，以不动产登记簿为准。对于未登记的建筑物和土地使用权，依据土地使用权的审批文件和其他相关证据确定权属。对于登记在第三人名下的不动产、特定动产及其他财产权，第三人书面确认该财产属于被执行人的，可以查封。根据《民法典》

第二百二十九条、第二百三十条规定判断属于被执行人的财产，也可以查封。

（4）部门协作程序。查封土地、房屋等涉案不动产的，应当经县级以上公安机关负责人批准，制作协助查封通知书，明确涉案土地、房屋等不动产的详细地址、权属证书号、权利人姓名或者单位名称等事项，送交国土资源、房地产管理等有关部门协助办理，有关部门应当在相关通知书回执中注明办理情况。侦查人员到国土资源、房地产管理等有关部门办理土地使用权或者房屋查封登记手续时，应当出示本人工作证件，提交查封决定书和协助查封通知书，依照有关规定办理查封事项。

（5）张贴公告与封条。查封土地、房屋等涉案不动产的，应当在不动产的显著位置张贴公告。公告内容应当包括被查封的项目名称、所有权人或使用权人、具体地址、财物特征、涉案罪名、查封起止日期，并加盖县级以上公安机关印章。必要时，可以张贴制式封条。张贴制式封条的，封条内容应包括查封的起止日期和办案机关印章。查封清单中应当写明涉案不动产的详细地址、相关特征和置于该不动产上不宜移动的设施、家具和其他相关物品清单，注明已经拍照或者录像以及是否扣押其产权证照等情况。

（6）部分查封与整体查封。对依照有关规定可以分割的土地、房屋等涉案不动产，应当只对与案件有关的部分进行查封，并在协助查封通知书中予以明确查封财物的具体部位；对依照有关规定不可分割的土地、房屋等涉案不动产，可以进行整体查封。

（7）未登记房屋的查封。对下列尚未进行权属登记的房屋，公安机关可以按照本规定进行查封：一是涉案的房地产开发企业已经办理商品房预售许可证但尚未出售的房屋；二是犯罪嫌疑人购买的已经由房地产开发企业办理了房屋权属初始登记的房屋；三是犯罪嫌疑人购买的已经办理商品房预售合同登记备案手续或者预购商品房预告登记的房屋。

（8）地上建筑物的查封。查封地上建筑物的效力及于该地上建筑物占用范围内的建设用地使用权，查封建设用地使用权的效力及于地上建筑物，但建设用地使用权与地上建筑物的所有权分属不同权利人的除外。地上建筑物和土地使用权的登记机构不是同一机构的，应当分别办理查封登记。置于不动产上的设施、家具和其他相关物品，不宜移动的，也可以一并查封。

（9）特殊动产的查封。查封车辆、船舶、航空器以及大型机器、设备等特定动产的，应当制作协助查封通知书，明确涉案财物的名称、型号、权属、地址等事项，送交有关登记管理部门协助办理。必要时，可以扣押有关权利证书。执行查封时，应当将涉案财物拍照或者录像后封存，或者交持有人、近亲属保管，或者委托第三方保管。有关保管人应当妥善保管，不得进行转移、变卖、损毁、抵押、赠予等处理。

（10）有条件使用查封物。查封土地、房屋等涉案不动产或者车辆、船舶、航空器以及大型机器、设备等特定动产的，可以在保证侦查活动正常进行的同时，允许有关当事人继续合理使用，并采取必要保值保管措施。

（11）查封期限①。公安机关查封期限每次不得超过两年。期限届满可以续封一次，续封应当经做出原查封决定的县级以上公安机关负责人批准，在期限届满前五日以内重新制作查封决定书和协助查封通知书，送交有关部门协助办理，续封期限最长不得超过一年。案件重大复杂，确需再续封的，应当经设区的市一级以上公安机关负责人批准，在期限届满前五日以内重新制作查封决定书和协助查封通知书，且每次再续封的期限最长不得超过一年。查封期限届满，未办理续封手续的，查封自动解除。公安机关应当及时将续封决定告知有关当事人。

（二）扣　押

扣押是指对赃强制提取到案的措施，是对赃的取得并现实占有。刑事扣押能在司法办案机关和权利人之间产生公法上的保管关系，进而产生禁止转让和其他处分物权的效力。以是否开具扣押决定书划分，扣押分为有证扣押和无证扣押两种，侦查机关在执行现场勘查、搜查时所进行的扣押属于无证扣押。扣押的对象应该是便于提取、运输、保管的财物。扣押是靠国家强制力来保障实施的，即使对于自愿交出的赃款赃物，也应当予以扣押，对于不予配合的，可以强行扣押。扣押和查封的区别在于，查封是就地封存，而扣押是异地保管。对于数量较多，难以转移的动产，应当采取就地封存（查封）措施，而不是扣押措施。扣押的财物有时并非公安机关保管，而是交其主管部门保管或者委托第三方保管。

扣押的程序：一般来说扣押经办案部门负责人批准，制作扣押决定书。对于价值较高或者可能严重影响诉讼参与人正常生产经营活动的，应当经县级以上侦查机关负责人批准并制作扣押决定书。对于在现场勘查或者搜查中认为需要扣押的财物、文件，应当由现场指挥人员决定，制作扣押决定书。扣押由两名以上的

---

① 人民法院查封动产的期限不得超过两年、查封不动产的期限不得超过三年。

侦查员执行，侦查员应向物品持有人告知扣押理由、依据以及如实提供证据、配合扣押的义务，进行扣押的同时应制作扣押笔录和扣押清单，由侦查员、持有人和见证人签字，对于无法确定持有人或者持有人拒绝签字的，侦查员应当在笔录中注明。扣押清单一式三份，由侦查人员、持有人和见证人签名，一份交给持有人，一份交给公安机关保管人员，一份附卷备查。

扣押特别事项：

（1）扣押需要见证人。邀请见证人的目的在于到场观察和监督扣押行为是否依法进行。下列人员不得担任侦查活动的见证人：（一）生理上、精神上有缺陷或者年幼，不具有相应辨别能力或者不能正确表达的人；（二）与案件有利害关系，可能影响案件公正处理的人；（三）公安机关的工作人员或者其聘用的人员。确因客观原因无法由符合条件的人员担任见证人的，应当对有关侦查活动进行全程录音录像，并在笔录中注明有关情况。

（2）做好要素登记。对扣押物品应当登记写明物品名称、型号、规格、数量、重量、质量、成色、纯度、颜色、新旧程度、缺损特征和来源等。

（3）对特殊动产的扣押。扣押车辆时，应当认真查验车辆特征，仔细清点车内物品，并在扣押清单中详细载明当事人的基本情况、案由、厂牌型号、识别代码、发动机号码、牌照号码、行驶里程、重要装备、车身颜色、车辆状况等情况。对车辆内的物品，办案部门应当仔细清点。对与案件有关，需要作为证据使用的，应当依法扣押；与案件无关的，通知当事人或者其家属、委托的人领取。对船舶、航空器等交通工具采取措施参照汽车扣押措施执行。

（4）货币等价值凭据的扣押。扣押现金、有价支付凭证、有价证券、有价票证、存折等，应当注明有效期、特征、编号、种类、面值、张数、金额、币种、存款银行、账号、定（活）期等信息。

（5）贵重财物的扣押。扣押文物、金银、珠宝、名贵字画等贵重物品以及违禁品，应详细登记等级、数量、特征、品名、规格尺寸等，同时拍照固定。需要鉴定、估价的，应当及时鉴定、估价。为避免纠纷，对移送的外币、金银珠宝、文物、名贵字画以及其他不易辨别真伪的贵重物品，应予以密封，办案人员、见证人和被扣押物品持有人在密封材料上签名或者盖章。

（6）小件物品的扣押。零散物品、较小的作案工具等，应在提取时当场装入密封袋封存。

（7）不明物的扣押。不能辨别财物性状、真伪的，扣押决定书和扣押清单名称栏填写“犯罪嫌疑人自称××财物”或“疑似××财物”×件。

（8）枪弹的扣押。扣押枪支、弹药时，应经过专业处理后实行枪弹分离封装，确保安全。

（9）通信工具的扣押。扣押手机等通信工具时，应在提取SIM卡内信息后，将手机电池与手机拆分，再装入封装袋中。

（10）不得变相扣押。（冻结犯罪嫌疑人的存款、汇款、证券交易结算资金、期货保证金等资金，债券、股票、基金份额和其他证券，以及股权、保单权益和其他投资权益等财产，不得划转、转账或者以其他方式变相扣押①。）

（11）扣押期限。公安机关扣押无期限，人民法院扣押动产的期限不得超过两年。

（三）冻　结

冻结是指司法办案机关根据追赃需要，依法通知银行或者其他金融机构在一定期限内禁止财产所有人使用、处分或转移存款、汇款、证券交易结算资金、期货保证金等资金，债券、股票、基金份额和国务院依法认定的其他证券，以及股权、保单权益和其他投资权益等财产性利益。冻结的目的是阻止财产性利益的流动、变现、设置物权负担等，是固定财产性利益的措施。冻结的对象是存款、汇款、债券、股票、基金份额、投资收益、保单权益等财产性利益。冻结前述财产性利益时，应当登记并写明编号、种类、面值、张数、金额等。除非存在嫌疑，否则对于需要冻结的财产应查清是否涉案，对于未涉案或者一时无法查清的财产，不得先予冻结而后处理，但需要冻结等值财产的除外。冻结价值应当与所需要的追赃的价值相等，不得超范围冻结。对于涉案金融账户内的财产，只能依法采取冻结措施，严禁以划转、转账或者其他任何方式变相扣押。实践中对银行账户冻结可选择不收不付、只收不付和部分冻结三种方式，但办案单位为图省事，常常采取“只收不付”的冻结方式，这种方式不问冻结上限，也不问资金来源是否合法，只要进入嫌疑人账户的金额一律冻结，实际可能侵害权利人合法权

① 公安实践中，为了实现审前返还被害人钱款，对于犯罪人银行账户上的赃款，因公安机关不具有划扣权，所以办案单位往往责令犯罪人将赃款取出后交给公安机关做扣押手续，待查清后直接发还给被害人。

益，应予禁止[①]。正确的做法是冻结被执行人银行账户内存款的，应当明确具体冻结数额（与涉案金额相当），不得影响冻结之外资金的流转和账户的使用。

冻结的程序：在侦查工作中需要冻结财产的，应当经县级以上公安机关负责人批准，制作协助冻结财产通知书，明确冻结财产的账户名称、账户号码、冻结数额、冻结期限、冻结范围以及是否及于孳息等事项，送交银行业金融机构、特定非金融机构、邮政部门、证券公司、证券登记结算机构、证券投资基金管理公司、保险公司、信托公司、公司登记机关和银行间市场交易组织机构、银行间市场集中清算机构、银行间市场登记托管结算机构、经国务院批准或者同意设立的黄金交易组织机构和结算机构等单位协助办理，有关单位应当在相关通知书回执中注明办理情况。需要延长冻结期限的，应当按照原批准权限和程序，在冻结期限届满前办理继续冻结手续。逾期不办理继续冻结手续的，视为自动解除冻结。根据侦查犯罪的需要，对于涉案账户较多，办案地公安机关需要对其集中冻结的，可以分别按照以下程序办理：涉案账户开户地属同一省、自治区、直辖市的，应当由办案地公安机关出具协助冻结财产通知书，填写冻结申请表，经该公安机关负责人审核，逐级上报省级公安机关批准后，由办案地公安机关指派两名以上侦查人员持工作证件，将冻结申请表、协助冻结财产通知书等法律文书送交有关银行业金融机构的省、区、市分行。该分行应当在二十四小时以内采取冻结措施，并将有关法律文书传至相关账户开户的分支机构。涉案账户开户地分属不同省、自治区、直辖市的，应当由办案地公安机关出具协助冻结财产通知书，填写冻结申请表，经该公安机关负责人审核，逐级上报公安部按照规定程序批准后，由办案地公安机关指派两名以上侦查人员持工作证件，将冻结申请表、协助冻结财产通知书等法律文书送交有关银行业金融机构总部。该总部应当在二十四小时以内采取冻结措施，并将有关法律文书传至相关账户开户的分支机构。有关银行业金融机构因技术条件等客观原因，无法按照前款要求及时采取冻结措施的，应当向公安机关书面说明原因，并立即向中国银行业监督管理委员会或者其派出机构报告。

冻结特别事项：

（1）轮候冻结。侦查人员在办理冻结手续时，发现相关财产已被冻结的，

---

① 《查封、冻结规定》第二十七条：冻结涉案账户的款项数额，应当与涉案金额相当。不得超出涉案金额范围冻结款项。

不得重复冻结，但可以进行轮候冻结，即在其他机关办理解除冻结手续后，依次轮流办理。这要求侦查人员注意相关标的物被采取冻结的结束时间，并应当与有关的银行或金融机构及有关单位保持密切联系，防止财产被提前解除冻结。对发现已被解除冻结的，应及时办理冻结手续，防止犯罪嫌疑人转移与犯罪有关的财产。继续冻结的，应当依法重新办理冻结手续。逾期不办理继续冻结手续的，视为自动解除冻结①。

（2）受偿与变现。冻结市场价格波动较大或者有效期限即将届满的债券、股票、基金份额等财产的，在送达协助冻结财产通知书的同时，应当书面告知当事人或者其法定代理人、委托代理人有权申请出售、如期受偿或者变现。如果当事人或者其法定代理人、委托代理人书面申请出售或者变现被冻结的债券、股票、基金份额等财产，在不损害国家利益、被害人利益、其他权利人利益，不影响诉讼正常进行的，以及冻结的汇票、本票、支票的有效期即将届满的情况下，经做出冻结决定的县级以上公安机关负责人批准，可以依法在三日以内予以出售或者变现，所得价款应当继续冻结在其对应的银行账户中；没有对应的银行账户的，所得价款由公安机关在银行专门账户保管，并及时告知当事人或者其近亲属②。

（3）冻结期限及延长。冻结存款、汇款、证券交易结算资金、期货保证金等资金，或者投资权益等其他财产的期限为六个月③。需要延长期限的，应当经做出原冻结决定的县级以上公安机关负责人批准，在冻结期限届满前五日以内办理续冻手续。每次续冻期限最长不得超过六个月。对重大、复杂案件，经设区的市一级以上公安机关负责人批准，冻结存款、汇款、证券交易结算资金、期货保证金等资金的期限可以为一年。需要延长期限的，应当按照原批准权限和程序，在冻结期限届满前五日以内办理续冻手续。每次续冻期限最长不得超过一年。冻结债券、股票、基金份额等证券的期限为两年。需要延长冻结期限的，应当经做

---

① 根据《监察条例》第一百零九条，监察机关轮候冻结的财产，应当要求有关银行或者其他金融机构等单位在解除冻结或者作出处理前予以通知。

② 根据《监察条例》第一百一十条，出售被冻结财产的，监察机关还应当出具《许可出售冻结财产通知书》，并及时向权利人或者其法定代理人、委托代理人出具《出售冻结财产通知书》，并要求其签名。拒绝签名的，调查人员应当在文书上记明。

③ 人民法院冻结被执行人的银行存款的期限不得超过一年，冻结其他财产权的期限不得超过三年。监察机关冻结期限为6个月，每次续冻也不得超过6个月。

出原冻结决定的县级以上公安机关负责人批准，在冻结期限届满前五日以内办理续冻手续。每次续冻期限最长不得超过两年。冻结期限届满，未办理续冻手续的，冻结自动解除。

冻结股权、保单权益的，应当经设区的市一级以上公安机关负责人批准，冻结上市公司股权应当经省级以上公安机关负责人批准，并在协助冻结财产通知书中载明公司名称、股东姓名或者名称、冻结数额或者股份等与登记事项有关的内容。冻结股权期限为六个月。需要延长期限的，应当按照原批准权限和程序，在冻结期限届满前五日以内办理续冻手续。每次续冻期限最长不得超过六个月。冻结保单权益没有直接对应本人账户的，可以冻结相关受益人的账户，并要求有关单位协助，但不得变更受益人的账户，不得损害第三方利益。人寿险、养老险、交强险、机动车第三者责任险等提供基本保障的保单原则上不得冻结，确需冻结的，应当经省级以上公安机关负责人批准。

（4）股票的冻结。冻结上市公司股票，应当以追赃额度为限。股票价值应当以冻结前一交易日收盘价为基准，结合股票市场行情，一般在不超过 20% 的幅度内合理确定。股票冻结后，其价值发生重大变化的，经当事人申请可以追加冻结或者解除部分冻结。

（5）冻结告知义务。对电信网络新型违法犯罪案件，公安机关冻结涉案资金后，应当以口头或者书面的方式主动告知被害人，告知应当包括以下内容：涉案资金的冻结情况；已冻结资金是否属于被害人，需公安机关进一步查证；资金返还工作一般在立案 3 个月后启动①。

（6）对下列账户和款项，不得冻结：

①金融机构存款准备金和备付金；

②特定非金融机构备付金；

③封闭贷款专用账户（在封闭贷款未结清期间）；

④商业汇票保证金；

⑤证券投资者保障基金、保险保障基金、存款保险基金；

---

① 《中国银监会、公安部关于印发电信网络新型违法犯罪案件冻结资金返还若干规定的通知》（银监发〔2016〕41 号）第六条第一款。《中国银监会办公厅、公安部办公厅关于印发电信网络新型违法犯罪案件冻结资金返还若干规定实施细则的通知》（银监办发〔2016〕170 号）第八条。《监察条例》第一百一十条，冻结财产应当通知权利人或者其法定代理人、委托代理人，要求其在《冻结财产告知书》上签名。

⑥党、团费账户和工会经费集中户；

⑦社会保险基金；

⑧国有企业下岗职工基本生活保障资金；

⑨住房公积金和职工集资建房账户资金；

⑩人民法院开立的执行账户；

⑪军队、武警部队一类保密单位开设的“特种预算存款”“特种其他存款”和连队账户的存款；

⑫金融机构质押给中国人民银行的债券、股票、贷款；

⑬证券登记结算机构、银行间市场交易组织机构、银行间市场集中清算机构、银行间市场登记托管结算机构、经国务院批准或者同意设立的黄金交易组织机构和结算机构等依法按照业务规则收取并存放于专门清算交收账户内的特定股票、债券、票据、贵金属等有价凭证、资产和资金，以及按照业务规则要求金融机构等登记托管结算参与人、清算参与人、投资者或者发行人提供的、在交收或者清算结算完成之前的保证金、清算基金、回购质押券、价差担保物、履约担保物等担保物，支付机构的客户备付金；

⑭其他法律、行政法规、司法解释，部门规章规定不得冻结的账户和款项。

（7）特殊金融机构的保护。对金融机构账户、特定非金融机构账户和以证券登记结算机构、银行间市场交易组织机构、银行间市场集中清算机构、银行间市场登记托管结算机构、经国务院批准或者同意设立的黄金交易组织机构和结算机构、支付机构等名义开立的各类专门清算交收账户、保证金账户、清算基金账户、客户备付金账户，不得整体冻结，法律另有规定的除外。

第二节　退　赃

一、退赃的概念

从严格意义上来说，退赃是指犯罪人及其亲友的自愿行为，司法办案机关并未实际参与，也未赋予强制力，所以退赃不属于追缴措施。但退赃的结果和司法办案机关追缴具有相同效果，所以一样值得肯定。退赃是指犯罪后刑罚执行完毕之前，将赃款赃物还给被害人或上交司法办案机关的行为。退赃分为广义退赃和狭义退赃。广义退赃是指将违法所得、违禁品和供犯罪所用的本人财物退还给被害人或者主动上交给司法办案机关的程序，而狭义的退赃特指将违法所得退还给被害人或者上交司法办案机关的程序。一般而言，退赃是犯罪分子的义务，是附条件的从宽情节。退赃必须在犯罪后、执行完毕前。犯罪中退赃属于犯罪中止（特指侵财类犯罪），而刑罚执行完毕后，由于犯罪人身份变更，也不宜认定为退赃。虽然退赃可以在刑罚完毕前，但是退赃从宽处罚必须限定在一审之前，因为若允许一审判决后再退赃，那么就会导致罪犯将一审后的退赃作为上诉获得从宽量刑的筹码，传递刑罚可赎买的错误观念，破坏判决和法律的严肃性。此外，若二审以此为由改判，则亦将使法律失去应有的严肃性，并使一审判决的稳定性受极大损害①。属于被害人所有的财产，除非作为证据之用，其退赃原则上应当直接由犯罪人及其亲友退还给被害人，而不得经由司法机关先实行查封、扣押、冻结措施后再返还，否则这种退赃可能妨害被害人财物的使用权，有侵害私权之虞②。而对于不存在被害人的其他赃物，应当直接上交司法办案机关。如对于盗窃的电动车，应直接退还给被害人。又如，对于受贿案，其无被害人，其违法所得应直接交给司法办案机关。同理，对于供犯罪所用的本人财物和违禁品，也应直接交给司法办案机关。关于退赃，有学者指出，其还包括在赃物灭失的情况下以替代物补偿以使公私财产恢复原状的行为③。对此，本书难以认同，此观点有将退赃和退赔混淆之嫌。退赔适用的对象是追赃不能实施时的替代措施，在赃款赃物客观上灭失、损耗以及发生追赃阻却事由时不得已而采取的措施，具有弥补性。而退赃是犯罪人及其亲友自愿将赃款赃物返还被害人的行为，具有还原性。部分司法判例支持此观点，如湖北省高级人民法院审理的《张某某合同诈骗二审刑事裁定书》（2017）鄂刑终105号指出："从刑法意义来讲，所谓退赃，是指犯罪分子将犯罪所得的赃款或者赃物，直接退还被害人或上缴司法机关的行为；所谓退赔，是指犯罪分子因犯罪所得的赃物已被非法处置或者毁损而无法退还被

---

① 王育君：《退赃应规定为法定情节》，《法学研究》第18卷第6期。

② 如《公安财物规定》第二十三条一款："对于违法行为人、犯罪嫌疑人或者其家属、亲友给予被害人、被侵害人退、赔款物的，公安机关应当通知其向被害人、被侵害人或者其家属、委托的人直接交付，并将退、赔情况及时书面告知公安机关。公安机关不得将退、赔款物作为涉案财物扣押或者暂存，但需要作为证据使用的除外。"

③ 姜涛：《我国退赃制度之立法检讨与重构设想》，《新疆大学学报》（哲学·人文社会科学版）2005年9月。

害人原某，而采取折价方式直接赔偿被害人或者上缴司法机关的行为。”

二、退赃的认定

根据犯罪人的主观意愿，退赃分为主动退赃和被动退赃。所谓主动退赃是指犯罪人根据本人意愿自行或者委托他人退赃。而被动退赃是指退赃并非基于犯罪人本人真实意愿（不知或不愿意），而由其亲友代为退赃的行为[①]。主动退赃只要是基于行为人自愿、主动地退缴赃款赃物，可以自己退赃，也可以亲友代为退赃。在认定犯罪分子本人退赃时，不能片面要求犯罪分子亲手退缴。实践中，由于犯罪分子被监禁或无归还能力，往往由其亲友代为退缴。主动退赃较为常见，如江苏省南京市六合区人民法院审理的被告人林某乙犯贪污罪一审刑事判决书［（2016）苏0116刑初21号］中指出：“刑法上的退赃，是指犯罪分子在犯罪之后刑罚执行完毕之前，在自己主观意志支配之下，由自己或委托他人将赃物交给司法机关或返还给受害者的行为。”司法实务中，犯罪人拒不退赃而由家属被动退赃的判例较少。虽然有学者指出，退赃应限定在罪犯本人主动清退或委托他人代退两种情形内，即必须与罪犯的主观意志相结合，同时又须有相应的退赃事实。也只有这样的退赃才具有刑事法律上的意义，才有量刑上予以从宽的理由[②]。换言之，该观点不承认被动退赃可以从宽处罚。但是本书之所以认同犯罪人拒不退赃而家属代为退赃时依然可以认定为退赃进而从宽处理的理由在于，被动退赃能够在节约司法资源的情况下，尽可能地挽回被害人损失，让司法机关能够尽快查清案情。刑法的功效不能仅关注于行为人的主观恶性的降低，还应关注犯罪的后果的降低，特别是刑法所得保护法益的修复程度也一样值得关注。其一，犯罪人通常在犯罪后都会隐藏犯罪所得，其身边的亲友往往都知道赃款赃物的去向，鼓励其协助退赃，有利于节约司法资源，尽快查清案情，为被害人挽回损失。其二，从我国法律的其他规定来看，对于亲属帮助犯罪人的其他善良行为也给予了鼓励，这在1998年的《最高人民法院关于处理自首和立功具体应用法律法律若干问题的解释》中可见一斑。其中，第一条规定：“并非出于犯罪嫌疑人主动，而是经亲友规劝、陪同投案的；公安机关通知犯罪嫌疑人的亲友，或者

---

① 需要说明的是，被动退赃，不是被迫退赃，被迫退赃仍然是基于犯罪人的真实意愿而退赃，只是这种意愿是迫于无奈。

② 王育君：《退赃应规定为法定情节》，《法学研究》第18卷第6期。

亲友主动报案后，将犯罪嫌疑人送去投案的，也应当视为自动投案。”另外，《关于处理自首和立功若干具体问题的意见》（法发〔2010〕60 号）第一条也明确规定，“犯罪嫌疑人被亲友采用捆绑等手段送到司法机关”，也可以参照被动自首的有关规定酌情从轻处罚。其三，《最高人民法院、最高人民检察院关于办理职务犯罪案件认定自首、立功等量刑情节若干问题的意见》（法发〔2009〕13 号）第四条第四款规定，犯罪分子及其亲友主动退赃或者在办案机关追缴赃款赃物过程中积极配合的，在量刑时应当与办案机关查办案件过程中依职权追缴赃款赃物的有所区别。亦即，亲友主动退赃和配合退赃的，在量刑上应当有所从轻。

概言之，“对人之诉”可以适用于被动投案，“对物之诉”无理由不适用被动退赃。当然，本书认为“被动退赃”应从严把握，一是仅限亲友退赃，不能是与犯罪人无关的第三人。与犯罪人无关的第三人找到赃款赃物并予以主动上缴司法办案机关的，应视为公民的检举揭发行为。二是亲友退赃必须具有代犯罪人退赃的主观意思。亲友代为退赃是被动退赃的核心，也是鼓励亲友积极作为的关键，如果不具有代犯罪人退赃的意愿，则难以将这种退赃的有利后果（如从轻处罚）赋予犯罪人。三是亲友必须如实提供赃款赃物的来源线索，不得隐瞒。提供赃物的来源线索意义在于便于查证赃款赃物的隐藏、转移痕迹，有利于查清犯罪事实，发现潜在的犯罪线索（如查明掩饰隐瞒犯罪所得的犯罪人）。四是赃款赃物必须真实地退还，不能以“打欠条”“挂账”“使用抵押物”等替代方式进行。五是对于被动退赃的从宽处罚幅度应小于主动退赃的从宽幅度。一方面，在同样退赃数额内，被动退赃的从宽处罚幅度应明显小于主动退赃的从宽处罚幅度；另一方面，从宽处罚包括适用缓刑、从轻、减轻刑罚、免予刑事处罚及不起诉，被动退赃的从宽处罚不得适用免于刑事处罚及不起诉。六是被动退赃从宽处罚应限制为主要对财产法益侵害的犯罪，如经济犯罪和侵犯财产犯罪，因为这类犯罪的财产权保护是刑法所重点关注和保护的，退赃能极大地修复这类财产权法益，如盗窃罪、诈骗罪、职务侵占罪、贪污罪。以受贿罪为例，因为受贿罪刑法关注的重点法益并非仅财产权本身，而是公职人员的职务廉洁性以及行为人渎职给国家和社会利益带来的严重危害。因此，渎职型经济犯的被动退赃应从严把握。例如，广受社会关注的郑某某受贿案：被告人郑某某收受他人贿赂的款物折合人民币 649.8158 万元，也具有退赃情节，但法院判决认为，其“身为国家药品监管部门的主要负责人，本应认真行使国家和人民赋予的权力，为保障与国计民生有重大关系的药品的使用安全和生产经营秩序，尽职尽责，廉洁从政，却置国家和人民的重要利益于不顾，为有关企业在获得相关许可证、药品进口、注册、审批等方面谋取利益，直接或者通过其妻、子多次收受贿赂，严重地侵害了国家工作人员的职务廉洁性，严重地破坏了国家药品监管的正常工作秩序，危害人民群众的生命、健康安全，造成了极其恶劣的社会影响。……其虽有坦白部分受贿事实、受贿钱款已退缴情节，但不足以从轻处罚”。故法院审理后以受贿罪判处郑某某死刑，剥夺政治权利终身，并处没收个人全部财产。七是必须退了绝大部分或全部赃款赃物。八是对于退赃，只要真实地退还赃款赃物，无论被害人是否愿意配合，都不影响退赃的认定。不能因为被害人拒绝退赃而不认定犯罪人的退赃行为。

三、退赃的要点

（一）违法所得的退赃

参考《公安财物规定》第二十三条和《检察院财物规定》第六条的有关规定，对于有被害人的案件，犯罪人及其亲友愿意退赃的，司法办案机关应当通知其向被害人、被侵害人或者其家属、委托的人直接交付，并将退赃情况及时书面告知司法办案机关。司法办案机关不得将退还的赃款赃物作为涉案财物扣押或者暂存，但需要作为证据使用的除外。被害人、被侵害人或者其家属、委托的人不愿意当面接收的，如果是货币的，经其书面同意或者申请，办案机关可以记录其银行账号，通知犯罪人及其亲友将赃款项汇入该账户。如果是实物的，办案机关应当先予接收并制作扣押决定书，妥善保管后尽快予以返还。对无被害人的案件或者被害人死亡又无继承人，或者一时无法确定被害人身份的案件，应当将赃款赃物交付给司法办案机关，司法办案机关制作开具查封、扣押、冻结决定书，并由办案人员、退还人员和有关规定要求的其他人员在清单上签名或者盖章，妥善保管赃款赃物，依法上缴国库。退赃的过程应尽量制作笔录，采取拍照、录音（录像）等形式予以固定，对于退赃的交付手续、凭证应复印附卷保存。

（二）供犯罪所用的本人财物和违禁品的退赃

供犯罪所用的本人财物和违禁品退赃的，应由司法办案机关直接接收，并制作查封、扣押、冻结决定书，详细记录退赃财物的编号、名称、数量、特征等信息，办案人员、退还人员和见证人在清单上签名或者盖章。退赃的过程应尽量制作笔录，采取拍照、录音（录像）等形式予以固定，对于退赃的交付手续、凭证应复印附卷保存。

第三节 责令退赔

一、责令退赔的概念

《刑法》第六十四条规定，犯罪分子违法所得的一切财物，应当予以追缴或者责令退赔……

追赃以追缴为原则，以退赔为补充。责令退赔是追缴不能时的替代措施，是追赃的补救手段。关于责令退赔，主要存在以下几种观点：一是既包括退还，也包括赔偿。例如，“责令退赔”在刑事判决中指法院对犯罪分子违法所得的相关财物责令退还、赔偿①。责令退赔是指责令行为人将侵占被害人的财物予以退还，已将侵占的财物挥霍、使用、变卖、损毁的，也要责令其对被害人进行赔偿②。从退赔的字面意义上讲，其包含了退和赔两层含义，退指将原本属于被害人的财产退还给被害人，此处与返还意思相同；赔指采用金钱等形式赔偿被害人物质损失和精神损害③。二是不包括退还，仅包括赔偿。例如，责令退赔主要是指当犯罪分子因挥霍或者其他原因无法追回违法所得财物的情形下，要求其按照相应的折算价格进行退赔④。“责令退赔，是指犯罪分子已将违法所得挥霍、毁坏、非法转让或者因其他原因无法追回的，应当责令其按违法所得财物的价值退赔。这样规定，主要是为了保护公私财产，不让犯罪分子在经济上占便宜。”⑤对此，本书认同第二种观点，即责令退赔不包括退还，而仅指赔偿。将退还视为责令退赔的一种，实际是将退赃与责令退赔混淆。最高人民法院在1999年《全

---

① 李以游：《刑事诉讼中责令退赔问题的几点思考》，《河北法学》2014年第11期。

② 林东茂：《刑法综览》，中国人民大学出版社2009年版，第116页。

③ 程绍燕：《被害人财产权益实现的激励机制研究》，《中国政法大学学报》2017年第1期。

④ 刘贵祥、闫燕：《〈人民检察院刑事诉讼涉案财物管理规定〉的理解与适用》，《人民司法》2015第1期。

⑤ 郎胜：《中华人民共和国刑法释义》，法律出版社2009年版，第63页。

国法院维护农村稳定刑事审判工作座谈会纪要》中规定："如赃款赃物尚在的，应一律追缴；已被用掉、毁坏或挥霍的，应责令退赔。"本条意指退赃和责令退赔的根本区别在于违法所得物是否存在，如果存在的，应当退赃，如果不存在的则折价赔偿，即责令退赔。本书认为，责令退赔是指司法办案机关责令行为人将已被挥霍、使用、变卖、损毁等发生追赃阻却事由的违法所得，折价赔偿给被害人的措施。

有观点认为责令退赔属于强制措施，对此，本书难以认同。退赔分为责令退赔和主动退赔，都不具有强制性。退赔不同于将原属于被害人合法财产返还给被害人的刑事干预，其属于民事赔偿范畴，赔与不赔，赔多赔少，赔钱还是赔物，应根据当事人的意思自治而决定，如果动用国家强制力干涉，有插手民事纠纷之虞。责令退赔包括"责令"和"退赔"两个部分，即司法机关主动的要求犯罪人赔偿和犯罪人自主的决定赔偿，是公权力的强制性与私权的自主性相结合，最终是否退赔成功，决定因素依然在犯罪人。因此，责令退赔并非单纯的强制措施。责令退赔在审判实践中较为常见，如广东省广州市中级人民法院杨某某合同诈骗一审刑事判决书［（2017）粤01刑初7号］判决结果："二、继续追缴被告人杨某某的违法所得人民币四百四十五万元，发还被害人黎聪；追缴不能的，责令被告人杨某某在上述限额内向被害人黎聪退赔。"此处的"追缴不能"即本书主张的追赃阻却事由中的法定阻却事由和客观阻却事由。法定阻却事包括禁止性规定和善意取得。而客观阻却事由包括价值灭失的阻却（期限届满、物理化学贬损、观念上的贬损）、经济效益阻却、利益权衡阻却等。责令退赔可以部分适用，亦即，对于部分违法所得追缴不能的，不能追缴部分也应适用责令退赔[①]。如对于被盗窃的汽车5年后才追回，显然此时汽车已显著贬值，对于车辆贬值部分应视为追缴不能，责令犯罪人退赔。

二、责令退赔的认定

（1）责令退赔的对象只适用于有违法所得的案件，对于违禁品和供犯罪所

---

① 如《最高人民法院、最高人民检察院、公安部关于办理非法集资刑事案件若干问题的意见》的通知（高检会〔2019〕2号）第九条第二款："对审判时尚未追缴到案或者尚未足额退赔的违法所得，人民法院应当判决继续追缴或者责令退赔。"《最高人民法院、最高人民检察院关于办理贪污贿赂刑事案件适用法律若干问题的解释》（法释〔2016〕9号）第十八条，对尚未追缴到案或者尚未足额退赔的违法所得，应当继续追缴或者责令退赔。

用的本人财物并不适用于责令退赔。因为责令退赔之目的是“无人应从犯罪中获益”，而没收违禁品和供犯罪用的本人财物无法体现该目的。（2）责令退赔的实施主体不限于法院。虽然《财产执行规定》第1条将“责令退赔”作为法院执行的内容之一，责令退赔是刑事裁判涉财产部分理应由法院执行，但是为了最大限度节约司法资源，挽回被害人损失，给予行为人从宽处罚的机会，责令退赔不应局限于人民法院本身，在审前侦查办案机关也应享有责令退赔权利。实务中，侦查办案机关责令犯罪人退赔被害人的情况客观存在，且《公安财物规定》第二十三条、《检察院财物规定》第六条、《监察法》第四十六条等也将退赔作为审前重要的内容，本书认为“判处”和“责令”是完全不同的动词，判处必须依附于刑事判决，而责令则可以在刑事诉讼过程中。因此，责令退赔不是法院专属，亦可以由公安机关、检察机关等办案机关进行，但这种审前责令退赔和审前返还程序一样，也必须最终在法院判决书中得以认可，必要的时候甚至可以执行回转，否则势必会违反“以审判为中心”的现代司法程序。（3）“责令退赔”虽可指向被告人的合法财产，但其不具有强制的执行力①。《高法解释》第三百四十二条：“为保证判决的执行，人民法院可以先行查封、扣押、冻结被告单位的财产，或者由被告单位提出担保。”而《财物执行规定》第一条，将“责令退赔”作为判决执行的一项内容，是否意味着：责令退赔是可以先行查封、扣押、冻结的形式或者被告提供“担保”的形式予以提前落实？显然不是。本书认为，第三百四十二条针对的是财产刑而不是责令退赔。因为，从文义解释上看，“责令”即命令、要求之意，而不是强制。如前述，责令退赔是以司法机关的威慑力为后盾，给予犯罪分子一种宽限和主动的机会，将无法追缴的违法所得作价赔偿给被害人的措施。这种措施不是单纯的强制措施，如果是强制性措施，从其性质上看就不是退赔了而是转变为司法机关的一种追缴行为，即追缴等值财产。（4）责令退赔不同于判处赔偿经济（《刑法》第三十六条）。后者的损失范围系“因人身权利受到犯罪侵犯而遭受物质损失或者财物被犯罪分子毁坏而遭受的物质损失”，本质是附带民事诉讼，前者的损失范围系“犯罪分子非法占有、处置被害人财产而实其遭受的物质损失”，属于追赃措施之一。赔偿经济损失，须由被害人通过刑事附带民事诉讼的方式向法院提起，并由法院根据情况判处，即“不告

① 广东省东莞市第一人民法院课题组：《赃款赃物处理的法律实务问题研究》，《法律适用》2010年第5期。

不理”，只有存在被害人民事请求的情形下，法院才能做出刑事附带民事判决，是一种被动的“司法”行为，是被告人承担民事责任的方式。而责令退赔属于程序性、授权性规范，即授权司法机关在司法程序中可以责令犯罪分子退赔，是司法机关的一种主动处理方法。（5）责令退赔与责令赔偿损失的区别（《刑法》第三十七条）。责令赔偿损失是指法院责令犯罪分子向被害人支付一定数额的金钱，以弥补被害人因犯罪行为而遭受的损失的处理方法。责令赔偿损失既包括责令退赔，也包括附带民事诉讼。但是两者又有区别。一是责令赔偿损失的适用前提和责令退赔不同。责令赔偿损失须以“犯罪情节轻微不需要判处刑罚的，可以免予刑事处罚为前提，而责令退赔的前提仅是追缴不能的情形，与是否免予刑事处罚无关。二是适用的范围不同。责令赔偿损失，包括责令赔偿物质损失与补偿精神损害。对于补偿精神损害的范围，可参考民法的规定予以决定”①。而责令退赔的损失范围系有“犯罪分子非法占有、处置被害人财产而使其遭受的物质损失”，不包括精神损失在内。（6）责令退赔可以由家属代为行使。责令退赔的形式主要是当面对犯罪分子（或掌管其非法财物的近亲属及特定关系人）进行口头训诫②。根据 1987 年《最高人民法院关于被告人亲属主动为被告人退缴赃款应如何处理的批复》精神，家属代为退赔包括：一是除将违法所得家用外，成年犯罪人的亲属没有代为退赔的义务，不得对家属强制执行；二是如果成年犯罪人的亲属应犯罪人的请求，或自愿为其代为退赔部分或全部赃款赃物并征得犯罪人的同意的，应当准许，也即法律允许亲属帮助犯罪分子退赔财产；三是不论是犯罪人自己退赔还是其亲属代替进行退赃的，均视为犯罪人主动退赔财物，并作为量刑情节加以考虑。（7）生效判决中的责令退赔由一审法院执行。《民事诉讼法》第二百二十四条规定：“发生法律效力的民事判决、裁定，以及刑事判决、裁定中的财产部分，由第一审人民法院或者与第一审人民法院同级的被执行财产所在地的人民法院执行。”“责令退赔”所解决的民事赔偿部分与判处犯罪人刑罚所解决的刑事部分是同一刑事判决中法定的两个方面，均具有确定力和执行力，均须以国家强制力为保障。《财物执行规定》第一条亦将“责令退赔”作为刑事裁判涉财产部分的执行。（8）责令退赔的先予保全。《人民法院办理执行案

---

① 张明楷：《刑法学》（第二版），法律出版社 2003 年版，第 488 页。

② 刘振会：《刑事诉讼中涉案财物处理之我见——刍议对〈刑法〉第 64 条的理解与适用》，《山东审判》2008 年第 3 期，第 92 页。

件规范》第七百二十条规定："人民法院刑事审判中可能判处被告人财产刑、责令退赔的，刑事审判部门应当依法对被告人的财产状况进行调查；发现可能隐匿、转移财产的，应当及时查封、扣押、冻结其相应财产。"[①]（9）责令退赔应做两次估价。对于财产价格波动的，一是要估价行为时的财物价值，以确定追赃数额；二是财物明显贬值的，则应估价退还时的财物价值，如价值确实明显低于犯罪时的价值的，应当责令退赔。但被害人放弃责令退赔的除外。

三、退赔的要点

（一）退赔的优先权

从民法角度看，债权具有平等性。但《关于办理非法集资刑事案件若干问题的意见》第九条第四款规定："根据有关规定，查封、扣押、冻结的涉案财物，一般应在诉讼终结后返还集资参与人。涉案财物不足全部返还的，按照集资参与人的集资额比例返还。退赔集资参与人的损失一般优先于其他民事债务以及罚金、没收财产的执行。"本条旨趣显然是打破了债权平等性原则，而赋予执行阶段的退赔优先于一般债权。而《财物执行规定》第十三条："被执行人在执行中同时承担刑事责任、民事责任，其财产不足以支付的，按照下列顺序执行：（一）人身损害赔偿中的医疗费用；（二）退赔被害人的损失；（三）其他民事债务；（四）罚金；（五）没收财产。债权人对执行标的依法享有优先受偿权，其主张优先受偿的，人民法院应当在前款第（一）项规定的医疗费用受偿后，予以支持。"本条又明确了优先受偿权依然可以优先于退赔。进言之，司法解释肯定执行阶段的退赔一般优先于其他债权，但依法享有优先受偿权的除外（如抵押权在先的情形）。本书认为，这里的优先受偿权一般多指担保物权的情形，即物权。概言之，对于审前的退赔与物权、一般债权的关系是：物权优先于退赔，退赔平等于一般债权，不分先后。而对于审后执行阶段的退赔与物权、一般债权的关系是：物权优先于退赔，退赔优先于一般债权。

判例9 浙江省宁波市中级人民法院：《罗某某、张某某申请承认

---

① 本书以为，为了责令退赔而预先采取查封、扣押、冻结措施，实质并非指责令退赔具有强制性，此条所指的查封、扣押、冻结措施实质是追缴等值财产措施而不是责令退赔。

与执行法院判决、仲裁裁决案件执行审查类执行裁定书》［（2017）浙02执异6号］[①]：

异议人（被害人）罗某某提出异议称：张某某犯诈骗罪一案，检察院提起公诉在先，平安银行股份有限公司宁波分行起诉在后，平安银行股份有限公司宁波分行不应当优先于张某某诈骗案的被害人受偿；张某某当初向平安银行股份有限公司宁波分行借款时，将名下位于宁波市兴宁巷83号×幢×室房地产提供抵押担保，同时有张永某提供连带保证责任，平安银行股份有限公司宁波分行应该去追索担保人的责任。

本院认为，根据《最高人民法院关于刑事裁判涉财产部分执行的若干规定》第十三条之规定："被执行人在执行中同时承担刑事责任、民事责任，其财产不足以支付的，按照下列顺序执行：（一）人身损害赔偿中的医疗费用；（二）退赔被害人的损失；（三）其他民事债务；（四）罚金；（五）没收财产。债权人对执行标的依法享有优先受偿权，其主张优先受偿的，人民法院应当在前款第（一）项规定的医疗费用受偿后，予以支持。"平安银行股份有限公司宁波分行对宁波市兴宁巷83号×幢×室房地产依法享有优先受偿权，其受偿顺序优先于退赔被害人的损失。异议人提出平安银行股份有限公司宁波分行不应当优先于张某某诈骗案的被害人受偿的意见与宁波市江东区人民法院作出（2015）甬东商初字第2851号民事判决及法律规定不符。根据《物权法》第一百七十六条规定："被担保的债权既有物的担保又有人的担保的，债务人不履行到期债务或者发生当事人约定的实现担保物权的情形，债权人应当按照约定实现债权；没有约定或者约定不明确，债务人自己提供物的担保的，债权人应当先就该物的担保实现债权。"异议人提出平安银行股份有限公司宁波分行应当向担保人张永某去追讨的意见亦与法律规定不符。

宁波中院最终裁定驳回罗某某的异议请求。

显然，该判贯彻了民法关于"物权优于退赔"的原则。

---

① 类似案例还有《中国银行股份有限公司丽水市分行为与陈某某、一审孟某某、董某某金融借款合同纠纷一案》［浙江省丽水市中级人民法院（2016）浙11民终330号］。

判例10　《郭某某与洪某民间借贷纠纷执行裁定书》[广东省佛山市中级人民法院（2016）粤06执复29号]：

"南海法院在对涉案民事裁判的执行过程中，发现被执行人洪某同时还承担刑事责任，故在被执行财产已拍卖变现但相关刑事裁判涉财产部分尚未执结的情况下，南海法院暂缓处置涉案房产拍卖款，处理并无不妥。申请复议人郭某某依据生效民事调解书对被执行人洪某享有的只是一般民事债权，对涉案房产并不享有优先受偿权，依照前述《最高人民法院关于刑事裁判涉财产部分执行的若干规定》第十三条第二款的规定，郭某某对涉案房产拍卖款无权主张优先受偿。综上所述，郭某某不服异议裁定提出的复议申请理据不足，应予驳回；南海法院作出的异议裁定认定事实清楚，处理结果正确，应予维持。"

显然，该判体现的是执行阶段的退赔优先于一般债权的司法解释精神。

（二）共犯代为退赔

各犯罪人对其违法所得部分负有不可推卸的退赃和退赔义务，但是对于自己未获得的违法所得或者说对于其他同案犯的违法所得是否具有退赔义务，以及如何退赔，退赔后是否可以向未退赔的同案犯主张追偿，实务中争议较大。

1. 按份说与连带说

按份说（独立说）认为，行为人各自应承担的责任相互独立，应根据各自获得的犯罪收益来退赔、退赃，不能因其他罪犯的全部退赔、退赃而免责[①]。又如，因为共犯之共同并非意味着退赔责任之共同，而且在现今执行如此困难的情形下，采取独立说更符合实际需要。因此，可以按照主从犯或者分赃等情况来划定各自承担的数额。但是，考虑到对被害人权益的保护，同时考虑到责令退赔情况是一种量刑情节，所以允许共犯人对超出自己份额的部分进行退赔[②]。连带说（总额说）认为基于部分犯罪全部责任的共犯原理，共同犯罪人之间应该承担连带责任[③]。

---

① 林东茂：《刑法综览》，中国人民大学出版社2009年版，第312页。
② 李一：《刑法中的追缴与责令退赔研究》，华东政法大学硕士学位论文，2015年4月。
③ 陈子平：《刑法总论》，中国人民大学出版社2008年版，第486页。

2. 本书立场

本书认为，连带说加按份说更为科学，亦即，在共犯整体与被害人之间采用连带说，而在共犯之间采用按份说。

共犯整体与被害人之间采取连带说的理由：第一，连带退赔责任的承担与共犯理论、民事共同侵权连带责任的承担具有理论上的一致性。我国台湾地区“司法院”院字第2024号亦解释认为：“共犯（包括教唆犯、正犯、从犯）对于赃款之全部，均负连带返还之责任，其有未经获案者，得由到案之其他共犯负担。”该解释值得借鉴。一方面，根据“部分行为全部责任”原则，共犯按违法所得总额定罪量刑，理应也按违法所得总额承担连带责任才符合刑法理论的一致性。另一方面，在犯罪人与被害人之间，刑事退赃的义务和责任性质，与基于合同或侵权承担的义务和责任的性质没有本质区别，不同的只是义务发生的依据有所差异。犯罪嫌疑人因犯罪行为形成的法律关系，在刑事司法层面，产生刑事司法机关的追惩权（包含责令退赃权）；在民事司法层面，产生退赃义务人与被害人之间基于民事侵权形成的债权债务关系。将赃款退还给被害人的义务，本质上还是起源于不法行为所具有的民事侵权行为性质。假设不构成犯罪，则民事侵权责任的本质也要求行为人必须承担连带偿还责任，而构成犯罪反而不用承担连带偿还责任，有悖常理，构成刑事犯罪只是通过追赃的形式对这种民事侵权行为的确认和强化而已，如果刑事责任不承担连带责任，而民事承担连带责任，显然也违反法理的一致性。第二，连带责任具有激励功效。法律也是一种激励机制，连带责任无疑是共犯退赃中最强有力的激励方式，它的确立有利于消除共同犯罪人“分赃少赔偿就少”之心理，鼓励犯罪分子积极退赃，改过自新，同时也能使刑事被害人的利益得到最大限度的保障①，使被侵害的法益得以修复。第三，对外承担的连带责任，可以通过对内的按份责任予以追偿，实现公平。超范围退赃，具有“垫付”和“代履行”性质，对于同案犯之间这种无合同、无侵权之债，未退赃人构成不当得利，退赃人完全可以进行追偿，符合“谁使用受益谁补偿”的经济学原理和共同侵权行为的责任承担的要求，能够实现同案犯间损利均衡。

犯罪人之间按份说的理由：第一，民事关系不排除承担刑事责任。刑事判决处理共同犯罪人对外向受害人承担连带赔偿的退赔问题，却未处理共同犯罪人内

---

① 李长坤：《刑事涉案财物处理制度研究》，华东政法大学博士学位论文，2010年5月16日。

部的赔偿义务分责问题。刑事判决既然只处理退赔的对外刑事责任，那么刑事退赔后共犯间的追偿问题，就是与刑事责任承担无关的纯粹民事责任问题。退赔可以认为是共同侵权人应对受害人承担的财产连带赔偿责任，共同侵权人一人退赔了受害人全部损失，对外债务的消灭使全体同案犯获利，因而向其他共同侵权人主张权益，这是发生在平等主体之间的财产关系，属于法院民事案件受理的范围。退赃是外部关系，是刑事责任，应由司法部门通过刑事手段来解决；而退赃责任的分担是一种内部关系，是民事关系，应由其通过民事诉讼的程序来解决。共犯承担刑事责任后，各共犯之间的民事权利义务关系并不当然消失。但凡以“刑法未明确规定同案犯之间的退赃义务”“不符合平等民事主体之间人身关系和财产关系”等为由不认可同案犯之间的追偿权，概因其是将退赃与退赃责任分配这两种不同层次的法律关系混淆的结果。第二，不允许追偿显失公允。既然共同犯罪行为亦符合共同侵权行为之要件，共同侵权产生连带责任，而连带责任清偿后产生利益再平衡问题，即追偿权。如果共犯人承担连带退赔责任后不具有追偿权，则该共犯人既因犯罪行为受到刑罚处罚，又需负担超出自己实际违法所得的退赔数额，对其有失公允。而对于少赔或不赔的同案犯，因同案犯的代为退赃，而被免除被追缴或从宽处罚，实质上因犯罪而获得好处，违反“无人应从犯罪中获益的”原则。第三，如果不允许按份追偿，其将大大降低退赃积极性，损害追赃挽损的效果。

概言之，对于共犯，无论是片面共犯、部分犯罪共同说，还是间接正犯、共同正犯等情形，对每个同案犯而言，无论其是否分的赃款赃物，也无论是否承担刑事责任，对被害人都负连带赔偿责任（上限为被害人损失），对于超出部分的退赃，可以向其他未同案犯追偿。如果其他同案犯归案后原物尚在的，则应采取执行回转方式衡平个同案犯之间的损益①。

判例11　刘某某与姚某、张某某无因管理纠纷再审民事判决书②：

原审原告刘某某向本院提出如下诉讼请求：原审被告张某某立即返

① 在单位犯罪中，因通说认为，单位和直接负责的主管人员、其他直接责任人员之间，以及直接负责的主管人员和其他直接责任人员之间不是共犯关系。因此，上述“对外连带和对内按份”规则，都不适用，司法实践中的不得要求直接负责的主管人员和其他直接责任人员承担退赔、退赃义务。

② 重庆市巴南区人民法院民事判决书（2018）渝0113民再2号。

回原审原告刘某某垫付的款项380万元。事实和理由：2009年11月，张某某任重庆凌多房地产开发有限公司法定代表人期间，因公司经营困难，通过案外人游某某与时任中国农业银行股份有限公司重庆市长寿区云台支行柜员的刘某某认识，张某某提出通过银行融资的方式向第三方借款。张某某通过中间人联系借款人赵某、李某将借款400万元存入中国农业银行股份有限公司重庆市长寿区云台支行账户内，刘某某又将款项支付给张某某。张某某将上述款项用于偿还个人欠款和支付中间人的高额利息。2010年2月2日，公安机关以刘某某、张某某、姚某涉嫌信用卡诈骗罪进行立案侦查。在侦查过程中，刘某某出具委托书，将个人厂房拆迁款用于垫付退还赵某、李某的款项400万元。刘某某认为其只应承担刑事判决书中认定的20万元，剩余380万元应该由张某某、姚某承担。

本院原审认为，《中华人民共和国民法通则》第九十三条规定：没有法定的或者约定的义务，为避免他人利益受损失进行管理或者服务的，有权要求受益人偿付由此而支付的必要费用；《最高人民法院关于贯彻执行〈中华人民共和国民法通则〉若干问题的意见》第132条规定：民法通则第九十三条规定的管理人或者服务人可以要求收益人偿付的必要费用，包括在管理或者服务活动中直接支出的费用，以及在该活动中受到的实际损失。本案中，刘某某为减少受害人赵某、李某的损失共支付400万元，扣除其在犯罪活动中的所得20万元及公安机关退还的案款1182704、利息870元，现尚有2616426元。张某某在信用卡诈骗犯罪活动中，将所得的400万元款项用于消费及支付高额利息，故该400万元应由张某某退还给受害人赵某、李某，现刘某某要求张某某退还2616426元的诉讼请求，本院予以支持。对于刘某某要求姚某共同退还其垫付费用的诉讼请求，因姚某并未因犯罪活动获得利益，刘某某也未替姚某偿还被害人，故对原告的该项诉讼请求，本院不予支持。……判决如下：一、原审被告张某某于本判决生效之日起十五日内给付原审原告刘某某2616426元……

本院决定再审的主要理由：本案不是无因管理，而应是追偿权纠纷；本案是多退赃的共同犯罪人能否提起民事诉讼向其他共犯追偿的问题。退赃是与刑事责任相关的法定义务，共同侵权与共同犯罪分别属于侵权法与刑法中两项不同的法律，各自有不同的调整范围，分别通过民事诉讼法和刑事诉讼法不同的诉讼程序解决。侵权责任，是民事主体因实施侵权行为而应承担的民事法律后果，体现的是平等民事主体之间的关系；刑事责任，是行为人因违反刑事法律而构成犯罪所依法应承担的刑事法律后果，体现为个人对国家承担的责任，是国家权利的行为，本案的张某某和刘某某作为共同退赃义务人，不因双方退赃金额存在差异而在双方之间产生民事权利义务，共犯退赃不应产生民法上的连带清偿责任。本案的当事人之间的关系在为减轻罪责而共同退赃基础上形成的，不是平等民事主体之间的民事法律关系，本案不属于民事主体之间的民事法律关系。

本院再审并经审判委员会讨论后认为，关于本案是否属于民事诉讼案件受理范围的问题。首先，虽然审判实务中对于部分共同犯罪人退赔全部损失后，能否向其他共同犯罪人主张民事责任的问题确存在争议，但本院审判委员会多数意见认为，依照《最高人民法院关于刑事附带民事诉讼范围问题的规定》（法释〔2000〕47号）第一条“因人身权利受到犯罪侵犯而遭受物质损失或者财物被犯罪分子毁坏而遭受物质损失的，可以提起附带民事诉讼。对于被害人因犯罪行为遭受精神损失而提起附带民事诉讼的，人民法院不予受理”，第五条“犯罪分子非法占有、处置被害人财产而使其遭受物质损失的，人民法院应当依法予以追缴或者责令退赔。被追缴、退赔的情况，人民法院可以作为量刑情节予以考虑。经过追缴或者退赔仍不能弥补损失，被害人向人民法院民事审判庭另行提起民事诉讼的，人民法院可以受理”，刑事判决确定的退赔义务，其本质为民事侵权的赔偿义务。因此，部分共同犯罪人退赔被害人的全部损失后，共同犯罪人内部的责任分担问题属于民法调整范围，本案可以作为民事案件受理。其次，现被告张某某已明确表示其接受原审判决结果，系其对自身民事权利及诉讼权利的自由处分，本案亦无再审撤销或者变更原判决的必要。依照《中华人民共和国民事诉讼法》第二百零七条，《最高人民法院关于适用〈中华人民共和国民事诉讼法〉的解释》第四百零七条第一款的规定，判决如下：

维持本院（2017）渝0113民初1454号民事判决……

本案中，法院显然是支持共犯代为退赃后可以向其他同案犯主张不当得利之诉，即：共犯间采取按份说承担退赔责任。

四、退赃、退赔的法律效果

认罪认罚从宽制度中“认罚”考察的重点是犯罪嫌疑人、被告人的悔罪态度和悔罪表现。犯罪嫌疑人、被告人退赃退赔、赔偿损失、履行财产刑是否到位，是判断犯罪嫌疑人、被告人认罚程度的重要考虑因素。对于只“认罪”不“认罚”，或者表面上“认罚”，背地里却串供、毁灭证据或者隐匿、转移财产，不赔偿被害人损失的，则不能适用认罪认罚从宽制度①。概言之，退赃退赔属于认罚的重要判断依据，是从宽处理的重要内容。

表 6-1　退赃退赔从宽处理的主要法律规定

序号	法律依据	法律后果
1	《刑法》第一百七十六条第三款规定：非法吸收公众存款罪在提起公诉前积极退赃退赔，减少损害结果发生的，可以从轻或者减轻处罚。第二百七十二条第三款：有第一款行为，在提起公诉前将挪用的资金退还的，可以从轻或者减轻处罚。其中，犯罪较轻的，可以减轻或者免除处罚。第三百八十三条第三款贪污罪的规定：犯第一款罪，在提起公诉前如实供述自己罪行、真诚悔罪、积极退赃，避免、减少损害结果的发生，有第一项规定情形的，可以从轻、减轻或者免除处罚；有第二项、第三项规定情形的，可以从轻处罚。第三百八十六条：对犯受贿罪的，根据受贿所得数额及情节，依照本法第三百八十三条的规定处罚。	从轻、减轻处罚、免除处罚

① 周庆典、李渊：《认罪认罚从宽制度中“确无能力退赃退赔”的理解与认定》，中国法院网，https：//www.chinacourt. org/article/detail/2020/01/id/4753536. shtml，最后访问日期2020年9月1日。

续　表

序号	法律依据	法律后果
2	《监察法》第三十一条：涉嫌职务犯罪的被调查人主动认罪认罚，有下列情形之一的，监察机关经领导人员集体研究，并报上一级监察机关批准，可以在移送人民检察院时提出从宽处罚的建议： （一）自动投案，真诚悔罪悔过的； （二）积极配合调查工作，如实供述监察机关还未掌握的违法犯罪行为的； （三）积极退赃，减少损失的； （四）具有重大立功表现或者案件涉及国家重大利益等情形的。	提出从宽处罚的建议
3	《反有组织犯罪法》第三十三条：犯罪嫌疑人、被告人积极配合有组织犯罪案件的侦查、起诉、审判等工作，有下列情形之一的，可以依法从宽处罚，但对有组织犯罪的组织者、领导者应当严格适用：……（四）协助追缴、没收尚未掌握的赃款赃物的。	从宽处罚
4	最高人民法院《关于挪用公款案件具体应用法律若干问题的解释》（法释〔1998〕9号）第五条："挪用公款数额巨大不退还的"，是指挪用公款数额巨大，因客观原因在一审宣判前不能退还的。	量刑幅度
5	《最高人民法院关于适用财产刑若干问题的规定》（法释〔2000〕45号）第四条：犯罪情节较轻，适用单处罚金不致再危害社会并具有下列情形之一的，可以依法单处罚金；……（六）全部退赃并有悔罪表现的……	可以依法单处罚金
6	《最高人民法院关于充分发挥审判职能作用切实做好治理商业贿赂专项工作的通知》（法〔2006〕67号）第四条：坚持宽严相济的刑事政策，对性质恶劣、情节严重、涉案范围广、影响面大的商业贿赂犯罪案件，依法从严惩处。对自首、立功或者积极退赃的犯罪分子，依法从轻、减轻或者免予处罚。通过人民法院的审判活动，积极稳妥地推进这项工作，实现政治、法律和社会效果的有机统一。	量刑情节

续 表

序号	法律依据	法律后果
7	《最高人民法院关于审理未成年人刑事案件具体应用法律若干问题的解释》（法释〔2006〕1号）第九条：已满十六周岁不满十八周岁的人实施盗窃行为未超过三次，盗窃数额虽已达到“数额较大”标准，但案发后能如实供述全部盗窃事实并积极退赃，且具有下列情形之一的，可以认定为“情节显著轻微危害不大”，不认为是犯罪：（一）系又聋又哑的人或者盲人；（二）在共同盗窃中起次要或者辅助作用，或者被胁迫；（三）具有其他轻微情节的。第十六条：对未成年罪犯符合刑法第七十二条第一款规定的，可以宣告缓刑。如果同时具有下列情形之一，对其适用缓刑确实不致再危害社会的，应当宣告缓刑：（一）初次犯罪；（二）积极退赃或赔偿被害人经济损失。	不认为是犯罪、宣告缓刑
8	最高人民法院、最高人民检察院印发《关于办理职务犯罪案件认定自首、立功等量刑情节若干问题的意见》的通知（法发〔2009〕13号）第四条第四款：犯罪分子及其亲友主动退赃或者在办案机关追缴赃款赃物过程中积极配合的，在量刑时应当与办案机关查办案件过程中依职权追缴赃款赃物的有所区别。	量刑情节
9	《最高人民法院、最高人民检察院、公安部、国家安全部、司法部关于加强协调配合积极推进量刑规范化改革的通知》（法发〔2010〕47号）第三条：侦查机关、检察机关不但要注重收集各种证明犯罪嫌疑人、被告人有罪、罪重的证据，而且要注重收集各种证明犯罪嫌疑人、被告人无罪、罪轻的证据；不但要注重收集各种法定量刑情节，而且要注重查明各种酌定量刑情节，比如案件起因、被害人过错、退赃退赔、民事赔偿、犯罪嫌疑人、被告人一贯表现等，确保定罪量刑事实清楚，证据确实充分。为量刑规范化和公正量刑，以及做好调解工作、化解社会矛盾奠定基础。	酌定量刑情节

续　表

序号	法律依据	法律后果
10	最高人民法院印发《关于贯彻宽严相济刑事政策的若干意见》的通知（法发〔2010〕9号）第十二条：被告人非法占有、处置被害人财产不能退赃的，在决定刑罚时，应作为重要情节予以考虑，体现从严处罚的精神。第二十条：对于偶尔盗窃、抢夺、诈骗，数额刚达到较大的标准，案发后能如实交代并积极退赃的，可以认定为情节显著轻微，不作为犯罪处理。	量刑情节、不作为犯罪处理
11	两高《关于办理诈骗刑事案件具体应用法律若干问题的解释》（法释〔2011〕7号）第三条：诈骗公私财物虽已达到本解释第一条规定的"数额较大"的标准，但具有下列情形之一，且行为人认罪、悔罪的，可以根据刑法第三十七条、刑事诉讼法第一百四十二条的规定不起诉或者免予刑事处罚：……（二）一审宣判前全部退赃、退赔的。	不起诉或者免予刑事处罚
12	两高《关于办理抢夺刑事案件适用法律若干问题的解释》（法释〔2013〕25号）第五条：抢夺公私财物数额较大，但未造成他人轻伤以上伤害，行为人系初犯，认罪、悔罪，退赃、退赔，且具有下列情形之一的，可以认定为犯罪情节轻微，不起诉或者免予刑事处罚；必要时，由有关部门依法予以行政处罚……	不起诉或者免予刑事处罚
13	《最高人民法院、最高人民检察院关于办理敲诈勒索刑事案件适用法律若干问题的解释》（法释〔2013〕10号）第五条：敲诈勒索数额较大，行为人认罪、悔罪，退赃、退赔，并具有下列情形之一的，可以认定为犯罪情节轻微，不起诉或者免予刑事处罚，由有关部门依法予以行政处罚：（一）具有法定从宽处罚情节的；（二）没有参与分赃或者获赃较少且不是主犯的；（三）被害人谅解的；（四）其他情节轻微、危害不大的。	不起诉或者免予刑事处罚

续 表

序号	法律依据	法律后果
14	《最高人民法院、最高人民检察院关于办理盗窃刑事案件适用法律若干问题的解释》（法释〔2013〕8 号）第七条：盗窃公私财物数额较大，行为人认罪、悔罪，退赃、退赔，且具有下列情形之一，情节轻微的，可以不起诉或者免予刑事处罚；必要时，由有关部门予以行政处罚：（一）具有法定从宽处罚情节的；（二）没有参与分赃或者获赃较少且不是主犯的；（三）被害人谅解的；（四）其他情节轻微、危害不大的。	可以不起诉或者免予刑事处罚
15	最高人民法院《关于减刑、假释案件审理程序的规定》（法释〔2014〕5 号）第五条：人民法院审理减刑、假释案件，除应当审查罪犯在执行期间的一贯表现外，还应当综合考虑犯罪的具体情节、原判刑罚情况、财产刑执行情况、附带民事裁判履行情况、罪犯退赃退赔等情况。	审理减刑、假释参考情节
16	《人民检察院办理减刑、假释案件规定》（高检发监字〔2014〕8 号）第七条：人民检察院可以采取调阅复制有关材料、重新组织诊断鉴别、进行文证鉴定、召开座谈会、个别询问等方式，对下列情况进行调查核实：……（二）拟提请减刑、假释罪犯的财产刑执行、附带民事裁判履行、退赃退赔等情况。	减刑、假释
17	《司法部关于贯彻中政委〔2014〕5 号文件精神严格规范减刑、假释、暂予监外执行工作的通知》（司发通〔2014〕38 号）第二条：认定三类罪犯“确有悔改表现”的，不仅应当考察其是否认罪悔罪，认真遵守法律法规及监规、接受教育改造，积极参加思想、文化、职业技术教育，积极参加劳动、努力完成劳动任务，而且应当考察其是否通过主动退赃、积极协助追缴境外赃款赃物、主动赔偿损失等方式，积极消除犯罪行为所产生的社会影响，对服刑期间利用个人影响力和社会关系等不正当手段企图获得减刑、假释机会的，不认定其“确有悔改表现”。	“确有悔改表现”依据之一

续　表

序号	法律依据	法律后果
18	《中共中央政法委关于严格规范减刑、假释、暂予监外执行切实防止司法腐败的意见》（中政委〔2014〕5 号）第一条：对三类罪犯“确有悔改表现”的认定，不仅应当考察其是否认罪悔罪，认真遵守法律法规及监规、接受教育改造，积极参加思想、文化、职业技术教育，积极参加劳动、努力完成劳动任务，而且应当考察其是否通过主动退赃、积极协助追缴境外赃款赃物、主动赔偿损失等方式，积极消除犯罪行为所产生的社会影响。对服刑期间利用个人影响力和社会关系等不正当手段企图获得减刑、假释机会的，不认定其“确有悔改表现”。	“确有悔改表现”依据之一
19	《最高人民法院、最高人民检察院关于办理非法采矿、破坏性采矿刑事案件适用法律若干问题的解释》（法释〔2016〕25 号）第十条：实施非法采矿犯罪，不属于“情节特别严重”，或者实施破坏性采矿犯罪，行为人系初犯，全部退赃退赔，积极修复环境，并确有悔改表现的，可以认定为犯罪情节轻微，不起诉或者免予刑事处罚。	不起诉或者免予刑事处罚
20	《最高人民法院关于办理减刑、假释案件具体应用法律的规定》（法释〔2016〕23 号）第三条：对职务犯罪、破坏金融管理秩序和金融诈骗犯罪、组织（领导、参加、包庇、纵容）黑社会性质组织犯罪等罪犯，不积极退赃、协助追缴赃款赃物、赔偿损失，或者服刑期间利用个人影响力和社会关系等不正当手段意图获得减刑、假释的，不认定其“确有悔改表现”。	“确有悔改表现”依据之一
21	《最高人民法院、最高人民检察院关于办理贪污贿赂刑事案件适用法律若干问题的解释》（法释〔2016〕9 号）第四条：贪污、受贿数额特别巨大，犯罪情节特别严重、社会影响特别恶劣、给国家和人民利益造成特别重大损失的，可以判处死刑。符合前款规定的情形，但具有自首，立功，如实供述自己罪行、真诚悔罪、积极退赃，或者避免、减少损害结果的发生等情节，不是必须立即执行的，可以判处死刑缓期二年执行。	可以判处死刑缓期二年执行

续 表

序号	法律依据	法律后果
22	《最高人民法院关于审理毒品犯罪案件适用法律若干问题的解释》（法释〔2016〕8号）第六条：包庇走私、贩卖、运输、制造毒品的近亲属，或者为其窝藏、转移、隐瞒毒品或者毒品犯罪所得的财物，不具有本条前两款规定的“情节严重”情形，归案后认罪、悔罪、积极退赃，且系初犯、偶犯，犯罪情节轻微不需要判处刑罚的，可以免予刑事处罚。	可以免予刑事处罚
23	《最高人民法院、最高人民检察院关于办理侵犯公民个人信息刑事案件适用法律若干问题的解释》（法释〔2017〕10号）第十条：实施侵犯公民个人信息犯罪，不属于“情节特别严重”，行为人系初犯，全部退赃，并确有悔罪表现的，可以认定为情节轻微，不起诉或者免予刑事处罚；确有必要判处刑罚的，应当从宽处罚。	不起诉或者免予刑事处罚、从宽处罚
24	最高人民检察院《关于办理涉互联网金融犯罪案件有关问题座谈会纪要》（高检诉〔2017〕14号）第二十七条：最大限度减少投资人的实际损失是办理涉互联网金融犯罪案件特别是非法集资案件的重要工作。在决定是否起诉、提出量刑建议时，要重视对是否具有认罪认罚、主动退赃退赔等情节的考察。	属于起诉、量刑建议的考察情节
25	《检察机关办理电信网络诈骗案件指引》（高检发侦监字〔2018〕12号）第三条：在犯罪嫌疑人罪行较轻的前提下，根据犯罪嫌疑人在犯罪团伙中的地位、作用、参与时间、工作内容、认罪态度、悔罪表现等情节，结合案件整体情况，依据主客观相一致原则综合判断犯罪嫌疑人的社会危险性或者羁押必要性。在犯罪嫌疑人真诚认罪悔罪，如实供述且供述稳定的情况下，有下列情形的可以考虑社会危险性较小：……5. 直接参与诈骗的数额未达巨大，积极退赃的从犯。	判断犯罪嫌疑人的社会危险性或者羁押必要性依据

续　表

序号	法律依据	法律后果
26	《检察机关办理侵犯公民个人信息案件指引》（高检发侦监字〔2018〕13号）第三条“社会危险性及羁押必要性审查：……犯罪嫌疑人实施侵犯公民个人信息犯罪”，不属于“情节特别严重”，系初犯，全部退赃，并确有悔罪表现的，可以认定社会危险性较小，没有逮捕必要。	可以认定社会危险性较小，没有逮捕必要
27	《未成年人刑事检察工作指引》（高检发未检字〔2018〕13号）第一百六十条：……对于罪行较重，但主观恶性不大，有悔罪表现，具备有效监护条件或者社会帮教措施，具有下列情形之一，不逮捕不致再危害社会和妨害诉讼正常进行的，可以不批准逮捕：……（五）犯罪后如实交待罪行，真诚悔罪，积极退赃，尽力减少和赔偿损失，与被害人达成和解的。第一百八十一条：人民检察院可以参照《最高人民法院关于常见犯罪的量刑指导意见》并综合考虑全案情况和量刑情节，衡量是否“可能判处一年有期徒刑以下刑罚”。 具有下列情形之一的，一般认为具有悔罪表现：（一）犯罪嫌疑人认罪认罚的；（二）向被害人赔礼道歉、积极退赃、尽力减少或者赔偿损失的。	可以不批准逮捕、认为具有悔罪表现
28	《最高人民法院、最高人民检察院关于办理虚假诉讼刑事案件适用法律若干问题的解释》（法释〔2018〕17号）第九条：实施刑法第三百零七条之一第一款行为，未达到情节严重的标准，行为人系初犯，在民事诉讼过程中自愿具结悔过，接受人民法院处理决定，积极退赃、退赔的，可以认定为犯罪情节轻微，不起诉或者免予刑事处罚；确有必要判处刑罚的，可以从宽处罚。	不起诉或者免予刑事处罚、从宽处罚
29	《关于办理“套路贷”刑事案件若干问题的意见》（法发〔2019〕11号）第八条：以老年人、未成年人、在校学生、丧失劳动能力的人为对象实施“套路贷”，或者因实施“套路贷”造成被害人或其特定关系人自杀、死亡、精神失常、为偿还“债务”而实施犯罪活动的，除刑法、司法解释另有规定的外，应当酌情从重处罚。 在坚持依法从严惩处的同时，对于认罪认罚、积极退赃、真诚悔罪或者具有其他法定、酌定从轻处罚情节的被告人，可以依法从宽处罚。	从宽处罚

续　表

序号	法律依据	法律后果
30	2019 年 7 月 6 日实施的《最高人民法院、最高人民检察院、海关总署关于敦促走私废物违法犯罪人员投案自首的公告》和 2018 年 8 月 23 日实施的《国家监察委员会、最高人民法院、最高人民检察院、公安部、外交部关于敦促职务犯罪案件境外在逃人员投案自首的公告》规定积极退赃的可以减轻免除处罚。	可以减轻免除处罚
31	最高人民法院、最高人民检察院、公安部、国家安全部、司法部印发《关于适用认罪认罚从宽制度的指导意见》的通知（高检发〔2019〕13 号）第七条第二款："认罚"考察的重点是犯罪嫌疑人、被告人的悔罪态度和悔罪表现，应当结合退赃退赔、赔偿损失、赔礼道歉等因素来考量。	"认罚"考量因素
32	两高一部印发《关于办理非法集资刑事案件若干问题的意见》的通知（高检会〔2019〕2 号）第六条第三款：对于涉案人员积极配合调查、主动退赃退赔、真诚认罪悔罪的，可以依法从轻处罚；其中情节轻微的，可以免除处罚；情节显著轻微、危害不大的，不作为犯罪处理。	从轻处罚、不作为犯罪处理
33	最高人民法院、最高人民检察院《关于常见犯罪的量刑指导意见（试行）》法发〔2021〕21 号第三条第 10 点：对于退赃、退赔的，综合考虑犯罪性质，退赃、退赔行为对损害结果所能弥补的程度，退赃、退赔的数额及主动程度等情况，可以减少基准刑的 30% 以下；对抢劫等严重危害社会治安犯罪的，应当从严掌握。第 14 点：对于被告人认罪认罚的，综合考虑犯罪的性质、罪行的轻重、认罪认罚的阶段、程度、价值、悔罪表现等情况，可以减少基准刑的 30% 以下；具有自首、重大坦白、退赃退赔、赔偿谅解、刑事和解等情节的，可以减少基准刑的 60% 以下，犯罪较轻的，可以减少基准刑的 60% 以上或者依法免除处罚。认罪认罚与自首、坦白、当庭自愿认罪、退赃退赔、赔偿谅解、刑事和解、羁押期间表现好等量刑情节不作重复评价。此外，意见对非法吸收公众存款罪、集资诈骗罪、信用卡诈骗罪、合同诈骗罪、盗窃罪、诈骗罪、抢夺罪、职务侵占罪、敲诈勒索罪等罪名也明确了退赃作为重要量刑情节考量。	减轻处罚

续　表

序号	法律依据	法律后果
34	最高人民法院《关于审理掩饰、隐瞒犯罪所得、犯罪所得收益刑事案件适用法律若干问题的解释》（法释〔2021〕8号）第二条：掩饰、隐瞒犯罪所得及其产生的收益行为符合本解释第一条的规定，认罪、悔罪并退赃、退赔，且具有下列情形之一的，可以认定为犯罪情节轻微，免予刑事处罚……	免除处罚
35	最高人民法院关于审理非法集资刑事案件具体应用法律若干问题的解释（2022修正）第六条：非法吸收或者变相吸收公众存款的数额，以行为人所吸收的资金全额计算。在提起公诉前积极退赃退赔，减少损害结果发生的，可以从轻或者减轻处罚；在提起公诉后退赃退赔的，可以作为量刑情节酌情考虑。 非法吸收或者变相吸收公众存款，主要用于正常的生产经营活动，能够在提起公诉前清退所吸收资金，可以免予刑事处罚；情节显著轻微危害不大的，不作为犯罪处理。	从轻或者减轻、作为量刑情节酌情考虑、免予刑事处罚、不作为犯罪处理
36	《最高人民法院、最高人民检察院关于办理破坏野生动物资源刑事案件适用法律若干问题的解释》（法释〔2022〕12号）第二条第三款、第六条第三款：实施第一款规定的行为，不具有第二款规定的情形，且未造成动物死亡或者动物、动物制品无法追回，行为人全部退赃退赔，确有悔罪表现的，按照下列规定处理：……可以认定为犯罪情节轻微，不起诉或者免予刑事处罚；情节显著轻微危害不大的，不作为犯罪处理。	从轻、减轻处罚、不起诉或者免予刑事处罚
37	《高法解释》第一百七十六条：被告人非法占有、处置被害人财产的，应当依法予以追缴或者责令退赔。被害人提起附带民事诉讼的，人民法院不予受理。追缴、退赔的情况，可以作为量刑情节考虑。第二百七十六条：法庭审理过程中，对与量刑有关的事实、证据，应当进行调查。人民法院除应当审查被告人是否具有法定量刑情节外，还应当根据案件情况审查以下影响量刑的情节：……（五）退赃、退赔及赔偿情况。	作为量刑情节考虑、在减刑、假释时从宽掌握

续 表

序号	法律依据	法律后果
38	《高检规则》第一百四十条：犯罪嫌疑人涉嫌的罪行较轻，且没有其他重大犯罪嫌疑，具有下列情形之一的，可以作出不批准逮捕或者不予逮捕的决定：（二）主观恶性较小的初犯，共同犯罪中的从犯、胁从犯，犯罪后自首、有立功表现或者积极退赃、赔偿损失、确有悔罪表现的。 第四百六十三条：罪行较轻，具备有效监护条件或者社会帮教措施，没有社会危险性或者社会危险性较小的未成年犯罪嫌疑人，应当不批准逮捕。对于罪行比较严重，但主观恶性不大，有悔罪表现，具备有效监护条件或者社会帮教措施，具有下列情形之一，不逮捕不致发生社会危险性的未成年犯罪嫌疑人，可以不批准逮捕：（五）犯罪后认罪认罚，或者积极退赃，尽力减少和赔偿损失，被害人谅解的。	不批准逮捕或者不予逮捕

概括起来，涉及退赃退赔从宽处理的法律依据有 38 个，虽然上述法律规定已明确退赃退赔属于法定从宽处理的情节之一且较为完善，从不认为是犯罪、不逮捕（不予逮捕）、不起诉到从轻、减轻、免除刑罚、减轻刑罚执行等都有详尽的规定，但稍显遗憾的是对于拘留、取保候审、监视居住等强制措施的退赃退赔法律后果规定的却较少，尚需完善。如建议增加，对被刑事拘留的侵财犯罪嫌疑人，若已全部退赃退赔或者大部分退赃退赔且符合取保候审条件的，可以结合犯罪情节、悔罪表现等考量，转成取保候审。

第七章　赃的处置[①]

赃的处置即指赃的法定处理方法。赃的处置体现了法律对犯罪之物的否定，是严厉而权威的司法手段。赃的处置不但包括返还、没收、上缴国库、销毁等通常措施，还包括拍卖、变卖、划拨、扣划等保值措施和辅助性措施。赃的处置应坚持依法、公正、公开，实现最大的社会价值、经济价值和法律价值。赃的处置是否到位，是追赃实现正义价值的“最后一公里”，应依法、严谨进行。

广义的赃的处置是指赃的法定处理方法，而狭义的赃的处置仅指经法院审判后的处置，即“对物之诉”判决的执行。概因我国刑事诉讼法设定审前返还程序，所以赃的处置不应被限制于审后，本书中赃的处置特指广义的赃的处置，包括赃的任何法定处理方法。从诉讼程序上看，涉案财物经由办案机关调查取证并初步认定为疑赃后，便被依法追缴到案，经公诉机关审核后提请诉讼，疑赃即交由法院作出最后审判，确定其是否存在“罪过”及最终的命运，而财物一旦被认定为赃后，其最终的去向便是依法处置，包括对属于被害人的违法所得物归原主，无被害人的违法所得、违禁品、供犯罪所用的本人财物的依法剥夺，在刑法上这些措施即指《刑法》第六十四条规定的没收、返还、上缴国库，除此之外，还包括销毁等措施。当然，赃还存在一些其他处置措施，如走私废物犯罪中，考虑国家和社会安全需要，退回进口地。又如因冻结市场价格波动较大或者有效期限即将届满的债券、股票、基金份额等财产，当事人或者其法定代理人、委托代理人有权申请出售、如期受偿或者变现。再如，一些不宜保存的生鲜、禽畜、易变质食物等通常也采取拍卖、变卖等方式提前变现，以使财产及时保值，实现审后的最终处置。

---

① 《中共中央办公厅、国务院办公厅关于进一步规范刑事涉案财物处置工作的意见》中采用的是“处置”，所以本书与之保持一致，也用“处置”一词。

第一节 返 还

一、概 念

《刑法》第六十四条规定：……对被害人的合法财产，应当及时返还……

返还，指将原属于被害人所有的合法财产及补偿发还给被害人的措施。返还是司法办案机将已追缴到案的财物发还给被害人的措施，其不同于退赃和责令退赔，可以不经司法办案机关由犯罪人及其亲友直接给予被害人。这种返还，仅指返还被害人合法财产，不包括返还证据性财物、被告人合法财物、案外人财物、未查明权属和犯罪关联性的财物、与犯罪无关的违禁品、法庭裁决不予没收的犯罪所用财物。例如，行为人将从车行租来的汽车用于多次盗窃，虽然该车在盗窃过程中起到重要作用，但无论如何，该财物不是供犯罪所用的本人财物，在查清后，应当依法予以返还给车行，这种返还就不是本书所指的赃的处置措施。又如，被第三人善意取得的财物，虽然客观上属于赃物，但依法应当返还给善意第三人，这种返还也不是赃的处置措施。再如，抢劫过程中行为人所使用的手机，该手机对犯罪无促进作用，经审查后，不认定为犯罪工具，应当返还给行为人，这种返还同样不是赃的处置措施。我国的返还制度，以审后返还为主，审前返还为辅①，审前返还须在判决书中予以注明。

二、返还的要点

（一）返还的方式

根据追缴措施的不同，返还方式既包括从司法办案机关直接发还，主要是指

① 审前返还的情形，如《高检规则》第二百五十条：查封、扣押、冻结的财物，除依法应当返还被害人或者经查明确实与案件无关的以外，不得在诉讼程序终结之前处理。法律或者有关规定另有规定的除外。《查封、冻结规定》第三条第三款：查封、冻结的涉案财物，除依法应当返还被害人或者经查明确实与案件无关的以外，不得在诉讼程序终结之前作出处理。法律和有关规定另有规定的除外。

扣押在办案机关的财物（包括第三方保管的财物）和被依法查封的财物；也包括通知第三方机构代为发还，主要是冻结的财产性利益。如被冻结的股票、证券、期货及存款等金融机构，经法院送达执行通知后，发还给被害人。一是直接通知发还。即采取电话通知或者书面通知方式，告知被害人退还的财产比例及具体数额。但这种返还可以避免发生错误，如果被害人较多时，不利于操作。二是指定代表人发还。即对于被害人较多的案件，可以指定数名被害人为代表统一领取赃款赃物，然后再由代表人将赃款赃物发还给各自的被害人。指定代表人发还的代表人应该获得被害人的授权和委托，提供对应的身份证明。指定代表人发还可以减轻司法办案机关的工作量，但是这种发还可能导致财物被侵占的情况，容易引起纠纷。三是公开集中发还，即由司法办案机关通过公开发赃大会的形式，集中发还赃款赃物。公开集中发还要事先登报、公示，尽可能通知所有被害人到场领取。集中发还需要发还机关前期准备大量的工作，增加执法成本，但好处是能够取得良好的社会效应。四是公告方式，适用于被害人人数众多的案件。有些地方法院采纳民事执行和破产程序中的公告方法确立发赃的模式，通过相关媒体和网站发布通告，要求被害人携带身份证明资料和申领依据，在规定的时间段到指定地点进行登记，登记之后另行发放赃款。如“万里大造林”非法经营案的返还即采取公告通知的方式。

返还应坚持公平原则，禁止采取先来后到、单位优先于个人的原则，应坚持按比例返还。返还的方式应当尽量灵活，对于“钱少、人多、路远”的案件，应尽可能减少被害人领取赃款的成本，如通过当地公安机关、当地法院代为认证身份的方式、视频认证的方式，确定无误后直接转将赃款划拨至被害人银行账户或指定账户。对于涉众型犯罪的返还，可以考虑成立公检法联合处置工作小组，返还时引入听证程序，及时公开追缴到案的赃款赃物和预处理信息，在返还程序中，可以让被害人选派代表参与、监督全过程，在处置涉案金额较大的财物应尽量征求和听取多数被害人的意见。无论如何，上述发还方式都应当做好发还清单、领取手续的归档附卷工作。

（二）返还的范围

返还的范围包括：一是违法所得，即属于被害人合法财产的违法所得，包括原物及其天然孳息、同期利率以及对应的转变、转化物。如前述，根据“无人应从犯罪中获益”的原理，则间接违法所得中属于不确定利益，而需要行为人投入人力物力才可能获得的收益，一般应当予以没收。如用盗窃的5000元赃款购买彩票，中奖500万元的，应当将中奖金额的5000元返还被害人，而剩余的中奖金额没收。二是无被害人的违法所得、供犯罪所用的本人财物，被告人的合法财产（作为财产刑执行的那一部分财产）。国家财富的增长不应包含受害人的成本，应当避免没收中出现国家与民“争利”之情形①。对于应当没收的无被害人违法所得及供犯罪所用的本人财物，理应优先赔偿被害人损失的前提下再上缴国库。如根据英国1982年《刑事司法法》，如果法庭决定同时适用罚金和赔偿令，赔偿令的执行应当优先于罚金的执行。《瑞士联邦刑法典》第六十条也专门规定了“有利于被损害人的使用”。该条规定：“某人因重罪或轻罪而遭受财产损失，该财产损失不能由保险公司予以赔偿，且认为损害者不可能对其所为之损害予以赔偿的，法官可根据被损害人的要求，在法院规定的或通过和解确定的损害赔偿范围内，命令给予被损害人以赔偿：a. 被判刑人所缴纳的罚金；b. 没收之物品和财产或在扣除变卖费用之后的变卖所得之现金；c. 赔偿要求；d. 担保金。”从我国《刑法》第三十六条、第六十条之规定来看，在没收财产、罚金上缴国库与民事赔偿两者之间，立法者做出了“民事优先”的抉择。此外，《财物执行规定》第十二条肯定了涉案财物可以拍卖退赔给被害人，第十三条也明确，退赔优先于财产刑执行。概言之，本书认为，对于属于被害人合法财产的违法所得，尚未足额返还被害人时，经责令退赔仍无法得到补偿的，对于应当没收无被害人的违法所得、供犯罪所用的本人财物以及被告人的合法财产（作为财产刑执行的那一部分财产）理应折抵给被害人以弥补损失，实践中可以财物拍卖、变卖、实物折抵等多种方式返还给被害人。但无论如何，这种发还应以被害人同意为准，特别是以物抵债时，被害人的接受程度尤为关键，法律不能强人所难。

（三）返还的决定机关

我国刑事诉讼制度尚未构建扣押审前控制体系，审前返还决定主体应与人身强制措施变更权主体保持一致，即侦查阶段为侦查机关决定是否返还，审查起诉阶段为检察机关决定是否返还。当然部分学者认为：“对于案件需要移送审查起诉或提起公诉但涉案财物不需要在法庭出示的审前返还程序，宜由被害人向法院

① 李长坤：《刑事涉案财物处理制度研究》，华东政法大学博士学位论文，2010年5月16日。

申请裁定。”[1] 本书并不赞同，理由是：提前裁判不符合我国法院不提前阶段审前程序的制度安排；另外，犯罪实体未审理的情况下即对赃物进行裁判有违正当程序，也不符合诉讼经济原则。

（四）被害人的认定

程序上的被害人，是指经过刑事返还裁判程序依法确定的接受赃款赃物返还的对象。被害人作为遭受犯罪行为侵害的人，与案件结局有着直接的利害关系，其不仅具有获得经济赔偿与补偿的愿望，而且更有希望对其实施侵害的犯罪人受到法律上谴责、惩罚的要求[2]。被害人的身份只限定于本案，而不考虑其他案件。例如，甲抢劫乙的汽车，后经侦查，发现该汽车被乙长期用于盗窃活动（前往犯罪现场、运送赃物等），就甲涉嫌抢劫案而言，乙依然是被害人，应当返还给乙，只是因乙又涉嫌盗窃罪，（省略汽车返还乙的过程）财物再次在“乙涉嫌盗窃案”中被公安机关直接扣押。对于身份不明确或难以确定的，不能成为被害人。实体上的被害人，是具有接受赃款赃物返还资格的对象。它既可以是所有权人，也可以是继承人、破产管理人；既可以是所有权人，也可以是占有人（如出借人、委托人）。刑事返还被害人的范围，应当限于直接受害人，间接的受害人不能作为刑事返还中的受害人。例如，在非法经营、非法行医等特殊类型犯罪中，因犯罪行为间接受到损害的合法经营者、行医者，不能作为刑事返还的被害人[3]。比较有争议的是，非法集资是否存在被害人，这些“被害人”许多明知是非法活动，但仍参与其中，其性质和赌博的赌客并无区别。本书认为，这类“被害人”看似符合共犯，但实则属于片面对向犯中的必要参与人，不是共犯。张明楷教授认为：“由于刑法分则规定的是正犯，所以，只有当刑法总则规定了教唆犯、帮助犯时，才能扩张地处罚教唆犯与帮助犯，否则便违反罪刑法定原则。由于共同正犯不以实施构成要件行为为前提，所以，如果对共同正犯按照正犯处罚，就必须有刑法总则的明文规定。”换言之，对于这种在非法集资活动中提供

---

① 吴光升：《审前返还刑事涉案财物的若干问题探讨》，《中国刑事法杂志》2012 年第 1 期，第 91－98 页。

② 樊崇义：《刑事诉讼法学》，中国政法大学出版社 1999 年版，第 86－87 页。

③ 马坚明：《刑事诉讼中暂扣财产问题研究》，复旦大学硕士学位论文，2010 年 10 月 10 日。

帮助的“被害人”只要法无明文规定必须科处刑罚的，都不能认定为犯罪人。国务院《防范和处置非法集资条例》将非法集资的当事人分为“非法集资人”“集资协助人”“集资参与人”三种，且在第25条中明确非法集资人、非法集资协助人负有向集资参与人清退集资资金的义务。换言之，非法集资犯罪案件中，只有不明知的参与人才属于被害人，对于明知是非法集资而为其提供帮助并获取经济利益的单位和个人不是被害人[①]。当然，根据“无人应从犯罪中获益”原则，有些案件的被害人应扩大解释。如信用卡盗窃案中，被害人的损失已获得银行民事赔偿，在被害人不愿意执行回转的情况下，银行当然地获得“被害人”资格。此外，对于有些本身属于违法违纪的财物的，也不应予以返还。如政府机关单位私设小金库，应当按照有关法律规章制度和纪律条例等予以处置，而不是直接发还单位本身。如《监察机关没收追缴和责令退赔财物办法》第十条：“监察机关没收的财物，一律上缴国库。追缴的财物，退回原单位；依法不应退回的，上缴国库。”

（五）返还应坚持“物归原主”原则

所谓“物归原主”，即财物从何而来，即回到何地。成为发还对象的被害人应当是财物原占有人，在原占有人和所有权人分离的情况下，应当将财物发回原占有人而非所有权人，刑事诉讼法的目的只能是回转因犯罪而改变的社会关系，不能直接改变财物原占有人和所有权人之前的民事法律关系[②]。改变物的原占有关系，会使司法办案机关陷入插手经济纠纷之旋涡，进而承担不必要的行政诉讼风险。

（六）对于案件已经审结后又出现的被害人

对于案件审结后新出现的被害人，应根据是否属于同一法律关系进行判断。

1. 属于同一法律关系（或者说同一罪名）

如果是同一法律关系，则应根据被害人损失金额等情节判断其对被告人的量

---

① 根据《防范和处置非法集资条例》第二十五条第二款，虽然不明知的非法集资参与人被认定为被害人，但是在追缴不能时，损失依然由集资参与人自行承担。

② 邹啸弘：《普通程序中涉案财物处置程序问题研究》，湘潭大学博士学位论文，2016年12月。

刑是否产生较大影响，如果会对量刑产生较大影响的，则应通过侦查、补充起诉、开庭审判后，确认遗漏被害人的损失金额，并根据新的犯罪情节对被告人重新进行量刑，确保被告人罪刑相适应。在这种情形下，如果涉案资产分配尚未开始，则应等待判决之后将遗漏被害人纳入涉案资产分配名单；如果涉案资产已经按原判决分配完毕，则应将被害人纳入刑事执行程序，被告人须承担退赔被害人损失的责任。

如果对被告人的量刑不会产生较大影响且涉案财物尚未分配结束的，则应建立公检法三家会商机制和快速处理机制，对被害人的损失金额予以确认，直接参与涉案资产分配，从而让遗漏被害人所受损失能得到最快和最大限度的救济，避免因上述诉讼流程导致的诉讼资源浪费。如果涉案财物已经分配结束，则属于司法程序终止，而发赃对象必须是经过刑事审判程序所确认的被害人。对于未经司法程序确认的被害人，只能通过其他救济途径，如另行提起民事诉讼的方式挽回损失（如不当得利之诉——本书注）[①]。毕竟，刑事和民事并不是非此即彼的对立关系[②]，既然被害人与行为人的刑事法律关系未得到司法机关的认可，再另行提起民事诉讼，并不违背“一事不再理”原则。

例如，在保定波尔莱特农牧有限公司与张某某不当得利纠纷一案中［（2020）京03民终1549号］，张某某作为保定波尔莱特农牧有限公司（以下简称保定公司）的法定代表人，因涉嫌职务侵占罪被北京市平谷区人民法院做出（2015）平刑初字第288号刑事判决书，判处有期徒刑11年。后保定公司以不当得利为由对部分刑事判决未予认定款项以及公诉机关未提起公诉的款项提起民事诉讼要求张某某返还。

对此，一审法院认为：“根据最高人民法院关于适用《刑法》第六十四条有关问题的批复，刑事判决已经认定为被告人非法占有、处置被害人财产的应该依法追缴或责令退赔，不可以再另行提起民事诉讼，但不禁止就刑事判决并未认定以及公诉机关并未提起公诉的为被告人非法占用、处置的财产再提起民事诉讼，

① 王永杰：《中外退赃模式比较：兼论我国应建立大规模退赃制度》，《华东政法大学学报》2007年第3期。

② 2020年张明楷教授走进首都公安法制教育大讲堂讲授《财产罪的认定》时就指出：“我们不需要考虑民事欺诈与不当得利、诈骗罪的关系，只需要看这个行为是否符合诈骗罪的构成要件。最近比较火爆的刑民交叉概念，在我看来一点意义都没有，刑法民法分离以来就是如此，这二者不是交叉关系，而是包容关系。”

故不能以此否定受害人就此提起民事诉讼进行救济的权利。对于刑事案件未予认定以及公诉机关未提起公诉的侵占款项再次提起民事诉讼是否是对刑事判决的否定之事，本院认为，因同一事实分别产生刑事法律关系和民事法律关系的竞合，刑事案件和民事案件在事实认定上，证明标准和举证责任等方面均有不同，刑事案件未予认定以及公诉机关未提起公诉的事项，并不代表民事案件不能认定，更不代表民事案件对刑事案件的否定。故本院认为，虽然张某某已经被追究过刑事责任，但北京公司、保定公司仍有权就刑事案件未予认定以及公诉机关未提起公诉的侵占款项提起民事诉讼。”后北京市第三中级人民法院维持了一审判决。概言之，对于涉嫌犯罪的行为若未经刑事判决认定或未提起公诉（当然含未经公安侦查），被害人可以直接另行提起民事诉讼主张权利①。

2. 不属于同一法律关系

如果不是同一法律关系的，则属于漏罪或者其他民事诉讼关系，正常通过立案、侦查、起诉、审判刑事诉讼程序或者另行提起民事诉讼即可。

例如，在林某何与中国民生银行股份有限公司福州分行侵权责任纠纷一案中〔（2018）最高法民再360号〕，林某锦为了向中国民生银行股份有限公司福州分行（以下简称民生银行福州分行）申请续贷，以转贷过桥名义向林某何借款。民生银行福州分行为了收回全部贷款，在林某何授权他人前往该行核实贷款事宜中，故意隐瞒林某锦贷款逾期、该行已向法院起诉林某锦、原抵押人不愿意再提供担保的事实，明确告知来人只要林某锦在授信期满日前将贷款还清就可以办理转贷。基于对银行的信任，林某何与林某锦签订了借款协议。在林某何将资金打到指定的账户后，民生银行福州分行便收回全部贷款，不再重新发放贷款，最终导致林某何无法收回借款，造成重大损失。为此，福州市中级人民法院做出（2014）榕刑初字第67号刑事判决书，判决林某锦构成诈骗罪，责令退赔被害人林某何经济损失人民币9192394.01元。林某何认为民生银行福州分行应当承担共同欺诈的连带责任，遂要求民生银行福州分行赔偿损失及利息②。

该案例的核心问题是，在林某锦被判处徒刑并责令其退赔被害人损失的情况

---

① 张丽：《被害人在刑事判决生效后的民事再救济》，律政丽人公众号，2021年1月9日。

② 张丽：《被害人在刑事判决生效后的民事再救济》，律政丽人公众号，2021年1月9日。

下，作为另一民事主体的民生银行福州分行是否构成对林某何的侵权？以及在认定构成侵权的前提下，民生银行福州分行是否能够作为责任主体对刑事案件中的被害人进行补充赔偿，以及赔偿的范围？

对此，关于民生银行福州分行是否可以成为适格主体，最高人民法院认为："《刑诉法解释》第一百三十九条所禁止的是在刑事诉讼过程中被害人向被告人提起附带民事诉讼，并未禁止刑事诉讼结束后被害人可以另行针对其他应负责任的民事主体提起民事诉讼以寻求救济。刑事案件的被害人经过追缴或者退赔不能弥补损失的，以刑事案件的被告人之外的责任主体为被告提起民事诉讼主张损失赔偿，并不违反'一事不再理'的原则。因此，林某某作为刑事案件的被害人另行对民生银行福州分行提起民事诉讼，符合《中华人民共和国民事诉讼法》第一百一十九条规定的受理条件。"

而对于民生银行福州分行应承担的赔偿范围，最高人民法院认为："林某何在林某锦诈骗犯罪中作为被害人所受到的损失与因民生银行福州分行的欺诈行为所遭受的损失仍然具有同一性。由于刑事诉讼的制度功能在于追究犯罪行为人的刑事责任，其法律效果的本质是惩罚犯罪，财产损失作为补偿性的救济仅限于直接损失有其合理性。但这并不意味着未认定为犯罪数额的被害人损失与相关间接损失不能通过民事诉讼途径获得赔偿。由于民法理论上将预期得到的利益的减损这一间接损失亦包括在赔偿范围之内，因此对间接损失提起民事诉讼并不违背民法理论。"

具体到本案，"林某何以民生银行福州分行通过欺诈手段骗取其向林某锦提供转贷过桥资金为由提起民事诉讼，要求民生银行福州分行返还出借资金，并承担相应的利息，该案事实虽然与刑事案件的事实密切相关，但林某何提起的并非刑事附带民事诉讼，而是独立要求民生银行福州分行对其行为承担民事责任，因此其责任范围并不受刑事退赔范围的限制。本案中，由于民生银行福州分行和林某锦的欺诈行为导致林某何出借的款项不能得到偿还，林某何所遭受的损失除实际出借款项本金外，也必然包括相应的利息损失"。

在该案例中，最高人民法院明确了被害人在刑事判决生效后可以继续向同一事实中的其他民事主体另行提起民事诉讼。也就是说，被害人在刑事退赔或追缴不能弥补损失的情况下，可以向被告人以外的民事责任主体主张权利救济。尽管被害人可以另行提起民事诉讼，但该案例与批复并不矛盾，批复只是规定被害人不能向被告人提起附带民事诉讼或另行提起民事诉讼，并不禁止向被告人以外的民事责任主体另行主张损失赔偿。

当然，被害人向被告人以外的民事主体主张权利时，针对的是同一事实中未被认定构成犯罪的责任主体。换句话说，该民事救济权利不能适用于共同犯罪中的其他被告人。同时，被害人通过民事诉讼寻求救济时，只能就未获弥补的损失部分进行主张，而不能就全部损失再向其他民事责任主体主张，从而避免被害人获得双重受偿。其中，被害人的损失包括刑事案件中未获追赔的部分及其孳息。因刑事案件中对于被害人的财产损失只限于补偿直接损失，因此对于间接损失被害人只能在民事诉讼程序中主张。

需要强调的是，被害人主张民事救济的前提必须是在刑事案件中穷尽救济手段。简而言之，民事救济是对刑事审判的补充，也是先刑后民的应有之意。

（七）无人认领的处置措施

无人认领包括未找到被害人、被害人身份下落不明、被害人死亡无法定继承人、受赠人、注销有权利义务承担者、被害人明确放弃所有权、被害人经通知未明确放弃又期限届满未来领取等情形。判决返还被害人的财物，应当通知被害人认领；无人认领的，应当公告通知；公告满六个月无人认领的，应当上缴国库；上缴国库后有人认领，经查证属实的，应当申请退库予以返还；原物已经拍卖、变卖的，应当返还价款①。但是对于明确放弃领赃的被害人，赃款赃物被上缴国库后，又提出认领的，原则上应当不予退库返还，但是不退库可能造成被害人陷入重大困境时除外（如重大疾病需要就医、欠下巨额债务无力偿还等）。

（八）审前返还

审前返还，是指司法办案机关在法院判决裁定前，将追缴到案的属于被害人的合法财产及时返还被害人的诉讼行为。审前发还应当依法、公开、公平，审前返还类似于民法中的先予执行，其目的在于维护被害人的合法权益。审前返还仅适用于被犯罪人不法所得的被害人合法财物，不适用于违禁品和供犯罪所用的本人财物。审前返还被世界多数国家所接受。如德国《刑事诉讼法典》第一百一

① 《高法解释》第四百四十五条第三款规定是1年。但《检察院财物规定》第二十六条规定的公告期限和公安部《程序规定》第二百三十三条规定的是6个月。

十一条K规定，不管是出于证据保全目的，还是出于财产保全目的扣押的动产，在明确被害人，明确无第三人请求权与此相抵，而且明确刑事诉讼程序不再需要时，应归还给被害人。在日本，根据《刑事诉讼法典》第一百二十四条，在侦查中，如果返还被害人理由充足，在听取检察官与被告人或辩护人意见之后，可将没有扣押必要性的赃物返还被害人[①]。《意大利刑事诉讼法典》第二百六十二条第一款规定，当不需要继续为证明的目的维持扣押时，将被扣押物返还给权利人，返还也可在判决之前进行。在必要时，司法机关要求物的权利人随时根据要求提交被返还的物品，为此目的，可以要求他交纳保证金。《韩国刑事诉讼法》第一百三十三条规定，用作证据的扣押物，根据所有人、持有人、保管人或交出人的请求，可以暂时返还；只供证据使用的扣押物，其所有人或持有人应当继续使用的，要迅速采取照相或其他保存原样的措施后暂时返还[②]。我国《刑事诉讼法》第二百四十五条第一款规定了公安机关、人民检察院和人民法院审前可以将被害人合法财产予以返还。但是审前返还一直被诟病。大体理由包括：（1）审前返还，有“未审即判”之嫌。赃款赃物的认定涉及公民的财产权利，不能随便地对其进行定性，应当由专门的审判机关按照法定程序进行认定。在刑事案件中，只有法院是国家授权的审判机关，其他国家机关都没有审判权。在法院认定赃款赃物的情况下，审判与控诉是分离的，追诉机关只能依照法院的认定结论对赃款赃物进行处理，而不能根据追诉案件的需要自行对涉案财物进行法律定性，这样，行为人的合法财产权遭到损害的可能性就会大大降低，更能体现公平正义[③]。在案件尚处于侦查环节、嫌疑人是否有罪尚未确定的情况下，侦查机关对涉案财物的自行处置，势必会造成一种“涉案财物即为赃款赃物”的态势，从

---

① 王福华、李琦：《刑事附带民事诉讼制度与民事权利保护》，《中国法学》2002年第2期。

② 乔宇：《刑事涉案财物处置程序》，中国法制出版社2018年版，第134页。

③《高检规则》（1999年修正）第二百三十九条：“人民检察院撤销案件时，对犯罪嫌疑人的违法所得应当区分不同情形，作出相应处理：（一）因犯罪嫌疑人死亡而撤销案件的，如果被冻结的犯罪嫌疑人的存款、汇款应当予以没收或者返还被害人，可以申请人民法院裁定，通知冻结机关上缴国库或者返还被害人；因其他原因撤销案件的，直接通知冻结机关上缴国库或者返还被害人。（二）对扣押在人民检察院的犯罪嫌疑人的违法所得需要没收的，应当提出检察建议，移送有关主管机关处理；需要返还被害人的，直接决定返还被害人。”显然，本条有“未审即判”之嫌，最高司法机关也已经意识到该问题，因此在后续的修正中不再保留此条。

而对法院的审判施加影响和压力[①]，也会导致对赃物享有财产利益的第三人无法得到救济而丧失所有权。正如日本学者土本武司所言："在侦查中的强制处分方面，不论对人的强制抑或对物的强制，原则上都必须经法官许可，对其程序法律要给予严格的限定。"[②]（2）审前返还，可能导致错误无法挽回。龙宗智教授指出："一旦财产被审前扣押甚至处置，很难在审判阶段回转即恢复原状。"最高人民法院法官亦曾撰文指出，有的执法机关在产权存在重大争议，罪与非罪尚未确定，何为"赃物"尚未确认以及未经人民法院终局裁判的情况下，就提前拍卖涉案财物，导致终审判决后财产无法回转和返还[③]。（3）审前返还缺少外部监督，容易造成恣意擅断。审前返还由发还机关自行决定，很少对外公示，也缺少外部监督，随意性强，容易将不应发还的财物予以返还，或者应当发还的财物，拖延发还，侵害赃的权利人利益。因此，返还还是应坚持以法院裁判为主，审前返还为辅原则。对审前返还不但要坚持严格的程序，还应当在判决书中予以注明，如《最高人民法院关于适用刑法第六十四条有关问题的批复》（法〔2013〕229号）就明确对于审前发还的，判决书中应当予以注明。

为保障刑事诉讼进程，确保赃款赃物在法庭上的证据效力（法庭公示、质证），确保法定宣判无罪时的执行回转，审前返还的条件包括[④]：（1）不影响诉讼进行[⑤]。（2）财物确认为赃款赃物无异议，不存在其他权属纠纷，犯罪嫌疑人认罪，律师不做无罪辩护。（3）有证据证明赃款赃物为被害人所有，被害人急

---

① 陈瑞华：《论侦查中心主义》，《政法论坛》2017年第2期，第6页。

② ［日］土本武司：《日本刑事诉讼法要义》，有斐阁1991年版，第2章第2节。转引自宋英辉《刑事审判前程序研究》，中国政法大学出版社2002年版，第40页。

③ 贺小荣：《保护产权是依法治国重要标尺》，《人民日报》2016年11月21日05版。

④ 《最高人民法院、最高人民检察院、公安部关于刑事案件涉扶贫领域财物依法快速返还的若干规定》（高检发〔2020〕12号）："第三条　对于同时符合下列条件的涉案财物，应当依法快速返还有关个人、单位或组织：（一）犯罪事实清楚，证据确实充分；（二）涉案财物权属关系已经查明；（三）有明确的权益被侵害的个人、单位或组织；（四）返还涉案财物不损害其他被害人或者利害关系人的利益；（五）不影响诉讼正常进行或者案件公正处理；（六）犯罪嫌疑人、被告人以及利害关系人对涉案财物快速返还没有异议。"

⑤ 《程序规定》第二百三十四条及《公安财物规定》第十九条规定的是"犯罪事实查证属实后"，而《检察院财物规定》第二十二条规定的是"不影响诉讼正常进行的"。所谓"不影响诉讼正常进行"是指"犯罪事实已查清楚，或者虽未查清楚，但不需要涉案财物原物作为证据使用的情形"。参见吴光升《刑事涉案财物处理程序研究》，法律出版社2018年版，第161页。

需该财物，不及时先行返还将给被害人生产、生活造成无法克服的困难或者损失扩大的。（4）发还时可要求提供书面保证或适当担保，便于发还错误时执行回转。（5）须经拍照、鉴定、估价，并在案卷中注明返还的理由，将原物照片、清单和被害人的领取手续附卷备查。（6）适当限制范围，如对职务犯罪不适用审前发还。（7）返还价值与被害人损失相当。（8）被害人愿意认领且主动提出申请。

不得审前返还的包括：（1）涉嫌犯罪事实尚未查清的。（2）涉案财物及其孳息的权属关系不明确或者存在争议的。（3）案件需要变更管辖的。（4）可能损害其他被害人或者利害关系人利益的。（5）可能影响诉讼程序正常进行的。（6）据以定案的关键证据、唯一证据不宜发还。（7）其他不宜返还的。为保证发还程序的合法有效，还应对发还前的程序进行规制：一是要求一定期限的公示催告，允许其他被害人、利害关系人在期限内提出异议，决定返还机关进行审核①；对发还被害人确有异议的，应举行听证，给被害人和利害关系人陈述和辩论权；对返还被害人财产处理决定不服的，应赋予当事人申请复议及申诉的权利等。典型的如重庆加加投资咨询有限公司陈军、王鑫、黄良伟等非法吸收公众存款案。二是对于涉众型经济犯罪案件，需要返还涉案财物的，应当坚持统一资产处置原则②，不得分别处理、按报案先后顺序处理。三是赃款赃物应及时返还被害人，但不是随时返还，而是司法机关作出终结诉讼程序后才能返还，即先定案后返还。四是公安机关撤销案件或检察机关不起诉的案件，一般不能审前返还被害人③。撤案或者不起诉但涉嫌违法治安管理处罚法的，可以根据《治安管理处罚法》第八十九条规定的返还程序予以返还，有关利害关系人不服的，可提起行政诉讼。因刑事和解而撤销案件或酌定不起诉的案件中，公安机关、检察机关可审前返还涉案财物，此时如不涉及行政违法的，被害人在案件撤销或不起诉后通

---

① 如《中国银监会、公安部关于印发电信网络新型违法犯罪案件冻结资金返还若干规定的通知》（银监发〔2016〕41号）第八条第三款，按比例返还的，公安机关应当发出公告，公告期为30日，公告期间内被害人、其他利害关系人可就返还冻结提出异议，公安机关依法进行审核。

② 《经济犯罪案件规定》第四十六条第二款，对涉众型经济犯罪案件，需要追缴、返还涉案财物的，应当坚持统一资产处置原则。

③ 《经济犯罪案件规定》第五十三条，撤案或不诉，以及经法院生效裁判应当返还的，一律解除对涉案财物的查封、扣押、冻结措施，并及时返还有关当事人。

过民事诉讼途径主张权利。五是领取人应当是赃款赃物的合法权利人或者其委托的人，办案人员或者公安机关其他工作人员不得代为领取。

关于审前返还，还有一种情形是检察机关撤案后将涉案财物返还给被害人。根据《高检规则》第二百八十四条第一款："人民检察院撤销案件时，对犯罪嫌疑人的违法所得及其他涉案财产应当区分不同情形，作出相应处理：……对于冻结的犯罪嫌疑人存款、汇款、债券、股票、基金份额等财产需要返还被害人的，可以通知金融机构、邮政部门返还被害人；对于查封、扣押的犯罪嫌疑人的违法所得及其他涉案财产需要返还被害人的，直接决定返还被害人。"本书认为此条的正当性存疑。其一，既然案件已经撤销或不起诉，说明诉讼程序已终止，行为人和被害人之间的侵权行为应视为民事纠纷，司法机关主动介入民事纠纷，于法无据。其二，对于赃的最终认定和处置权归属法院，立案、公诉机关主动将财物认定为赃并返还被害人有未审即判之嫌，不符合以审判为中心的诉讼没收，缺乏程序正当性，并且相关案件当事人、利害关系人的知情权、抗辩权也无法保障。其三，对于错误认定和返还涉案财物的，只能通过国家赔偿方式救济，并且司法机关也再无正当理由和法律依据从被害人手中追回涉案财物。其四，我国《刑事诉讼法》并未授权侦查机关和公诉机关扣划财产性利益的权利。如《刑事诉讼法》第二百三十七条规定，冻结犯罪嫌疑人的存款、汇款、证券交易结算资金、期货保证金等资金，债券、股票、基金份额和其他证券，以及股权、保单权益和其他投资权益等财产，不得划转、转账或者以其他方式变相扣押。《中国人民银行关于对银行协助执行有关问题的复函》（银条法〔1997〕36 号）也明确金融机构不再协助人民检察院和公安机关扣划客户在金融机构存款。因此认为第二百八十四条具有变相行使扣划权之虞。同样存在类似问题的还包括五部门《关于在部分地区开展刑事案件认罪认罚从宽制度试点工作的办法》的通知（法〔2016〕

386号）第十四条[1]，其明确规定，对于不起诉和撤案的案件，侦查办案部门可以依职权对涉案财物进行返还和上缴国库的处理，该条不符合“对物之诉”的要求，同样也违背了“以审判为中心”的现代司法诉讼精神。

（九）多个被害人主张返还

返还还应考虑另一问题，对同一赃物有多个被害人主张权利时，如何处理？如甲在某小区内同一时间段内对乙和丙实施盗窃，恰巧乙和丙有同一款同一型号的某名牌项链，都被甲盗走，后经公安机关追缴只追回一条，现乙、丙同时对该项链主张所有权，如何处理？有学者认为，应按照案件侦破前报案的优于案件侦破后报案的原则进行处理[2]。对此观点，本书不予认同。多个被害人主张返还同一赃物的，其证明权属标准应采取优势证据标准，而不是排除合理怀疑、确实充分等过分加重被害人证明责任的标准。在多个被害人都无证据证明赃物的权属时，应按比例分配为宜。首先，司法解释等支持按比例返还。《最高人民法院、最高人民检察院关于办理诈骗刑事案件具体应用法律若干问题的解释》第九条：“案发后查封、扣押、冻结在案的诈骗财物及其孳息，权属明确的，应当发还被害人；权属不明确的，可按被骗款物占查封、扣押、冻结在案的财物及其孳息总额的比例发还被害人，但已获退赔的应予扣除。”1997年《公安部关于办理利用经济合同诈骗案件有关问题的通知》第五条规定：“如果权属不明确的，可按被害人被骗款物占扣押、冻结在案的财物及其孳息总额的比例发还被害人。”也一定程度上说明按比例发还是有道理的。其次，报案先后并不能证明所有权的归属，只能证明被害人要求追赃的迫切程度或者说主张权利的早晚。再次，通过按比例分配的方式先行返还有限的赃款赃物，倘若日后追回新的赃款赃物时，可以

① 《最高人民法院、最高人民检察院关于在部分地区开展刑事案件认罪认罚从宽制度试点工作的办法》第十四条：“最高人民检察院批准不起诉的，或者经公安部提请批准撤销案件的，人民检察院、公安机关对查封、扣押、冻结的财物及其孳息，应当调查权属情况，查明是否属于违法所得或者依法应当追缴的其他涉案财物。案外人对查封、扣押、冻结的财物及其孳息提出权属异议的，应当进行审查。确认查封、扣押、冻结的财物及其孳息属于违法所得、违禁品或者供作案所用的本人财物，除依法返还被害人的以外，应当在撤销案件或者作出不起诉决定后三十日内予以收缴，一律上缴国库。对查封、扣押、冻结的财物及其孳息不能确认属于违法所得或者依法应当追缴的其他涉案财物的，不得收缴。”

② 曹云清：《赃款赃物处理几个问题的探讨》，《湖南省公安高等专科学校学报》2007年6月第19卷第3期。

再次分配，实现被害人利益的最大挽回。最后，如果后报案人较之先报案人因被侵害而陷入更严重的经济困难，如按报案先后返还赃款赃物，无法减少被害人当前的经济损失；而按比例分配则可以兼顾公平的同时还可减轻被害人损失。

当然，所有被害人均无法辨认出赃款赃物，亦无证据证明归属任一被害人时，应视为无主的赃款赃物，依法上缴国库。

三、返还程序

（一）一般程序

对于应当在审前返还的财物，应当在登记、拍照或者录像和估价后，报经县级以上公安机关负责人批准，开具发还清单并返还被害人、被侵害人。办案人员应当在案卷材料中注明返还的理由，并将原物照片、发还清单和被害人、被侵害人的领取手续存卷备查。领取人应当是涉案财物的合法权利人或者其委托的人，办案人员或者公安机关其他工作人员不得代为领取。返还应当及时进行，如《最高人民法院、最高人民检察院、公安部关于刑事案件涉扶贫领域财物依法快速返还的若干规定》第七条规定："人民法院、人民检察院、公安机关认为涉案财物符合快速返还条件的，应当在作出返还决定五个工作日内返还有关个人、单位或组织。"

（二）电信网络新型违法犯罪发还程序

对于利用电信、互联网等技术，通过发送短信、拨打电话、植入木马等手段，诱骗（盗取）被害人资金汇（存）入其控制的银行账户，实施的违法犯罪案件，适用电信网络新型违法犯罪案件冻结资金返还的特别程序①：

被害人在办理被骗（盗）资金返还过程中，应当提供本人有效身份证件、接受资金返还银行卡（卡状态为正常）原件及复印件（复印件上注明"此复印件由本人提供，经核对，与原件无误，此件只做冻结资金返还使用"）等真实有效的信息，配合受理案件地公安机关和银行业金融机构开展相应的工作。办理冻

---

① 《中国银监会、公安部关于印发电信网络新型违法犯罪案件冻结资金返还若干规定的通知》（银监发〔2016〕41号）、《中国银监会办公厅、公安部办公厅关于印发电信网络新型违法犯罪案件冻结资金返还若干规定实施细则的通知》（银监办发〔2016〕170号）规定。

结资金返还手续应当由本人亲自办理。本人不能办理的，可以委托代理人办理，委托代理人应当提供自己和被害人身份证明及经被害人签名或盖章的委托书。被害人为无民事行为能力或者限制民事行为能力的，由其监护人办理资金返还；被害人死亡的，由其继承人办理资金返还。被害人的监护人或继承人需提供相应证明文件。

被害人向冻结公安机关或者受理案件地公安机关提出冻结涉案资金返还请求的，应当填写《电信网络新型违法犯罪涉案资金返还申请表》（附件1）。冻结公安机关应当对被害人的申请进行审核，经查明冻结资金确属被害人的合法财产，权属明确无争议的，制作《电信网络新型违法犯罪涉案资金流向表》和《呈请返还资金报告书》（附件2），由设区的市一级以上公安机关批准并出具《电信网络新型违法犯罪冻结资金返还决定书》（附件3）。受理案件地公安机关与冻结公安机关不是同一机关的，受理案件地公安机关应当及时向冻结公安机关移交受、立案法律手续、询问笔录、被骗盗银行卡账户证明、身份信息证明、《电信网络新型违法犯罪涉案资金返还申请表》等相关材料，冻结公安机关按照前款规定进行审核的后决定。

受理案件地公安机关应当制作返还资金询问笔录，笔录中应详细记明被害人接收资金返还的银行账户、银行有无赔偿垫付等内容。告知被返还人应当承担的法律责任，对返还错误的款项应及时退回。如故意伪造证据材料或拒不归还的，将依法追究其法律责任。

冻结资金应当返还至被害人原汇出银行账户，如原银行账户无法接受返还，也可以向被害人提供的其他银行账户返还。冻结公安机关对依法冻结的涉案资金，应当以转账时间戳（银行电子系统记载的时间点）为标记，核查各级转账资金走向，一一对应还原资金流向，制作《电信网络新型违法犯罪案件涉案资金流向表》。被害人无论是以现金通过自动柜员机或者柜台存入涉案账户内还是以银行转账到涉案账户，冻结资金以溯源返还为原则，由公安机关区分不同情况按以下方式返还：

（一）冻结账户内仅有单笔汇（存）款记录，可直接溯源被害人的，直接返还被害人；

（二）冻结账户内有多笔汇（存）款记录，按照时间戳记载可以直接溯源被害人的，直接返还被害人；

（三）冻结账户内有多笔汇（存）款记录，按照时间戳记载无法直接溯源被害人的，按照被害人被骗（盗）金额占冻结在案资金总额的比例返还（返还计算公式见附件4）。

按比例返还的，应当制作《按比例返还资金流向参照表》（附件5）。冻结公安机关通过其官方网站、微信公众号、官方微博、电视、广播、报纸等多种方式发出公告，公告期为30日。已明确了被害人的，冻结公安机关应当以电话、书面等形式通知所有被害人，并做好记录。公告期间内被害人、其他利害关系人可就返还被冻结资金提出异议并提供相关证明材料，公安机关应当予以受理，制作书面记录并出具回执。公安机关应当对材料进行审核并做出异议是否成立的决定，同时通知被害人、其他利害关系人。异议成立的，公安机关应当中止冻结资金返还，重新确定返还比例。异议不成立或者公告期内被害人、其他利害关系人未提出异议的，公安机关应当按照原确定的比例返还被冻结资金。

冻结资金返还的金额以冻结账户的实际到账金额为准。资金返还产生的手续费从返还金额中扣除。冻结账户返还后剩余资金在原冻结期内继续冻结；公安机关根据办案需要可以在冻结期满前依法办理续冻手续。如查清新的被害人，公安机关可以按照本规定启动新的返还程序。

公安机关办理资金返还工作时，应当制作《电信网络新型违法犯罪冻结资金协助返还通知书》（附件6），由两名以上公安机关办案人员持本人有效人民警察证和《电信网络新型违法犯罪冻结资金协助返还通知书》前往冻结银行办理返还工作。立案地涉及多地，对资金返还存在争议的，应当由共同上级公安机关确定一个公安机关负责返还工作。银行业金融机构应当及时协助公安机关办理返还。能够现场办理完毕的，应当现场办理；现场无法办理完毕的，应当在3个工作日内办理完毕。银行业金融机构应当将回执反馈公安机关。

附件1：

电信网络新型违法犯罪案件冻结资金返还申请表

被害人信息	被害人信息					
	姓名（名称）	性别	身份证号（组织机构代码）	现住址	联系方式	返还银行账户
	被害人：　签名					

续　表

<table>
<tr><td rowspan="5">立案单位</td><td colspan="2">立案（受理）单位</td><td colspan="2">立案编号（受案编号）</td></tr>
<tr><td colspan="2"></td><td colspan="2"></td></tr>
<tr><td>涉案账户</td><td></td><td>被骗金额</td><td></td></tr>
<tr><td colspan="4">办案人：签名（两名）</td></tr>
<tr><td>办理意见</td><td colspan="3">签名：（加盖公章）
时间：　　年　　月　　日</td></tr>
<tr><td rowspan="3">冻结单位</td><td>冻结单位</td><td colspan="2"></td><td>办案人：签名（两名）</td></tr>
<tr><td>冻结银行账户</td><td></td><td>冻结金额</td><td></td></tr>
<tr><td>办理意见</td><td colspan="3">签名：（加盖公章）
时间：　　年　　月　　日</td></tr>
<tr><td>领导指示</td><td colspan="4"></td></tr>
<tr><td>审核意见</td><td colspan="4"></td></tr>
</table>

说明：《电信网络新型违法犯罪案件冻结资金返还申请表》应当一人一表、一卡（账户）一表，对多个申请人涉及一个账户或一个申请人涉及多个账户需要办理资金返还的，应当分别填表。《电信网络新型违法犯罪案件冻结资金返还申请表》中“返还银行账户”栏应当填写户名、账号、开户网点、所属银行。立案单位一栏中加盖的公章应与立案决定书的公章一致。冻结单位一栏中加盖的公章应与冻结通知书的公章一致。“冻结金额”栏应当填写返还金额。

附件 2：

呈请返还资金报告书

返还银行账号：××××××××××　　　返还金额：×××××××

返还财产理由：

综上所述，根据《中华人民共和国刑事诉讼法》第二百三十四条之规定及《电信网络新型违法犯罪案件冻结资金返还若干规定》，呈请对被害人×××涉案资金予以返还。

妥否，请领导批示。

×××××××单位

侦查员：×××　×××

年　月　日

说明：《呈请返还资金报告书》中"返还银行账号"栏应当填写户名、账号、开户网点、所属银行。"返还金额"栏金额应当用大写汉字填写（精确到分）。"审核意见"栏签字由冻结公安机关负责人审批并加盖单位公章。"领导批示"栏由设区的市一级以上公安机关负责人审批，并加盖公章。

电信网络新型违法犯罪涉案资金流向表（表样）

2016 年 3 月 4 日××市××区××被骗××万案件										
案件基本情况					一级					
发案地	案件标号	账户号	汇款日期	汇出时间	金额	涉案账户号	开户网点	户名	账户余额	冻结情况
××市××区	A ××	6210303600 ××	2016 年×月×日	×时×分×秒	120000 元	622848012837 ××	广东省深圳市 ××支行	××	120000 元	冻结 120000 元

附件3：

（公安机关全称）
电信网络新型违法犯罪冻结资金返还决定书

＊公＊刑返字［　　　］　　　号

我局在侦查案件中查明，公安机关冻结的资金确属被害人________（性别________，出生日期________，身份证件种类及号码______________________，住址______________）所有。根据《中华人民共和国刑事诉讼法》第二百三十四条和《中国银监会、公安部关于电信网络新型违法犯罪案件冻结资金返还的若干规定》之规定，决定将银行的账户（账户号码）中的资金返还至银行的账户（账户号码）中。

（公章）

年　　月　　日

说明：《电信网络新型违法犯罪冻结资金返还决定书》应一式两份，一份由冻结地公安机关留存，一份交办理返还工作的银行。

（公安机关全称）
电信网络新型违法犯罪冻结资金返还决定书

（存　根）

＊公＊刑返字［　　　］　　　号

案件名称
案件编号
被害人
出生日期
住址

单位及其职业
返还账号
返还金额
接收账号
批准人
批准时间
办案人
办案单位
填发时间
填发人

附件 4：

资金返还比例计算方法

冻结公安机关逐笔核对时间戳，按所拦截的资金来源区分被害人资金份额。若冻结账户为 A 账户；冻结账户的上级账户为 B 账户，B 账户内有多笔资金来源；B 账户的上级账户为 C 账户，C 账户内的资金可明确追溯单一被害人资金。

$$\text{C 账户应分配的资金} = \frac{\text{特定时间戳 C 账户汇入 B 账户的资金额}}{\text{特定时间戳 B 账户内资金余额}} \times \text{特定时间戳 B 账户资金汇入 A 账户的冻结资金额}$$

C 账户可分配资金若不能明确对应至单一被害人资金的，应参照前述所列公式，将 C 账户可分配资金视作公式中的“冻结账户金额”向上一级账户溯源分配，依此类推。

举例说明：

2016 年 3 月事主王某被电信网络诈骗 100 万元，事主账号为 62226001400 ****2209，被犯罪嫌疑人通过逐层转账的方式转至下级账号。

出账：于 3 月 16 日 13 时 20 分 10 秒被网银转到账号 62226009100 ****4840 金额 100 万。

出账：于 13 时 21 分 05 秒分别网银转账到 62128802000 ****5406 金额 50 万元，账号 62170017000 ****9449 金额 50 万元。

出账：62128802000 **** 5406 金额 50 万元又分别于 13 时 21 分 56 秒转到 62220213060 **** 5495 账号金额 20 万元和 62170017000 **** 5431 账号金额 30 万元。

进账：与此同时 62170017000 **** 5431 账号于 13 时 22 分 18 秒又收到账号 62148302 **** 1469 网银转来金额 15 万元。

出账：62170017000 **** 5431 账号又于 13 时 23 分 50 秒分别通过网银转账转至 62178663000 **** 7604 账号金额 10 万，转至 62258801 **** 0272 账号金额 35 万元。

出账：62258801 **** 0272 账号于 13 时 25 分 01 秒转至另一账号 18 万元后。

冻结：62258801 **** 0272 账号于 13 时 25 分 30 秒该账号被我公安机关冻结，共冻结金额 17 万元。

通过以上案例，对照公式，其中 13 时 25 分 30 秒 62258801 **** 0272 账号为特定时间戳 A，13 时 23 分 50 秒 62170017000 **** 5431 账号为特定时间戳 B，13 时 21 分 56 秒 62128802000 **** 5406 账号为特定时间戳 C，事主王某应返还钱款计算公式为：$\frac{30}{45}\times 17=11.33$ 万元。

附件 5：

按比例返还资金流向参照表（表样）

交易账卡号	交易日期	交易金额	对手账号
62226009100****	3.16 13:20:10	1000000	62226001400****2209（事主王某）
62226009100****	3.16 13:21:05	-500000	62128802000****5406
62226009100****	3.16 13:21:05	-500000	62170017000****9449
62128802000****5406	3.16 13:21:05	500000	62226009100****
62128802000****5406	3.16 13:21:56	-200000	62220213060****5495
62128802000****5406（C）	3.16 13:21:56	-300000	62170017000****5431
62170017000****5431	3.16 13:21:56	300000	62128802000****5406
62170017000****5431	3.16 13:22:18	150000	62148302****1469
62170017000****5431	3.16 13:23:50	-100000	62178663000****7604
62170017000****5431(B)	3.16 13:23:50	-350000	62258801****0272
62258801****0272	3.16 13:23:50	350000	62170017000****5431
62258801****0272	3.16 13:25:01	-180000	xxxxxxxxxx
62258801****0272(A)	3.16 13:25:30	冻结170000	

附件6：

（公安机关全称）

电信网络新型违法犯罪冻结资金协助返还通知书

（存根）

＊公＊刑返通字［　　　］　　号

案件名称
案件编号
被害人
身份证号
协助返还单位
被冻结账号
返还金额
返还接收账号
批准人
批准时间
办案人
办案单位
填发时间
填发人

（公安机关全称）

电信网络新型违法犯罪冻结资金协助返还通知书

＊公＊刑返通字［　　　］　　号

根据《中华人民共和国刑事诉讼法》__________条和《中国银监会、公安部关于电信网络新型违法犯罪案件冻结资金返还的若干规定》之规定，请予返还×××（性别_____，出生日期___________身份证号码：___________________）的下列财产：

类型（名称）
所在机构
户名或权利人
被冻结账号
返还接收账号
返还金额（大、小写）

公安局（印）
年　　月　　日

说明：《电信网络新型违法犯罪冻结资金协助返还通知书》中“类型”栏一般填写“银行存款”。“所在机构”“户名或权利人”“被冻结账号”栏均应填写被冻结账户的信息。“返还接受账号”栏应填写户名、账号、开户网点及所属银行。加盖公章应与原冻结通知书一致。

（公安机关全称）

电信网络新型违法犯罪冻结资金协助返还通知书

（回执）

＊公＊刑返通字［　　　］　　号

：
根据你局通知，

已于＊年＊月＊日返还，此复。

协助返还单位（印）
年　月　日

第二节 没 收

一、概 念

《刑法》第六十四条规定：……违禁品和供犯罪所用的本人财物，应当予以没收……

从历史渊源上看，关于赃的没收最早源于英国的“赎罪奉献物”和“对物诉讼”。赃的处置“没收”，是指将与犯罪有关的无被害人的违法所得、供犯罪所用的本人财物和违禁品等强制剥夺其所有权并收归国家所有，国家依法原始取得并进行处理的措施。没收是实体处分，从法院判决没收之日起，司法办案机关即原始取得赃款赃物的所有权，然后根据裁判文书、协助执行通知书以及财物的不同属性分别处理：无价值的予以销毁；有较大价值的则经拍卖变现后上缴国库；有专属主管部门，移交主管部门处理。

（1）没收的范围：一是无被害人的违法所得。如赌博违法所得、受贿违法所得、贩卖毒品违法所得、犯罪报酬等。对于有被害人的违法所得应当予以返还，对于有被害人但是一时无法找到被害人的也不得没收，应先上缴国库，临时代管，待被害人出现时予以退库返还。二是违禁品。枪支、弹药、爆炸物、淫秽物品、毒品等。三是供犯罪所用的财物。包括犯罪工具和犯罪行为组成之物。对于无被害人的违法所得和违禁品必须完全没收，法官无自由裁量权。供犯罪所用的本人财物法官可以根据案情，依比例原则没收。需要注意的是，违禁品如果并非与犯罪有关，也不得在审判过程中“附带”没收，而应依据对应的法律法规程序予以没收。例如，在查处贩毒案中，搜查到的淫秽光盘，不得在审理毒品犯罪案件时将淫秽光盘一并判决没收，而应由公安机关依据《治安管理处罚法》第十一条予以收缴。四是其他财物。如有被害人但被害人死亡、注销又无继承人和权利人，或者明确表示放弃财物的，也应当予以没收。再如，将有被害人的合法财产进行投资所获得的收益，对于增值的这一部分收益也应当予以没收，但被害人合法财产的确定利益除外，如天然孳息、银行利息等。（2）没收具有强制、无偿性，是单方面的产权强制变动，持有人必须无条件配合，不得主张对价。没收是一种专门机构以国家名义，对公民或法人的财产予以合法、强制、无偿剥夺并收归国有的措施。由于没收是一种直接涉及公民财产权利的措施，其适用应当具有必要性和最后性的特征，所以没收只能由审判机关做出裁判。对于侦查机关、公诉机关均无权在审前决定没收。(3) 没收的后续处置措施包括上缴国库、销毁、移交主管部门处理。这些后续处置措施是没收程序的“最后一公里”。虽然《联合国反腐败公约》第二条第七项规定：“‘没收’，在适用情况下还包括充公，系指根据法院或者其他主管机关的命令对财产实行永久剥夺”，但是现行的法律法规及审判案例中，并未出现直接“充公”的判决。换言之，“充公”并非没收的后续处置措施。司法实践中除上缴国库、销毁外，移送主管部门处理也较为常见，如安康铁路运输法院孙某某滥伐林木罪一审刑事判决书［(2019) 陕7101 刑初 80 号］：“二、涉案树木 50 棵，予以没收，由平利县公安局移交平利县林业行政主管部门依法处理。”海南省万宁市人民法院蔡某某生产、销售伪劣产品罪一审刑事判决书［(2019) 琼 9006 刑初 472 号］：“公安机关扣押在案的各品牌假冒伪劣香烟 1656.7 条，予以没收（由扣押机关移交烟草专卖部门处理）。”吉林省敦化市人民法院冯某某持有、使用假币罪一审刑事判决书［(2019) 吉 2403 刑初 408 号］：“公安机关依法扣押假币 41 张（面值 100 元）予以没收，由扣押机关移交中国人民银行敦化支行予以销毁。”云南省泸水市人民法院纳某某非法持有、私藏枪支、弹药一审刑事判决书［(2017) 云 3321 刑初 128 号］：“二、未随案移交的射钉枪一支、铅弹二十四发、火药弹十七发依法予以没收，由扣押机关移交泸水市公安局治安大队。”(4) 生活预留份。《刑法》第五十九条有体现“最低生活标准需要”而预留必要财产，其同样适用于追赃的生活预留份。通常来说，犯罪人及其家属自身的最低生活需要不得对抗追赃，这种生活保障应以国家和社会作为兜底保障和救济，但是对于原属于犯罪人的财产——供犯罪所用的本人财物，概因财产的原始合法性，对其没收如影响了犯罪人的家属生活及其继承人的利益，具有刑及无辜之虞，理应考虑给予生活预留份。我国司法解释对此持肯定态度，如《检察院财物规定》第四条第三款，查封、扣押、冻结涉案财物，应当为犯罪嫌疑人、被告人及其所扶养的亲属保留必需的生活费用和物品，减少对涉案单位正常办公、生产、经营等活动的影响。《公安财物规定》第六条：“对涉案财物采取措施，应当为违法犯罪嫌疑人及其所扶养的亲属保留必需的生活费用和物品。”但对于违禁品和违法所得投资收益，因财产的原始非法性，不得为犯罪嫌疑人的生活预留财产。

二、没收的要点

（1）必要性和最后性的特征。所谓必要性和最后性的特征，即确有必要才可以没收，典型的是供犯罪所用的本人财物，对供犯罪所用的本人财物没收，在考量没收的适用与否时，要同时考虑已然和未然两个面向的问题：就已然面向而言，即有无造成可以归因于行为人主观恶性的客观危害，它所解决的是没收适用的正当性；就未然面向而言，即再次发生犯罪行为的可能性，它所对应的是没收适用的必要性。只有此种正当性和必要性同时具有，才能够科处没收①。即便是应当没收的供犯罪所用的本人财物，还应当考虑本案被害人的损失是否得到补偿，如果仍有部分未得到补偿的，应优先将“供犯罪所用的本人财物”折抵被害人损失，避免国与民争利。

（2）对于未到案的共犯可否没收？日本有判例认为，对还没有追诉的共犯行为人的财产，也可以没收②。我国台湾学者王勤亦认为：“没收财物的范围，并不以接受裁判的犯人为限，凡是该案共犯，均应该接受审判者，均包含在内，目的物是否属于犯人所用或占有，以宣告判决时的法律关系为标准而决定。”③本书认同未追缴到案的赃款赃物也可以没收。因为，即便是该财物未实际追缴到案，依然对其没收体现了法律对该赃款赃物的否定性评价。但这种未到案财物的没收，应在判决书中完整表述，包括“继续追缴” + “没收” + “上缴国库”。如北京市高级人民法院周某某行贿二审刑事判决书［（2019）京刑终 152 号］裁定：“继续追缴被告人周某某违法所得，予以没收，上缴国库。”

（3）对于行为时不属于自己所有，但犯罪行为之后归自己所有的财物，依法应当没收。如甲借用乙的匕首用于行凶，后乙将该匕首赠予甲的，该匕首应当没收。

（4）禁止审前没收。严禁审前没收，即便是违禁品也不得在审前没收，审前没收实质是“未即审判”，未经法院审判即对财物的性质进行界定，有悖法

---

① 胡成胜、王莉：《犯罪工具没收的权属限制和量度限制》，《人民检察》2017 年第 23 期。

② ［日］大塚仁：《刑法概说》（总论），冯军译，中国人民大学出版社 2003 年版，第 455 页。

③ 王勤：《中华刑法论》，中国方正出版社 2005 年版，第 394 页。

理，极易引起司法不公，财产被错误处理的，当事人缺乏救济权利。

（5）第三人财物的没收。对第三人故意将财物提供给行为人用于犯罪的，其应当视为帮助犯，也视为“供犯罪所用的本人财物”，依比例原则决定是否没收。

（6）应没收之物灭失时的处理。《德国刑法》第七十四条c第一项规定：“如正犯或共犯可能知道将要没收行为时属于其所有或其享有处分权的物品，而于判决前用尽该物品，尤其是出售或耗损、或以其他方式致使无法没收该物的，法院可命令没收正犯或共犯应交付与该物价值相当的折价款。”[①] 本书认为，赃的没收是针对无被害人的违法所得、违禁品和供犯罪所用的本人财物，当财物灭失时，应分情况进行处理：如果是无被害人的违法所得，为了不使犯罪人占便宜，理应责令退赔或者追缴等值财产。如果是违禁品和供犯罪所用的本人财物，无论出于保安处分还是对有罪之物制裁之目的，不得再没收犯罪人的其他等值财产。

（7）当供犯罪所用的本人财物用于支付给被害人时，此时不应当没收。如《关于办理“套路贷”刑事案件若干问题的意见》第七条：“有证据证明是犯罪嫌疑人、被告人为实施‘套路贷’而交付给被害人的本金，赔偿被害人损失后如有剩余，应依法予以没收。”此条明显属于供犯罪所用的本人财物应当没收的例外情形，本书对此的理解是：从司法实践来看，在被害人自身损失没有得到补偿的情况下，直接让被害人退出犯罪嫌疑人、被告人先前为实施“套路贷”而交付的本金，显然有悖常理常情，相关裁判也难以得到有效执行。为便于办案一线操作，该意见规定，有证据证明是犯罪嫌疑人、被告人为实施“套路贷”而交付给被害人的本金，赔偿被害人损失后如有剩余，应依法予以没收。

（8）供犯罪所用的本人财物的没收，应整体评价。即对于某一完整的财物（具有完整组成部分，观念上一般不可分割），为贯彻私益优先原则，无论是基于保安处分还是惩戒，都应当做出整体的没收或不没收的决定，不得将原完整不可分割或者分割后可能造成重大损失的财物“化整为零”，进而对该财物进行部分没收。如有学者主张：“我国刑法选择的处理方式还可以有部分没收，犯罪所用财物被没收后可以交由拍卖机构拍卖，卖得的价款可以根据财物价值与使用频

---

① 《德国刑法典》（2012年修订），徐久生、庄敬华译，中国方正出版社2004年版，第41页。

率、犯罪收益、危害程度、财产刑的对比部分返还于被告人，实行有条件的部分没收。”[①] 对此，本书难以认同，不加区别地对供犯罪所用本人财物部分评价进而部分没收的做法可能导致私益受损且实践中难以操作。举例而言，甲长期在自己的汽车发动机舱内夹带毒品走私，我们不能将车辆化整为零进行评价，进而将汽车的发动机拆除并单独予以没收，这种处置方式既荒谬又无可操作性，同时这也将导致车辆的剩余部分显著贬损而侵害私益。只有财物可以拆分且拆分不显著损害剩余部分利益的，方可部分评价。如王某某、江某某非法采矿罪，张某某掩饰、隐瞒犯罪所得罪二审刑事判决书[②]认为："赣九江货 1215 号”系原审被告人王某某与他人合资购买的普通货船，其购买的目的是为了运输货物，后因经营不善，由王某某改装成采砂船，焊接了用于非法采砂的设备抽砂泵。上述设备系王某某用来非法盗采江某某砂矿的专门工具，应依法拆除并没收。由公安机关拆除“赣九江货 1215 号”采砂船上的抽砂泵，予以没收。被扣押的“赣九江货 1215 号”采砂船由公安机关依法发还。试想，如果该判不是拆除抽砂泵而是将该船整体予以没收，显然会侵害权利人的私益。

三、独立没收程序[③]

《联合国反腐败公约》第五十四条：“考虑采取必要的措施，以便在因为犯罪人死亡、潜逃或者缺席而无法对其起诉的情形或者其他有关情形下，能够不经过刑事定罪而没收这类财产。”我国作为公约缔约国，为严厉打击腐败犯罪、恐怖活动犯罪，加强国际追赃，2012 年在《刑事诉讼法》第五编第四章增设“犯罪嫌疑人、被告人逃匿、死亡案件违法所得的没收程序”，即独立没收程序。独立没收程序客观上说是“对物之诉”的一种，但又不完全是对物之诉，毕竟从其适用的范围和条件看，还无法推广至所有案件，但无论如何，这种独特的诉讼没收，为研究追赃开启了新纪元。

---

① 邹啸弘：《普通程序中涉案财物处置程序问题研究》，湘潭大学博士学位论文，2016 年 12 月。

② 湖北省武汉市中级人民法院刑事判决书（2018）鄂 01 刑终 479 号。

③ 通说认为，没收财产刑属于一般没收，而刑法第六十四条属于特别没收。为便于区分，《刑事诉讼法》中的“犯罪嫌疑人、被告人逃匿、死亡案件违法所得的没收程序”简称为“独立没收程序”。

（一）适用的案件范围

《刑事诉讼法》第二百九十八条："对于贪污贿赂犯罪、恐怖活动犯罪等重大犯罪案件，犯罪嫌疑人、被告人逃匿，在通缉一年后不能到案，或者犯罪嫌疑人、被告人死亡，依照刑法规定应当追缴其违法所得及其他涉案财产的，人民检察院可以向人民法院提出没收违法所得的申请。"本条需要明确两个问题，一是"通缉"和"死亡"两种案件分别适用什么案件。二是"贪污贿赂犯罪、恐怖活动犯罪等重大犯罪案件"中的"等"是"等内"还是"等外"。关于独立没收的"通缉"和"死亡"适用案件范围，大体可以分为两种解读：一种是认为"通缉"和"死亡"的案件范围都包括贪污贿赂犯罪、恐怖活动犯罪等重大犯罪案件，另一种认为"死亡"的案件可以适用于任何案件范围。本书赞同后者，从司法解释等观点看，"死亡"案件不受贪污贿赂犯罪、恐怖活动犯罪等重大犯罪案件的限制。例如，六部门《关于实施刑事诉讼法若干问题的规定》第三十七条和第三十八条已明确死亡案件可以单独提起独立没收程序。《高法解释》第六百一十一条、《程序规定》第三百三十九条、《高检规则》第五百一十二条也将犯罪嫌疑人、被告人的死亡作为启动独立没收程序的条件之一。

关于贪污贿赂犯罪、恐怖活动犯罪等是"等内"还是"等外"，本书赞同应作为"等外"解释。首先，司法解释认同"等外"解释。如《关于适用犯罪嫌疑人、被告人逃匿、死亡案件违法所得没收程序若干问题的规定》第一条也将适用案件扩大，共包括五项：第一项以占有性、挪用性犯罪为主，包括贪污、挪用公款、巨额财产来源不明、隐瞒境外存款、私分国有资产、私分罚没财物犯罪案件。第二项基本上是受贿类、行贿类犯罪，包括受贿、单位受贿、利用影响力受贿、行贿、对有影响力的人行贿、对单位行贿、介绍贿赂、单位行贿犯罪案件。第三项是恐怖活动犯罪，包括组织、领导、参加恐怖组织，帮助恐怖活动，准备实施恐怖活动，宣扬恐怖主义、极端主义、煽动实施恐怖活动，利用极端主义破坏法律实施，强制穿戴宣扬恐怖主义、极端主义服饰、标志，非法持有宣扬恐怖主义、极端主义物品犯罪案件。第四项是类罪，包括洗钱罪及其上游犯罪，即危害国家安全、走私、洗钱、金融诈骗、黑社会性质的组织、毒品犯罪案件。第五项是两类新型特殊诈骗犯罪，即电信诈骗、网络诈骗犯罪案件。不难看出，司法解释明显将案件范围从贪污贿赂犯罪、恐怖活动犯罪予以扩张。其次，如果不做"等外"解释，将导致适用矛盾，将严重削弱该程序控制犯罪、追赃挽损的目的。如恐怖活动罪除了法定的7个罪名外，恐怖活动实施过程中触犯的往往是其他普通罪名，如故意杀人罪、抢劫罪、放火罪、劫持航空器罪等，如果不做“等外”解释，将导致无法没收该类犯罪的赃款赃物，令人不解。《程序规定》第三百八十五条①也明确将危害国家安全犯罪和恐怖活动犯罪做“等外”解释。再次，世界上很多国家独立没收程序适用的案件范围都较为宽泛，采取扩大解释有利于加强国际追赃。例如，美国联邦民事没收程序没有对案件性质加以限制，绝大部分联邦犯罪案件的涉案财物都可以适用民事没收程序。在英国，只要执法机关能够证明财产与犯罪行为之间存在足够联系，且违法财产数额在1万英镑以上，均在适用范围。在澳大利亚，该国2002年《犯罪收益追缴法》对适用的犯罪类型和严重程度均无限制。德国客观诉讼程序所适用的犯罪种类也无限制，只要存在可以没收的情形即可②。最后，从当前的犯罪形势看，经济犯罪、黑恶势力犯罪、走私犯罪、毒品犯罪活动越来越具有跨国性、有组织性，这些犯罪也会产生巨额的违法所得或犯罪工具等涉案财物，将这些犯罪纳入独立没收程序确有必要，也符合法条本意。

从文意解释和条款句式结构上看，《刑事诉讼法》第二百九十八条的“等外”还应当受“重大犯罪案件”的限制，亦即，适用独立没收程序的其他案件必须与贪污贿赂犯罪、恐怖活动犯罪在性质、类型或危害程度上相近或相同，毕竟独立没收程序毕竟是在犯罪嫌疑人、被告人缺席的情况下进行审判，在一定程度上限制了犯罪嫌疑人、被告人陈述、辩解等诉讼权利，对其适用范围应当审慎把握，不宜将罪名范围过于扩大。对于“重大犯罪案件”的内涵，《高法解释》第六百一十条以及《最高人民法院关于处理自首和立功具体应用法律若干问题的解释》第七条第二款规定的是可能被判处无期徒刑以上刑罚或者案件在本省、自治区、直辖市或者全国范围内有较大影响的案件。《最高人民法院、最高人民检察院关于办理贪污贿赂刑事案件适用法律若干问题的解释》第十四条第二款规定的是“可能被判处十年有期徒刑以上刑罚的，或者案件在本省、自治区、直辖市

① 《程序规定》第三百八十五条：本规定所称“危害国家安全犯罪”，包括《刑法》分则第一章规定的危害国家安全罪以及危害国家安全的其他犯罪；“恐怖活动犯罪”，包括以制造社会恐慌、危害公共安全或者胁迫国家机关、国际组织为目的，采取暴力、破坏、恐吓等手段，造成或者意图造成人员伤亡、重大财产损失、公共设施损坏、社会秩序混乱等严重社会危害的犯罪，以及煽动、资助或者以其他方式协助实施上述活动的犯罪。

② 乔宇：《刑事涉案财物处置程序》，中国法制出版社2018年7月版，第238页。

或者全国范围内有较大影响的案件”，而《关于适用犯罪嫌疑人、被告人逃匿、死亡案件违法所得没收程序若干问题的规定》第二条和《监察条例》第二百一十七条第二款对“重大”的规定是“在省、自治区、直辖市或者全国范围内具有较大影响，或者犯罪嫌疑人、被告人逃匿境外的”。概言之，本书认为，“重大犯罪案件”应该是指可能判处十年以上有期徒刑、无期徒刑、死刑或者在本省、自治区、直辖市或者全国范围内有较大影响的案件。“重大犯罪案件”除了贪污贿赂犯罪案件、恐怖活动犯罪案件外，还包括有组织犯罪、毒品犯罪、洗钱犯罪、走私犯罪、非法集资犯罪、黑恶势力犯罪等重大犯罪。但从追赃的经济原则看，只有涉案财产价值较大的才值得启动独立没收程序①，亦即，独立没收程序的对象应该是涉案财产价值较大的重大犯罪案件，包括但不限于贪污贿赂犯罪案件、恐怖活动犯罪案件。

概言之，对于“通缉”独立没收的程序适用的案件，包括《刑法》分则第八章“贪污贿赂罪”中的 14 个罪名，即《刑法》第三百八十二条“贪污罪”、第三百八十四条“挪用公款罪”、第三百八十五条“受贿罪”、第三百八十七条“单位受贿罪”、第三百八十八条之一“利用影响力受贿罪”、第三百八十九条“行贿罪”、第三百九十条之一“对有影响力的人行贿罪”、第三百九十一条“对单位行贿罪”、第三百九十二条“介绍贿赂罪”、第三百九十三条“单位行贿罪”、第三百九十五条第一款“巨额财产来源不明罪”、第三百九十五条第二款“隐瞒境外存款罪”、第三百九十六条第一款“私分国有资产罪”、第三百九十六条第二款“私分罚没财物罪”。而恐怖活动犯罪包括刑法分则“危害公共安全罪”的 7 个罪名，即《刑法》第一百二十条“组织、领导、参加恐怖组织罪”、第一百二十条之一“帮助恐怖活动罪”、第一百二十条之二“准备实施恐怖活动罪”、第一百二十条之三“宣扬恐怖主义、极端主义、煽动实施恐怖活动罪”、第一百二十条之四“利用极端主义破坏法律实施罪”、《刑法》第一百二十条之五“强制穿戴宣扬恐怖主义、极端主义服饰、标志罪”、第一百二十条之六“非法持有宣扬恐怖主义、极端主义物品罪”。除此之外的案件，必须是涉案财物价值较大的可能判处十年以上有期徒刑、无期徒刑、死刑或者在本省、自治区、直辖市或者全国范围内有较大影响的案件。而对于“死亡”的案件可以适用任何涉案财产价值较大的刑事案件。

① 同样适用于“死亡”而需要独立没收程序的案件。

（二）没收的对象范围

追赃的本质是“对物之诉”，而独立没收程序又是“对物之诉”的一种，那么独立没收程序理应包括违法所得、违禁品和供犯罪所用的本人财物三种。从《刑事诉讼法》第二百九十八条表述上看，除了“违法所得”外，还包括“其他涉案财产”，从我国刑事法律体系的内在逻辑关系上看，“其他涉案财产”就是《刑法》第六十四条中的“违禁品”“供犯罪所用的本人财物”，若非如此，将导致法律体系的不相协调。《高检规则》第五百一十六条[①]也持相同观点。概言之，独立没收程序的对象是违法所得、违禁品和供犯罪所用的本人财物。

（三）启动独立没收的程序及条件

1. 启动程序

独立没收程序由检察院公诉部门向中级人民法院提出没收申请，不符合条件的，则应做出决定不提出没收申请，对于证据不足的可以要求侦查部门进行补充侦查。在审查过程中，如果被告人近亲属和其他利害关系人提出异议的，检察机关应进行必要的核实，如果该异议确有根据，则应将案件退回侦查部门补充侦查，或者做出不提出没收申请的决定。监察机关、公安机关无独立没收程序的启动权，如认为有应当没收的涉案财物，应当写出没收违法所得意见书，连同相关证据材料一并移送同级检察院。人民检察院审查监察机关或者公安机关移送的没收违法所得意见书，应当审查下列内容：（一）是否属于本院管辖；（二）是否符合《刑事诉讼法》第二百九十八条第一款规定的条件；（三）犯罪嫌疑人基本情况，包括姓名、性别、国籍、出生年月日、职业和单位等；（四）犯罪嫌疑人涉嫌犯罪的事实和相关证据材料；（五）犯罪嫌疑人逃匿、下落不明、被通缉或者死亡的情况，通缉令或者死亡证明是否随案移送；（六）违法所得及其他涉案财产的种类、数量、所在地以及查封、扣押、冻结的情况，查封、扣押、冻结的财产清单和相关法律手续是否随案移送；（七）违法所得及其他涉案财产的相关事实和证据材料；（八）有无近亲属和其他利害关系人以及利害关系人的姓名、

---

① 《高检规则》第五百一十六条：犯罪嫌疑人、被告人非法持有的违禁品、供犯罪所用的本人财物，应当认定为“其他涉案财产”。

身份、住址、联系方式。对于与犯罪事实、违法所得及其他涉案财产相关的证据材料，不宜移送的，应当审查证据的清单、复制件、照片或者其他证明文件是否随案移送。人民检察院应当在接到监察机关或者公安机关移送的没收违法所得意见书后三十日以内做出是否提出没收违法所得申请的决定。三十日以内不能做出决定的，可以延长十五日。对于监察机关或者公安机关移送的没收违法所得案件，经审查认为不符合《刑事诉讼法》第二百九十八条第一款规定条件的，应当做出不提出没收违法所得申请的决定，并向监察机关或者公安机关书面说明理由；认为需要补充证据的，应当书面要求监察机关或者公安机关补充证据，必要时也可以自行调查。监察机关或者公安机关补充证据的时间不计入人民检察院办案期限。

人民检察院发现公安机关应当启动违法所得没收程序而不启动的，可以要求公安机关在七日以内书面说明不启动的理由。经审查，认为公安机关不启动理由不能成立的，应当通知公安机关启动程序。为防止程序违法，监察机关、公安机关将没收违法所得意见书移送人民检察院后，在逃的犯罪嫌疑人自动投案或者被抓获的，监察机关、公安机关应当及时通知同级人民检察院，人民检察院应当终止审查，并将案卷退回监察机关或者公安机关处理。

2. *启动条件*

一是对于“逃匿”的犯罪案件，其启动没收的条件是指犯罪嫌疑人、被告人“通缉一年后不到案”。所谓“逃匿”，是指犯罪嫌疑人、被告人为逃避侦查和刑事追究而潜逃、隐匿，或者在刑事诉讼过程中脱逃，以及犯罪嫌疑人、被告人因意外事故下落不明满二年，或者因意外事故下落不明，经有关机关证明其不可能生存的情形①。“逃匿”的认定必须坚持主客观相统一原则，犯罪嫌疑人、被告人与司法机关及其工作人员失去联系未必一定与其他人失去联系；即使其与外界所有人失去联系，也未必是主观上想“逃匿”。因此，仅以犯罪嫌疑人、被告人对外失联或者客观不能到案认定“逃匿”都难免失之偏颇。对于犯罪嫌疑

---

① 《最高人民法院、最高人民检察院关于适用犯罪嫌疑人、被告人逃匿、死亡案件违法所得没收程序若干问题的规定》第三条：“犯罪嫌疑人、被告人为逃避侦查和刑事追究潜逃、隐匿，或者在刑事诉讼过程中脱逃的，应当认定为《刑事诉讼法》第二百八十条第一款规定的‘逃匿’。犯罪嫌疑人、被告人因意外事故下落不明满二年，或者因意外事故下落不明，经有关机关证明其不可能生存的，依照前款规定处理。”

人、被告人超过一定期限不能到案情形，要结合主观方面认定是否属于“逃匿”。如果不是故意，而是因为生病或者其他不可抗力因素不能到案，则不属于“逃匿”。基于上述考虑，应从客观和主观两个维度对“逃匿”做了界定：客观方面，犯罪嫌疑人、被告人存在潜逃、隐匿行为；主观方面，犯罪嫌疑人、被告人必须是为了逃避侦查和刑事追究。犯罪嫌疑人、被告人离开居住地、工作地，逃避侦查和刑事追究的，属于最典型的“逃匿”；犯罪嫌疑人、被告人未离开居住地、工作地，在原地隐匿起来逃避侦查和刑事追究的，亦属于“逃匿”情形；犯罪嫌疑人、被告人为了将来逃避侦查和刑事追究逃匿境外，后因各种原因不能或者不愿回国受审的，均应视为“逃匿”[①]。不能以狭义的“潜逃后隐匿”去理解“逃匿”，“逃匿”应当既包括“潜逃后隐匿，不知去向”的情形，也应当包括“潜逃后有明确下落”的情形[②]。那些为逃避侦查和刑事追究而潜逃境外，随后又因境外的引渡或遣返审查程序而受到羁押或被限制人身自由的人员，或者随后在境外因其他违法犯罪行为受到拘禁或正在服刑的人员，虽然不能到案这一事实是由于境外执法或司法机关适用强制措施或刑罚而造成的，但因其初始的逃匿行为仍可以对其适用独立没收程序。考虑到在刑事诉讼过程中，脱逃的性质与逃匿类似，故上述司法解释也将在刑事诉讼过程中脱逃认定为逃匿。

而所谓“通缉”，是指公安机关发布通缉令或者公安部通过国际刑警组织发布红色国际通报。《程序规定》第二百八十条规定通缉令应当广泛张贴，并可以通过广播、电视、报刊、互联网等方式发布。从上述关于规范“通缉”发布方式的规定来进行分析，不应将“网上追逃”认定为“通缉”。因为“网上追逃”既可以适用逮捕对象，也可以适用刑事拘留对象，甚至包括侦查、调查的对象，门槛太低。而“协查通报”“内部通报”比“网上追逃”随意性更大，同理，更不应认定为《刑事诉讼法》第一百五十五条第一款规定的“通缉”。另外，“悬赏广告”不属于法律正式用语，也不必然是司法机关的行为，故“悬赏广告”也不应认定为“通缉”。“通缉”不限于必须发布 A、B 级通缉令，因为根据《公安部关于实行“破案追逃”新机制的通知》（公通字〔1999〕91 号），A、B 级通缉令仅指公安部发布的通缉令。而实践中，重大犯罪案件并非都是由公安部

① 裴显鼎、王晓东、刘晓虎：《〈关于犯罪嫌疑人、被告人逃匿、死亡案件适用违法所得没收程序若干问题的规定〉的理解与适用》，《人民司法》2017 年第 16 期。

② 陈雷：《论我国违法所得没收程序司法认定若干法律适用问题研究》，《法治研究》2015 年第 4 期。

发布通缉令，各地公安机关根据《刑事诉讼法》的相关规定，可以在自己管辖的地区范围内发布通缉令。因此，“通缉”并无等级要求。

国际刑警组织发布红色国际通报是指公安部凭逮捕证可以向国际刑警组织请求发布红色通报，因红色通报在有些国家可以作为提请临时羁押的事由，国际上又常常称之为“红色通缉令”。需要注意的是，红色通缉令不是蓝色通缉令，蓝色通缉令并无临时羁押权，也无须一国的逮捕证即可申请。实践中，公安部向国际刑警组织请求发布红色通报，不以国内发布通缉令为前提，特别是在明知犯罪嫌疑人、被告人已逃往境外的情况下，如李华波案件，公安机关在国内对李华波未发布通缉令，而是直接向国际刑警组织请求发布红色通报①。通缉一年未到案，不仅要求期限是满一年，而且必须是司法办案部门在此期间积极的实施追捕措施，而不是消极的等待期限届满。

二是对于行为人“死亡”的犯罪案件，其独立没收启动程序的条件是指死亡。自然的死亡必须开具医学死亡证明书或者有充分的证据证明其属医学意义上的生命终止。而对于单位的“死亡”是指因被撤销、注销的情形，不包括吊销和破产的情形，因为被吊销只是一个行政处罚程序，而破产只是单位主体消亡前的一个法定程序，单位被吊销、破产后还要经历清算、注销登记等程序，才能认定为主体消亡。鉴于单位被撤销、注销，如单位直接负责的主管人员和其他责任人员未逃匿、死亡，可能不会影响适用普通刑事诉讼程序。单位“死亡”的情形，必须受罪名范围的限制，同时受到“单位直接负责的主管人员和其他直接责任人员必须在通缉一年后不到案”的限制。此外，对于犯罪嫌疑人死亡的，现有证据证明其存在违法所得及其他涉案财产应当予以没收的，公安机关、检察机关的侦查部门可以进行调查。公安机关进行调查，可以依法进行查封、扣押、查询、冻结。独立没收程序的条件包括两种类型的案件，即“逃匿”和“死亡”。公安机关的没收违法所得意见书应当包括以下内容：（一）犯罪嫌疑人的基本情况；（二）犯罪事实和相关的证据材料；（三）犯罪嫌疑人逃匿、被通缉或者死亡的情况；（四）犯罪嫌疑人的违法所得及其他涉案财产的种类、数量、所在地；（五）查封、扣押、冻结的情况等。

要注意的是：第一，实践中，即使存在涉案财物不足以偿还被害人损失的情

---

① 裴显鼎、王晓东、刘晓虎：《〈关于犯罪嫌疑人、被告人逃匿、死亡案件适用违法所得没收程序若干问题的规定〉的理解与适用》，《人民司法》2017年第16期。

形，只要犯罪嫌疑人、被告人逃匿、死亡，符合没收违法所得申请条件，即应提起没收违法所得申请。至于审理后，是否有剩余财产予以没收上缴国库，不能作为检察机关是否提出没收违法所得申请的依据。因为，根据我国《刑事诉讼法》第三百条的规定，独立没收程序的功能之一就是补偿被害人的损失。第二，法律并未规定独立没收程序的行为人死亡的发生时间，从“无人应从犯罪中获益的”追赃正义目的看，行为人在纪检监察阶段或者在公安立案侦查前就死亡的，适用违法所得没收程序没有法律障碍①，但《刑事诉讼法》第十六条关于撤案的条件、第一百一十二条关于立案的条件都限制在“有犯罪事实需要追究刑事责任”，因此，立案前死亡的再进行立案以启动独立没收程序，在法律渊源上依然站不住脚。

（四）“利害关系人”的范围

《最高人民法院、最高人民检察院关于适用犯罪嫌疑人、被告人逃匿、死亡案件违法所得没收程序若干问题的规定》第七条规定“利害关系人包括犯罪嫌疑人、被告人的近亲属和其他对申请没收的财产主张权利的自然人和单位”。“其他利害关系人”是指前款规定的“其他对申请没收的财产主张权利的自然人和单位”。《刑事诉讼法》第一百零八条规定，“近亲属”是指夫、妻、父、母、子、女、同胞兄弟姊妹。将“其他利害关系人”的范围限制在具有主张权利的自然人和单位而不仅仅是主张所有权的主体，具有合理性。因为，该解释显然是考虑到了善意第三人的情形。如第三人对涉案财物享有抵押权、质押权、留置权等物权。从司法实践看，利害关系人主要包括共有人、财产受让人、继承人、对财物享有其他权利的第三人、财物被他人用于犯罪的财产所有人等。关于被害人是否属于利害关系人、两者是否属于种属关系，实践中存在不同看法。合理的解释是：只有被害人依法可以对申请没收的财产主张权利时，才能认定为利害关系人；被害人对申请没收的财产不主张权利（即仅主张赔偿权利）时，被害人与利害关系人不属于同一主体。从这个角度分析，被害人与利害关系人不存在种属

---

① 裴显鼎、王晓东、刘晓虎：《〈关于犯罪嫌疑人、被告人逃匿、死亡案件适用违法所得没收程序若干问题的规定〉的理解与适用》，《人民司法》2017 年第 16 期。

关系，两者在外延上不同，但在具体案件中可能存在交叉重合关系[①]。

（五）证明标准及举证责任分配

1. 证明标准

犯罪嫌疑人、被告人逃匿、死亡，对犯罪事实认定及相关证据收集的难度比普通刑事案件要大，如坚持普通刑事案件证据证明标准，则绝大多数案件难以顺利推进。加上此类案件仅是对财产进行处理，且犯罪嫌疑人、被告人如到案，则终止审理。基于这些特性，本书主张，应当根据不同的证明主体与不同的证明对象设置不同的证明标准。首先是对于程序性事实，应当采用优势证据标准。其次是对于实体性事实，则应当根据不同的证明主体与不同的证明对象，设置不同的证明标准：一是对于检察机关承担的犯罪嫌疑人、被告人的行为在客观上是否构成犯罪的事实，证明标准应当是排除合理怀疑标准。《关于适用犯罪嫌疑人、被告人逃匿、死亡案件违法所得没收程序若干问题的规定》第九条“有证据证明有犯罪事实”的要求与第十条有关该要求的解释，并不是对检察机关的犯罪事实证明标准做出规定，而是对法院受理违法所得没收申请所做出的要求。二是对于检察机关承担的拟没收财物是否属于违法所得、违禁品和供犯罪所用的本人财物的证明责任，证明标准应当为明晰可信的标准，要高于优势证据标准，即高度盖然性。对于这一点，《关于适用犯罪嫌疑人、被告人逃匿、死亡案件违法所得没收程序若干问题的规定》第十七条和《高法解释》第六百二十一条第二款要求拟没收财物属于违法所得或其他涉案财产具有“高度可能”，这是比较合理的，这是一种高于优势证据的证明标准。三是对于财产权利主张者承担的善意取得抗辩事由的证明责任，以及在扩大犯罪工具没收范围，将案外第三人所有财物作为犯罪工具没收后，案外第三人承担的不知情或虽然已知情，但已经采取合理措施阻止他人使用或报告有关机关的抗辩事由的证明责任，证明标准是优势证据标准。亦即，只要利害关系人提出的证据证明，申请没收的财产具有高度可能不属于犯罪所得或者其他涉案财产的，就应当支持其诉讼请求。保持这种平衡，可以有效避免因为适用高度盖然性标准而出现单向损害犯罪嫌疑人、被告人、利害关

---

① 裴显鼎、王晓东、刘晓虎：《〈关于犯罪嫌疑人、被告人逃匿、死亡案件适用违法所得没收程序若干问题的规定〉的理解与适用》，《人民司法》2017年第16期。

系人合法权利的现象产生。

2. 举证责任分配

根据谁主张、谁举证原理，独立没收的各方当事人负有对自己所主张观点的举证责任。《高检规则》第五百二十九条规定，人民法院对没收违法所得的申请进行审理，人民检察院应当承担举证责任。亦即，独立没收的适用对象——贪污贿赂案件、恐怖活动案件等不法的构成要件，以及犯罪嫌疑人、被告人逃匿并被通缉一年不到案或者死亡的情况，查封、扣押、冻结到案的违法所得、违禁品、供犯罪所用的本人财物等均由检察院负责举证（但转移到境外的涉案财物除外①）。从内容上看，至少要证明犯罪时间、地点、手段、行为人（包含特殊身份）、犯罪过程、犯罪结果、因果关系，并且不具有诸如正当防卫、紧急避险、法令行为、正当业务行为、自救行为、行政许可等违法阻却事由。从犯罪构成角度看，现有证据至少要证明违法层面（客观违法事实）符合构罪要求，至于有责层面（主观罪过）则不是独立没收程序所要求的。亦即，只要证明定罪事实达到犯罪构成要件要求，量刑事实无须证明。如果人民检察院针对特定财物系违法所得的事实主张提供了相应的证据，形成了所谓的表见证明，证明涉案财物与特定犯罪行为存在实质性关联，促使法官形成了认可该事实主张的心证，此时提供证据责任就发生了转移。虽然犯罪嫌疑人、被告人不在案，无法亲自对涉案财物的来源进行说明，但其近亲属和利害关系人仍然可以主张特定的涉案财物系合法财产。犯罪嫌疑人、被告人的近亲属和其他利害关系人要想主张对特定的财物享有物权，或者证明该财物不是违法所得，改变法官所形成的上述临时心证，就需要提供相应的证据。如果近亲属和其他利害关系人提供的证据能够证明该财物不是应当没收的赃款赃物的，否定和动摇了法官对涉案财物与特定犯罪行为之间实质性关联的心证，人民检察院就必须继续提供证据予以反驳，否则将承担不利的诉讼后果，涉案财物不得被没收。犯罪嫌疑人、被告人的近亲属和其他利害关系人至少应当举证该财物与犯罪无关，属于合法财产。而善意第三人还应当举证符合善意取得的三个条件（即不知情而无重大过失、合理价格、已交付或登记）。

---

① 江必新：《〈最高人民法院关于适用《中华人民共和国刑事诉讼法》的解释〉理解与适用》，中国法制出版社2013年版，第432页。

（六）管辖法院

《刑事诉讼法》第二百九十九条："没收违法所得的申请，由犯罪地或者犯罪嫌疑人、被告人居住地的中级人民法院组成合议庭进行审理。"独立没收程序专属于中级人民法院，基层法院无管辖权。当犯罪地和居住地不一致时，则根据便利原则处理；如不动产房屋所在地是犯罪嫌疑人、被告人的，则由居住地管辖更为适宜。对于两个以上法院都有管辖权的，则由最初受理的人民法院审判。必要时，可以移送被告人主要犯罪地的人民法院审判。管辖权发生争议的，应当在审理期限内协商解决；协商不成的，由争议的人民法院分别层报共同的上级人民法院指定管辖。关于犯罪主体是单位的情形，没收违法所得申请案件的管辖原则应当比照自然人的情形处理。即：没收违法所得的申请，由犯罪地或者单位主要办事机构所在地的中级人民法院管辖。单位主要办事机构所在地不能确定的，由其注册地或者登记地的中级人民法院管辖。

（七）公　告

1. 公告的内容

人民法院受理没收违法所得的申请后，应当在十五日内发布公告，公告期为六个月。公告期间不适用中止、中断、延长的规定。公告的内容应当尽量翔实、准确，但不得泄露关键案情，如关键证据、当事人隐私、国家秘密、商业秘密等。公告应当载明以下内容：（一）案由、案件来源以及属于本院管辖；（二）犯罪嫌疑人、被告人的基本情况；（三）犯罪嫌疑人、被告人涉嫌犯罪的事实；（四）犯罪嫌疑人、被告人逃匿、被通缉、脱逃、下落不明、死亡的情况；（五）申请没收的财产的种类、数量、价值、所在地以及已查封、扣押、冻结财产的清单和相关法律手续；（六）申请没收的财产属于违法所得及其他涉案财产的相关事实；（七）申请没收的理由和法律依据；（八）利害关系人申请参加诉讼的期限、方式以及未按照该期限、方式申请参加诉讼可能承担的不利法律后果；（九）其他应当公告的情况。

2. 公告的形式

公告的目的在于督促犯罪嫌疑人、被告人尽早归案，查找潜在的利害关系人，兼顾公正和效率。为了最大限度发挥公告的作用，公告应当在全国公开发行的报纸、信息门户网络等媒体和最高人民法院的官方网站刊登、发布，并在人民法院公告栏张贴。必要时，公告可以在犯罪地、犯罪嫌疑人、被告人居住地或者被申请没收财产所在地张贴。公告最后被刊登、发布、张贴日期为公告日期。人民法院张贴公告的，应当采取拍照、录像等方式记录张贴过程。人民法院已经掌握境内利害关系人联系方式的，应当向其直接送达含有公告内容的通知；直接送达有困难的，可以委托代为送达、邮寄送达。经受送达人同意的，可以采用传真、电子邮件等能够确认其收悉的方式告知其公告内容，并记录在案；人民法院已经掌握境外犯罪嫌疑人、被告人、利害关系人联系方式，经受送达人同意的，可以采用传真、电子邮件等能够确认其收悉的方式告知其公告内容，并记录在案；受送达人未做出同意意思表示，或者人民法院未掌握境外犯罪嫌疑人、被告人、利害关系人联系方式，其所在地国（区）主管机关明确提出应当向受送达人送达含有公告内容的通知的，受理没收违法所得申请案件的人民法院可以决定是否送达。决定送达的，应当将公告内容层报最高人民法院，由最高人民法院依照刑事司法协助条约、多边公约，或者按照对等互惠原则，请求受送达人所在地国（区）的主管机关协助送达。

利害关系人申请参加诉讼的，应当在公告期间内提出，并提供与犯罪嫌疑人、被告人关系的证明材料或者证明其可以对违法所得及其他涉案财产主张权利的证据材料。利害关系人可以委托诉讼代理人参加诉讼。利害关系人在境外委托的，应当委托具有中华人民共和国律师资格并依法取得执业证书的律师（不包括港澳台执业律师），并委托公证机构依法对授权委托进行公证、认证。亦即，在中华人民共和国领域外居住的相关人员寄给中国律师的授权委托书，必须经所在国公证机关证明、所在国外交部或者其授权机关认证，并经中国驻该国使、领馆认证，才具有法律效力。但中国与该国之间有互免认证协定的除外。利害关系人在公告期满后申请参加诉讼，具有正当理由的（如正处于生病期间、被他人非法拘禁或者因其他不可抗力因素而无法申请参加诉讼的），人民法院应当准许。

（八）一审程序

1. 庭审程序

独立没收程序在公告期届满后采取合议庭方式进行审理，合议庭组成成员可以包括人民陪审员。庭审采取开庭方式进行，但利害关系人及其诉讼代理人无正当理由拒不到庭，且无其他利害关系人和其他诉讼代理人参加诉讼的，人民法院可以不开庭审理。同理，为防止利害关系人及其诉讼代理人随意退庭，节约司法资源，对于已经开庭审理的案件，利害关系人及其诉讼代理人无正当理由退庭，且无其他利害关系人和其他诉讼代理人参加诉讼的，人民法院可以转为不开庭审理。对于开庭审理的独立没收程序申请案件，检察院应当派员出席。人民法院确定开庭日期后，应当将开庭的时间、地点通知人民检察院、利害关系人及其诉讼代理人、证人、鉴定人员、翻译人员。通知书应当至迟在开庭审理三日前送达；受送达人在境外的，至迟在开庭审理三十日前送达。对人民检察院提出的没收违法所得申请，人民法院应当审查以下内容：（一）是否属于本院管辖；（二）是否写明犯罪嫌疑人、被告人涉嫌有关犯罪的情况，并附相关证据材料；（三）是否附有通缉令或者死亡证明；（四）是否列明违法所得及其他涉案财产的种类、数量、所在地，并附相关证据材料；（五）是否附有查封、扣押、冻结违法所得及其他涉案财产的清单和相关法律手续；（六）是否写明犯罪嫌疑人、被告人的近亲属和其他利害关系人的姓名、住址、联系方式及其要求等情况；（七）是否写明申请没收的理由和法律依据。对没收违法所得的申请，人民法院应当在七日内审查完毕，如果不属于本院管辖的，应当退回人民检察院；对于材料不全的，应当通知人民检察院在三日内补送；对于属于违法所得没收程序受案范围和本院管辖，且材料齐全的，应当受理。

实践中，可以将出庭的检察人员席位设置在审判台的右侧，将利害关系人及其诉讼代理人席位并排设置在审判台左侧，将证人、鉴定人、翻译人员席位设置在审判台对面两侧（通常检察机关申请出庭的证人、鉴定人设置在审判台对面右侧，即靠近检察人员席位一侧；利害关系人申请出庭的证人、鉴定人设置在审判台对面左侧，即靠近利害关系人席位一侧）。犯罪嫌疑人、被告人委托诉讼代理人参加诉讼，人民法院准许的，犯罪嫌疑人、被告人的诉讼代理人席位设置在证人席位与利害关系人及其诉讼代理人席位中间。对于开庭审理申请没收违法所得的案件，按照下列程序进行：（一）审判长宣布法庭调查开始后，先由检察员人宣读申请书，后由利害关系人、诉讼代理人发表意见；（二）法庭应当依次就犯罪嫌疑人、被告人是否实施了贪污贿赂犯罪、恐怖活动犯罪等重大犯罪并已经通缉一年不能到案，或者是否已经死亡，以及申请没收的财产是否依法应当追缴进行调查；调查时，先由检察人员出示有关证据，后由利害关系人发表意见、出示有关证据，并进行质证；（三）法庭辩论阶段，先由检察人员发言，后由利害关系人及其诉讼代理人发言，并进行辩论。

庭审过程中，出庭的检察人员应当宣读没收违法所得申请书，申请书中应当载明：（一）犯罪嫌疑人、被告人的基本情况，包括姓名、性别、出生年月日、出生地、户籍地、公民身份证号码、民族、文化程度、职业、工作单位及职务、住址等；（二）案由及案件来源；（三）犯罪嫌疑人、被告人的犯罪事实及相关证据材料；（四）犯罪嫌疑人、被告人逃匿、被通缉或者死亡的情况；（五）申请没收的财产种类、数量、价值、所在地以及查封、扣押、冻结财产清单和相关法律手续；（六）申请没收的财产属于违法所得及其他涉案财产的相关事实及证据材料；（七）提出没收违法所得申请的理由和法律依据；（八）有无近亲属和其他利害关系人以及利害关系人的姓名、身份、住址、联系方式；（九）其他应当写明的内容。出庭的检察官在法庭调查阶段就申请没收的财产属于违法所得及其他涉案财产等相关事实出示、宣读证据。对于确有必要出示但可能妨碍正在或者即将进行的刑事侦查的证据，针对该证据的法庭调查不公开进行。利害关系人及其诉讼代理人对申请没收的财产属于违法所得及其他涉案财产等相关事实及证据有异议的，可以提出意见；对申请没收的财产主张权利的，应当出示相关证据。

2. 审判结果

经庭审，人民法院经审理认为，申请没收的财产属于违法所得及其他涉案财产的，除依法应当返还被害人的以外，应当予以没收；为了维护真正财产权利人的合法权利，同时防止刑事司法过度干预民事财产关系领域，申请没收的财产不属于违法所得或者其他涉案财产的，包括利害关系人有证据证明其对申请没收的财产具有合法权利和经审查不能确认追缴到案的财物及其孳息属于违法所得或者依法应当追缴的其他涉案财物的，法院应当裁定驳回申请，解除查封、扣押、冻结措施。虽然司法解释的观点认同可以将“供犯罪所用的本人财物”用于补偿被害人的损失，但当前的法律和司法解释并未采用将等值财产补偿被害人损失的观点，即如果财物属于犯罪嫌疑人、被告人的合法财产时，依然无法将其用于折抵被害人的损失。如果有新的证据足以证明解除查封、扣押、冻结的财产属于违法所得及其他涉案财产的，检察机关可以再次提出没收申请。

申请没收的财产具有高度可能属于违法所得及其他涉案财产的，应当认定“申请没收的财产属于违法所得及其他涉案财产”。巨额财产来源不明犯罪案件中，对于巨额财产来源不明罪，由于刑法规定由犯罪嫌疑人、被告人说明来源，属于举证责任倒置，人民检察院向人民法院提出申请没收财产时无须收集证据证明不能说明来源的财产属于违法所得及其他涉案财产。如果没有利害关系人对违法所得及其他涉案财产主张权利，或者利害关系人对违法所得及其他涉案财产虽然主张权利但提供的相关证据没有达到相应证明标准的，应当视为“申请没收的财产属于违法所得及其他涉案财产”。

（九）二审程序

（1）利害关系人非因故意或者重大过失在第一审期间未参加诉讼，在第二审期间申请参加诉讼的，人民法院应当准许，并发回原审人民法院重新审判。鉴于国外对我国扣押、冻结令和没收令协助执行时，特别注重正当程序的审查，因此加大对犯罪嫌疑人、被告人诉讼权利的保障，更有利于我国扣押、冻结令和没收令获取国外有关部门的协助执行。从境外追逃追赃工作的实际出发，为顺利推进境外协助执行的效率，犯罪嫌疑人、被告人逃匿境外，委托诉讼代理人申请参加诉讼，且违法所得或者其他涉案财产所在地国（区）主管机关明确提出意见予以支持的，人民法院可以准许。人民检察院、利害关系人对第一审裁定认定的事实、证据没有争议的，第二审人民法院可以不开庭审理。第二审人民法院决定开庭审理的，应当将开庭的时间、地点书面通知同级人民检察院和利害关系人。第二审人民法院应当就上诉、抗诉请求的有关事实和适用法律进行审查。

（2）《关于适用犯罪嫌疑人、被告人逃匿、死亡案件违法所得没收程序若干问题的规定》第二十一条规定，第二审人民法院对上诉、抗诉案件四种情形处理的结果：一是第一审裁定认定事实清楚和适用法律正确的，应当驳回上诉、抗诉，维持原裁定；二是第一审裁定认定事实清楚，但适用法律有错误的，应当改变原裁定；三是第一审裁定认定事实不清的，可以在查清事实后改变原裁定，也可以撤销原裁定，发回原审人民法院重新审判；四是第一审裁定违反法定诉讼程序，可能影响公正审判的，应当撤销原裁定，发回原审人民法院重新审判。第一审人民法院对于依照前款第三项规定对发回重新审判的案件做出裁定后，第二审人民法院对不服第一审人民法院裁定的上诉、抗诉，应当依法做出裁定，不得再发回原审人民法院重新审判。

第三节 上缴国库

一、概 念

《刑法》第六十四条规定：……违禁品和供犯罪所用的本人财物，应当予以没收。没收的财物和罚金，一律上缴国库，不得挪用和自行处理。

上缴国库，是指将法院裁判没收的赃款赃物上交给国家的措施。上缴国库以法院判决或裁定没收为前提，是“没收”的后续措施之一。没收的对象包括无被害人违法所得、违禁品、供犯罪所用的本人财物以及被害人违法所得的收益等。没收的决定权在于法院，而实际执行是赃款赃物的实际控制机关①，赃款赃物未随案移送的，则实际控制机关根据法院判决裁定上缴国库。如赃款冻结在金融机构的，一审法院将判决书、裁定书送达通知相关金融机构依法上缴国库并在接到执行通知书后十五日内将上缴国库的凭证、执行回单送回。上缴国库分为原物上缴和变现上缴。原物上缴，如《罚没财物管理办法》（财税〔2020〕54号）第七条：“设置政府公物仓的地区，执法机关应当在根据行政处罚决定，没收、追缴决定，法院生效裁定、判决没收物品或者公告期满后，在同级财政部门规定的期限内，将罚没物品及其他必要的证明文件、材料，移送至政府公物仓，并向财政部门备案。”对于变现上缴国库的应当进行拍卖、变卖，如《罚没财物和追回赃款赃物管理办法》② 第九条：“罚没物资和追回应上缴国库的赃物，根据不同性质和用途，按下列原则处理：一、属于商业部门经营的商品，由执法机关、财政机关、接收单位会同有关部门按质论价，交由国营商业单位纳入正常销售渠道变价处理。参与作价的部门，不得内部选购。二、属于专管机关管理或专营企业经营的财物，如金银、外币、有价证券、文物、毒品等，应及时交由专管机关或专营企业收兑或收购……”

根据上缴主体不同，上缴国库还包括上缴政府财政部门、上缴主管部门等。

---

① 所谓实际控制机关，即查封、扣押的执行机关以及协助冻结的金融机构。

② 财政部已于2021年1月1日废止《罚没财物和追回赃款赃物管理办法》，但其规定内容依然具有借鉴性。

上缴政府财政部门的主要是货币实物、划拨冻结在银行的款项、赃款赃物变现的资金。人民币可以直接上缴国库，外币应在商业银行兑换成人民币后上缴国库。而上缴主管部门只能是实物，如文物、古生物化石、烟草等。如《依法没收、追缴文物的移交办法》（文物保发〔1999〕017 号）第二、三四条明确国家和各省、自治区、直辖市文物行政管理部门负责接收各级执法部门在查处违法犯罪活动中依法没收、追缴的除依法返还受害人以外的所有文物，包括珍贵文物和一般文物。又如《罚没财物和追回赃款赃物管理办法》第九条："……三、属于政治性、破坏性物品，无偿交由专管机关处理。四、属于淫秽物品、吸毒用具等违禁品，以及其他无保管价值的物品，由收缴机关按有关规定处理。"①

具有权属关系证明的赃款赃物，在上缴时应一并提供。如上缴房屋、车辆、股权等赃款赃物时，应当提供下列文件和资料：（一）人民法院裁判文书、《协助执行通知书》等法律文书。（二）物品原所有人权属登记证书。物品原所有人尚未办理权属登记的，应当提交有关物品购销合同、发票。（三）无法取得物品原所有人权属证书、购销合同和发票，或者有关证书、合同和发票上载明的财产所有人与法院裁判文书中的当事人名称不一致的，应当提交证明当事人与被没收赃物之间法律关系的文件。

二、上缴国库的要点

（一）上缴国库并非一律指上缴中央财政

上缴国库，并非特指交给国家财政部门，还包括交由主管机关处理（至于主管机关如何处理在所不问）。如《罚没财物管理办法》第十八条规定，下列罚没物品，应当移交相关主管部门处置：（一）依法没收的文物，应当移交国家或者省级文物行政管理部门，由其指定的国有博物馆、图书馆等文物收藏单位收藏或者按国家有关规定处置。经国家或者省级文物行政管理部门授权，市、县的文物行政管理部门或者有关国有博物馆、图书馆等文物收藏单位可以具体承办文物接收事宜。（二）武器、弹药、管制刀具、毒品、毒具、赌具、禁止流通的易燃易爆危险品等，应当移交同级公安部门或者其他有关部门处置，或者经公安部门、

① 本书认为，本条的第三、第四点并非专指上缴国库，还包括销毁。

其他有关部门同意，由有关执法机关依法处置。（三）依法没收的野生动植物及其制品，应当交由野生动植物保护主管部门、海洋执法部门或者有关保护区域管理机构按规定处置，或者经有关主管部门同意，交由相关科研机构用于科学研究。（四）其他应当移交相关主管部门处置的罚没物品。再如，《最高人民检察院、最高人民法院、国家税务局关于办理偷税、抗税案件追缴税款统一由税务机关缴库的规定》第一条："……这部分税款属于国家应征税款的一部分，对其处理不能按一般赃款对待，不宜由人民检察院或者人民法院追缴后直接上交地方财政，应当由税务机关依法征收，并办理上交国库手续。"还有一些具有地域特色的物品，也不交给中央。

（二）无主物也应上缴国库[①]

无主物具体包括：一是无法确定被害人身份的。即经司法办案机关努力查找仍然无法确定被害人身份的情形。二是已确定被害人身份，但被害人死亡或注销，又无继承人（遗赠人）的。例如，《检察院财物规定》第二十七条规定，对于贪污、挪用公款等侵犯国有资产犯罪案件中查封、扣押、冻结的涉案财物，除人民法院判决上缴国库的以外，应当归还原单位或者原单位的权利义务继受单位。犯罪金额已经作为损失核销或者原单位已不存在且无权利义务继受单位的，应当上缴国库。三是被害人明确放弃所有权的。例如，基于政绩、升迁、面子等多重顾虑，公司或单位的职工，特别是领导，往往会不愿报警，自愿放弃追索赃款赃物。考虑到异地领取较为麻烦、成本高而财物价值又不高，被害人也常常放弃所有权。对于原先有主，但现在无主的财物，《高法解释》第四百四十五条规定："判决返还被害人的涉案财物，应当通知被害人认领；无人认领的，应当公告通知；公告满一年无人认领的，应当上缴国库；上缴国库后有人认领，经查证属实的，应当申请退库予以返还；原物已经拍卖、变卖的，应当返还价款。对侵犯国有财产的案件，被害单位已经终止且没有权利义务继受人，或者损失已经被核销的，查封、扣押、冻结的财物及其孳息应当上缴国库。"不难看出，这种上缴国库是以"返还"为前提，只是因无受害人而替代性地采取上缴国库措施，对于被害人出现的，理应予以执行回转。

---

① 不同于民法的"无主物"，台湾法学家谢在全、王泽鉴在其著作中指出，无主物是指现在不属于任何人所有之物，至于曾经是否属于他人所有则不问。

（三）上缴国库与民事债务并存时的处置

应当上缴国库的财物是指违禁品、供犯罪所用的本人财物、无被害人的违法所得等，显然这些财物都与犯罪有关，且不属于通常意义的合法财产，亦不属于犯罪人的民事责任财产，两者并存时，一般上缴国库具有优先性，优于普通的民事债务执行。但是对于这些赃款赃物如果设置对应的他物权时（如抵押权、质押权、留置权），上缴国库与民事债务谁先谁后就不无疑问。《财物执行规定》第十一条明确了赃款赃物用于清偿债务、转让或者设置其他权利负担的应当追缴，但善意取得除外。该条旨趣在于除善意取得的情形外，追赃具有优先性。亦即，除非赃款赃物被第三人善意取得物权，上缴国库必须优先执行。对此，本书认为，除了善意取得物权的情形，还应考虑犯罪前已设立的合法物权，因为财物未被认定为赃款赃物前其属于行为人合法所有的权利，此时设定物权属于行为人合法行使处分权而不是善意取得。举例而言，如果车辆在犯罪前即设定银行抵押，此时设立的抵押权属于行为人行使合法处分权行为，银行不是善意取得。又如，车辆用于犯罪后，不知情的第三人因借款给犯罪人而取得该车抵押权时，第三人取得的抵押权属于善意取得。概言之，对需要上缴国库的财物，如果是在犯罪前即设立物权的，属于合法有效的在先权利，应予保护，而犯罪后设立的物权，如果是善意取得的，也同样予以依法保护，均不得上缴国库。

（四）赃款赃物无法变现时的上缴国库

上缴国库的政府财政部门只收取货币，对赃物一般要变现后才可以上缴。实践中经常出现赃款赃物无法变现的情形，特别是经过拍卖、变卖程序无法卖出时，该如何处理？对此，《财物执行规定》第十二条第二款明确，涉案财物最后一次拍卖未能成交，需要上缴国库的，人民法院应当通知有关财政机关以该次拍卖保留价予以接收；有关财政机关要求继续变价的，可以进行无保留价拍卖。需要退赔被害人的，以该次拍卖保留价以物退赔；被害人不同意以物退赔的，可以进行无保留价拍卖。

（五）应当引入提存制度

我国《民法典》第五百七十条规定："有下列情形之一，难以履行债务的，债务人可以将标的物提存：（一）债权人无正当理由拒绝受领；（二）债权人下落不明；（三）债权人死亡未确定继承人或者丧失民事行为能力未确定监护人；（四）法律规定的其他情形。标的物不适于提存或者提存费用过高的，债务人依法可以拍卖或者变卖标的物，提存所得的价款。”本书认为，从诉讼的经济性原则看，在上缴国库程序可以引入民法的“提存”制度，其期限可以参照《民法典》第五百七十四条规定，被害人自赃款赃物被上缴国库之日起5年内（除此期间，不得延长），债权人可以随时主张认领，逾期散失所有权，扣除提存费用后归国家所有。被害人在5年内主张其所有权的，人民法院应当依法审查，如查证属实的应当扣除必要费用后由法院提回，返还给被害人。实践中可以根据涉案财物被采取的强制措施的不同而规定不同的机构为该类财物的提存机构，比如，现金、存款、汇款等财物被采取强制措施后可以交由银行保管，此时银行就是提存机构。除此之外，交易所应当是股票、基金等的提存机构，股权、债权、不动产所有权等的登记部门就是这些权利性利益的提存机构，而金银珠宝、贵重字画、文物等则可以由公证机构作为提存机构予以保存。

第四节　销　毁

一、概　念

销毁是指将依法决定没收且无须上缴国库的财物予以功能上灭失的措施。其适用的对象主要是一些违禁品和具有社会危险性的物品，并且这些物品对国家和社会而言没有利用价值的[①]。例如，毒品、爆炸品物品、过期食品、药品等。《罚没财物管理办法》第二十条第二款：“对难以变卖且无经济价值或者其他价值的，可以由执法机关、政府公物仓予以销毁。”《全国人民代表大会常务委员会关于惩治走私、制作、贩卖、传播淫秽物品的犯罪分子的决定》（2009修正）第七条规定，没收的淫秽物品，按照国家规定销毁。1995年6月《全国人民代表大会常务委员会关于惩治破坏金融秩序犯罪的决定》第二十二条规定：“伪造、变造的货币，伪造、变造、作废的票据、信用证、信用卡或者其他银行结算

① 当然，一些应当没收上缴国库但因无价值或者价值较小的财物，也应当予以销毁。

凭证一律收缴，上交中国人民银行统一销毁。”（1）销毁的财物必须经由法院先行没收，通过没收剥夺其所有权获取进一步处分的条件，对于未决定没收的财物，不得销毁。（2）无须上缴国库是指具有社会危害性且无价值的财物。社会危害性可以是普遍的社会危害性，也可以是特定的社会危害性。前者如淫秽物品、爆炸物、毒品等违禁品，这些物品对大多数人来说都具有社会危害性。后者如假冒注册商标的商品，这些商品对消费者来说并无危害，但对被假冒的商家而言，具有危害性。无价值是指对国家和社会而言，无经济价值或者利用价值的财物，或者价值低微，没有继续利用的可能的财物。如前述的淫秽物品、毒品等违禁品一般难有价值。价值低微，如伤人用的木块、石头等。这种价值一般可以从功能上予以判断，对于客观上或者观念上丧失功能的财物通常都难有价值。客观上丧失功能，如被折断的鱼竿。观念上的丧失，如一个盛过粪便的碗，虽然并不影响继续使用，但从社会观点看其已经不可能被一个正常人用来盛东西，所以也属于没有价值。对于有特殊主管机关的财物，该财物一般应由该主管机关予以销毁。如前述伪造、变造的货币，伪造、变造、作废的票据、信用证、信用卡或者其他银行结算凭证由中国人民银行统一销毁。（3）销毁的程度是功能上的销毁。例如，对于枪支的销毁，应当通过熔断方式，对于淫秽光碟可以采用火烧和碾压粉碎的方式，无论采取何种方式，只要足以达到其丧失原本功能的都可以。再如，诈骗用的假文物，只须直接砸烂即可，无须再放入熔炉中烧毁。（4）销毁物品、文件的，应当制作《销毁物品清单》，记明销毁物品、文件的名称、数量、特征、来源和销毁理由，经批准人、办案人员、监销人签字后附卷。（5）销毁的必要工作。销毁工作应做好诸如环境保护、废物回收、安全警戒、消防安全等必要工作。对销毁的全程进行录像和拍照，留存视听资料，并做好销毁记录，由现场指挥人、监销人（如督察、法制人员）、销毁人签字，相关记录返回办案单位附卷。

二、销毁的要点

（一）销毁的本质

没收的财物是否销毁，并不以是否存在危害性为评判标准，其本质是该财物是否对国家和社会而言具有经济价值或者科研价值。有些财物虽然具有危险性，但因有价值依然可以不予销毁。例如，新型毒品，如果国家确有科研需要（如医学研究价值），应当没收后经严格审批程序交给有关科研单位供研究之用。再如，有些财物虽然属于伪劣产品，但其存在客观价值也应当没收上缴国库而不是销毁。如深圳市罗湖区人民法院审理的林某某销售假冒注册商标的商品罪一审刑事判决书［（2017）粤 0303 刑初 2368 号］判决："二、现场缴获的假冒 HERMES、CARTIER、TIFFANY、PIAGET、VANCLEEF&APRELSSA、BVLGARI、CHANEL 等品牌的首饰予以没收，上缴国库。"这些品牌首饰虽然是假冒的，但许多都是真金白银制造的，依然有经济价值，所以法院判决没收后上缴国库。但无论如何，将这种具有危险性的财物没收上缴国库的前提是不再危害社会。如《商标法》（2019 年修正）第六十三条第五款就明确规定，假冒注册商标的商品不得在仅去除假冒注册商标后进入商业渠道。再如，《海关总署公告 2007 年第 16 号（关于没收侵犯知识产权货物依法拍卖有关事宜）》："一、海关拍卖没收的侵权货物，应当严格按照《条例》第二十七条的规定，完全清除有关货物以及包装的侵权特征，包括清除侵权商标、侵犯著作权、侵犯专利权以及侵犯其他知识产权的特征。对不能完全清除侵权特征的货物，应当予以销毁，一律不得拍卖。"

（二）销毁的程度

销毁的程度是什么？是物理毁坏还是化学毁坏？还是消除经济价值？对此，本书认为，销毁的程度应以该财物不具有再危害社会的可能为前提。对于销毁后具有明显剩余价值的，应当回收利用。例如，集中销毁数吨重的枪支时，采取放入熔炉中化成铁水的方式，采取熔炉销毁的方式，客观上枪支已全部变成铁无再次危害社会的可能，达到销毁的目的，但是对于剩下的铁具有经济价值，该如何处置？遗弃，还是赠予他人，显然都不合适，处理不当可能引起纠纷或者滋生腐败。应将这部分铁予以拍卖、变卖的方式上缴国库。概言之，销毁财物的程度是不再危害社会，对于销毁后依然具有较大经济价值的，应当变现后上缴国库。例如，《罚没财物管理办法》第二十条第三款："属于应销毁的物品经无害化或者合法化处理，丧失原有功能后尚有经济价值的，可以由执法机关、政府公物仓作为废旧物品变卖。"对于销毁后的废物，无价值的应做好废物污染防治、并防止泄密。例如，《中华人民共和国保守国家秘密法》第二十二条：属于国家秘密的设备、产品的研制、生产、运输、使用、保存、维修和销毁，应当符合国家保密规定。

（三）销毁的主体

销毁由执行机关负责，但销毁的物品有主管部门的，可以会同或者转交主管部门销毁。《罚没财物管理办法》第二十条第一款规定："淫秽、反动物品，非法出版物，有毒有害的食品药品及其原材料，危害国家安全以及其他有社会危害性的物品，以及法律法规规定应当销毁的，应当由执法机关予以销毁。"例如，《公安机关缴获毒品管理规定》（公禁毒〔2016〕486 号）第二十五条规定，对集中统一保管的毒品，除因办案、留样备查等工作需要少量留存外，省级公安机关或者经授权的市一级公安机关应当适时组织销毁。其他任何部门或者个人不得以任何理由擅自处理毒品。第二十六条规定，需要销毁毒品的，应当由负责毒品集中统一保管的禁毒部门提出销毁毒品的种类、数量和销毁的地点、时间、方式等，经省级公安机关负责人批准，方可销毁。第二十七条规定，公安机关需要销毁毒品的，应当制定安全保卫方案和突发事件应急处理预案；必要时，可以邀请检察机关和环境保护主管部门派员监督；有条件的，可以委托具有危险废物无害化处理资质的单位进行销毁。此外，对于具有危险性的物品，如剧毒化学品、爆炸物品等，拍卖不出或者过期变质的要移交由环保部门认定的有处置资质的专业单位销毁处置，并按规定做好交接登记手续。

（四）销毁的费用

销毁的费用一般由销毁主体承担，但有时也可以由被告承担。对于少数刑事附带民事诉讼的案件，供犯罪所用的本人财物具有社会危险性，需要销毁，此时，可以以需要"消除危险"为由，要求被告人承担销毁的费用。例如《人民检察院公益诉讼办案规则》（高检发释字〔2021〕2 号）第九十七、九十八条规定，对于对破坏生态环境和资源保护，食品药品安全领域侵害众多消费者合法权益，侵犯未成年人合法权益，侵害英雄烈士等的姓名、肖像、名誉、荣誉等损害社会公共利益的刑事案件提起附带民事诉讼的，人民检察院可以向人民法院提出要求被告停止侵害、排除妨碍、消除危险、恢复原状、赔偿损失等诉讼请求。实践中也有类似判例，如福建省晋江市人民法院刑事附带民事判决书（2020）闽 0582 刑初 226 号判决："被告人柯某某应于本判决生效之日起十五日内支付涉案假冒张裕葡萄酒的销毁费用人民币 3000 元"。又如，山东省枣庄市市中区人民法院（2019）鲁0402刑初544号刑事附带民事判决书："被告人杨某某、陈某、李某生产、销售假冒乳酸菌饮料；被告人鲁金花明知其制造的商标系为假冒乳酸菌饮料而生产，仍予以非法制造，导致本案大量的假冒乳酸菌饮料在云南销售，不仅侵害了注册商标权利人的合法权益，而且也侵害了不特定消费者的合法权益，损害了社会公共利益，各被告人在承担刑事责任的同时，应当在侵权范围内向社会公众赔礼道歉，并承担销毁剩余假冒商品的费用760元。公益诉讼起诉人的诉讼请求，本院予以支持。"

第五节　其他处置措施

一、保值性措施①

对于一些容易变质、腐烂、损毁、灭失、过期、容易贬值等不宜保管的财物，我国规定了较多临时处置措施，主要是一些变现措施和临时保管措施，以实现保值。

（一）公安机关相关规定

《程序规定》第二百三十六条第一款、第二百四十六条第二款以及《公安财物规定》第二十一条，对于因自身材质原因易损毁、灭失、腐烂、变质而不宜长期保存的食品、药品及其原材料等物品，长期不使用容易导致机械性能下降、价值贬损的车辆、船舶等物品，市场价格波动大的债券、股票、基金份额等财产，可以根据具体情况，经县级以上公安机关负责人批准，在拍照或者录像后委托有关部门变卖、拍卖，变卖、拍卖的价款暂予保存，待诉讼终结后一并处理。权利人书面申请出售被冻结的债券、股票、基金份额等财产，经审查认为不损害国家利益、被害人、其他权利人利益，不影响诉讼正常进行的，以及冻结的汇票、本

---

① 相较于刑法领域，民法领域的保值措施更为完善。如《最高人民法院关于在执行工作中进一步强化善意文明执行理念的意见》（法发〔2019〕35号）当中明确规定了被查封的建设工程可以继续建设、查封在建商品房或现房可以监督销售、允许查封财产用于融资、允许股票冻结变更为可售性冻结等，类似规定非常值得赃处置的借鉴。

票、支票的有效期即将届满的，经县级以上公安机关负责人批准，可以依法出售或者变现，所得价款应当继续冻结在其对应的银行账户中；没有对应的银行账户的，所得价款由公安机关在银行指定专门账户保管，并及时告知当事人或者其近亲属。对涉案财物的变卖、拍卖应当坚持公开、公平原则，由县级以上公安机关商本级人民政府财政部门统一组织实施，严禁暗箱操作。不得采取明显贬损财产价值、对权利人显失公平的保值措施。善意第三人等案外人与涉案财物处理存在利害关系的，公安机关应当告知其相关诉讼权利。

（二）人民检察院相关规定

《高检规则》第二百一十四条及《检察院财物规定》第十二条规定，扣押、冻结债券、股票、基金份额等财产，应当书面告知当事人或者其法定代理人、委托代理人有权申请出售。对于被扣押、冻结的债券、股票、基金份额等财产，在扣押、冻结期间权利人申请出售，经审查认为不损害国家利益、被害人利益，不影响诉讼正常进行的，以及扣押、冻结的汇票、本票、支票的有效期即将届满的，经检察长批准，可以在案件办结前依法出售或者变现，所得价款由人民检察院指定的银行账户保管，并及时告知当事人或者其近亲属。珍贵文物、珍贵动物及其制品、珍稀植物及其制品，按照国家有关规定移送主管机关；毒品、淫秽物品等违禁品，及时移送有关主管机关，或者根据办案需要严格封存，不得擅自使用或者扩散；爆炸性、易燃性、放射性、毒害性、腐蚀性等危险品，及时移送有关部门或者根据办案需要委托有关主管机关妥善保管；易损毁、灭失、变质等不宜长期保存的物品，如易贬值的汽车、船艇等物品，经权利人同意或者申请，并经检察长批准，可以及时委托有关部门先行变卖、拍卖，所得款项存入唯一合规账户。先行变卖、拍卖应当做到公开、公平。

（三）最高人民法院相关规定

《高法解释》第四百三十九条第一款规定，审判期间，对不宜长期保存、易贬值或者市场价格波动大的财产，或者有效期即将届满的票据等，经权利人申请并经院长批准同意，可以依法先行处置，所得款项由人民法院保管。

（四）其他规定

《中共中央办公厅、国务院办公厅关于进一步规范刑事诉讼涉案财物处置工作的意见》（中办发〔2015〕7号）第七条明确规定，对易损毁、灭失、变质等不宜长期保存的物品，如易贬值的汽车、船艇等物品，或者市场价格波动大的债券、股票、基金份额等财产，或者有效期即将届满的汇票、本票、支票等，经权利人同意或者申请，并经县级以上公安机关、国家安全机关、人民检察院或者人民法院主要负责人批准，可以依法出售、变现或者先行变卖、拍卖。所得款项统一存入各单位唯一合规账户。

《罚没财物管理办法》第十四条规定，除法律法规另有规定外，容易损毁、灭失、变质、保管困难或者保管费用过高、季节性商品等不宜长期保存的物品，长期不使用容易导致机械性能下降、价值贬损的车辆、船艇、电子产品等物品，以及有效期即将届满的汇票、本票、支票等，在确定为罚没财物前，经权利人同意或者申请，并经执法机关负责人批准，可以依法先行处置；权利人不明确的，可以依法公告，公告期满后仍没有权利人同意或者申请的，可以依法先行处置。先行处置所得款项按照涉案现金管理。第十五条规定，罚没物品处置前存在破损、污秽等情形的，在有利于加快处置的情况下，且清理、修复费用低于变卖收入的，可以进行适当清理、修复。

二、辅助性措施

除了保值措施和最终处置措施外，我国还规定了一些辅助性措施，包括拍卖、变卖、变现、划拨、扣划等。

（一）拍卖、变卖

拍卖是指以公开竞价的方式将涉案财物卖给竞价最高者的变现方式。变卖是指将涉案财物直接出卖的变现方式。两者区别在于卖的形式，前者要求有底价竞拍，而后者则直接出卖，一般无底价要求。关于拍卖。据《公安财物规定》和《人民法院办理执行案件规范》《最高人民法院关于人民法院网络司法拍卖若干问题的规定》有关规定，对查封、扣押、冻结的财产进行变价处理时，应当采取网络司法拍卖方式，但法律、行政法规和司法解释规定必须通过其他途径处置，或者不宜采用网络拍卖方式处置的除外。拍卖既可以由司法办案机关自行组织拍卖，也可以委托拍卖机构拍卖。公安机关对涉案财物的变卖、拍卖应当坚持公开、公平原则，由县级以上公安机关商本级人民政府财政部门统一组织实施，严禁暗箱操作。拍卖应当确定保留价。保留价可以采取当事人议价、定向询价、网络询价、委托评估等方式确定。拍卖财产经过评估的，评估价即为第一次拍卖的保留价；未作评估的，保留价参照市价确定，并应当征询有关当事人的意见。如果出现流拍，再行拍卖时，可以酌情降低保留价，但每次降低的数额不得超过前次保留价的20%。拍卖应当先期公告。拍卖公告应当包括执行机构的名称和联系方式，拍卖财产的名称、种类、数量、已知瑕疵及其他情况，拍卖会的时间及场所，展示拍卖物的时间、地点，拍卖财产的评估价，竞买人的资格和条件，保证金金额及缴纳方式，拍卖价款的交付期限，相关权利义务、法律责任，拍卖公司的名称和联系方式等需要公告的内容。拍卖动产的，应当在拍卖七日前公告；拍卖不动产或者其他财产权的，应当在拍卖十五日前公告。拍卖财产具有专业属性的，应当同时在专业性报纸上进行公告。当事人申请在其他新闻媒体上公告或者要求扩大公告范围的，应当准许，但该部分的公告费用由其自行承担。拍卖有时可以采取无保留价拍，如《财物执行规定》第十二条第二款规定，涉案财物最后一次拍卖未能成交，需要上缴国库的，人民法院应当通知有关财政机关以该次拍卖保留价予以接收；有关财政机关要求继续变价的，可以进行无保留价拍卖。需要退赔被害人的，以该次拍卖保留价以物退赔；被害人不同意以物退赔的，可以进行无保留价拍卖。金银及其制品、当地市场有公开交易价格的动产、在证券市场交易额的上市公司流通股、易腐烂变质的物品、季节性商品、保管困难或者保管费用过高的物品可以决定变卖。对于有公开交易价格的动产、不动产、金银及其制品的可以依照该价格直接拍卖。对于价值容易减损和保管困难，保管费用较高的物品，不及时变价难以保全其价值或者需要尽快降低保管成本的，也可以酌情予以变卖。

《罚没财物管理办法》第十六条规定，公开拍卖应当符合下列要求：（一）拍卖活动可以采取现场拍卖方式，鼓励有条件的部门和地区通过互联网和公共资源交易平台进行公开拍卖。（二）公开拍卖应当委托具有相应拍卖资格的拍卖人进行，拍卖人可以通过摇珠等方式从具备资格条件的范围中选定，必要时可以选择多个拍卖人进行联合拍卖。（三）罚没物品属于国家有强制安全标准或者涉及人民生命财产安全的，应当委托符合有关规定资格条件的检验检疫机构进行检验检测，不符合安全、卫生、质量或者动植物检疫标准的，不得进行公开拍卖。（四）根据需要，可以采取“一物一拍”等方式对罚没物品进行拍卖。采用公开拍卖方式处置的，一般应当确定拍卖标的保留价。保留价一般参照价格认定机构或者符合资格条件的资产评估机构作出的评估价确定，也可以参照市场价或者通过互联网询价确定。（五）公开拍卖发生流拍情形的，再次拍卖的保留价不得低于前次拍卖保留价的80%。发生3次（含）以上流拍情形的，经执法机关商同级财政部门确定后，可以通过互联网平台采取无底价拍卖或者转为其他处置方式。

并非所有财物都可以拍卖，有些违禁品和法律禁止流通物品是国家禁止拍卖的，如（一）鸦片、海洛因、吗啡、冰毒、大麻等毒品和制毒原料或者配剂、管制药品；（二）枪支、弹药及其他禁止流通的易燃、易爆、剧毒、放射等危险品；（三）珍贵、濒危野生动植物及其制品，珍贵文物；（四）淫秽、盗版的书刊及音像制品；（五）法律、法规、规章禁止买卖的其他物品等。有些拍卖具有限制性条件，如《拍卖法》第7条规定，法律、行政法规禁止买卖的物品或者财产权利，不得作为拍卖标的。对于水果、蔬菜、鱼类、肉类、冻品、海鲜等易腐、易烂和其他不宜长期保存的物品，应经卫生检疫部门检疫合格才可以拍卖。再如，《罚没财物管理办法》第十七条规定，属于国家规定的专卖商品等限制流通的罚没物品，应当交由归口管理单位统一变卖，或者变卖给按规定可以接受该物品的单位。

（二）划拨、扣划

划拨和扣划意思相近，即指银行等有储蓄业务的金融机构，根据法院执行通知将涉案款项通过转账划入执行机构指定账户的措施。划拨、扣划专属于人民法院，《关于实施刑事诉讼法若干问题的规定》第三十七条：“……根据上述规定，人民检察院、公安机关不能扣划存款、汇款、债券、股票、基金份额等财产。”《中国人民银行关于对银行协助执行有关问题的复函》（银条法〔1997〕36号）也明确金融机构不再协助人民检察院和公安机关扣划客户在金融机构存款。划拨、扣划一般是在冻结款项的基础上进行，也可以不经冻结而直接划拨、扣划。在采取划拨、扣划措施时，执行机构应将相关法律文书送达协助执行单位。有关银行等有储蓄业务的金融机构在接到划拨、扣划手续时，应按照执行机构的要求履行协助划拨、扣划义务。人民法院通过网络执行查控系统划拨、扣划的执行款，应当划至执行款专户或案款专户。对未冻结的银行存款，人民法院的扣划裁定同时具有冻结的法律效力。对已冻结的银行存款，人民法院可以直接裁定扣划，无须出具解除冻结的手续，但应当在裁定中载明先前冻结的事实。人民法院扣划被执行人在金融机构存款时，执行人员应当出示本人工作证和执行公务证，并出具法院扣划裁定书和协助扣划存款通知书。人民法院要求金融机构协助冻结、扣划被执行人的存款时，冻结、扣划裁定和协助执行通知书适用留置送达的规定。人民法院冻结、扣划相关证券、资金时，应当明确拟冻结、扣划证券、资金所在的账户名称、账户号码、冻结期限，所冻结、扣划证券的名称、数量或者资金的数额。扣划时，还应当明确拟划入的账户名称、账号。

第八章　判决书的明确性和非法追赃的救济

判决书是判断涉案财物"罪"与"非罪"以及最终宿命的终极法律文书。判决书的明确性极为重要，判决书的模糊与缺项将导致涉案财物的处置无所适从，并将放纵犯罪之物。我国法律对判决书的明确性有较多规定，但均零散且法律层级不高、对有关涉案财物的判决书进行明确，从"是什么""为什么""怎么办"三个维度加以认定和宣判，能有效地惩戒有罪之物，避免执行的模棱两可。而对于漏判的涉案财物，也需要明晰处理规则，这样才能使涉案财物的处置有章可循。

追赃是人之行为，人无完人，非法追赃问题不可避免。因此，对非法追赃救济的相关法律进行归纳终结，确有必要。

第一节　判决书的明确性

一、文书不明确的现状

赃的判决与定罪判决、量刑判决、程序性裁判一并作为刑事审判一项独立的裁判内容。法院审理涉案财物应坚持不告不理原则，法官对涉案财物的审理以公诉机关的指控确定审理范围。作为司法裁判机构，法院在启动诉讼程序方面应保持被动性和应答性，应当坚持诉审同一[①]。进言之，对于公诉机关指控的涉案财

① 陈瑞华：《问题与主义之间》，中国人民大学出版社 2003 年版，第 215 页。

物，都应做出具体的、明确的裁判，禁止模棱两可，禁止无处理结果，禁止空判、空裁。对于赃裁判文书的明确性，党的十八届四中全会明确要求："加强法律文书释法说理。"如何加强裁判文书的释法说理，其中之一就是强化证据说理。《人民法院五年改革纲要》第十三条曾规定，"加快裁判文书的改革步伐，提高裁判文书的质量。改革的重点是加强对质证中有争议证据的分析、认证，增强判决的说理性"。这也明确了刑事裁判文书证据说理的基本方向和思路。我国司法解释亦有强调，如《查封、冻结规定》第八条规定："公安机关对于采取措施的涉案财产，应当全面收集证明其来源、性质、用途、权属及价值的有关证据，审查判断是否应当依法追缴、没收。证明涉案财产来源、性质、用途、权属及价值的有关证据一般包括：（一）犯罪嫌疑人、被告人关于财产来源、性质、用途、权属、价值的供述；（二）被害人、证人关于财产来源、性质、用途、权属、价值的陈述、证言；（三）财产购买凭证、银行往来凭据、资金注入凭据、权属证明等书证；（四）财产价格鉴定、评估意见；（五）可以证明财产来源、性质、用途、权属、价值的其他证据。"《财物执行规定》第六条第三款规定："判处追缴或者责令退赔的，应当明确追缴或者退赔的金额或财物的名称、数量等相关情况。"《高法解释》第七十二条第一款将涉案财物处理的事实作为运用证据证明的案件事实。第二百一十八条规定，对提起公诉的案件，人民法院应当在收到起诉书和案卷、证据后，审查是否查封、扣押、冻结被告人的违法所得或者其他涉案财物，查封、扣押、冻结是否逾期；是否随案移送涉案财物、附涉案财物清单；是否列明涉案财物权属情况；是否就涉案财物处理提供相关证据材料。第二百九十四条规定，合议庭评议案件，应当明确查封、扣押、冻结的财物及其孳息如何处理。第二百七十九条规定，法庭审理过程中，对查封、扣押、冻结的财物及其孳息，应当调查其权属情况，是否属于违法所得或者依法应当追缴的其他涉案财物。第四百四十四条规定，对查封、扣押、冻结的财物及其孳息，应当在判决书中写明名称、金额、数量、存放地点及其处理方式等。涉案财物较多，不宜在判决主文中详细列明的，可以附清单。判决追缴违法所得或者责令退赔的，应当写明追缴、退赔的金额或者财物的名称、数量等情况；已经发还的，应当在判决书中写明。第四百四十五条规定，查封、扣押、冻结的财物及其孳息，经审查，确属违法所得或者依法应当追缴的其他涉案财物的，应当判决返还被害人，或者没收上缴国库，但法律另有规定的除外。对判决时尚未追缴到案或者尚未足额退赔的违法所得，应当判决继续追缴或者责令退赔。

《人民法院办理执行案件规范》第七百二十二条规定，刑事裁判涉财产部分的裁判内容，应当明确、具体。涉案财物或者被害人人数较多，不宜在判决主文中详细列明的，可以概括叙明并另附清单。判处追缴或者责令退赔的，应当明确追缴或者退赔的金额或财物的名称、数量等相关情况。《最高人民法院关于适用刑法第六十四条有关问题的批复》（法〔2013〕229 号）明确规定：追缴或者责令退赔的具体内容，应当在判决主文中写明；其中，判决前已经发还被害人的财产，应当注明。《最高人民法院、最高人民检察院、海关总署关于办理走私刑事案件适用法律若干问题的意见》（法〔2002〕139 号）第二十三条明确规定："人民法院在判决走私罪案件时，应当对随案清单、证明文件中载明的款、物审查确认并依法判决予以追缴、没收。"纵然如此，审判实务中，对赃物的判决还存在许多不明确问题，甚至是空判。如有的法院在判决书中出现将犯罪工具、作案工具、供犯罪所用的本人财物混用的表述。有的法院在判决理由部分并未充分说明财物的赃属性便直接做出处理决定。因追缴的法律地位不明确，有的法院对未到案的赃物并未判决继续追缴，导致被害人无法申请执行追缴。有的法院判决追缴到案且随案移送的财物由扣押机关负责处理，这显然是将赃款赃物的裁判权转移给办案单位，于法无据，也容易在实务中造成办案单位和法院产生推诿扯皮，损害被害人的利益①。有的法院对于未足额追缴的，未判决责令退赔或追缴等值财产，以挽回被害人损失。有的法院对于未追缴到案的财物直接判决没收上缴国库，而未明确继续追缴后没收上缴国库。有的判决没收了，但是对于没收之后是上缴国库还是销毁不明确。有的法院对检察院公诉书中提及的涉案财物判决书中干脆就不体现如何处置，或者虽有体现处置，但对于执行主体、财物数量、返还比例、返还对象语焉不详。造成上述问题的原因，包括检察机关对涉案财物的指控不明、法官的专业素养和责任心不够外，主要的原因在于追赃各措施逻辑关系的未正确厘定。

追赃裁判文书缺乏明确性，将导致追赃不能，侵害被害人权益，损害司法权威和公信力。司法实践中，对于不明确裁判文书，最高法判例已允许另行提起民事诉讼。

---

① 对于追缴到案但未随案移送，如只是移送了扣押清单的，法院判决由扣押机关处理，依然是模糊不明确的。正确的做法是，在裁判文书中明确对于未随案移送的财物，由扣押返还被害人或没收后上缴国库。

判例12　最高人民法院（2017）最高法民申4094号：

本院经审查认为，本案中，邢某、温某某、申某某以签订合作协议的方式骗取被害单位沈阳欣桑达电子有限公司、被害人李某943万元，该案虽经生效刑事判决认定邢某、温某某、申某某犯合同诈骗罪，并在邢某、温某、申某某刑事判决主文中写明“案发后扣押的赃款、赃物返还被害人，其余赃款、赃物继续追缴”，但刑事判决主文并未写明追缴或者责令退赔的具体内容，亦未明确刑事判决前是否存在已经发还被害人财产的问题，李某通过刑事判决追缴或者退赔的数额不明确、不具体。根据本案一、二审法院查明事实，到目前为止，案涉刑事案件经追赃仅返还李某一辆奥迪车价值60万元，其余损失未经刑事追赃途径返还或追缴。在本院组织询问过程中，李某提供相关证据证明因刑事案件存在多个受害人且李某已获得了一辆奥迪车，故李某未能参与分配刑事案件执行程序中查扣的温某某的财产140万元，温某某也未履行《赔偿协议》约定的500万元赔偿，李某已另行提起民事诉讼主张该500万元赔偿且已得到法院生效判决支持；同时，《赔偿协议》明确约定该协议项下的500万元赔偿不影响李某其他损失的赔偿，而李某通过刑事追赃未能弥补其被诈骗的损失。在通过刑事追赃、退赔不能弥补李某全部损失的情况下，赋予被害人李某向人民法院另行提起民事诉讼的权利，有利于最大限度地保护被害人的合法权益，刑事判决与民事判决对于保护被害人的合法权益是相互补充的，并未加重温某某等人的赔偿责任，人民法院受理李某提起的民事诉讼并无不当。对于温某某申请再审主张案涉刑事案件中公安机关办案人员私分各被告人被查扣的财产足够赔偿李某的损失的问题，因温某某并未提交足以证明该事实的证据，本院不予认定，对此问题温某某可通过其他途径予以解决。据此，一、二审法院受理本案并判决邢某、温某某、申某某承担赔偿责任并无不当，本院予以维持。

二、判决书的明确性

刑事裁判文书关于赃的主要裁判内容是执行机构具体执行范围和执行方式的法律依据，该部分内容具体、明确是优先执行的前提。《最高人民法院关于人民法院立案、审判与执行工作协调运行的意见》（法发〔2018〕9号）第十一条：

"法律文书主文应当明确具体……"第十三条："刑事裁判涉财产部分的裁判内容，应当明确、具体……"本书认为，为了最大限度地追赃挽损，法院裁判文书内容应具体明确、具有可操作性。一是对于公诉机关提起明确指控的，法院必须进行审查并做出处理结论，不得因涉案财物权属不明或者情况复杂而不作处理；二是法院对涉案财物的处理决定要体现在判决书中，无论是何种处理结果，必须在判决书中予以注明；三是对于未到案但有证据证明属于赃款赃物的，也应一并提出处理措施；四是对原物及孳息以及转变、转化物应一并处理；五是法院对涉案财物的处理应根据涉案财物的性质做出不同的处理。具言之，判决书应坚持贯彻"赃的认定、赃的追缴、赃的处置"三个步骤，并在厘定各措施的逻辑关系前提下，明确以下内容。

一是"是什么"。"是什么"，即在判决理由或判决结果部分明确指明涉案财物属于"违法所得""违禁品""供犯罪所用的本人财物"三大类赃中的哪一类。例如，表述为："扣押在案的×××属于违法所得""尚未追缴到案的××属于犯罪工具""已被本案嫌疑人挥霍掉的×××属于被害人的合法财产""随案移送的××与本案无关""追缴到案的××属于第三人合法财产"。另外，对于赃的收益、孳息以及转变、转化物的性质也应当说明，便于判决裁定的一并执行。

二是"为什么"。"为什么"，即裁判理由部分应充分说明涉案财物为什么属于"违法所得""违禁品""供犯罪所用的本人财物"，都有哪些证据可以佐证，证据是否确实充分并且排除合理怀疑。对于被第三人善意取得或者与案件无关的财物也应当说明原因，禁止不做说明也未置可否，导致追缴到案的财物无法处置。赃的认定证据主张应是各方当庭发表、经过辩论的意见（而不能局限于出庭意见书、辩护词等书面材料），并且，裁判文书应当全面反映控辩双方以及利害关系人等各方在证据上的意见，避免遗漏。除了财物的价格、重量、形态、数量、权属证明、当前状态等要素外，对于属于被害人合法财产的违法所得，应当查清被告人违法取得的方式、赃款赃物的流转路径、财物的同一性鉴定结果等。对于枪支、弹药、淫秽物品、毒品等违禁品，应在裁判文书中体现违禁品的取得方式、形成过程、鉴定意见、与犯罪行为的关联性以及法律禁止性规定等。对于供犯罪所用的本人财物，应说明财物的"行为的依附性""功能用途的专属性""比例原则"三个基本要素，并且从保安处分、制裁必要性，证明财物认定为供犯罪所用的本人财物进而加以没收的该当性。总之，裁判文书应充分证实涉案财物属于赃，不得未经说明而直接得出结论。

三是“怎么办”。“怎么办”，即赃如何处理，除了继续追缴、没收、上缴国库、销毁、移送主管机关处理等，还包括已经退赔、退赃、审前返还的部分。对于审前已返还、退赔的部分，如果先行返还、退赔正确的，则应在判决书的事实查明部分予以确认，并在判决书中注明，如“除×××扣押或保管机关已发还的部分外”“被害人损失已由被告人×××退赔到位”。如先行返还、退赔不当，则依法判决予以回转或留待执行阶段处理。对于已追缴到案的，应当完整地指明要处理财物的名称、特征、数量、状态、处理比例（财产混合时）等。对未追缴到案的或者被善意取得的，应指明对应的补救措施，如继续追缴、责令退赔、追缴等值财产等。在处理程序上，赃的处理措施必须具有完整性，包括追缴、实体处分、程序性处分三块内容。例如，不能只判决“继续追缴”，应当根据不同情形判决为“继续追缴（等值财产）后返还被害人”“继续追缴后，没收上缴国库”“继续追缴后，没收并予以销毁”等。不能只判决“没收”，而应判决“没收后上缴国库”“没收后销毁”“没收后折价、拍卖赔偿被害人损失”等。不能只判决“责令退赔”，而应判决“责令退赔给被害人×××”等。不能只判决“由扣押机关处理”，而应判决“由扣押机关依法没收后上缴国库”“由扣押机关返还给被害人”等。对于无法确认原物是否存在的，宜采用“继续追缴，追缴不能的，责令退赔给被害人”。对于属于被告人、利害关系人的合法财产，裁判文书中应当写明返还主体、需返还的财物名称、数量、返还对象及返还期限等。

概言之，赃的处理应尽量完整表述，大体上应符合《刑法》第六十四条的处理结构①。

参考判例：

1. 被告人谭某某、被告人罗某某敲诈勒索罪刑事一审判决书②中判决：“对于依法扣押到被告人谭某某作案手机（黄色华为牌）一部、被告人罗某某作案手机（黑色）一部，属于供犯罪所用的本人财物，依法应当予以没收，拍卖后上缴国库。”

2. 周某某行贿二审裁定书③裁定：“继续追缴被告人周某某违法所得，予以没收，上缴国库”。

---

① 当然，还包括追缴等值财产以及供犯罪所用的本人财物的折价赔偿被害人等情形。

② 广东省高州市人民法院刑事判决书（2019）粤0981刑初252号。

③ 北京市高级人民法院（2019）京刑终152号。

3. 王某某伪造、变造、买卖身份证件罪一审刑事判决书[①]中判决："被告人王某某名下新 L×××××轿车予以没收，变卖、拍卖后所得款项，优先退赔被害人损失。"

4. 刘某销售假冒注册商标的商品一审刑事判决书[②]中判决："公安机关依法查扣的假冒注册商标的商品予以没收后销毁。"

5. 李某、董某等聚众斗殴罪、故意毁坏财物罪，郑某聚众斗殴罪、赌博罪，马某聚众斗殴罪一审刑事判决书[③]中判决："扣押在丹阳市公安局的红缨枪、木棍、钢管、砍刀等作案工具予以没收、销毁；尚未退出的违法所得计人民币二万六千元继续追缴后没收、上缴国库。"

6. 王某某、陈某某职务侵占一审刑事判决书[④]中判决："被告人尹某犯罪所得位于六盘水市第三中学（高中部），产权证号市土国用（籍）第 20110150 号的土地 50 平方米继续追缴或者追缴等值财产后返还六盘水市钟山区人民政府。"

7. 佘某某、潘某某、李某等诈骗罪二审裁定书[⑤]："扣押、退赔在案的赃款予以返还被害人，不足部分继续追缴后返还被害人。"

8. 杨某某合同诈骗一审刑事判决书[⑥]中判决："继续追缴被告人杨某某的违法所得人民币四百四十五万元，发还被害人黎某；追缴不能的，责令被告人杨某某在上述限额内向被害人黎某退赔。"

三、漏判涉案财物的处理规则

对于随案移送的涉案财物，实践中存在一些漏判的情况，其处理思路如下：

一是书面征询法院意见。法院享有赃的最终处置权，这是以审判为中心的现代司法体制必然要求，对于漏判涉案财物且判决已生效的，侦查办案机关应当征

---

① 新疆维吾尔自治区乌鲁木齐县人民法院刑事判决书（2018）新 0121 刑初 142 号。
② 河南省洛阳市中级人民法院刑事判决书（2020）豫 03 刑初 10 号。
③ 江苏省丹阳市人民法院刑事判决书（2019）苏 1181 刑初 32 号。
④ 贵州省六盘水市钟山区人民法院刑事判决书（2019）黔 0201 刑初 455 号。
⑤ 四川省成都市中级人民法院刑事判决书（2020）川 01 刑终 186 号。
⑥ 广东省广州市中级人民法院刑事判决书（2017）粤 01 刑初 7 号。

求法院的处理意见①。如《程序规定》第二百八十八条第二款："……人民法院未作出处理的，应当征求人民法院意见，并根据人民法院的决定依法作出处理。"《高法解释》第446条第2款："判决生效后，发现原判未对随案移送的涉案财物及其孳息作出处理的，由原审人民法院依法对涉案财物及其孳息另行作出处理。"

二是裁定撤销发回重审。对于尚未生效的判决，无论是抗诉还是上诉进入二审程序，都应当裁定撤销发回重审，由原审人民法院依法对涉案财物及其孳息一并做出处理。此种情形不违反上诉不加刑原则的要求，此规定体现在《高法解释》第四百四十六条第一款："第二审期间，发现第一审判决未对随案移送的涉案财物及其孳息作出处理的，可以裁定撤销原判，发回原审人民法院重新审判，由原审人民法院依法对涉案财物及其孳息一并作出处理。"

三是作为被告人合法财产执行。经上述程序后法院仍然未对涉案财物进行判决的，根据"无罪推定"原理，财物属于被告人的合法财产，而《高法解释》第四百四十九条第二款规定："查封、扣押、冻结的财物属于被告人合法所有的，应当在赔偿被害人损失、执行财产刑后及时返还被告人。"换言之，即使是被告人的合法财产，也应当赔偿被害人损失，作为财产刑执行。

四是根据其他法律法规处理。刑事无罪并不代表不违反行政法规。如确系违反行政法规的，应当依其处理。法理如《程序规定》第一百八十七条第三款对撤案的涉案财物规定："对查封、扣押的财物及其孳息、文件，或者冻结的财产，除按照法律和有关规定另行处理的以外，应当解除查封、扣押、冻结。"该条意指，对于这种未进入庭审程序的涉案财物处置，有法律、行政法规有关规定的，须遵照相关规定另行处理。再如，《刑事诉讼法》第一百七十七条第三款规定："人民检察院决定不起诉的案件，应当同时对侦查中查封、扣押、冻结的财物解除查封、扣押、冻结。对被不起诉人需要给予行政处罚、处分或者需要没收其违法所得的，人民检察院应当提出检察意见，移送有关主管机关处理。有关主管机关应当将处理结果及时通知人民检察院。"该规定旨趣也同样是刑事不诉的，应移交其他主管机关依据一定的法律法规处理。《检察院财物规定》第二十五条第一款也规定："人民检察院侦查部门移送审查起诉的案件，起诉意见书中未认定

---

① 2010年9月8日，《公安部涉案财物管理有关法律适用问题解答》针对"公安机关对法院作出判决或者人民检察院决定不起诉时未作出处置的涉案财物如何处理?"明确指出，如果法院作出判决或者人民检察院决定不起诉时未对涉案财物作出处置，公安机关应当提请有关部门依法作出处置意见。

为与犯罪有关的涉案财物；提起公诉的案件，起诉书中未认定或者起诉书认定但人民法院生效判决、裁定中未认定为与犯罪有关的涉案财物，应当依照本条第二项的规定移送有关主管机关处理或者及时返还犯罪嫌疑人、被不起诉人、被告人。”

五是解除并退还。既无须作为赔偿被害人损失、作为执行财产刑，也无法依据其他法律法规处置的，应当依法解除查封、扣押、冻结措施，尽快返还财物的原持有人。

第二节　非法追赃的救济

摩尔（Paul Elmer More）甚至说，“对于一个文明人，财产是比生命更为重要的权利”，因为财产使我们拥有了超越野兽的想象力①。美国著名政治学家托马斯·杰斐逊（Thomas Jefferson）曾经说过：“只要权力没有节制，财产权得不到应有的尊重，人的思想、身体、才能以及其他所拥有的东西就不会有保障。”②在英国，对财产权之保护、任意搜查之禁止，18 世纪的一位英国首相曾做过一段深入人心的精彩演讲：“即使最卑微的人亦得守其陋室而蔑视王命。那陋室纵然弱不禁风、摇摇欲坠，然风可摧之、雨可灌之，惟英王不得人之，以王之强力，亦惮于越陋屋之门槛。”③“无救济则无权利”，对于权利人财产权的保护是追赃的应有之意。非法追赃的表现多种多样，包括违法追赃、超范围追赃、非法处置赃款赃物、未妥善保管财物造成贬值④等，对于非法追赃赋予救济途径，是

① Robert Nisbet：Conservatism ［M］. University of Minnesota press，1986：p. 55.

② Lynch v. Household Fin. Corp. 405 U. S. 538，552（1972）.

③ 马坚明：《刑事诉讼中暂扣财产问题研究》，复旦大学硕士学位论文，2010 年 10 月 10 日。

④ 南昌市中级人民法院赔偿委员会在审理黄某某申请青云谱公安分局违法扣押车辆国家赔偿案时，指出“青云谱公安分局在扣押车辆时应履行‘妥善保管或封存’之义务，车辆扣押至今，价值贬损严重。青云谱公安分局对黄某某的损失有直接因果关系。黄某某 2011 年 6 月购买的奥迪 Q5 越野车已经被扣押 9 年之久，该车辆已经因为长期不使用、不保养、不年检，不可避免造成车辆机械性能下降，价值贬损的情况，财产已经不能恢复原状，同时车辆作为交通工具，长期不使用、不保养，存在安全隐患，维修费用高昂，根据车辆被扣押年限、车辆现状、车辆特性等综合情况的考虑，不宜返还原车辆。根据相关法律规定，财产不能恢复原状的，财产损失按照损失发生时的市场价格计算”，认定黄某某的国家赔偿请求成立，青云谱公安分局应承担未妥善保管造成的价值严重贬损的赔偿责任。

良法善治的基本要求。

一、向追赃的机关提出申诉、控告、举报等

主要依据包括：

（1）《刑事诉讼法》第一百一十七条："当事人和辩护人、诉讼代理人、利害关系人对于司法机关及其工作人员有下列行为之一的，有权向该机关申诉或者控告：（一）采取强制措施法定期限届满，不予以释放、解除或者变更的；（二）应当退还取保候审保证金不退还的；（三）对与案件无关的财物采取查封、扣押、冻结措施的；（四）应当解除查封、扣押、冻结不解除的；（五）贪污、挪用、私分、调换、违反规定使用查封、扣押、冻结的财物的。受理申诉或者控告的机关应当及时处理。对处理不服的，可以向同级人民检察院申诉；人民检察院直接受理的案件，可以向上一级人民检察院申诉。人民检察院对申诉应当及时进行审查，情况属实的，通知有关机关予以纠正。"

（2）《监察法》第六十条："监察机关及其工作人员有下列行为之一的，被调查人及其近亲属有权向该机关申诉：……（二）查封、扣押、冻结与案件无关的财物的；（三）应当解除查封、扣押、冻结措施而不解除的；（四）贪污、挪用、私分、调换以及违反规定使用查封、扣押、冻结的财物的；（五）其他违反法律法规、侵害被调查人合法权益的行为。受理申诉的监察机关应当在受理申诉之日起一个月内作出处理决定。申诉人对处理决定不服的，可以在收到处理决定之日起一个月内向上一级监察机关申请复查，上一级监察机关应当在收到复查申请之日起二个月内作出处理决定，情况属实的，及时予以纠正。"

（3）《中共中央办公厅、国务院办公厅关于进一步规范刑事诉讼涉案财物处置工作的意见》第十三条："人民法院、人民检察院、公安机关、国家安全机关应当建立有效的权利救济机制，对当事人、利害关系人提出异议、复议、申诉、投诉或者举报的，应当依法及时受理并反馈处理结果。"

（4）《国家监察委员会办公厅、公安部办公厅关于规范公安机关协助监察机关在涉案财物处理中办理机动车登记工作的通知》第十条第一款："公民、法人或者其他组织对公安机关交通管理部门根据监察机关的监察文书等材料办理机动车登记行为不服的，可以按规定向相关监察机关申诉、控告或者检举。"

（5）《检察院财物规定》第三十二条第二款："当事人及其法定代理人和辩护人、诉讼代理人、利害关系人对人民检察院的查封、扣押、冻结不服或者对人

民检察院撤销案件决定、不起诉决定中关于涉案财物的处理部分不服的，可以依照《刑事诉讼法》和《人民检察院刑事诉讼规则（试行）》的有关规定提出申诉或者控告；人民检察院控告检察部门对申诉或者控告应当依照有关规定及时受理和审查办理并反馈处理结果。人民检察院提起公诉的案件，被告人、自诉人、附带民事诉讼的原告人和被告人对涉案财物处理决定不服的，可以依照有关规定就财物处理部分提出上诉，被害人或者其他利害关系人可以依照有关规定请求人民检察院抗诉。”

（6）《查封、冻结规定》第五十一条：“当事人和辩护人、诉讼代理人、利害关系人对于公安机关及其侦查人员有下列行为之一的，有权向该机关申诉或者控告：（一）对与案件无关的财物采取查封、冻结措施的；（二）明显超出涉案范围查封、冻结财物的；（三）应当解除查封、冻结不解除的；（四）贪污、侵占、挪用、私分、调换、抵押、质押以及违反规定使用、处置查封、冻结财物的。受理申诉或者控告的公安机关应当及时进行调查核实，并在收到申诉、控告之日起三十日以内作出处理决定，书面回复申诉人、控告人。发现公安机关及其侦查人员有上述行为之一的，应当立即纠正。当事人及其辩护律师、诉讼代理人、利害关系人对处理决定不服的，可以向上级公安机关或者同级人民检察院申诉。上级公安机关发现下级公安机关存在前款规定的违法行为或者对申诉、控告事项不按照规定处理的，应当责令下级公安机关限期纠正，下级公安机关应当立即执行。必要时，上级公安机关可以就申诉、控告事项直接作出处理决定。人民检察院对申诉查证属实的，应当通知公安机关予以纠正。”

二、向人民检察院申诉或控告

《刑事诉讼法》第一百一十七条：当事人和辩护人、诉讼代理人、利害关系人对于司法机关及其工作人员有下列行为之一的，有权向该机关申诉或者控告：

（一）采取强制措施法定期限届满，不予以释放、解除或者变更的；

（二）应当退还取保候审保证金不退还的；

（三）对与案件无关的财物采取查封、扣押、冻结措施的；

（四）应当解除查封、扣押、冻结不解除的；

（五）贪污、挪用、私分、调换、违反规定使用查封、扣押、冻结的财物的。

受理申诉或者控告的机关应当及时处理。对处理不服的，可以向同级人民检察院申诉；人民检察院直接受理的案件，可以向上一级人民检察院申诉。人民检察院对申诉应当及时进行审查，情况属实的，通知有关机关予以纠正。

三、庭审中提出异议

根据《高法解释》第二百二十八条，庭前会议可以针对是否对涉案财物的权属情况和人民检察院的处理建议有异议的，向控辩双方了解情况，听取意见。根据《高法解释》第二百七十九条规定，庭审过程中，应当对追赃到案的财物是否属于赃款赃物进行调查确认，案外人对追缴到案的赃款赃物权属问题提出权属异议的，人民法院也应当一并审查处理。经审查不属于赃款赃物的，不得没收。根据《高法解释》第三百九十一条和第四百四十六条，对上诉、抗诉案件，二审法院应当着重审查涉案财物的处理是否正确，发现漏判涉案财物的，应当撤销原判发回重审，由原审人民法院依法对涉案财物及其孳息另行作出处理。根据《高法解释》第四百五十七条第二款第七项，对立案审查的申诉案件，对赃款赃物处理明显错误的，应当决定重新审判。

四、执行过程中提请书面异议

《财产执行规定》第十四条规定："执行过程中，当事人、利害关系人认为执行行为违反法律规定，或者案外人对执行标的主张足以阻止执行的实体权利，向执行法院提出书面异议的，执行法院应当依照民事诉讼法第二百二十五条的规定处理。人民法院审查案外人异议、复议，应当公开听证。"第十五条规定："执行过程中，案外人或被害人认为刑事裁判中对涉案财物是否属于赃款赃物认定错误或者应予认定而未认定，向执行法院提出书面异议，可以通过裁定补正的，执行机构应当将异议材料移送刑事审判部门处理；无法通过裁定补正的，应当告知异议人通过审判监督程序处理。"

需要注意的是，根据《最高人民法院关于人民法院办理执行异议和复议案件若干问题的规定》（法释〔2015〕10号）第七条第三款之规定[①]，只有在被执行人的异议的实体理由发生在执行依据生效后，才有权在执行程序中提出执行异

① 《最高人民法院关于人民法院办理执行异议和复议案件若干问题的规定》（法释〔2015〕10号）第七条第三款："除本规定第十九条规定的情形外，被执行人以执行依据生效之前的实体事由提出排除执行异议的，人民法院应当告知其依法申请再审或者通过其他程序解决。"

议。否则，被执行人以发生在执行依据生效前的实体事由提出异议的，只能通过再审或其他程序解决。

五、不起诉、撤案时的异议权

《关于在部分地区开展刑事案件认罪认罚从宽制度试点工作的办法》的通知（法〔2016〕386 号）第十四条："最高人民检察院批准不起诉的，或者经公安部提请批准撤销案件的，人民检察院、公安机关对查封、扣押、冻结的财物及其孳息，应当调查权属情况，查明是否属于违法所得或者依法应当追缴的其他涉案财物。案外人对查封、扣押、冻结的财物及其孳息提出权属异议的，应当进行审查。"

六、申请国家赔偿

《国家赔偿法》第十八条："行使侦查、检察、审判职权的机关以及看守所、监狱管理机关及其工作人员在行使职权时有下列侵犯财产权情形之一的，受害人有取得赔偿的权利：（一）违法对财产采取查封、扣押、冻结、追缴等措施的；……"第三十六条："侵犯公民、法人和其他组织的财产权造成损害的，按照下列规定处理：（一）处罚款、罚金、追缴、没收财产或者违法征收、征用财产的，返还财产；（二）查封、扣押、冻结财产的，解除对财产的查封、扣押、冻结，造成财产损坏或者灭失的，依照本条第三项、第四项的规定赔偿；（三）应当返还的财产损坏的，能够恢复原状的恢复原状，不能恢复原状的，按照损害程度给付相应的赔偿金；（四）应当返还的财产灭失的，给付相应的赔偿金；（五）财产已经拍卖或者变卖的，给付拍卖或者变卖所得的价款；变卖的价款明显低于财产价值的，应当支付相应的赔偿金；（六）吊销许可证和执照、责令停产停业的，赔偿停产停业期间必要的经常性费用开支；（七）返还执行的罚款或者罚金、追缴或者没收的金钱，解除冻结的存款或者汇款的，应当支付银行同期存款利息；（八）对财产权造成其他损害的，按照直接损失给予赔偿。"《最高人民法院、最高人民检察院关于办理刑事赔偿案件适用法律若干问题的解释》第三条："对财产采取查封、扣押、冻结、追缴等措施后，有下列情形之一，且办案机关未依法解除查封、扣押、冻结等措施或者返还财产的，属于国家赔偿法第十八条规定的侵犯财产权：（一）赔偿请求人有证据证明财产与尚未终结的刑事案件无关，经审查属实的；……（七）对生效裁决没有处理的财产或者对该财产违法进行其他处理的。”《监察条例》第二百八十条：“监察机关及其工作人员在行使职权时，有下列情形之一的，受害人可以申请国家赔偿：……（二）违法没收、追缴或者违法查封、扣押、冻结财物造成损害的。”

第九章　跨境追赃

跨境追赃一般都有条约或协定等法律文件对追赃的协作措施进行约定，我国司法办案机关只需遵照执行即可达到预期目的，但问题是国内关于跨境追赃的法律规定却较为繁杂、凌乱，难以和实务中的操作配套并指引实务。例如，对于资产分享制度国内法并无细化的操作规定。再如，追赃对外联系机关，《中华人民共和国刑事协助法》和《中华人民共和国引渡法》以及有关双边条约规定的不尽相同。因此，对于跨境追赃最难的不是追赃原理问题，而是跨境追赃有关法律的有无和完善问题，国内法应在保持法秩序统一的前提下，增加衔接和可操作性内容。

第一节　跨境追赃界定

一、跨境追赃的概念

跨境追赃中的“境”并非一般意义上的边境或者国境，而是指拥有独立法律体系的区域，即“法域”。联合国发布的《〈联合国反腐败公约〉实施立法指南》对赃款追回问题进行阐述时，就指出很多腐败分子在其他“法域”得到庇护。因此，对拥有独立“法域”的国家和地区进行追缴都属于跨境追赃，如向我国以外的其他国家、地区进行追缴，向我国香港特别行政区、澳门特别行政区、台湾地区进行追缴都属于本书所指的跨境追赃。

二、我国跨境追赃的法律规定

跨境追赃在有双（多）边协议、条约、国际公约以及规范性法律文件时，应遵照执行，对于无法律文件规定的，则通过外交途径或者对应港澳台办进行协调解决。在国际领域，我国已经参加或签署的条约、公约包括《联合国反腐败公约》（下称《公约》）《联合国打击跨国有组织犯罪公约》《联合国禁止非法贩运麻醉药品和精神药物公约》《中华人民共和国政府和美利坚合众国政府关于刑事司法协助的协定》《中华人民共和国和俄罗斯联邦关于民事和刑事司法协助的条约》《中华人民共和国和土耳其共和国关于民事、商事和刑事司法协助的协定》《中华人民共和国和波兰人民共和国关于民事和刑事司法协助的协定》等近百个。而在国内领域，内地与香港特别行政区的追赃法律依据包括：香港基本法第九十五条以及《最高人民法院关于内地与香港特别行政区法院就民商事案件互相委托提取证据的安排》《最高人民法院关于内地与香港特别行政区法院相互委托送达民商事司法文书的安排》等；大陆与台湾地区的追赃法律依据包括：海协会和台湾海基会2009年《海峡两岸共同打击犯罪及司法互助协议》，2011年6月25日《最高人民法院关于人民法院办理海峡两岸送达文书和调查取证司法互助案件的规定》等；内地与澳门特别行政区的追赃主要是依照澳门基本法第九十三条以及最高检下发的规定与相关安排，如《最高人民检察院关于进一步规范涉港澳个案协查工作的通知》。

我国大陆法域内也存在许多跨境追赃的法律文件。《中华人民共和国刑事协助法》（下称《刑事司法协助法》）是目前跨境执法司法领域最高位阶的法律，其为相关执法司法协助活动，特别是跨境追赃提供了有力的上位法法律依据，标志着我国跨境执法司法制度体系的新突破和完善。《中华人民共和国引渡法》（下称《引渡法》）是专门规定跨境引渡的法律，同时也附带规定了部分赃物移送内容。《刑事诉讼法》第十八条对跨境追赃做了原则性规定——根据我国缔结或者参加的国际条约，或者按照互惠原则，我国司法机关和外国司法机关可以相互请求刑事司法协助。此外，《民事诉讼法》第二十七章“司法协助”、《监察法》第六章规定“反腐败国际合作”、最高检《高检规则》第十六章“刑事司法协助”、公安部《程序规定》第十三章“刑事司法协助和警务合作”、最高法《高法解释》第二十章“涉外刑事案件的审理和刑事司法协助”等都对跨境追赃有所规定。

上述跨境追赃法律渊源内容较为丰富，但也存在松散凌乱，甚至矛盾。举例而言，《刑事司法协助法》第五条规定对外联系机关是司法部和外交部，但《引渡法》第十条规定的对外联系机构却只有外交部，而有的双边条约也将最高检、最高法或公安部作为中央联络机关。例如，我国与日本约定的中央联系机关为司法部或公安部，与蒙古国约定的是司法部和最高法，与葡萄牙、拉脱维亚约定的是最高检和司法部，而与朝鲜约定的是最高法、最高检及司法部。再如《引渡法》第八条第八项对“缺席判决”持否定态度，但《反腐败公约》第五十四条第一款和《刑事诉讼法》第五编第三章却规定有缺席判决制度。又如，《反腐败公约》和《禁毒法》等对于资产分享制度和承认与执行外国的没收裁决制度有规定，但大陆法域内的有关法律却没有细化规定，这些给条约的履行和境外追赃带来了困难。

第二节　跨境追赃的基本程序

现根据《公约》和《刑事司法协助法》，对当前主流的跨境追赃方法和简要程序做归纳总结。

一、追赃的基本方法

（一）直接追回机制

所谓直接追回机制，是指无须国际司法协作仅根据资产流入国法定程序即可追回的机制，特指《公约》第五十三条的“直接追回财产的措施”。具言之，其包括三种程序：（1）在资产流入国提起确权诉讼。即资产流出国以原告的身份，向流入国相应法院提出确权诉讼，要求对赃款赃物的真正所有权进行确认。体现在《公约》第五十三条第一款：“采取必要的措施，允许另一缔约国在本国法院提起民事诉讼，以确立对通过实施根据本公约确立的犯罪而获得的财产的产权或者所有权。”（2）在资产流入国提起侵权之诉。即资产流出国向流入国相应法院以受害人的身份提起诉讼，提出补偿或赔偿要求。体现在《公约》第五十三条第二款：“采取必要的措施，允许本国法院命令实施了根据本公约确立的犯罪的人向受到这种犯罪损害的另一缔约国支付补偿或者损害赔偿。”（3）参与资产流入国的没收程序。此也称简易返还程序，即在资产流入国做出没收决定时，根据相应的所有权证明，将犯罪资产直接索回。该程序最简单、直接，缔约国应当对他国的简易返还请求权利给予承认，同时对有关行动予以配合。这体现在《公约》第五十三条第三款：“采取必要的措施，允许本国法院或者主管机关在必须就没收作出决定时，承认另一缔约国对通过实施根据本公约确立的犯罪而获得的财产所主张的合法所有权。”

不难看出，第一种和第二种程序属于民事诉讼程序，好处在于：一是民事诉讼的证据标准一般低于刑事诉讼的证据标准，显著降低了举证责任。二是便于提起财产保全，利于及时控制赃款赃物。三是其依据所在国法律做出的生效判决能够很好地被认可和执行，一般不存在协作阻碍，也容易营造迫使犯罪人自愿接受遣返退赃的态势。但难点有二：其一，所在国法律与我国法律大相径庭，可能导致诉讼进程难以控制，甚至是出现无法审判、败诉的后果。其二，我国国家主权豁免的固守，将导致国家、政府无法参加诉讼。就此问题，本书认为变通措施包括：一是实行相对豁免权主义。通过立法确定国家及财产豁免的例外，亦即规定国家及其工作人员的公务行为或公共财产可享有豁免，在其他的情况下则允许例外。二是创设“法人”手段。设立各种跨境追赃的法律主体来行使跨境追赃权利和义务，如设立追回资产资金管理委员会等各种临时法人机构。三是授权行使诉讼权。如中央反腐败协调小组国际追逃追赃工作办公室作为一个相对独立的办事机构，可以授权其作为代表国家进行国际追赃的民事诉讼主体。再如借鉴公益诉讼程序，授权检察机关行使民事诉讼权利。第三种程序适用的赃款赃物具有特定性，并且相关财物一直保持着原有的形态不变，即其具有不可替代性。例如，机动车、珠宝、名表等能够直接提供相关权属证明的可以适用简易返还，但是对于金钱、无记名有价证券、可替代商品等无法提供权属证明的赃款赃物一般不适用。

（二）间接追回机制

间接追回机制也称国际合作追回机制，即需要双方司法程序才能追回的机制。包括：（1）刑事诉讼追回，即资产流出国主动参加到被资产流入国的某一刑事诉讼程序中或要求该国针对某一犯罪提起刑事诉讼，由资产流入国依据本国法律将犯罪资产没收后再返还给资产流出国的追回方式。此种追缴方式体现于

《公约》第五十四条第一款第二、三项①。此种追缴机制的前提是行为人在资产流入国进行洗钱行为或者其他犯罪行为，由资产流入国依据其本国法律追究他刑事责任，且被没收的资产应当上缴该国国库。需要注意的是，根据《公约》第五十七条第四款规定，被没收的资产还需要双方通过资产分享确定返还的数额。(2) 承认与执行外国的没收裁决。该手段指的是赃款流出国给出没收裁判，同时签发没收令，随后依照国际公约或者双方协定，向赃物所在的实际控制国发出承认裁决申请，由实际控制国根据国际公约或者本国法律，采用相关手段对没收令在本国境内的法律效力给予确认，最终该没收令能够得到执行。此种追缴方式主要体现在《公约》第五十四条第一款第一项和第五十五条第一款第二项规定②。

承认与执行的原则底线：第一，被请求国的主权、国家利益、安全等公共利益可能受到被请求承认或执行的裁决的威胁；第二，被请求国有正当理由认为该请求源于政治偏见或种族、性别、国籍等歧视，以惩罚某人为目的；第三，有证据表明，请求国的关于该请求的司法活动与被请求国的法律原则相违背，或者其在程序上与被请求国法律程序相悖；第四，请求国法院对案件不具有刑事管辖权；第五，相关裁决不是通过正当途径获得，而是通过欺诈、隐瞒事实等获得；第六，就同一人的同一行为，被请求国法院已作出过生效判决，或请求可能会影响被请求国以及已被承认的其他国家正在进行的诉讼活动（即一事不再审原

---

① 《联合国反腐败公约》第五十四条第一款第二、三项："采取必要的措施，使拥有管辖权的主管机关能够通过对洗钱犯罪或者对可能发生在其管辖范围内的其他犯罪作出判决，或者通过本国法律授权的其他程序，下令没收这类外国来源的财产：考虑采取必要的措施，以便在因为犯罪人死亡、潜逃或者缺席而无法对其起诉的情形或者其他有关情形下，能够不经过刑事定罪而没收这类财产。"以及第五十五条第一款第二项："将请求缔约国领域内的法院依照本公约第三十一条第一款和第五十四条第一款第（一）项发出的没收令提交本国主管机关，以便按请求的范围予以执行，只要该没收令涉及第三十一条第一款所述的、位于被请求缔约国领域内的犯罪所得、财产、设备或者其他工具。"

② 《联合国反腐败公约》第五十四条第一款第一项："（一）采取必要的措施，使其主管机关能够执行另一缔约国法院发出的没收令。"第五十五条第一款第二项："将请求缔约国领域内的法院依照本公约第三十一条第一款和第五十四条第一款第（一）项发出的没收令提交本国主管机关，以便按请求的范围予以执行，只要该没收令涉及第三十一条第一款所述的、位于被请求缔约国领域内的犯罪所得、财产、设备或者其他工具。"

则)[①]；第七，裁决损害被请求国善意第三人的利益；第八，裁决的依据和数额因不符合被请求国的规定等。

二、追赃的程序要求

（一）对外联系机关和追赃主管机关

1. 司法部和外交部是国际追赃的对外联系机关

根据《刑事司法协助法》第五条规定精神，我国司法部是负责国际追赃的对外联络机关，其负责提出、接收和转递国际追赃请求，处理国际追赃相关事务。而外交部门是负责与我国没有刑事司法协助条约的外国联络的机关，具体处理国际追赃事务。

2. 具体办案部门是国际追赃的主管机关

根据《刑事司法协助法》第六条之规定，国家监察委员会、最高人民法院、最高人民检察院、公安部、国家安全部等部门是开展国际追赃的主管机关，按照职责分工，审核向外国提出的追赃请求等相关工作。

（二）国际追赃请求的提出、接收和处理

办案机关需要向外国请求追赃的，应当制作刑事司法协助请求书并附相关材料，经所属主管机关审核同意后，由对外联系机关及时向外国提出。面向外国的刑事司法协助请求书，应当依照刑事司法协助条约的规定提出；没有条约或者条约没有规定的，应当在请求书中载明下列事项并附相关材料：（一）请求机关的名称；（二）案件性质、涉案人员基本信息及犯罪事实；（三）本案适用的法律规定；（四）请求的事项和目的；（五）请求的事项与案件之间的关联性；（六）希望请求得以执行的期限；（七）其他必要的信息或者附加的要求。

对于根据《公约》提出司法协助请求书，其主要事项包括：（一）提出请求的机关；（二）请求所涉及的侦查、起诉或者审判程序的事由和性质，以及进行

① 黄风：《关于追缴犯罪所得的国际司法合作问题研究》，《政治与法律》2002 年第 5 期。

该项侦查、起诉或者审判程序的机关的名称和职能；（三）有关事实的概述，但为送达司法文书提出的请求例外；（四）对请求协助的事项和请求缔约国希望遵循的特定程序细节进行说明；（五）可能时，尽力提供有关人员的身份、所在地和国籍；（六）索取证据、资料或者要求采取行动的目的。

在没有刑事司法协助条约的情况下，请求国应当做出互惠的承诺。请求书及所附材料应当以中文制作并附有相应译文。被请求国有特殊要求的，在不违反中华人民共和国法律的基本原则的情况下，可以按照被请求国的特殊要求提出。应当附有该国文字译本或者国际条约规定的其他文字文本。

被请求国就执行国际追赃请求提出附加条件，不损害中华人民共和国的主权、安全和社会公共利益的，可以由外交部做出承诺。被请求国明确表示对外联系机关做出的承诺充分有效的，也可以由对外联系机关做出承诺。对于限制追诉的承诺，由最高人民检察院决定；对于量刑的承诺，由最高人民法院决定。在对涉案人员追究刑事责任时，有关机关应当受所做出的承诺的约束。对外联系机关收到外国的有关通知或者执行结果后，应当及时转交或者转告有关主管机关。外国就其提供追赃协助的案件要求通报诉讼结果的，对外联系机关转交有关主管机关办理。

（三）送达追赃文书

办案机关需要外国协助送达传票、通知书、起诉书、判决书和其他与追赃有关司法文书的，应当制作刑事司法协助请求书并附相关材料，经所属主管机关审核同意后，由对外联系机关及时向外国提出请求。向外国请求送达文书的，请求书应当载明受送达人的姓名或者名称、送达的地址以及需要告知受送达人的相关权利和义务。

（四）查找、追缴赃款赃物

办案机关需要外国查找、追缴赃款赃物的，应当制作刑事司法协助请求书并附相关材料，经所属主管机关审核同意后，由对外联系机关及时向外国提出请求。请求查找赃款赃物的，办案单位一定要提供明确可查的线索，在协助文书中注明赃款赃物的权属、地点、特性、外形、数量、金融账户等具体信息，以便于协助国准确查找。请求外国协助查找赃款赃物时，办案机关可以同时请求在执行请求时派员到场。

外国对于协助执行中华人民共和国查封、扣押、冻结涉案财物的请求有特殊要求的，在不违反中华人民共和国法律的基本原则的情况下，办案机关可以同意。需要由司法机关做出决定的，由人民法院做出。向外国请求查封、扣押、冻结涉案财物的，请求书及所附材料应当根据需要载明下列事项：（一）需要查封、扣押、冻结的涉案财物的权属证明、名称、特性、外形和数量等；（二）需要查封、扣押、冻结的涉案财物的地点；资金或者其他金融资产存放在金融机构中的，应当载明金融机构的名称、地址和账户信息；（三）相关法律文书的副本；（四）有关查封、扣押、冻结以及利害关系人权利保障的法律规定；（五）有助于执行请求的其他材料。

外国确定的查封、扣押、冻结的期限届满，办案机关需要外国继续查封、扣押、冻结相关涉案财物的，应当再次向外国提出请求。办案机关决定解除查封、扣押、冻结的，应当及时通知被请求国。

（五）没收、返还赃款赃物

请求外国将赃款赃物返还我国或者返还被害人的，可以在向外国提出没收请求时一并提出，也可以单独提出。外国对于返还被查封、扣押、冻结的违法所得及其他涉案财物有特殊要求的，在不违反中华人民共和国法律的基本原则的情况下，可以同意。需要由司法机关做出决定的，由人民法院做出决定。

请求没收、返还赃款赃物的，请求书及所附材料应当根据需要载明下列事项：（一）需要没收、返还的赃款赃物的名称、特性、外形和数量等；（二）需要没收、返还的赃款赃物的地点；资金或者其他金融资产存放在金融机构中的，应当载明金融机构的名称、地址和账户信息；（三）没收、返还的理由和相关权属证明；（四）相关法律文书的副本；（五）有关没收、返还以及利害关系人权利保障的法律规定；（六）有助于执行请求的其他材料。

外国协助没收、返还赃款赃物的，由对外联系机关会同主管机关就有关财物的移交问题与外国进行协商。对于请求外国协助没收、返还赃款赃物，外国提出分享请求的，分享的数额或者比例，由对外联系机关会同主管机关与外国协商确定。

依据《公约》没收的，还应尽可能提供包括财产的所在地和相关情况下的财产估计价值，以及关于请求缔约国所依据的事实的充分陈述，以便被请求缔约国能够根据本国法律取得没收令。应当有请求缔约国发出的据以提出请求的法律上可以采信的没收令副本、关于事实和对没收令所请求执行的范围的说明、关于请求缔约国为向善意第三人提供充分通知并确保正当程序而采取的措施的具体陈述，以及关于该没收令为已经生效的没收令的陈述；应当有请求缔约国所依据的事实陈述和对请求采取的行动的说明；如有据以提出请求的法律上可以采信的没收令副本，应当一并附上。

第三节　跨境追赃的要点

一、坚持国家利益至上

国家利益就是满足或能够满足国家赖以生存发展为基础的各方面需要并且对国家在整体上具有好处的事物。国家利益包括国家主权、国家安全、国家社会公共利益等，跨境追赃应按照平等互惠原则进行，不得损害中华人民共和国的主权、安全和社会公共利益，不得违反中华人民共和国法律的基本原则。跨境追赃程序的启动、中止以及协商解决等都须考量国家利益，服从大局，保障国家意志得以实现。对于涉及国家利益的追赃协作行为，如需要配合外交、国家决策行动等，应及时呈请最高主管机关，得到允许后方可实施，不得擅自行动。对任何违反国家利益的追赃行为，应及时制止纠正，涉嫌违法的，依法查处。

二、依附于引渡

一般而言，追赃附属于追逃，只有被请求引渡之人符合引渡条件时，追赃才可以进行，除非被引渡之人死亡或者不在被追赃的境内，跨境追赃才可以单独进行。概因追赃依附于引渡，所以引渡的限制性条件也同样适用于追赃。具言之，一是引渡的“双重归罪”原则。例如，我国《引渡法》第七条第一款和《公约》第四十四条第一款明确了只有引渡请求国和被引渡请求国都构成犯罪的，才可以引渡。二是禁止引渡规定。包括死刑犯不引渡、政治犯不引渡、本国国民不引渡、军事犯不引渡等。例如，《引渡法》第八、九条规定的拒绝引渡的十种情形，包括：（1）中华人民共和国公民；（2）犯罪已经作出生效判决或者已经终止刑事诉讼程序的；（3）政治犯；（4）由种族、宗教、国籍、性别、政治见解或者身份等方面的原因而被提起刑事诉讼或者执行刑罚；（5）军事犯；（6）已过追诉时效期限或者已被赦免；（7）遭受酷刑或者其他残忍刑罚；（8）遭受人道或者有辱人格的待遇或者处罚的；（9）根据缺席判决提出引渡请求的[①]；（10）所引渡罪名正在进行刑事诉讼或者准备提起刑事诉讼的。三是“或引渡或起诉”原则。“或引渡或起诉”原则是国际公法中普遍管辖原则的重要内容之一。“或引渡或起诉”原则是指在其境内发现被请求引渡的犯罪人的国家，按照签订的有关条约或互惠原则，应当将该人引渡给请求国；如果不同意引渡，则应当按照本国法律对该人提起诉讼以便追究其刑事责任。例如，《公约》第四十四条第十一款也规定了“或引渡或起诉”原则：“如果被指控罪犯被发现在某一缔约国而该国仅以该人为本国国民为理由不就本条所适用的犯罪将其引渡，则该国有义务在寻求引渡的缔约国提出请求时将该案提交本国主管机关以便起诉，而不得有任何不应有的延误。”概言之，追赃依附引渡，在有犯罪人需要引渡时，应优先满足引渡条件，再考虑跨境追赃和资产移交。

三、分享制度

所谓“追赃的分享”，实质是指请求国和被请求国之间根据国际公约、双边、多边条约或者临时协定，将追赃的资产扣除合理费用之后按照比例进行分割的制度。例如，《公约》第五十七条第四款：“在适当的情况下，除非缔约国另有决定，被请求缔约国可以在依照本条规定返还或者处分没收的财产之前，扣除为此进行侦查、起诉或者审判程序而发生的合理费用。”我国《禁毒法》第五十七条：“通过禁毒国际合作破获毒品犯罪案件的，中华人民共和国政府可以与有关国家分享查获的非法所得、由非法所得获得的收益以及供毒品犯罪使用的财物或者财物变卖所得的款项。”2016 年 9 月 22 日，中国与加拿大签署《关于分享和返还被追缴资产的协定》。该协定对《中加刑事司法协助条约》关于查找、移交赃款赃物的规定进行了细化和补充。可以说，分享制度已经在跨境追赃法律文件中被广泛采用。执行追赃分享制度应当注意：第一，追赃分享仅限于无被害人的违法所得，如走私犯罪所得、毒品犯罪所得等，不包括违禁品和供犯罪所用的

---

① 我国现行《刑事诉讼法》已引入缺席判决，由此看来，《引渡法》再次修订时，有可能会允许请求国缺席判决时也可以引渡。

本人财物。第二，根据《公约》相关规定，合理费用主要指被请求国依据请求进行侦查、起诉或者审判程序而实际发生的费用和开支，不包括中间人佣金或者其他未具体指明的费用①，如鉴定费、翻译费、资产管理费等合理费用，但在任何情况下，被请求国为查找、冻结、扣押、保管被追缴的赃款赃物而支出的合理费用应当从被追缴的资产中扣除。这种费用扣除属于必要开支或负担补偿，不应当理解为分享。第三，应当充分尊重善意第三人的正当权利。

四、条约前置主义

所谓条约前置主义，即跨境追赃追逃，需要双方签订双边、多边条约或者临时协定，并以此为法律依据开展协作。条约前置主义是法定原则的体现，是开展跨境追赃的先决条件。根据《刑事司法协助法》第三、五条之规定，我国与外国开展刑事司法协助应依据《刑事司法协助法》进行，如果未签订司法协助条约或协定的，通过外交途径联系解决。条约前置主义是欧美等发达国家严格奉行的立场。例如，在向外国引渡逃犯问题上，美国要求与该国存在引渡关系为前提条件，而且美国执法机关对引渡条约的理解也过于狭窄。它特指经国会批准的双边引渡条约，而不包括多边国际条约。在《联合国打击跨国有组织犯罪条约》和《联合国反腐败公约》的谈判过程中，美国代表一直反对在有关引渡条款中使用具有约束力的措施把国际公约规定为开展引渡合作的法律依据。所以说，要想从美国引渡逃犯，前提必须是申请国要与美国签署双边的引渡条约。条约前置主义提醒我们在跨境追赃过程中应尽量和有关国家和地区签订双边协议，在法律框架内开展追赃协作。

五、灵活追赃原则

灵活追赃原则，即跨境追赃的程序和手段应尽量灵活多样以达到追缴赃物的目的。追赃的方法多种多样，除了依据法律文件进行的追赃外，还包括：（1）当事人诉讼。即可以委托所在国的特定机构或者案件当事人，在当地提起诉讼的方式予以追回，如直接提起确权之诉、侵权之诉等。（2）劝缴、劝退。2014 年

---

① 根据《联合国反腐败公约谈判工作特设委员会第一至第七届会议工作报告》，第 70 段。

10 月 11 日最高法、最高检等发布的《关于敦促在逃境外经济犯罪人员投案自首的通告》和 2018 年 8 月 23 日国家监察委员会、最高法、最高检等发布的《关于敦促职务犯罪案件境外在逃人员投案自首的公告》对劝返境外有关在逃人员时，也规定了退赃或积极挽回受害单位或受害人经济损失的，可以减轻处罚。（3）采用遣返、驱逐出境的方式。对于无协作协议的国家和地区，如果通过外交部等部门达成协议的，所在国完全可以根据本国法律，采取将犯罪人遣返、驱逐出境的方式，将犯罪人直接遣返或驱逐到中国领土之上（如在国际机场将犯罪人驱逐到我国的飞机上，在界河、界海将犯罪人驱逐到我国的船舶上），我国司法机关将其带回后，便可更有利于追缴或劝退赃款赃物。（4）其他方式。除了引渡、劝返、遣返、驱逐出境等措施之外，部分发达国家，如美国、以色列等，甚至还采用诱骗、绑架、劫持等非常规手段进行追逃。譬如，2007 年“袁某某商标案”美国政府就采用了诱骗手段，诱骗袁某某到英国进行协商，从而将其顺利地从英国引渡回美国。对于此类非常规的追逃方式，我国应审查其合法性，只有非常规手段合法才可以实施，否则即使抓获犯罪人，追回赃物，也可能受欧美等西方国家炒作，引发舆情，陷入不利境地。跨境追赃过程中，只有犯罪人尽快抓捕到案，查找赃款赃物的去向和追赃才能更加容易实现。因此，对于跨境追赃，应结合实际，不断寻找最为可行和高效的方式，灵活地开展追赃。